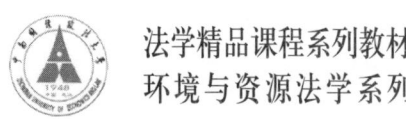

法学精品课程系列教材
环境与资源法学系列

吴汉东 总主编

主编简介

吕忠梅 女，1963年3月生，湖北荆州人，法学博士，全国政协社会与法制委员会驻会副主任，二级教授、博士生导师，教育部人文社科基地——环境资源法学科带头人、学术委员会委员，现任中国环境资源法研究会副会长、中国经济法研究会常务理事、中华司法研究会常务理事、最高人民法院环境资源司法研究中心学术委员会主任。第十届、第十一届、第十二届全国人大代表，第十二届全国政协委员，中共湖北省委决策支持顾问。先后被评为湖北省重点学科带头人、湖北省有突出贡献的中青年专家、湖北省跨世纪学术带头人。1999年获国务院特殊津贴，2002年荣膺第三届中国"十大中青年法学家"称号，2004年当选海内外有影响力的"中国妇女时代人物"，2005年入选"中国法学名家"，2009年被评为"中国有突出贡献的人文社会科学家"，2014年获选"中国法治人物"。

吕忠梅教授长期从事环境资源法教学与研究，主持国家社科基金重大项目、国家环境保护公益项目等科研项目40余项，参与《环境保护法》等多项国家与地方立法，发表论文300多篇，主编各类环境法教材10本。主持"环境资源法论丛""环境法之树文丛"等中国环境法高水平研究学术刊物和著作出版。主要著作有：《环境法新视野》《超越与保守——可持续发展视野下的环境法创新》《沟通与协调之途——论公民环境权的民法保护》《环境公益诉讼：中美之比较》《流域综合治理——水污染防治的法律机制重构》《环境与发展综合决策——可持续发展的综合调控机制》《理想与现实——环境侵害救济机制研究》等。

环境法导论

（第三版）

主　编　吕忠梅
副主编　陈海嵩
撰稿人　（以撰写章节先后为序）
　　　　吕忠梅　郭少华　陈海嵩　陈　虹　张忠民
　　　　熊晓青　余耀军　郭红欣　高利红　刘　超
　　　　吕　萍　金海统　尤明青

Introduction on Environmental Law
(Third Edition)

图书在版编目(CIP)数据

环境法导论/吕忠梅主编.—3版.—北京:北京大学出版社,2015.8
(法学精品课程系列教材)
ISBN 978-7-301-26273-3

Ⅰ.①环… Ⅱ.①吕… Ⅲ.①环境保护法—中国—高等学校—教材 Ⅳ.①D922.681

中国版本图书馆 CIP 数据核字(2015)第 199756 号

书　　　名	环境法导论(第三版)
著作责任者	吕忠梅　主编
责 任 编 辑	白丽丽　邓丽华
标 准 书 号	ISBN 978-7-301-26273-3
出 版 发 行	北京大学出版社
地　　　址	北京市海淀区成府路 205 号　100871
网　　　址	http://www.pup.cn
电 子 信 箱	law@pup.pku.edu.cn
新 浪 微 博	@北京大学出版社　@北大出版社法律图书
电　　　话	邮购部 62752015　发行部 62750672　编辑部 62752027
印 刷 者	北京鑫海金澳胶印有限公司
经 销 者	新华书店
	730 毫米×980 毫米　16 开本　18.5 印张　352 千字
	2008 年 1 月第 1 版　2010 年 8 月第 2 版
	2015 年 8 月第 3 版　2021 年 12 月第 7 次印刷
定　　　价	36.00 元

未经许可,不得以任何方式复制或抄袭本书之部分或全部内容。
版权所有,侵权必究
举报电话:010-62752024　电子信箱:fd@pup.pku.edu.cn
图书如有印装质量问题,请与出版部联系,电话:010-62756370

《法学精品课程系列教材》编委会名单

总主编 吴汉东

编委会（以姓氏拼音为序）

蔡 虹	曹新明	陈景良	陈小君	樊启荣
范忠信	方世荣	韩 轶	雷兴虎	李汉昌
李希慧	刘大洪	刘茂林	刘仁山	刘嗣元
刘 笋	刘 焯	吕忠梅	麻昌华	齐文远
乔新生	覃有土	石佑启	王广辉	吴汉东
吴志忠	夏 勇	徐涤宇	姚 莉	张德森
张桂红	张继成	赵家仪	郑祝君	朱雪忠

第三版修订说明

时隔五年,《环境法导论》终于迎来了第二次修订。毋庸讳言,此次修订的最大背景是我国正在全面推进依法治国进程,生态文明建设、法治国家建设被提升为治国理政的总体战略。此次修订的直接原因是2014年修订的《环境保护法》的实施。这部被我称为"长出了牙齿"的法律,从形式上看是从45条扩展到了70条、被完整保留的条文只有6个,从修法过程上看是25年第一次修订,经历了两届全国人大、由"修正案"到"修订案"的艰难历程,从成果方面看是立法理念、立法原则、治理体制、法律制度、法律实施机制的重大突破。

在这样的契机与新的历史背景下,《环境法导论》的修订不可能也不应该是"小修小补",而必须是根据全新的国家战略、全新的法律制度对已有内容进行全面"大修",以保持教材对时代的回应以及对师生负责的态度。因此,本次修订在保持原框架体系不变的前提下,根据2014年修订的《环境保护法》的规定,对原教材各章内容进行了全面更新,重点做了如下几个方面的修改:

(1) 根据国家加强生态文明建设和全面推进依法治国的新要求,在导言部分增加对我国生态文明法治建设的进展和发展方向的阐释,以帮助师生理解我国环境法治建设的时代背景与目标任务。

(2) 根据国家立法新形势,在第一章增加了2014年修订的《环境保护法》修订过程与主要修订内容的阐述,以帮助师生理解2014年《环境保护法》的立法理念、立法原则、体制机制选择、制度安排的背景与立法意图。

(3) 根据2014年修订的《环境保护法》的规定,修改了第二章"环境法基本原则"、第三章"环境权"的相关内容,基本上重新撰写了第四章"环境管理基本法律制度";调整了第五章与第六章的顺序,将第五章修改为"保护和改善环境法律制度",并重新撰写了相关内容,大幅度修改了第六章"污染控制法律制度",以帮助师生准确把握修订的《环境保护法》的制度体系。

(4) 根据新修订的《民事诉讼法》《行政诉讼法》等法律,以及最高人民法院、最高人民检察院的相关司法解释和国家环保部、公安部、民政部的相关行政规章,完善了第七章、第八章、第九章、第十章的相关内容,以帮助师生全面把握环境法治建设的新进展。

(5) 根据环境法研究的最新进展和执法、司法实践,补充了一批最新的参考文献,调整了部分课后练习题与分析案例。

修订的《环境保护法》实施前后,全国人大常委会启动了修订《大气污染防治法》和制定《土壤污染防治法》的工作,正在准备启动《水污染防治法》的修订;国家环保部准备推出五十多项规章、指南等配套文件,最高人民法院专门成立了环境资源审判庭,最高人民检察院开始探索环境公益诉讼……随着这些工作的展开,环境法治建设将会出现新形势、面临新挑战,这也意味着,教材的修订与完善永远在路上。

本书的撰写及修订分工如下:

导　论:吕忠梅

第一章:吕忠梅、郭少华

第二章:陈海嵩、陈　虹

第三章:张忠民、熊晓青

第四章:余耀军

第五章:郭红欣

第六章:高利红

第七章:刘　超

第八章:吕　萍

第九章:金海统

第十章:尤明青

统　稿:吕忠梅、陈海嵩

此次修订,我要特别感谢浙江农林大学的陈海嵩副教授,他在身体有恙的情况下坚持工作,三易其稿,帮助我完成整个统稿工作。我也希望,以我们的努力获得师生对教材的更高认可。十分期待使用者多提宝贵意见,帮助我们不断改进,不断为师生带来新的理论与知识,不断更新理念,形成良好的环境法治思维!

吕忠梅

2015年6月10日于汀兰苑

第二版修订说明

非常感谢学界同仁的厚爱,使得我们的《环境法导论》再次付印,从而获得了修改的机会。因为时间很紧,此次修订保持了原有的基本结构和内容,也沿袭了一致的风格与原则,即:立足于环境法现实阐述环境法理论,拓宽读者的环境法视野;紧密结合环境法案例帮助学习者从实体法、程序法两个方面学习应用环境法律;以简洁明快、深入浅出的语言来解释艰深的、理论性的环境法基本原理;反思原有的观念和理论,引入前沿性的研究成果和概念。

可以说,这次修订,主要集中在文字精炼准确、资料及时更新、尽可能把握未来趋势等方面。本次修订具体思路如下:

第一,本次修订,没有进行篇章结构的变更,仍维持了初版十一章;内容还是包括环境法相关基础概念、环境法基本原则、环境权、环境管理基本法律制度、污染控制法律制度、生态保护法律制度、环境法律责任、环境纠纷及其解决机制等部分。之所以未做大的调整,一是由于本书原定之体例与内容具有一定前瞻性与超前性,如专设环境纠纷、环境纠纷解决机制等章节,再如对专门环境责任、专门环境诉讼的提出与阐述等,现在看来依然处于领先,并不落后。二是近年来我国环境立法更新速度极快,在未来一段时间里,可以预见会有一些法律法规将被制定,如《环境损害赔偿法》等;也有一些法律法规如《大气污染防治法》等已被提上法律修订日程或被列入修订计划。还有与环境法密切相关的一些法律如《侵权责任法》即将正式实施。因此,此次仅对一些小的问题进行了修正,而准备将大的调整与变化留在不久之后可能出现的重大立法变化之际。

第二,本次修订主要是根据近两年来环境法律以及环境保护工作实际运作情况的变化与更新,增设、修改或删减了一些内容。只要我们关注环境法和环境保护工作,不难发现,变化是多方面的:如 2008 年经全国人大批准,国家环境保护总局升格为环境保护部;在环境立法方面,有 2008 年《水污染防治法》的修订与 2009 年《规划环境影响评价条例》的颁布实施,还有环保部颁布了一系列环境保护规章,等等。根据这些变化,本书做了内容、资料及相关法条等方面的修改。

第三,根据环境法理论与实践发展的成果,将一些不够准确、不够清晰的文字进行了修改。虽然这种改动是微小的,但对于教材也是重要的:一方面是为了保证语言的流畅性与确定性,更重要的是为了准确、规范地反映环境法理论研究和环境保护实践的动态变化;更重要的是体现一种负责任的态度。

我的学生熊晓青协助我完成了整个修改。在短时间内完成修订,虽然十分辛苦,我们也付出了巨大努力,试图将一本更优质的环境法教材呈现给读者。但我们深知,事无完美,修订后的教材仍然不可避免地存在许多遗憾。只是我们坚信,学无止境,编写教材的过程同样也是作者不断学习提高的过程,本教材中的许多前沿性思考仍会继续延拓。我们现在就在考虑未来环境立法与环境保护工作可能出现许多新的改变,这些都使我们有充分理由期待本书的再次修订。

吕忠梅
2010年6月12日于北京

总　　序

　　法学教育的目标和任务在于培养法律人才。提高培养质量,造就社会需要的高素质法律职业人才是法学教育的生命线。根据教育部关于高等学校教学质量与教学改革工程精品课程建设的精神和要求,结合中南财经政法大学精品课程建设的总体规划,在全面总结我国法学教育经验和分析法律人才社会需求的基础上,我校确立了以培养高素质法律人才为目的,以教材建设为核心,强化理论教学与实践教学的融会,稳步推进法学精品课程建设的方案。两年来,我校法学精品课程建设取得了阶段性的成果,已有民法、知识产权法等十余门课程被确定为国家、省、校三级精品课程,并在此基础上推出了《法学精品课程系列教材》。

　　《法学精品课程系列教材》是一套法学专业本科教材及其配套用书,涵盖了我校法学本科全程培养方案所列全部课程,由教材、案(事)例演习和教学参考资料三个层次的教材和教学用书构成,分为法理学、法律史学、宪法与行政法学、刑法学、民商法学、诉讼法学、经济法学、环境与资源法学、国际法学和法律职业实训等十个系列。

　　《法学精品课程系列教材》由我校一批具有良好学术素养和丰富教学经验的教授、副教授担纲撰写,同时根据需要邀请法学界和实务部门的知名学者和专家加盟,主要以独著、合著的形式合力完成。《法学精品课程系列教材》遵循理论与实际相结合的原则,以法学理论的前沿性、法律知识的系统性、法律制度的针对性、法律运作的可操作性为编撰宗旨,以先进的教学内容和科学的课程体系的统一为追求,融法学教育的新理论、新方法和新手段于一体,力图打造成一套优秀的法学精品课程系列化教材。

　　《法学精品课程系列教材》是我校在推进法学教育创新,深化法学教学改革,加强教材建设方面的一次尝试,也是对以"一流教师队伍、一流教学内容、一流教学方法、一流教材、一流教学管理"等为特点的法学精品课程在教材建设方面的探索。

我相信《法学精品课程系列教材》的出版,能为广大读者研习法学理论、提高法学素养、掌握法律技能提供有效的帮助。同时,我衷心希望学界同仁和读者提出宝贵的批评和建议,以便这套教材不断修订完善,使之成为真正的法学精品课程教材!

是为序。

2005 年 3 月

目　录

导论 ··· (1)
　　第一节　环境法上的"环境" ·· (1)
　　第二节　环境问题与环境保护 ·· (5)
　　第三节　生态文明与环境法治 ··· (15)
第一章　环境法概述 ·· (25)
　　第一节　什么是环境法 ·· (25)
　　第二节　环境法的立法体系 ·· (33)
　　第三节　环境保护基本法 ·· (36)
第二章　环境法基本原则 ·· (45)
　　第一节　环境法基本原则概述 ··· (45)
　　第二节　风险预防原则 ·· (47)
　　第三节　环境公平原则 ·· (56)
　　第四节　环境民主原则 ·· (63)
第三章　环境权 ··· (70)
　　第一节　环境权概述 ·· (70)
　　第二节　公民环境权 ·· (80)
　　第三节　国家环境管理权 ·· (86)
第四章　环境管理基本法律制度 ·· (98)
　　第一节　环境管理基本法律制度概述 ·· (98)
　　第二节　源头控制基本制度 ·· (100)
　　第三节　过程控制基本制度 ·· (113)
第五章　保护和改善环境法律制度 ·· (125)
　　第一节　保护和改善环境法律制度概述 ····································· (125)
　　第二节　生态保护制度 ·· (128)
　　第三节　环境要素保护制度 ·· (138)
　　第四节　改善环境制度 ·· (145)

第六章　污染控制法律制度……………………………………（156）
　　第一节　环境污染控制法律制度概述……………………（156）
　　第二节　预防性控制制度…………………………………（157）
　　第三节　治理性控制制度…………………………………（173）

第七章　环境法律责任………………………………………（186）
　　第一节　环境法律责任概述………………………………（186）
　　第二节　环境民事责任……………………………………（189）
　　第三节　环境行政责任……………………………………（195）
　　第四节　环境刑事责任……………………………………（206）
　　第五节　专门环境法律责任………………………………（211）

第八章　环境纠纷……………………………………………（219）
　　第一节　纠纷的一般原理…………………………………（219）
　　第二节　环境纠纷及其类型………………………………（221）
　　第三节　中国环境纠纷现状及其解决……………………（235）

第九章　环境纠纷的诉讼解决机制…………………………（240）
　　第一节　环境纠纷的诉讼解决机制概述…………………（240）
　　第二节　环境民事诉讼……………………………………（243）
　　第三节　环境行政诉讼……………………………………（250）
　　第四节　环境刑事诉讼……………………………………（253）
　　第五节　环境公益诉讼……………………………………（257）

第十章　环境纠纷非诉讼解决机制…………………………（263）
　　第一节　环境纠纷非诉讼解决机制概述…………………（263）
　　第二节　行政机关解决环境纠纷的功能和机制…………（273）
　　第三节　环境仲裁…………………………………………（280）

后记……………………………………………………………（286）

导 论

近年来，弥漫在大半个中国的雾霾、从南到北或污或枯的河流、遍布土壤污染地图上触目惊心的红色……大自然在以它的方式诉说。雾霾、水污染、土壤污染的背后是人们掠夺式开发利用资源带来的生态破坏、资源枯竭、生态服务功能退化。近年来，中国已全面进入健康危机爆发期，而环境污染是引发健康危机的直接原因。今天的中国，癌症每15秒降落到一个中国人身上，不分男女、老少、贫富或尊卑。"癌症村"集中的中东部经济较发达地区，靠近城市，共同点是水源污染。城市居民的第一死因是癌症，发病率最高的是肺癌，空气污染脱不了干系；农村居民发病率最高的是消化系统癌症，如胃癌、肠癌，与营养、饮食方式、水源污染有一定的关系；由于农药、化肥、激素、抗生素、防腐剂等化学物质的大量使用，男性不育问题日渐严重。甚至有专家预言，如果再不控制土壤污染，五十年后男人可能大部分丧失生育能力。残酷的现实告诉我们：生态环境问题已经成为制约我国发展的重大矛盾、生活质量提高的重大障碍、民族永续发展的重大隐患。我们现在的发展，依然是传统的非持续的模式；不断增长的GDP数字，是建立在资源环境和公众健康不断被透支的基础之上的。虽然这种高消耗、高污染、高风险的发展方式起到过重要的历史作用，但在今天，我国经济已经进入资源能源的瓶颈时期，不能承受资源衰竭造成的风险；社会又进入了人均GDP 1000—3000美元的矛盾多发期，不能承受环境污染引发的社会问题。

既然环境污染和破坏带来的是经济发展问题和社会问题，法律作为经济运行的基本规则和人们的行为规范，就应该而且可以为解决这些问题做出贡献。这些以解决因环境污染和破坏而引发的经济社会问题为目标的法律，就是环境法。当我们开始学习这样一门法律的时候，首先需要对环境污染和破坏是怎样产生的、它们为什么会引起经济和社会问题、环境法是如何产生的等问题有一个初步的了解。

第一节 环境法上的"环境"

按照字面理解，环境法是关于环境的法律。如果说，我们通过以前的学习已经知道了法律是什么，现在，我们还必须知道"环境"是什么，这是学习环境法首先所必须了解的最基本问题。

在日常生活中，"环境"这个词的使用非常广泛且频繁，通常需要加以限定，才能让人明白"环境"的指向,如"学习环境""社会环境""生活环境""工作环境""外商投资环境"等等。这表明:环境总是相对于一定的中心事物而言的,是指环绕着中心事物的客观存在的总和。这里的"中心事物"和"客观存在",可以是物质的,也可以是非物质的。如"学习环境",其中心事物是"学习",而"环境"则既包括了物质条件,也包含了非物质条件。当中心事物为人时,环境同样也包含了物质和非物质的两个方面。这样的方法,也可以用来理解环境法上的"环境"。

环境法上所讲的"环境",是指物质的客观存在,即环绕着人类而存在的由自然要素所构成的物质环境。对这个"环境",我们需要了解更多的东西。

一、环境的特性

环境法上的"环境"具有特定的含义,它特指环境科学和环境法所特别定义的"环境",而不是其他意义上的环境。

在环境科学中,环境是指围绕着人群的空间,以及其中可以直接、间接影响人类生活和发展的各种自然因素的总体。这样的环境,首先是为人类提供生存和发展的空间,其中有可以直接或间接影响人类生存和发展的各种自然因素,既能为人类提供基本的物质生活条件,也会产生环境污染和破坏。人类一直生活在地球环境条件下,或者说人必须依靠地球环境提供的各种物质才能生存。尽管人类为改善环境条件做出了巨大的努力,但是,到目前为止,人依然不可能在没有空气、没有水的条件下生存。正如植物不可能彻底离开土壤一样,人不能不以植物和动物为食,人也不可能在喧闹、嘈杂的条件下得到完全的休息……作为人类生存条件的"环境",是以人类为中心的,并且是能够满足人类生存和发展所需要的。这样的环境具有物质性、生态性、唯一性、有限性和资源性等特性。

1. 物质性

作为人类生存条件的环境首先是由各种物质所构成的自然条件,如阳光、空气、水、植物、动物等,包括人的生命体在内,一切都是由物质构成的。无论是生物还是非生物,其基本的构成都是一些化学元素。科学研究表明,我们的血液中所含有的各种成分与地球所蕴含的物质不仅是一样的,而且丰度也是相关的。也就是说,地球上多的物质人体中也多,地球上少的物质,人体中也少。我们知道,化学元素共有一百多种,正是这些化学元素通过不断的物理、化学、生物作用,形成了我们的身体以及我们生存的环境。也正是因为构成人体的各种物质与构成环境的各种物质是相同的,人才可能在这样的环境中生存。

2. 生态性

环境不仅仅是物质的,而且这些物质还通过一定的方式联系在一起,并可以相互转化和循环。地球是由生物及其生命支持系统构成的一个巨大的生态系统,这个生态系统由各种环境要素构成,而各环境要素之间通过物质循环、能量流动和信息传递而联系成为不可分割的整体，维持着一种动态的平衡。如果这种平衡遭到破坏，将带来不可挽回的后果。科学家们说，虽然人的食物来源仅仅需要大约一百种植物和动物，但是支持这一百种植物和动物的生存却需要几千个物种，而要维持这几千个物种的生存则需要几万个甚至几十万个物种……人类生存的环境就是这样一个息息相关的系统，在这个系统中，阳光、空气、水、植物、动物都不是孤立存在的，它们通过食物链密切联系；阳光照射植物，一方面供植物生长，另一方面提供新鲜空气；植物一方面为动物提供食物，另一方面又涵养水土、吸收物质、传递能量；动物一方面以植物或者其他动物为食，另一方面它们的排泄物或者尸体又为其他生物提供食物；动物的排泄物和尸体为细菌和微生物所分解，最终还原成为化学元素，进入土壤，成为植物生长的物质来源。如此循环往复，构成了人类生存所需要的包罗万象的环境。在这个环境中，任何一个环节的断裂，都可能给人类带来毁灭性的打击。

3. 唯一性

人类只能在一定的自然环境中生存，这种环境是不可替代的。我们可以有许多梦想，但是，如果这些梦想成真，人类根本无法生存：如果陆地是由黄金构成的，人只有饿死；假如米面铺满大地，河流中流动着奶汁，人们不用劳动就可以获得任何食物，那么超过人类繁殖速度亿万倍的各种微生物和小动物就会充满整个地球，人将无立锥之地。幸好，自然只为我们提供了可以生长植物的土壤，人类必须通过劳动才能获得新鲜食物，我们才得以拥有一个可以立身的清洁的环境。大自然经过漫长的演化，为人类提供了精密调节的生存环境。我们生活的地球，与太阳的距离适当，使得它既不像水星那么热，也不像火星那么冷；大气层保护着我们，土壤可以生长植物，生物圈可以为我们供应食物；此外，还有供人类饮用和灌溉的河流，供人类呼吸的含氧量适当的空气，以及人类生存所不可缺少的其他一切，这些不需要经过人类劳动，就可以获得。同时，自然也为人类提供了可经劳动加工成为生活资料的各种资源。由此可见，我们生存的这个环境，是在各种物质循环运动的相互精密调节中构成的，具有不可替代性。

4. 有限性

人必须在一定的环境中生存，但自然能够提供的环境条件却是有限的，并不像我们想象的那样可以无限满足人类的需求。有人计算，一个人每天呼吸所需要的氧气，必须依赖3棵树去供应；一个正常的成年人每天消耗的能量为3000千卡，如果这种能量是通过人—牛肉—玉米的食物链获得，那么养活一个人就需要6000万平方厘米的玉米地。这简单的计算告诉了我们不那么简单的道理。当每个人没有3棵树、也没有6000万平方厘米玉米地的时候，人的生存需要就不能得到满足。短时期内，我们可以依靠减少每个人的供应量来维持，但长期下去，就会带来整个人类的毁灭。因此，在自然环境中，任何物种都受到自然有限性的约束。1个细菌在4天半里可以繁殖1036个细菌,如果按照这样的速度繁殖下去,它们可以轻而易举地填满所有的海洋,只是由于它们繁殖到一定密度时,就会因得不到必需的养分而不得不停止繁殖,正是因为这样,地球才不会被细菌所独占。生物圈中的任何一个物种的爆炸性增长,都必然会给自己带来爆炸性的灭亡,人类也同样如此。

5. 资源性

在经济学上,资源一直被认为是生产要素的潜在供给,不能成为生产要素的东西就不是资源。在这种观点下,环境要素不能成为资源,如空气,由于它不能直接成为生产要素,且被认为是取之不尽、用之不竭的,因此,没有必要将其作为资源。现在,这种观点已经得到了修正。

环境本身也是一种资源,它具有资源的基本属性,即稀缺性、地域性、多用性和效用性。在资源的四个特性中,稀缺性和多用性是法律存在的基本前提。正是由于资源在数量和品种上是有限的,资源在用途上是多方面的,才存在将有限资源如何在不同用途上进行最优分配的问题。如果资源不是有限的,人类在任何时候都可以向大自然任意索取,也不必研究配置资源的问题,任何一种生产过程的投入需求都可以随意获得和得到完全满足。如果资源不具有多用性,每一种资源只能作为某一种生产过程的投入而不能同时作为其他生产过程的投入,那么也不会存在配置问题,因为这时资源用途上的单一性已经固定了资源的投入方向,配置的前提已不存在了。因此,在资源的稀缺性和多用性这两种性质中,任何一个性质的缺少都会使法律成为不必要:如果没有资源配置要求,资源配置的一般规则也无存在的必要。一般认为,法律是研究如何在整个社会的不同方面和不同时期实现资源最优配置的手段和措施,是保障资源最优配置的一般规则。在此意义上,人们才会说:法律是资源配置的基本规则。也只有认识环境的资源特性,才能理解环境法存在的基本理由。

二、环境如何分类

环境是由各种物质所组成的综合体,我们通常将构成环境的物质单元成分称为环境要素,各种物质的组成形式是不同的。人在环境中生存,与环境发生着各种形式的联系,因此,人与环境的关系呈现着丰富性。法律在将人的环境活动纳入调整范围的时候,必然要按照法律的方法,首先对人与环境有关的行为进行界定,这种界定是建立在对环境分类基础上的。

1. 人类活动对环境的影响不同

根据人类活动对环境的影响程度,可以将环境分为天然环境和人为环境。天然环境又称自然环境,是指地球在发展演化过程中自然形成的、未受人类干预或只受人类轻微干预、尚保持自然风貌的环境,如野生动植物、原始森林等;人为环境又称人工环境,是指在自然环境的基础上经过人类改造或人类创造的、体现了人类文明的环境,如水库、道路、公园、城市等。这种分类法在斯德哥尔摩人类环境会议上公布的《人类环境宣言》最先采用,后为各国立法所接受,我国《环境保护法》就采用了这一分类。

2. 环境要素的性质不同

根据组成人类环境的各种自然要素的不同,可将环境分为大气环境、水环境、土壤环境、生物环境等。大气环境是指随着地心引力而旋转的大气层;水环境是指地球表面的各种水体,包括海洋、河流、湖泊、沼泽以及地表以下埋藏在土壤和岩石孔隙中的地下水等;土壤环境是指地球表面能够为绿色植物提供肥力的表层;生物环境是指地球表面除人类以外的其他所有生物。这种按环境要素所进行的分类,在解决环境问题方面具有重要意义,各环境保护单行法主要采用这种分类法,以便针对各环境要素的不同特点采取有效的保护措施。

3. 人类活动的范围不同

根据人类活动的环境范围不同,可将环境分为聚落环境、区域环境、地理环境、地质环境、宇宙环境等。聚落环境是人类聚居和生活场所的环境;区域环境是指占有一定特殊地域空间的环境;地理环境是由岩石、土壤、水、大气、生物等自然要素有机结合而成的自然综合体;宇宙环境是指大气层以外的环境。这种分类法将环境中的自然因素和人为因素综合加以考虑,是环境科学研究环境的发展变化规律的重要分类方法,也是环境法研究人类活动对环境的影响,研究环境法律行为的重要分类方法。

第二节 环境问题与环境保护

2005年3月,联合国在北京、伦敦、华盛顿、东京等全球八大城市同步发布《千年生态系统评估综合报告》。95个国家的1360多名科学家经过4年的研究表明,人类赖以生存的生态系统有60%正处于不断退化状态,自然资源的2/3已经被损耗。科学家们警告,未来50年,这种退化也许还会加剧,随之而来的生态系统突变将给人类带来巨大灾难。这是首次在全球范围内对生态系统及其对人类福利的影响进行的多尺度的综合评估,其目的是为政府提供可靠的地球生态系统变化的信息。这份报告是全球有史以来有关生态系统最全面和最深入的调查报告,报告尖锐地指出了人类发展账户上出现亏空,生态系统弹性降低且可能发生突变、生态破坏与贫困交织等严重问题。①

---

① 参见《人类欠下自然和子孙的巨债——〈千年生态系统评估报告〉全球发布》,载《国际瞭望》2005年第9期。

《千年生态系统评估综合报告》告诫我们：人类对自然资源不合理的开发利用致使生态系统，包括人类自己走到了危险的边缘。但是，地球的未来仍然掌握在人类自己手中。报告郑重地指出：只有依靠人类社会的力量才能缓解自然遭受的巨大压力；与此同时，我们还能够更合理地利用自然提供的服务，为所有人带来更高的生活水准。为达此目的，必须彻底改变所有决策层对待自然的方式，自然的弹性和丰富性不能再被理解为不可摧毁和用之不竭。[1]

一、环境问题的含义

一切生物包括人类在内都与环境进行着物质交换、能量流动与信息传递，这是一种复杂的相互作用关系。在生物的作用下环境会发生一定的变化，而环境一旦发生变化，生物也会随之变化。这种自然与生物的结合广泛地存在于整个地球范围内并产生不同的后果。

环境问题是一种不利的后果，它指各种因素的影响超过了生态系统的调节能力所引起的生态平衡破坏和环境质量变化。具体来说，其是指由于自然因素或人类活动的影响使环境发生了不利于人类的变化，以致影响人类的生存和发展，给人类带来灾难的现象。

1. 环境问题可以由不同的因素引发

环境问题可以由自然因素和人为因素引起。自然因素主要是指自然界发生的异常变化，如火山爆发、地震、洪水、冰川运动等等。这些因素可能在短时期内彻底破坏生态平衡，导致生态系统毁灭，人们将这类环境问题称为第一环境问题或自然灾害。严格说来，这类环境问题是人类无法控制的，其危害后果也难以估量，人类主要是通过采取预防措施来减少或避免对人类的生命财产产生重大的危害后果。因此，法律在这方面的作用也主要表现为对科学技术的促进以及预警机制、应急机制、救助机制、灾后重建机制的建立等等，我们通常将这类法律称为"防灾救灾法"，它是社会法的重要内容。

人为因素主要是指人类对环境的不合理开发、利用活动，包括污染环境和破坏环境的各种行为。人类在与自然的交往过程中不尊重自然规律，结果就是使环境产生各种不利于人类的变化，如空气污浊、河水发臭、噪声刺耳、森林锐减、草原退化、物种灭绝等等，我们将这类环境问题称为第二环境问题。由于这些问题都是人类活动而引起的，从理论上讲也是可以通过对人类活动的调整而减少或避免其发生的，同时还可以采取有效手段加以治理。对这类环境问题的控制措施主要是对人类的环境活动重新进行审视与评估，采取有利于环境的方式利

---

[1] 参见《人类欠下自然和子孙的巨债——〈千年生态系统评估报告〉全球发布》，载《国际瞭望》2005年第9期。

用自然环境、保持环境的生态平衡能力。因此,法律在这方面的作用主要表现为建立有利于环境的资源开发利用机制以及风险预防机制、生态保护机制、污染防治机制、法律责任机制等,我们通常将这类法律称为"环境法",这是我们要学习的主要内容。

上述两类环境问题存在着一定差别和联系。从产生的原因看,第一环境问题由自然因素引起,第二环境问题由人为因素引起。从影响的范围看,第一环境问题由于出现的频率不高和地域分布有限而对整个地球生态系统的影响不是很大;而人类活动量大面广,对环境的影响无时不在,无处不在,因而第二环境问题发生的数量多、影响范围大,问题十分严重,这也是环境法得以产生的最直接原因。

2. 环境问题的形式及后果

因人类活动所引发的环境问题可以有不同的表现形式并产生不同的危害后果,通常将其归结为两类,即环境污染和自然环境破坏。

环境污染是指人类活动向环境排入了超过环境自净能力的物质或能量,从而使自然环境的物理、化学、生物学性质发生变化,产生了不利于人类及其他生物正常生存和发展的影响的一种现象。环境污染产生的主要原因是人类对资源的不合理利用,使有用的资源变为废物进入环境而造成危害。环境污染有不同类型:按环境要素可分为大气污染、水污染、土壤污染等;按污染物的性质可分为生物污染、化学污染和物理污染;按污染物的形态可分为废气污染、废水污染、固体废物污染、噪声污染、辐射污染等。

自然环境破坏是指人类不合理地开发利用自然环境的一个或数个要素,过量地向环境索取物质和能量,使它们的数量减少、质量降低,以致破坏或降低其环境效能、生态失衡、资源枯竭而危及人类和其他生物生存与发展的一种现象。自然环境破坏的主要原因是人类超出环境生态平衡的限度开发和使用资源,破坏自然环境的再生能力或平衡能力。自然环境破坏也有不同类型:如水土流失、森林覆盖率急剧下降、草原退化、土壤贫瘠化、水源枯竭、气候异常、物种灭绝等。

环境污染和自然环境破坏都是人类不合理开发利用环境的结果,过量地掠夺自然环境造成自然环境破坏,将过量索取的物质和能量不加以充分利用而使其成为废物进入环境又会造成环境污染,因此,环境污染和自然环境破坏是不能截然分开的。两者互为因果,严重的环境污染可以导致生物死亡从而破坏生态平衡,使自然环境遭受破坏;自然环境的破坏则又会降低环境的自净能力,加剧污染的程度。环境污染与自然环境破坏的互相联系、互相作用,是环境法要解决的主要课题。

因人类活动引发的环境污染和环境破坏所造成的对不特定多数人的损害,通常被称为公害。环境法上的公害以人的活动为基础,以区域性的或对不特定多数人的生命或财产损害为界限,以环境污染和环境破坏为媒介,是环境污染和环境破坏的人身或财产损害后果,是与环境污染和环境破坏相关却又不完全等同的概念。

二、环境问题的历史变迁

"一个猎人露宿在大平原上,一堆小小的篝火给他带来了闪烁不定的光明和时断时续的温暖。一缕轻烟融入浩瀚晴朗的夜空。第二天,猎人起身离去,身后留下灰烬、残羹剩饭和他的粪便。走出10步之遥,这些就从他的视线和嗅觉中消失了……他向着地平线继续前进,去寻找新的猎物。"[①]直到今天,人类一直奉行着这种牧童思想,仿佛大自然提供的一切资源都是取之不尽、用之不竭的。地球上还有超出他们居住区域以外的地方,有许多边疆可以去开发,这儿污染了,还有别处,人类像一群暴徒瓜分着地球,把一个美丽的地球弄得破烂不堪。各国人都以为把"东西"拿回家才是收获,殊不知许多自然界的东西须放在原处对人类的生存才最为有益。"假如我们把生命在地球上已经存活了30亿年缩短为一天(即24小时)的话,那么'人'在这里经过的时间似乎不到半分钟。我们知道人类同其他生物共享地球这个行星才是过去24小时的几秒钟。然而在这几秒钟内,人类已经直接地滥用了数百物种并使之濒临灭绝的境地,如此激烈地改变了地球的环境,以致数千个物种濒临危机。这样就打乱了或者严重破坏了自然界错综复杂的平衡,使大多数物种都受到严重影响。"[②]

环境问题是人与环境对立的结果,其产生有一定的必然性。一方面是人在有目的地改造和利用环境;另一方面是环境以其固有的规律在运动,会对人类产生反作用。但人类对自然规律的认识水平在一定时期内存在着局限性。因为种种限制,人类不可能完全认识环境的发展变化规律,尤其是不能正确地预见人类活动对环境远期的、间接的影响,由此引发了人对环境的利用过程与自然环境的演变规律之间的矛盾。加之人作为社会性动物,人类社会的发展不仅受到自然因素的制约,还要受到生产方式、发展模式、传统文化等社会因素的影响,使得环境问题与经济制度、文化传统乃至政治制度相联系,呈现出纷繁复杂的关系。可以说,环境问题自人类出现以来就开始存在,它经历了漫长的发展历程,但由于多种社会、经济的原因而显现出不同的特征。纵观人类发展的历史,环境问题的历史变迁大致可以分为两个大的阶段,其中又可分为若干小的时期。

(一)局部环境问题阶段

人类能够直立行走的时候,就产生了从环境中获得改善生存条件的基本物

---

① 〔美〕A.柯尼司:《经济学与环境》,马中译,生活·读书·新知三联书店1991年版,第122页。
② 〔美〕A.W.哈尼:《植物与生命》,石树德译,科学出版社1984年版,第1页。

质的需要。人类要发展,要不断满足各种需求的增长,就必须从事生产活动并且不断扩大生产规模,这些行为必然会对环境造成影响。环境问题是随着人类社会的产生而产生、随着人类社会的发展而发展的,具有绵长而悠远的历史,一开始表现为局部的环境污染和破坏,其间又可以分为三个时期:

1. 萌芽期

原始社会,人刚刚从动物中"离家出走",他们的大脑还不够发达、心智也远未成熟,对自然的敬畏之心俱重。此时人类与环境的关系主要表现为人类对环境的适应,人的生存方式是穴居树栖,以野生动植物为食,使用的工具主要是石器。人的劳动也主要是原始采集和捕猎活动,生产能力极为有限,对环境的干预和影响极弱,基本上靠自然的恩赐度日。这一阶段,也许还不存在今天意义上的环境问题。但随着生产力的进一步发展,人类改造自然的能力得到加强,也出现了环境问题的萌芽,如在人类聚居区周围过量采捕野生动植物等。总的来看,在原始人类时期,人口的数量、生产力水平、社会发展都极为有限,人类对环境的影响尚未超出自然环境的调节能力,未对环境造成危害后果。但远古人类留给我们的许多遗产,如埃及金字塔、玛雅文化等也使我们看到了祖先们非凡的能力与改造自然的力量。

2. 发展期

人类进入农牧业社会以后至18世纪60年代产业革命以前,是环境问题的发展时期。这一时期,人类已经认识了许多的自然规律,铁的使用使人对环境的改造能力大大增强,人的生活方式也发生了巨大的变化。人们结庐而居,为从环境中获得更多的生活资料,开始了开垦荒地、放牧牲畜、人工育种、驯化野生动物等改变自然的活动,并向环境排放人类的代谢产物及农牧业废物。随着农牧业经济的不断发展、人口增加、城市的出现和扩大,逐步出现了以下现代意义上的环境问题:

一是人类为获取丰富的食物而在人类居住区周围大量开垦土地,破坏天然植被,导致了森林破坏、草原退化以及严重的水土流失,最终形成沙漠或土壤肥力极低的荒地,使局部地区的自然环境遭受严重破坏,有些至今也未恢复。如古代两河流域、古希腊、阿尔卑斯山南坡、古巴以及我国的黄河流域等。虽然这些问题在当时发生的区域并不是很多,范围也不很大,在人口不多的情况下,尚未构成对人类的威胁,但这些破坏的后果却难以逆转。伴随着我们今天生活的黄土高原、美索不达米亚沙漠在以自然特有的方式告诉我们:当时那些为了得到耕地而砍伐森林的人们,做出了怎样的蠢事——他们的子孙后代再也不可能见到"风吹草低见牛羊"的情形,而是遥遥无期地承受着失去草原、森林的种种艰难。

二是由于出现了人类的聚居区——城市,环境污染问题显现,有些甚至发展到一定程度。城市作为特殊的生态系统,其功能结构不合理,环境自净能力极为有限。在一些早期形成的城市中,因人口拥挤、生活废弃物增多使城市生活环境恶化,出现了较为集中的环境污染,主要是水污染、固体废弃物污染和噪声污染。如我国的长安城在 10 世纪左右因水污染严重而被迫迁向西南,美国的洛杉矶在 16 世纪中期被称为"烟湾",而罗马城则有"死人也能被吵活"的说法。这时污染虽已出现,但总的来看影响的范围不大,当时的人口、城市数量都有限,人类以为可以通过迁徙解决污染问题,因而并未予以足够重视。

3. 爆发期

自 18 世纪 60 年代蒸汽机的发明开始至 20 世纪 60 年代,是环境问题的爆发期。这一时期,科学技术迅猛发展,从大机器出现开始,生产力水平迅速提高,人类对于自然环境的认识能力和开发能力都达到了空前程度,对于自然的态度也发生了巨大的变化。已经取得的对自然环境改造和利用的成就使人类盲目自信起来,以为自己可以主宰自然、呼风唤雨。于是,人类采取了许多"敢叫山低头、敢让水倒流"的行动。对自然资源进行掠夺式的开发,大规模的垦殖、采矿以及森林采伐使得局部地区的自然环境受到严重破坏;将环境作为天然垃圾场,毫无顾忌地向自然排放废弃物,城市和工业区的环境污染日益严重,迅速超过了自然环境破坏的速度。化学工业尤其是有机合成化工业生产了大量的化学品,人工制取的化学品的种类与年俱增,其中不少是有毒、有害及难以降解的物质。这些物质进入环境,在环境中扩散、迁移、累积和转化,或通过食物链进入人体,或在特定气候条件下造成危害,最终损害人体健康,威胁人类的生存和发展,成千上万的人被环境污染夺去了生命。在 20 世纪 30 年代至 60 年代,发生了马斯河谷事件、多诺拉烟雾事件、伦敦烟雾事件、水俣病事件、四日市哮喘事件、米糠油事件、痛痛病事件、洛杉矶光化学烟雾事件等严重的公害事件。① 莱茵河、泰晤士河变成了鱼虾绝迹的臭水沟;爱尔兰海上成千上万只海鸟因多氯联苯中毒而死亡;南极大陆上的企鹅体内检出 DDT;格陵兰冰盖层中,铅和汞的含量在不断上升……许多有害物质进入人体及生物体内还会产生潜在的和远期的危害。

(二)全球性环境危机阶段

20 世纪中叶严重的环境污染和破坏以及其所引发的人类健康受害和社会问题,使人们警觉起来,许多污染严重的国家开始了对污染的治理,并取得了一定的成效,局部地区的环境质量得到改善。但从世界范围来看,环境问题不仅没有解决,而且还在不断恶化:局部地区的问题突破区域和国家的疆界演变成为全球性的问题;暂时的问题相互贯通、相互影响演变成长远问题;潜在的问题进一步恶化蔓延演变成为公开性问题。到 20 世纪 70 年代末 80 年代初,全球性的环

---

① 我国学者将以上环境污染事件合称为"八大公害事件",由于 20 世纪 80 年代又发生了一系列新的公害事件,为示区别,又将它们称为"旧八大公害事件"。

境危机开始出现,更为严重的环境污染和更大范围的生态破坏事件频繁发生,出现了所谓的现代环境问题。在当今,人们所严重关切的现代环境问题有:

1. 酸雨

素有"空中死神"之称的酸雨,是远距离大气污染的结果。酸雨通常是指PH值小于5.6的雨雪或以其他方式形成的大气降水。产生酸雨的原因主要是矿物燃烧和冶炼过程中的硫和氮的氧化物排入大气层,在空气中与水汽化合生成硫酸和硝酸,随大气降水降落到地面。酸雨对人类环境的危害表现为多种形式,它可使土壤、湖泊、河流酸化,影响水生生物的正常生长;它妨害植物的生长;它腐蚀建筑材料、金属结构、油漆等,使古建筑、雕塑像损坏;它污染湖泊、河流及地下水,使作为饮用水源的水中金属溶出,直接影响饮用者的健康。早在20世纪80年代,科学家们估计,欧洲各国森林、湖泊和农作物受酸雨危害的损失每年超过13亿美元,瑞典和挪威南部以及美国东北部的许多湖泊已成为无鱼的死湖,仅以瑞典为例,其18万多个大中型湖泊已经酸化,其中的4000个酸化严重。[①] 目前,世界上有三大酸雨中心,它们是斯堪的纳维亚地区、欧洲大陆和北美。此外,印度局部、日本列岛以及我国的长江以南地区酸雨也比较严重。

2. 臭氧层破坏

臭氧层被称为地球的保护伞,是指距离地球表面10至50公里的大气层中由臭氧构成的气层,其主要功能是吸收来自宇宙的紫外线,使地球生物免受紫外线辐射的危害。20世纪人类开始大量使用高度稳定的合成化合物,空调、冰箱、工业溶剂、航空航天用制冷剂、喷雾剂、清洗剂中所含的氯氟烃化合物挥发出来,通过复杂的物理、化学过程与臭氧发生化学反应,最终将其摧毁。1984年,科学家首先在南极上空发现臭氧层空洞——南极上空的臭氧层已经没有了,后来在北极上空也发现了臭氧层空洞。臭氧层破坏的直接后果是太阳辐射的紫外线可以长驱直入,使人类遭受紫外线的危害。科学家证实:大气中的臭氧每减少1%,照射到地面上的紫外线增加2%,皮肤癌的发病率增加约4%。此外,臭氧层的变化还会损害人的免疫系统,使人罹患白内障和呼吸道疾病的可能性增大。臭氧层变化也会损害海洋生物,阻止植物生长。臭氧层破坏也是影响全球气候变化的一个重要因素。

3. 温室效应及全球气候变化

地球表面的温度及气候由太阳辐射决定。长期来看,地球从太阳吸收的能量与地球和大气层向外释放的辐射能应该平衡。如果地球向外释放能量的一部分由大气层气体吸收再反射回地球,就会减少地球向外层空间的能量净排放。为了维持全球的能量平衡,大气层和地球表面将变得越来越热,甚至外放的能量

---

① 《中国大百科全书·环境科学》,中国大百科全书出版社1983年版,第372—373页。

等于进入的能量,这就是温室效应。人类活动大量排放的二氧化碳使地球变成了一个大"暖房"。自然界中主要的温室气体有二氧化碳、水蒸气、甲烷、一氧化氮和臭氧。自工业革命以来,矿物燃料使用量大幅度增加,而森林遭受了严重破坏,地球上的二氧化碳天然储备库丧失,温室气体的浓度迅速增加。温室效应可能使全球气温升高。据科学家们计算,二氧化碳浓度增加一倍,将会使全球平均温度增加 1.5℃—7℃,高纬度地区增加 4℃—10℃。这样迅速升高的温度将会引起地球上的冰川融化,导致全球海平面上升,使许多沿海城市遭受灭顶之灾。此外,温室效应也可能引起全球气候变化。

全球气候变化是一个十分复杂的问题,科学家们经过大量观测,认为温室效应是引起气候变化的一个重要原因。科学家们确定:过去一百年来地球表面温度已上升了 0.3℃—0.6℃。[①] 根据联合国气候变化政府间气候变化专门委员会(IPCC)第五次评估报告(AR5),气候变暖是确凿无疑的科学事实,而人类活动很可能(95%以上)导致了近 60 年以来全球平均气温的升高。[②] 虽然对全球气候变化的成因及后果,科学家之间还存在分歧,但对于全球气候变化将给人类造成严重的社会经济问题却是共识。

4. 突发性环境污染事故

人类进入 20 世纪 80 年代以后,污染事件大量发生,据英国核能安全局统计,全世界平均每年发生二百多起严重的污染事故。其中影响范围大、危害严重、引起世界瞩目的有意大利塞维索化学污染事故、美国三里岛核电站泄漏事故、墨西哥液化气爆炸事件、印度博帕尔农药泄漏事件、原苏联切尔诺贝利核电站泄漏事故、瑞士巴塞尔赞多兹化学公司莱茵河污染事故[③]等。这些污染事故发生突然、污染范围大、危害严重、损失难以估算,受害者不仅有污染源所在国居民,甚至影响到不少邻近国家。如切尔诺贝利核泄漏事故使欧亚两大陆近半个地球遭受放射性尘埃的危害。更为严重的是,这些突发性污染事故的危害持续时间长,危及子孙后代的健康,如印度博帕尔农药泄漏事件的受害者所生育的子女中就有先天性双目失明者。这些危害后果是以前的污染事件所不能比的。

5. 大规模的生态破坏

生态破坏在全世界范围内均有发生,但后果俱深俱重的当推持续了多年的非洲大灾荒。非洲大灾荒的产生固然有自然因素如气候、地理条件的影响,但专家们普遍认为:这场灾荒是"天灾加人祸",大面积森林破坏、农业和人口政策失误,滥伐、滥耕、滥牧是更为主要的原因。大灾荒从 20 世纪 60 年代末初显端倪,

---

① 钟述孔:《21 世纪的挑战与机遇》,世界知识出版社 1992 年版,第 26 页。
② See Thomas Stocker, Qin Dahe, Gian-Kasper Plattner(eds.), *Climate Change* 2013: *The Physical Science Basis*, IPCC, Stockholm, Sweden, 2013.
③ 曲格平:《中国的环境资源管理》,中国环境科学出版社 1989 年版,第 101—104 页。

到70年代末、80年代初急剧恶化,有36个国家遭受灾害,数以百万计的人被饿死,危害后果历史罕见。人类不合理利用自然所造成的恶果通过联合国组织发布的各种图片展现在我们眼前——被毁的原始森林、如火的骄阳下干裂的土地、皮包骨头的孩子、等待救援时饥饿的大眼睛……它们的背后是一串恶性循环:人口激增,加剧了毁林、毁草和水土流失;生态破坏的结果更导致生物生产量的减少,生活愈加贫困,生存条件愈加得不到保障。

上述事实表明:世界环境问题有了新的发展,不仅老的环境问题在以新的形式出现,如大气污染造成酸雨;而且还在产生全新的环境问题,如环境事故。现代环境问题大致可分为全球性环境污染、严重的环境污染事故和大规模生态破坏三类。有的学者将前述六件突发性污染事故加上全球大气污染和非洲大灾荒合称为"新八大公害事件"。比较新旧公害事件,二者确有显著的区别:

旧的公害事件大都是污染对人体健康的危害,污染源主要来自工业生产;新的公害事件既包括对人体健康的影响,又包括对生态环境的破坏,污染源除了工业生产以外,还包括社会生活、交通运输、开发活动乃至政府决策等多方面的人类活动。

旧的公害事件大都局限在一个比较小的范围之内,危害规模不大,危害的时间也相对短暂;新的公害事件则是危害范围大、持续时间长,并且后果严重。

旧的公害事件大多为单个环境要素受到影响而产生的危害后果,且污染物累积的时间有限;新的公害事件则表现为长期环境污染的综合效应,是对环境更深更广的危害。

旧的八大公害事件从1930年马斯河谷事件至1968年米糠油事件,前后经历了38年时间;新的八大公害事件则发生在20世纪70年中期到80年代初的不到10年的时间内,公害发生的频率在加快。

旧的公害事件都发生在发达国家;新的公害事件已经扩展到了广大发展中国家。在某种意义上说,发展中国家现在面临的环境问题,是比发达国家的环境污染问题更大、更难解决的环境问题。

环境问题的新发展告诉我们:在现代,环境问题及其危害已经超越国界而成为各国无法回避的共同问题,解决这些问题需要各国的共同行动;否则,将造成难以挽回的严重后果。

三、环境保护

在1972年《人类环境宣言》之前,面对环境危机,人们对未来的预测有两种截然相反的思路:要么悲观绝望,要么盲目乐观。前者以著名的罗马俱乐部为代表,其于1972年发表研究报告——《增长的极限》,探索了全球关切的五个主要趋势:加速工业化、快速的人口增长、普遍的营养不良、不可再生资源的耗尽、环境的恶化。该报告认为:"如果在世界人口、工业化、污染、粮食生产和资源消耗方面以现在的趋势继续进行下去,这个行星上增长的极限有朝一日将在一百年中发生。"[1]因此,他们选择了"零增长",要人们"回到自然去"。后者以美国的未来研究所为代表,他们也发表了自己的研究报告——《世界经济发展——令人兴奋的1978至2000年》,认为所谓增长的极限是虚幻的,随着经济和技术的不断进步,人类终将走出目前的危机,从而实现没有极限的增长。人类在不讲环境保护的情况下已生存了几百万年,今后也仍会生存下去,车到山前必有路,大可不必为一点环境问题惊慌失措,杞人忧天。

1972年,联合国召开了第一次人类环境会议,通过了《人类环境宣言》。该宣言在扬弃这两种观点的基础上,提出了对环境问题的新认识:人类既是环境的产物,又是环境的塑造者;现代科学技术的发展,提高了人类认识和改造环境的能力,人类只要对这一能力善加运用,便可以使环境与经济协调发展,关键在于人类必须正确地认识客观规律,认识环境问题产生的根源,摆正人类在自然界中的地位,同自然协调发展。

环境问题是人类社会发展过程中产生的问题,也应该在发展的过程中加以解决。但也必须清醒地看到,自然规律的作用与人类认识水平之间的距离是存在的,环境问题不可能有一劳永逸的解决方法,人类只有在不断提高对自然规律认识水平的情况下,随着经济和社会的发展不断采取适当的防治措施,以求环境、经济与社会发展的协调。正因如此,老的环境问题解决了,新的环境问题还会出现,人类面临的环境形势依然严峻。而环境问题的解决,又与人类的认识水平、科学技术发展水平、社会经济发展水平等多种因素息息相关。这就需要我们既看到环境问题的严重性,又从经济和社会发展的角度谋求环境问题的解决,认识和运用客观规律,采用各种科学技术的研究成果,弄清环境问题与经济发展、社会发展的关系,将环境的考虑贯穿到社会生产的每一个阶段和步骤,采取适当的方式管理环境,进行环境保护。

环境保护是指为保证自然资源的合理开发利用、防止环境污染和生态环境破坏,以协调社会经济发展与环境的关系、保障人类生存和发展为目的而采取的行政、经济、法律、科学技术以及宣传教育等诸多措施和行动的总称,是人类针对环境问题而提出的积极对策。

环境保护作为一个较为明确和科学的概念,是在1972年联合国人类环境会议上提出来的。环境问题出现之初至20世纪五六十年代污染严重时期,在西方国家产生了反对污染的社会运动,当时人们认为环境保护就是大气污染、水污染

---

[1] 〔美〕丹尼斯·米都斯等:《增长的极限——罗马俱乐部关于人类困境的报告》,李宝恒译,吉林人民出版社1997年版,第17页。

的控制以及废物的处置,并认为环境污染只是局部地区的问题。《人类环境宣言》在分析了当代的环境问题,全面阐述了人口、资源、环境和发展的关系后,提出了全球环境保护战略。人类环境会议及其宣言都明确指出:环境问题不是局部问题,而是全球问题;不仅是技术问题,更主要的是社会经济问题。换言之,环境保护是一项事关全局的工作,是社会经济工作的重要组成部分。

随着现代社会的发展,人的物质需求不断增长,导致对自然资源的开发和利用不断扩大,排放到环境中的废物也日益增加,人类发展和自然环境之间的相互影响日益加强。在此意义上,环境保护的任务就是保护人类发展和生态平衡。世界各国针对本国的环境问题,采取了一系列重大的保护措施,如建立环境管理机构,加强环境保护的科学研究,制定环境法律法规等。纵观世界各国的环境保护工作,内容各不相同,但归纳起来,主要包括两个方面:一是保护和改善环境质量,保护人体健康,防止人类在环境的不良影响下产生变异和退化;二是合理利用自然资源,减少或消除有害物质进入环境,同时也保证自然资源的恢复和扩大再生产,以利于人类生命的延续与再生产。

环境保护是人类调整自身与自然关系的一项具有深远意义的战略转变。人类从自然的惩罚中开始冷静地反思过去,懂得了保护环境的必要性和重要性;并逐步收敛了对待自然的傲慢态度,采取对策,限制破坏、治理污染,使环境保护在局部地区、某些方面和领域中取得了一定进展。但从整体上看,消除污染、改善环境质量的程度距人类所设定的环境目标还相差很远;一些污染的形成机理还不清楚,解决某些具体环境问题时往往与总体环境质量产生矛盾;关于自然环境在人为影响下对人类社会的反作用还难以作出可靠的预测等。这些都表明:环境保护是一项十分复杂而艰辛的工作,尚需我们做出不懈的努力。

第三节　生态文明与环境法治

环境法是为解决环境问题、实行环境保护而产生的一类新型法律,它是人类进入到生态文明阶段出现的新兴法律现象,也是法治进步的重要标志。因此,学习环境法,必须首先了解人类文明发展与法治的关系,理解环境法产生的法治背景。①

一、生态文明与法治的历史考察

1. 农业文明时代有法律而无法治

文明作为人类文化发展的成果,是人类改造世界的物质和精神成果的总和,

---

① 参见吕忠梅:《中国生态法治建设的路线图》,载《中国社会科学》2013年第5期。

是人类社会的整体进步状态,包括文明的理念、文明的制度、文明的运行三个部分。法律的起源与文明的出现相伴随,"法律和一定时间、空间的文明密切联系,从过去看,法律是文明的产物;从现在看,法律是维护文明的手段;从将来看,法律是推进文明的手段"①。

文明不同于文化,是文化发展到一定阶段的产物。② 文明是人类发展到一定时期所形成的,在生产、生活、交往方式等方面具有特定特征的社会形态。③ 历史学家认为,文明的产生有几个明显的标志——城市、文字、冶金术等技术、宗教建筑和艺术。④ 按此标准,人类文明产生于公元前 3500 年左右的新石器时代晚期后段结束之后。⑤

人类最初是生活在森林中的灵长类动物,在采集和狩猎为生的过程中,逐渐认识了植物的生长过程并开始模仿森林的生产作用,衍生了农业。灌溉技术、冶金技术、畜力的使用、犁的发明、风能的利用、车轮的出现等等,使人类改变自然的能力不断增强。人口的增长、食物的剩余和社会财富的积累,社会开始有能力供养祭司、士兵和官吏,也出现了最初的社会分工,一个复杂的新社会产生——这一新的社会中,生产关系以及社会关系、社会交往、社会行为都比原始社会更加复杂,需要有更加严密的社会结构、社会组织和社会规则才能保持有序。当"每一个社会相对地进步到类似的情况"⑥时,世界上出现了最早的法典——汉谟拉比法典、十二铜表法、秦律……这些来自不同国家、或简单或繁琐的法律与原始社会规则具有根本性的区别:社会调整从个别性、偶然性和任意性进入了普遍性、共同性和规范性;从自发性进入了自觉性;从习惯同宗教、道德规范混溶,权利与义务不分,进展到分化发展而形成法律规范。⑦ 正如恩格斯所指出的:"在社会发展的某个很早的阶段,产生了这样一种需要:把每天重复着的产品生产、分配和交换用一个共同规则约束起来,借以使个人服从生产和交换的共同条件。这个规则首先表现为习惯,不久变成了法律。"⑧

这种以农耕生产为社会物质资料来源的社会形态,"它是森林与人类之间角色的错位产物"⑨。这时,人类是生态系统居民⑩,人们基本上生活在一种至多是

---

① 参见沈宗灵:《现代西方法理学》,北京大学出版社 1992 年版,第 255 页。
② 文正邦:《论法治文明》,载《现代法学》1998 年第 2 期。
③ 张恒山:《论文明转型——文明与文明类型》,载《人民论坛·学术前沿》2010 年 11 月(中)。
④ 〔美〕斯塔夫里阿诺斯:《全球通史——1500 年前的世界》,吴象婴、梁赤民译,上海社会科学出版社 1999 年版,第 105—106 页。
⑤ 张恒山:《论文明转型——文明与文明类型》,载《人民论坛·学术前沿》2010 年 11 月(中)。
⑥ 〔英〕梅因:《古代法》,沈景一译,商务印书馆 1959 年版,第 9 页。
⑦ 文正邦:《论法治文明》,载《现代法学》1998 年第 2 期。
⑧ 《马克思恩格斯选集》第 3 卷,人民出版社 2012 年版,第 260 页。
⑨ 〔韩〕全京秀:《环境·人类·亲和》,崔海洋译,贵州人民出版社 2007 年版,第 75 页。
⑩ 余达忠:《生态文明的发生学诠释》,载《三明学院学报》2009 年第 1 期。

两到三种生态系统中,直接依赖生态系统而生存,与自然有着亲密的联系,对自然充满敬畏和神秘感。由于技术的相对不发达,人类与自然之间总体上是一种顺应的关系,自然生态系统能在整体上维持平衡。这个时期所产生的法律,最迫切的任务是处理以前氏族社会里从未有过的、复杂的社会关系,以求获得对自然改造的更多更好的成果。因此,"身份法"占据主导地位,以适应君主政体的需要;刑法的相对发达,以满足维持社会基本秩序的需要。虽然我们可以见到一些农业文明时期涉及人与自然关系的法律条文或制度,但其目的也绝非为了保护生态环境。这是一个有法律而无法治的时期。

从世界范围来看,中国是农业文明发展最为成熟、最为完善,也是持续时间最长的国家[1],至今还保留着农业文明的相当一部分特征。以历史演进的角度看中国的现代化建设,实际上是文明的转型。在此意义上,建设社会主义法治国家,还是一项尚待完成的任务。

2. 工业文明时代有法治无生态

随着科学技术的进步,生产力水平进一步的提高,自16世纪起,西欧尤其是在英国开始发展工业文明,形成了一种不同于传统农耕文明的生产生活方式、社会组织方式。工业文明不仅比农业文明有更高的生产效率,改造自然的规模与能力大幅度提高;而且创造了比农业文明更有效、更公正的社会管理组织、管理制度和体系,并提出了能更广泛地得到社会认同的价值观念——平等、自由、天赋权利、人身和财产不可侵犯、国家权力应当受到约束等。法治观念及法治国家由此而生。权力制衡与约束政体出现,个人主义成为最高价值,法律完成了"从身份到契约"的巨大转变,农业文明时代的"人法"地位被"物法"所取代;产生了宪法、行政法等以约束公共权力、保障个人权利为目的的法律领域;国际法、国际贸易法日臻完善。

较之于农业文明,工业文明使人类由生态系统居民变成了生物圈居民[2],人们可以利用整个世界范围内的各种生态系统来满足其生活需求,一种资源枯竭或受到破坏之后,可以转向其他资源。生物圈居民不仅不需要保护生态系统,而且更有可能造成掠夺式开发利用。而此时的法律对于这种态度是极力支持,对于掠夺式开发利用的行为予以充分肯定的。法治观念中更是将人的社会性凸显到极致,轻视甚至忽视人的生物性;自然环境被定位为法律的客体,成为人占有、支配的对象,法治的辞典中没有生态。

不可否认,工业文明带来了科学技术的飞速发展、经济资本的大力增加、社会物质财富的空前积累,人类改造自然取得了辉煌的成果。但是,经过200到

---

[1] 张恒山:《论文明转型——文明与文明类型》,载《人民论坛·学术前沿》2010年11月(中)。
[2] 余达忠:《生态文明的发生学诠释》,载《三明学院学报》2009年第1期。

300年的发展,这种以技术为主导、追求个人利益最大化为目标、以消耗自然资源和污染环境来实现财富增长和经济发展的文明,使人类社会面临巨大的危机。"人口过多和环境恶化正在世界各地发生,它使得自然栖息地越来越小,生物多样性不断下降。现实世界是被市场经济和自然经济同时控制着的,人类正和剩余的生物作最后一次斗争。如果人类再继续把自己的意志强加于这个世界,那么,赢得的只是一次卡德摩斯式的'胜利':先失去了生物圈,然后整个人类也将不复存在。"[1]

对工业文明的反思在20世纪早期出现,重点是重新认识人与自然的关系,质疑"经济人"理性,探究"文明人跨越过地球表面,在他们的足迹所过之处留下一片荒漠"的原因。[2] 20世纪30年代,英国学者坦斯勒提出了"生态系统"的概念,各种以"生态"命名的思想观念涌现,"生态学"成为一个学科,引发了人类生产方式与生活方式的变革。自20世纪中叶开始,在西方国家,尤其是美国、欧洲开始产生了政治生态化、法律生态化、社会生态化思潮,生态伦理、环境法产生,反公害运动、环境正义运动出现,环境保护执法机构、环境保护社团成立,一种新的社会形态——生态文明正在形成。法治与生态的联姻,是这种文明的一个重要标志。

当今中国,正处于发展社会主义市场经济、全面建成小康社会的关键时期,面临着文明转型的巨大机遇与挑战。"每逢挑战引起卓有成效的应战,而应战接着又引起别的不同性质的挑战时,文明就生长起来了。挑战引起应战。应战一方面是对于挑战的有效反应,另一方面又是产生新的挑战的有益根源,而这种新的挑战,又要求不同的应战。"[3]如果说,中国全面实现小康社会的伟大进程,是要完成中国的文明转型,那么,法治国家建设与生态文明建设则是这个转型中必须完成的任务。

二、生态文明时代的法治建设

农业文明产生法律,工业文明孕育法治。建设生态文明,首先面临的问题是如何对待过去的文明成果。具体到法治领域,则为与生态文明相适应的法治系统应如何建立。中共十八大报告指出:"面对资源约束趋紧、环境污染严重、生态系统退化的严峻形势,必须树立尊重自然、顺应自然、保护自然的生态文明理念,把生态文明建设放在突出地位,融入经济建设、政治建设、文化建设、社会建设各方面和全过程,……"这表明,中国要将生态文明建设与其他四个文明建设同步

---

[1] 〔美〕爱德华·威尔逊:《生命的未来》,陈家宽等译,上海世纪集团出版公司2005年版,第60页。
[2] 姬振海:《生态文明论》,人民出版社2007年版,第16页。
[3] 〔英〕汤因比:《历史研究》(下),曹未风译,上海人民出版社1986年版,第334页。

推进,既不走西方国家先污染后治理的老路,也不走停滞不前的绝路。这种思想体现在法律上,就是并非全部否定已有的法律制度与法律体系,而是要为法律注入生态文明的活力。实现这一任务,最重要的是确立生态法治的基本理念,并将其纳入立法、执法、司法和守法全过程,形成全社会一同遵行的价值追求。

生态文明的核心是尊重自然、与自然和谐共生的良性发展,它是人类对工业文明反思的结果。建立在工业文明基础上的法治社会,以经济理性为基础,形成了个人主义的法律价值观,其所确立的绝对所有权、契约自由、自己责任原则,以及法律只关照人的社会属性、割裂人的社会性生存方式与生物性生存方式的思维,导致了严重的生态问题。生态文明时代,需要以新的理性为基础,形成新的法律价值观。这种新的法律价值观以生态理性为基础,强调整体主义,综合考虑人与自然的和谐关系,注重人的社会性生存方式与生物性生存方式的协调,以可持续发展、公共利益保护、社会责任为原则,是对工业文明时代法治理念的革命。

1. 生态理性拓展法律的价值观

生态理性产生于对生态系统与生态规律的认识,是对生态环境的科学认知能力。[1] 其关键在于辨识是否处于"生态安全"[2]状态,并根据现实情况做出正确决策,及时调整人的行为。一般认为,生态理性包括生态意识和生态智慧两个方面的内容。

生态意识是指人类善待自然、善待环境、对生态危机觉醒的观念。这种意识能够使人正确对待人与自然的关系、关注生态保护、在发展经济的同时注重生态效益,而且能够从生态的角度对待他人的经济行为,积极宣传并营造一种生态氛围。[3] 作为人对生态问题的根本认识,生态意识具有深化人的理性的意义[4]:首先,它不是从个人的、局部的、眼前的利益出发来引导人们保护生态安全,而是从人类的角度、整体和长远利益的高度来阐发保护生态安全的道德责任,反对在生态问题上出现的各种形式的利己主义。其次,它不是从纯粹的功利角度来阐发人对自然的依赖性,而是更加强调从人之为人的本质内涵上诠释人与自然和谐的根据;因而在它的视野中,生态问题的解决不是一种人类生存的某一特定阶段上用来应付特殊生存境遇的权宜之计,而是一种根本的生存原则。再次,它不是只在观念的层面上来强调保护生态安全的意义和价值,而是更强调在科学的观念引导下,提高人们保障生态安全的实践水平,即实现"知行合一"。

---

[1] 胡军、蔡学英:《"经济人"与"生态人"的统一》,载《湘潭大学社会科学学报》2002年第5期。
[2] "生态安全"是生态学的概念,意指生物在地球漫长的生物与环境协同进化过程中形成的、其生存所必需的特定的气候、温度、湿度、光照通量等生态条件均处于稳态。"生态安全"是生物圈保持生态平衡的基本要求。
[3] 胡军、蔡学英:《"经济人"与"生态人"的统一》,载《湘潭大学社会科学学报》2002年第5期。
[4] 王左军:《时代呼唤理性生态经济人》,载《中国林业》2002年第8期。

生态智慧是生态意识与生态知识相结合而显现出来的生态评价与判断能力以及决策能力。一方面,生态智慧意味着人在生物圈——社会共同体中自觉地尊重与保护自然的观念并对其行为的生态道德进行反思和评价,把保持生态平衡作为一种人生责任。另一方面,生态智慧意味着人具备与其职业活动及生活方式相应的生态环境知识,既能对一切与环境有关的事物做出符合生态学的评价,又能在某一活动的经济价值与生态价值发生冲突和矛盾时,做出正确的决策。

生态理性告诉我们,生态环境是一个系统,既是具有不可分性的公共资源,还是具有多功能、多价值的资源。任何个人对生态环境的开发利用行为所产生的后果都不仅仅归属于他自己,它包括了影响者与被影响者、人与自然、当代与未来。因此,个人的行为必须受到整体公平与正义的约束。

生态理性是一种建立在对人与自然关系整体性认识基础上的价值观,以这种价值观为基础的法律,必然超越个人的、局部的、眼前的经济利益,将人类的、长远的、整体的利益纳入法律的考量。也正是这种理性,催生了不同于个人主义价值追求的新型法律——环境法,引发了全球的法律革命。

2. 可持续发展观为生态法治提供伦理支持

工业文明时期,科学技术的产生和发展以及人文主义思潮的兴起,人类建立了以人为中心的知识体系和技术体系,核心观念就是征服自然、主宰自然,摆脱自然对人的奴役。其发展观基本上是一种"工业化实现观",它以工业增长作为衡量发展的唯一标志,把一个国家的工业化和由此产生的工业文明当作是现代化实现的标志。在现代生活中,这一发展观表现为对 GDP、对高速增长目标的热烈追求。GDP 增长成为国家经济发展的目标和动力。其带来的一个严重后果是:环境急剧恶化,资源日趋短缺,人民的实际福利下降,发展最终将难以持续而陷入困境。

1980 年 3 月,联合国大会首次使用了"可持续发展"的概念。1987 年,世界环境与发展委员会发表《我们共同的未来》,系统地提出了"可持续发展"战略。它作为一种解决人与自然矛盾关系的新思维,是伴随着生态和环境问题而发展起来的对人类自身在宇宙中的位置和人与自然关系的重新审视,以新的理论观、价值观和自然观来处理人与自然之间的关系,主张在人与自然的相互作用中,在将人类的共同的、长远的和整体的利益置于首要地位的同时,还应当考虑将人类利益作为人类处理同外部生态环境关系的根本的价值尺度。它强调环境与经济的协调发展,追求人与自然的和谐。其核心思想是,健康的经济发展应建立在生态可持续能力、社会公正和人们积极参与自身发展决策的基础上。目标是既要使人类的各种需求得到满足,个人得到充分发展,又要保护生态环境,不对后代人的生存和发展构成危害。它不单纯用 GDP 作为衡量发展的唯一指标,而是用社会、经济、文化、环境、生活等多项指标来衡量发展。

从本质上看,可持续发展的核心是以人为本,它既坚持人与自然两个方面的和谐,又要求在二者和谐的基础上以人为发展中心,把实现人的全面发展作为一切行动和措施的最终目标,这样一种新的生态伦理观符合法律是人类社会规则的本性,可以为生态法治建设提供伦理指引。①

"主客体二元结构"与"公私法二元结构"是工业文明时代的法律基础,也是造成环境污染和生态破坏的法律思维源头。可持续发展对人与环境关系的新定位为我们重新认识法的属性、构建"人—自然—人"的新型法律关系、创制人与自然共同体规则——环境法,提供了巨大的动力与支持;也为代际公平价值观的建立并创立相关制度体系开辟了广阔的道路。

可持续发展作为一种对于人类现在与未来的新思维,突破了发展就是"经济增长"的单一思路,形成了环境与发展综合决策的新理念。在这种理念下,生态环境问题不仅仅是技术问题,生态法治的问题也不单纯是环境法一个部门法的问题,它为按照可持续发展观对已有法律进行重新评价,实现法律生态化提供了依据。

可持续发展观以其高超的"妥协"艺术平衡协调各种矛盾与冲突,巧妙地缓和"人类中心主义"与"生态中心主义"的尖锐对立与紧张,为生态法治中将生态理性作为人性标准并以此为基础评估已有法律制度和行为、制定新的法律制度提供了合法性与合理性的双重伦理支持。

其实,中国一直对避免走西方国家"先污染后治理"的老路保持着清醒,在制定促进市场经济发展的法律的同时,高度重视环境立法,并将环境保护作为一项基本国策。甚至在某种程度上,环境立法的速度快于市场经济立法。② 中国于1979年制定了《环境保护法(试行)》,随后又出台了一系列污染防治与自然资源保护的法律;1982年《宪法》修改时,增加了"国家保护和改善生活环境和生态环境,防治环境污染和其他公害"的内容;在1992年联合国环境与发展大会上,我们就已经十分自豪地向世界宣布:中国已经形成了具有特色的环境法体系,并在会后出台了世界上最早的国家级可持续发展实施纲要——《中国21世纪议程》。但是,颇具讽刺意味的是,就在生态环境立法发展最为迅速的年代里,中国的环境污染及自然资源破坏却日趋严重,我们在经历30年的经济快速发展,创造"中

---

① 参见吕忠梅等:《超越与保守:可持续发展视野下的环境法创新》,法律出版社2003年版,第5页。
② 中国自改革开放以来,环境立法一直在"快车道"上,全国人大常委会制定环境与资源方面的法律三十余部,国务院制定的行政法规近三百部,行政机关制定的规章一千余件。此外,还有中国缔结和加入的国际公约、条约及其议定书等国际环境法律,各地方还颁行了大量的地方性法规、地方规章。相比较而言,发展市场经济最需要的民法在中国却一直滞后,被称为"市场经济的宪法"的《物权法》到2007年才颁布,《侵权责任法》则更晚。

国奇迹"的同时,环境污染和生态破坏也日益严重,资源枯竭、环境污染、生态退化成为影响中国未来发展的最直接制约因素。现实残酷地告诉我们:环境保护的法律、政策实施的效果与立法目标差距甚大,环境法执行过程中的选择执法、扭曲执法、懈怠执法、越权执法现象比比皆是,甚至出现了地方政府充当污染企业的"保护伞"、污染受害者长期得不到救济的怪象。[1] 究其原因,形式上的表现是立法不完善,环境立法与相关法律制度的协调性不够,导致法律实施的困难;但根源在于可持续发展理念和生态理性并未达成社会共识,也没有纳入法治过程。主导整个社会的,是"GDP"崇拜、高资金投入、高资源消耗、高环境污染和低经济效益的增长方式,物质消费欲望的极度膨胀,对自然或傲慢或敌视的无知态度。在这样的背景下,科学发展观的提出,不仅具有极强的针对性,而且是对生态理性和可持续发展观念的中国式发展。党的十八大报告将科学发展观具体化为"五位一体"的总体布局,强调全社会树立生态理念,要求把生态理性和可持续发展观念纳入经济、社会、文化、政治全过程,为解决中国目前严重的环境法实施困境,建设生态法治开辟了广阔的空间。

三、中国的环境保护与生态文明建设

中国的环境保护从20世纪70年代开始。20世纪70年代,国际环境保护运动如火如荼,在国际环境保护思潮的影响下,中国的环境保护开始起步。1972年6月,中国政府派环境代表团出席了联合国第一次人类环境会议。1973年8月,第一次全国环境保护会议召开,审视了中国环境污染和环境破坏的情况,通过了"全面规划、合理布局、综合利用、化害为利、依靠群众、大家动手、保护环境、造福人民"的环境保护工作方针,拟定了《关于保护和改善环境的若干规定(试行草案)》。1973年11月,国家计委、国家建委、卫生部联合颁布《工业"三废"排放试行标准》。1978年《宪法》明确宣示"国家保护环境和自然资源,防治污染和其他公害"(第11条第3款)。1979年9月13日,第五届全国人民代表大会常务委员会第十一次会议原则通过了《中华人民共和国环境保护法(试行)》,从此开启了中国的环境保护道路。

改革开放以后,随着经济的快速增长,环境保护在国家经济社会生活中的重要性也被提到了一个新的高度。1983年末第二次全国环境保护会议召开,首次提出保护环境是一项基本国策。根据会议精神,1984年国务院发布《关于环境保护工作的决定》,明确提出:保护和改善生活环境和生态环境,防治污染和自然

---

[1] 参见吕忠梅:《监管环境监管者——立法缺失及制度构建》,载《法商研究》2009年第5期。

环境破坏,是我国社会主义现代化建设中的一项基本国策①;同年,还发布了《国务院关于加强乡镇、街道企业环境管理的规定》。1985年,第一次全国城市环境保护工作会议召开;1988年,国务院环保委员会发布《关于城市环境综合整治定量考核的决定》及《全国城市环境综合整治定量考核实施办法(试行)》。1989年,国务院召开第三次全国环境保护会议,提出要积极推行环境保护目标责任制、城市环境综合整治定量考核制、排放污染物许可证制、污染集中控制、限期治理、环境影响评价制度、"三同时"制度、排污收费制度等8项环境管理制度,基本确立了我国环境保护工作以城市为主、以工业污染控制为主的格局。②

种种事实表明:经过改革开放,中国已基本建立了社会主义市场经济体制,但却没有建立起体现生态文明理念和原则的社会主义市场经济体制。由于市场没有在资源配置中起到决定性作用,导致环境污染的日益严重和生态功能的不断退化。比如,由政府直接配置资源或者政府不合理干预配置资源的程度和领域既深又广,一些地方政府为了发展经济,出台五花八门的优惠政策、降低环保标准招商引资,催熟产业转移,加剧产能过剩,造成了极大的资源浪费和生态破坏。再比如,由于税收和价格形成机制不合理,难以有效抑制对资源及资源性产品的过度需求,工业用地、水资源、能源价格偏低,占用湖泊、河道、湿地、林地的成本过低或基本无成本,导致远远无法弥补生态价值。还有,分税制形成的中央与地方的事权和财权不相匹配,地方政府不得不靠"圈地运动"融资、发展土地财政,导致耕地和生态空间被过多占用。三十多年来,中国在生产世界上最多产品的同时,让生态产品成为了自己最短缺的产品;中国在制造快速增长的经济奇迹的同时,也让生态差距成为了自己与现代国家最大的发展差距。三十多年来,中国依靠高投入、高能耗、高污染形成的GDP快速增长,一路带着生态破坏和环境污染的尾巴。

面对严峻的环境资源瓶颈,中国共产党提出了建设生态文明的新主张。"生态文明"最早出现在党的十六大报告中,作为全面建设小康社会的奋斗目标之一被提出。③ 党的十六届五中全会将其纳入建设"资源节约型社会"和"环境友好型社会"目标。④ 党的十七大报告将生态文明建设作为全面建设小康社会的新要求,提出"建设生态文明,基本形成节约能源资源和保护生态环境的产业结构、

---

① 参见叶汝求:《改革开放30年环保事业发展历程——解读历次国务院关于环境保护工作的决定》,载《环境保护》2008年11A期。
② 参见吕忠梅:《〈环境保护法〉的前世今生》,载《政法论丛》2014年第5期。
③ 江泽民:《全面建设小康社会,开创中国特色社会主义事业新局面——在中国共产党第十六次全国代表大会上的报告》,载《人民日报》2002年11月17日。
④ 参见《中国共产党十六届五中全会公报》,载 http://www.china.com.cn/chinese/zhuanti/5zqh/1000598.htm,2014年3月5日访问。

增长方式、消费模式"。① 这些表述显然是将环境保护与经济发展同时考虑后得出的结论,但依然将生态文明作为工业文明的一个部分,本质上依然是在"发展优先"理念下认识环境与发展的关系。②

党的十八大报告明确提出:"必须树立尊重自然、顺应自然、保护自然的生态文明理念,把生态文明建设放在突出地位,融入经济建设、政治建设、文化建设、社会建设各方面和全过程,努力建设美丽中国,实现中华民族永续发展。"第一次把生态文明建设提升为执政治国的总体部署,形成国家发展的"五位一体"战略。不仅坚持了将环境与发展的统筹考虑,而且更加强调生态文明建设对经济社会发展的引领作用,标志着对环境与发展关系的认识达到了新的高度。党的十八届三中全会通过的《中共中央关于全面深化改革若干重大问题的决定》指出:"建设生态文明,必须建立系统完整的生态文明制度体系,实行最严格的源头保护制度、损害赔偿制度、责任追究制度,完善环境治理和生态修复制度,用制度保护生态环境。"③该决定将党的十八大报告精神进行了深化与细化,对生态文明建设与经济建设、政治建设、文化建设、社会建设统筹协调进行了整体部署,提出了建立系统完整的、最严格的生态文明制度体系的总要求。④

---

① 胡锦涛:《高举中国特色社会主义伟大旗帜 为夺取全面建设小康社会新胜利而奋斗——在中国共产党第十七次全国代表大会上的报告》,载《人民日报》2007年10月24日。
② 参见吕忠梅:《论生态文明建设的综合决策法律机制》,载《中国法学》2014年第3期。
③ 《中共中央关于全面深化改革若干重大问题的决定》,载《人民日报》2013年11月16日。
④ 参见吕忠梅:《生态文明建设的法治思考》,载《法学杂志》2014年第5期。

第一章　环境法概述

内容提要

环境法是调整人们在开发利用、保护改善环境的活动中所产生的环境社会关系的法律规范的总和。环境法是调整"人—自然—人"之间关系的规则,也是和其他部门法及相关学科进行沟通与协调的规则所构成的法律体系。环境保护基本法是一个国家制定的全面调整环境社会关系的法律文件,其指导着环境保护单项法的制定和实施,有"环境宪法"之称。现行的《环境保护法》是我国的环境保护领域的综合性法律。

关键词

环境法　环境法体系　环境保护基本法

第一节　什么是环境法

什么是环境法,是这门课程要告诉大家的首要问题。严重的环境问题,导致了生态破坏、经济损失、人身健康受害,这些后果不仅使经济发展受到了威胁,更重要的是使人类自身的生存受到了威胁。但是,严重的环境问题并非来自于自然过程,而是来自于人类的社会生产和生活,由于人的原因而产生的问题当然需要用解决社会问题的方法来解决。我们已经知道,在各种解决社会问题的方法中,法律是最正式,也是最有效率的方法。因此,为解决环境问题而形成立法也就成为一种必然。我们把这种因为解决环境问题的需要而产生的法律称为环境法。这种法律经由一定的立法过程和概念抽象,逐渐形成了可供我们学习的环境法课程。

通常,环境法代表两重含义:第一,是立法文件上所指称的"环境法",表现为那些直接以环境或某一环境要素命名的法律文件,如《美国环境政策法》《日本环境基本法》《中华人民共和国环境保护法》《中华人民共和国大气污染防治法》《英国清洁水法》《德国环境责任法》,等等。第二,是学科意义上的环境法或环境法学,表现为对环境立法、社会生活中与环境有关的法律现象以及这些现象发生、发展的基本规律的抽象化、概念化和理论化的总结,如环境法的定义、环境法的原则、环境法的权利基础,环境法的制度,等等。我们在这里给大家讲授的是第二种意义上的环境法,是对现行立法、环境法的社会现象的归纳和抽象,是对环境立法原理及法律制度的一种学理解释。

一、环境法的产生

1969年1月28日,一座位于美国加州圣·巴巴拉海峡的海上石油钻井平台发生严重井喷,大量原油溢出,成千上万只海鸟在浮油中挣扎并死亡;同年3月28日,联邦警察奉命扣押了威斯康星州和明尼苏达州库存的大马哈鱼,因为该鱼体内DDT残留量过高;4月28日,加州的圣拉菲尔附近有42名居民因以身体阻挠一项建设工程的清伐树木工作而被捕;6月9日,24个群众团体联合组成名为"清洁水公平运动"的团体,要求对大城市拨款10亿美元以建造污水处理厂;6月22日,克利夫兰市的一条河因严重污染而起火……面对接连不断的环境污染事件,加利福尼亚的普通居民,发出了这样的呼吁:

很明显,千百年来对环境的忽略已将人类带到最后的一个十字路口。

我们对大自然的肆虐行径,使我们的生活质量恶化,甚至危及我们的生存。

……

因此,我们决意行动起来。我们呼吁一场旨在改变对环境——它正在起来反抗我们——的行为的革命。……我们将重新开始。[①]

正是在这样的呼声中,人类法律开始了新的寻求。

考察环境法的历史,它最早出现于20世纪五六十年代的美国。当时,环境问题在世界各发达资本主义国家相继发生,大规模的环境污染尤其是各种由环境污染引起的公害病使得社会公众对日趋严重的环境问题产生极度恐慌,引发了社会、法律乃至政治危机。严重的社会现实迫使各西方资本主义国家面对环境问题,以稳定社会秩序为目的,开始了有关立法。在美国,这种立法早且范围广泛,除联邦立法外,各州也有不少立法。开始时,人们注重的是对空气、水等单个环境要素的污染控制立法,如《清洁水法》《清洁空气法》等;其后,才逐步发展到对整个环境的立法,如《国家环境政策法》《密歇根州环境保护法》等。其中,特

[①]《圣·巴巴拉环境权利宣言》,这是1969年在美国加利福尼亚州的圣·巴巴拉海峡发生严重的海洋污染事故后,当地居民在认识到人类行为对自然环境的破坏性以后而自发地组织起来所发出的呼吁。Santa Barbara Declaration of Environmental Rights, *Annals of America*, Vol. 19, Encyclopedia, Inc., 1976, pp. 100—101.

别值得一提的是《国家环境政策法》的产生。①

1969年,美国参议员杰克逊和众议员丁吉尔分别向参众两院提出了设立"国家环境质量委员会"的议案。其中,丁吉尔议案还提出应宣告一项国家环境政策。参议员杰克逊领导的参议院内政和岛屿事务委员会举行了关于杰克逊议案的公开听证会。在听证会后,杰克逊对原议案进行了修改,增加了关于国家环境政策的内容,还根据印第安纳大学教授林顿·戈得维尔在公开听证会上的建议,增加了一项要求联邦行政机关断定其行政行动的环境影响的内容。参议院和众议院分别于7月和9月通过杰克逊议案。

经众议院通过的杰克逊议案在提交两院协商委员会之前由众议院做了一些重要修改。这些修改是提案人杰克逊与参议院污染控制和环境立法委员会主席马斯基之间争论和妥协的结果。这些修改包括加重了行政机关说明和报告其行动的环境影响的法律义务。后者加强了对行政机关的影响环境的行为的外部监督。

经马斯基—杰克逊妥协方案修改后的杰克逊议案于1969年12月中旬经两院协商委员会通过。12月底,尼克松总统签署发布。该法宣布它的立法目的是:"宣布一项鼓励人同他的环境之间建设性的和愉快和谐关系的国家环境政策;推动为预防或消除对环境和生物圈的损害所做的努力并促进人类健康和福利;深化对国家至关重要的生态系统和自然资源的认识和建立国家环境质量委员会。"②

日本在20世纪五六十年代也开始了以控制公害为中心、包括以保全和创造良好的环境为内容的环境立法,如《公害对策基本法》《自然环境保护法》等。1969年,日本环境厅开始专门编纂有关环境法律法规、环境标准,定名为《环境六法》,以后每年修订一次。《环境六法》分为一般环境法、大气污染、噪声、振动、恶臭、水质污染、土壤污染、地面沉降、废弃物及海洋污染、被害救济及纠纷处理、费用负担及资助、自然保护、国土利用、关系法令等十四类。③ 现行的《日本环境基本法》第1条宣布其立法目的为:"就环境保护问题明确规定基本观念,以及国家、地方公共团体、企事业者和国民的责任与义务的同时,规定环境保护对策中的基本事项,以全面且有计划地推进环境保护对策,为保护现在及将来国民的健康,保障文化生活做贡献。为人类福利事业做贡献。"④

各国的环境立法,从一开始就强调国家对环境保护的责任和义务、宣布成立

---

① "National Environmental Policy Act of 1969"在我国有几种不同的译法,在此,将其译为《国家环境政策法》。
② 参见王曦:《美国环境法概论》,武汉大学出版社1992年版,第213—215页。
③ 参见汪劲:《日本环境法概论》,武汉大学出版社1994年版,第13—14页。
④ 《官报》(号外200号),明治25年(1893年)3月31日,日本大藏省印刷局发行。

新的机构、实行新的制度,这与传统立法的做法有所不同:一是不再以单一法律关系为调整范围,而是将民法、行政法、刑法等规范综合于一个法律文件之中;另外也不再努力划清政策与法律的关系,而是直接以"政策法""对策法"命名,表明其明显的法律政策化倾向。这种新的立法动向受到了各国学者的高度重视,学者对其进行了专门研究,并将这类法律称作环境法。

二、环境法的含义

到20世纪70年代以后,制定专门环境法的建议经由《世界环境宣言》的宣示而被世界各国普遍采纳,出现了第一轮环境立法高潮,相当多的国家在这时开始了环境立法。大量的立法为学者们抽象环境法的定义提供了研究基础。于是,学者们从不同角度对环境法进行了描述,给出了环境法的不同定义。

我们将环境法定义为:环境法是调整人们在开发利用、保护改善环境的活动中所产生的环境社会关系的法律规范的总和。其目的是为了确认、建立和保护符合生态规律的环境法律秩序,实现生态、社会、经济的可持续发展。

虽然从字面上看,这一概念与传统的定义并无大的区别,同样强调了环境法是一种调整社会关系的法律规范体系。但是,仅仅从字面上理解这一概念是不够的,因为法律上的概念定义是一种根据主体的价值判断,通过对被定义对象的本质属性的描述而使之法定化的工作。我们理解一种法律的概念,还必须正确理解定义者的价值判断以及以这种判断为标准的对被定义对象本质属性的认识。

1. 环境法是"人与自然"的共同体规则

我们以往所学习过的各种法律,都是以调整一定的社会关系为对象的,环境法也不例外,它所调整的是人们在与环境有关的活动中所产生的社会关系。但是,如果我们认真分析环境法规范与传统法律规范的内容,便可以发现它们之间存在着重大差别,这种差别恰恰是环境法得以产生和发展的最重要也是最直接的法律原因。

传统法律中的社会关系是一种单纯的人与人之间的关系——社会关系,并且这种社会关系中的人也只是具有社会属性的人,如民法中的"经济人",行政法中的"公务人"等等,法律在规范人们的行为时,并不考虑人的自然属性。所以,自然或者环境在传统法律中始终被当作客体或者人类活动的对象,并且自然或者环境在传统法律中是不考虑其生态联系与生态属性的,如民法上作为所有权客体的物是以有体、特定和可支配为特征。根据民法的一般原理,人是"理性的经济人",追求利益最大化是他行为的内在动力,财富最大化是人类生存的最高目标。那么他获得权利的目的就是为了取得一定的经济利益,因此,只有他能实际控制、支配、并能感知的物才能够为其占有、使用并进行交易,从而获取利益,满足他的生存需要。至于那些不能为其所支配、所控制的物是与他的利益无关的东西,不能实现人所需要的增加经济利益的特定目的,因而不能成为物权法上的物。由此,我们可以清楚地发现,传统法律是一种典型的社会共同体规则,传统法律中的人也仅仅是"社会的人",自然规律、生态法则是与法律基本无涉的。

但是,在人类社会发展过程中,社会属性固然重要,却离不开自然属性的支撑。人对清洁空气、清洁水的需求不可能被其他东西所代替,人类的食物或者食物原料必须从自然中获得,人类的新陈代谢还必须通过生物圈才能完成;更进一步,人类从自然中获得的还不仅仅是生存的物质资源,自然还是人类文学、艺术、体育等精神产品的源泉。于是,人的自然属性以及由于人的自然属性所带来的社会关系也必须被纳入人类法律调整的范围,否则,人类社会的规则将是不健全、不完整的,是会给人类带来灾难性后果的。环境问题的产生、环境保护运动的爆发正是因为过去的人类社会规则没有将人的自然属性与社会属性同等对待,忽视人类的自然属性的结果。环境法正是为了解决这个问题而产生的新型法律,在环境法中,人不再仅仅是"经济人",而是"生态人"与"经济人"相结合的"生态经济人",这样的人,既要考虑其获得的经济利益,也要考虑其生存的环境条件,将对财富的追求控制在不对自身生存造成威胁的范围内。这样的法律对自然或环境的认识,不再是静止的、毫无联系的物,而是一个物质循环、能量流动、信息传递的生态系统,具有联系性、功能性、开放性、平衡性的特征。这些特性是传统法律没有认识或者不可能认识到的。比如,一棵果树,在民法上作为所有权的客体,可以为所有权人带来的是一定的经济利益,可以提供果实或木材,人们对它的价值判断始终是经济性的。而在环境法上,一棵生长着的果树,除了可以提供果实和木材以外,它还可以涵养水源、防风固沙、净化空气、参与生态循环,当然,这些功能是以果树生长着为前提的,一旦被砍伐,所有的生态功能将不复存在,更有甚者,如果这棵树的木材被用作燃料,还可以带来空气的污染、生态的破坏,显然,这些判断都是生态性的。这也意味着,一旦将人的自然属性纳入法律考虑的范围,随意砍伐树木将不再被允许,因为这种限制是为了人类生存的需要。正是在这个意义上,我们不难发现,环境法已经不再仅仅是一种单纯的人际关系或者社会关系的规则,而是一种既包括人与人的关系、又包括人与自然关系的新规则,我们将其称为"人与自然"的共同体规则。

2. 环境法是调整"人—自然—人"关系的规则

对人类的自然属性与社会属性的认识,也是正确认识人与自然关系的基础。人类从自然分离出来以后,对于自身与自然关系的认识走入了迷途。人从自然获得发展的资源和基础以后,不仅忘记了大自然给予人类的各种恩惠,而且有意无意地回避人也曾经是自然中的一个种群、曾经拖着长长的尾巴在树上蹦来跳去的历史,羞于与自然为伍;甚至为了表明与自然的不同,产生了"人定胜天""人是万物的尺度"的盲目自信与自傲。

在人类社会发展的早期,虽然已经形成了"主宰自然"的观念,但由于生产力发展水平不高和认识水平的限制,人类对自然的影响力有限,环境问题已经萌芽却可以采取简单方式回避,人与自然可能引发的紧张关系尚未引起普遍重视。直到近代,生产力水平迅速发展,人类对自然作用的能力和规模剧增,人类因素引起全球变化,而且由人类因素引起的全球变化和自然因素引起的全球变化已经可以互相比拟。这种变化的直接后果,一方面是人类活动改变天然自然物为人工自然物,变天然生态系统为人工生态系统,建设各种人工设施,为人类社会提供丰富的现代化的物质生活和精神生活,为人类的生存、享受和发展创造了条件;另一方面,人类对自然过程的干预产生了不良变化,特别是全球性的环境污染和自然环境破坏,对人类的生存、享受和发展又构成严重的威胁。因而,研究人类因素引起环境变化的过程、规律和机制,发展其中对人有利的方面,防止、克服其中对人不利的方面,成为全世界关注的重要课题。法律作为规范人们行为的基本准则,以其特有的规范性、强制性在协调人类与环境关系方面发挥作用,因而成为当代解决环境问题的重要手段。

环境法正是在人类深刻反思人与自然的关系,重新认识自然对于经济社会发展的影响的基础上产生和发展起来的一种新型法律。从历史的角度看,人与自然的关系是自人类产生以来就存在的一种关系,人类从自然中产生又不能脱离自然生存和发展,这就决定了人与自然的关系始终是一种现实。从现实的角度看,人与自然的关系主要体现为两个方面:一方面,在具体的发展中,人与自然的关系以一定的社会形式并借助这种社会形式进行和实现,例如古代人类以家庭或者家族为生存的最基本单元,当今市场经济以企业为细胞;另一方面,人与自然的关系是在具体的自然环境中,通过人类劳动这一中介,以改变和利用自然的形式进行和实现的,如古代家庭或家族对不同成员的最简单分工——男猎女采、男耕女织,市场经济条件下企业的精细分工——三大产业、无数产品,无不反映人类通过劳动将自己与自然紧密结合的事实。因此,人与自然的关系在人类对自然的开发利用和自然对人类的赋予回馈中,展现了人类经济的发展过程,反映着人类文明的历史进程。

人与自然关系的展开表明,人与自然的关系必须借助于一定的社会关系得以实现,或者说自然作为人类生存的基础和劳动的对象,对于社会关系的形成并不是完全没有意义的。过去的法律仅仅将人与自然的关系看做是纯粹的"主体—客体"关系,不承认自然与人类的本初联系,也不承认自然的生态属性和循环本质,从而将法律所调整的社会关系仅仅定位于"人—人"关系。正是这种忽视了人与自然关系对社会关系所产生的影响的法律成为了人类肆意污染和破坏环境的"帮凶",使人类自取毁灭的行为获得了合法的外衣。因此,建立在对人与自然关系重新认识基础上的环境法,将人与自然的关系看做是人与人的关系的一个部分,它所关怀的不仅是人与人的关系本身,更要高度关注引起人与人之间关系的人与自然关系。正是在这个意义上,我们认为:环境法是调整"人—自然—人"关系的规则。

事实上,环境法上的主体间关系也的确是因为人与自然关系而形成的。如环境污染损害请求权的产生,并不是因为加害人直接对受害人实施了损害行为,而是因为加害人向环境排放污染物质超过了一定的环境容量,受害人因利用加害人排放了污染物的环境要素而导致人身或财产损害。这与传统法律中损害请求权缘于加害人的直接加害行为有很大的不同。

3. 环境法是"沟通与协调"的法律规则

由于环境法采取了不同于传统法律的态度,将人与自然的关系纳入了社会关系的考量范畴,从而得以建立新的法律规则。那么,这些新的规则与传统法律规则之间存在不可逾越的鸿沟吗?如果两类法律之间完全对立,新的规则可以完全替代既有规则吗?如果替代是不可能的,那它们之间应该是怎样的一种关系呢?

表面看来,传统法律的不足导致了环境法的产生,如传统侵权法不足以解决环境污染所带来的损害赔偿问题,才产生了环境侵权制度。但是,我们也看到,环境侵权虽然是一种新的制度——特殊侵权制度之一,但它依然是侵权制度的一部分。或者说,环境侵权制度的产生弥补了传统侵权法的不足,为传统侵权法输入了新鲜血液。同样,环境法也在传统行政法的基础上,发展了具有环境管理特性的基本制度。由此我们可以看到,环境法规则和传统法律规则之间的关系并不是非此即彼,新旧替代的关系,而是在法律体系的大树上生长出了新的枝干,它们同根同源。正是在此意义上,环境法才被称为21世纪的法律领头羊,成为促进法学理论、法律制度、法律方法走向未来的"革命性"动力。

之所以出现这种现象,是因为在环境法出现以前,原有的法律已经建立了调整人与自然关系的基本规则,如土地、动植物都被界定为法律关系的客体,在民法上为"物"或财产,在刑法上为"侵财型犯罪"的对象。这种将土地、动植物确定为财产并加以保护的法律规则的出现是人类社会进步的需要,也是符合人类发展基本规律的,因为财产权是人生存和发展的基本手段,是公民的基本人权。但是,因为这些法律只考虑了人的社会属性,忽视了人的自然属性,在建立调整社会关系的规则时简单地将自然看做是与人类无关的客体,从而导致了人与自然关系的矛盾与冲突,直至出现了大规模的环境污染与破坏。环境问题的严重性迫使我们重新思考人与自然的关系,重新思考法律在调整人与自然关系方面的理念与规则。

环境法正是人类经过重新思考后所进行的新的法律选择,可供选择的方法有两种：一是打破旧世界，建立新规则；二是在原有规则的基础上进行延拓。如何选择的前提是，如何认识新旧规则之间的关系，如果新规则可以完全替代旧有规则，彻底推翻旧有规则是完全必要而且是可能的；如果新规则并不能完全解决旧有规则已经规范的问题，旧规则就还有存在的必要性。从环境法的历史看，环境法的产生和发展并不是一个新规则完全替代旧规则的过程，而是在旧有规则基础上不断发展的结果。这种现象呈现出两条路径：一条路径是对原有的法律规则进行拓展，如在民法方面，对于最初出现的污染损害赔偿诉讼，人们习惯于按照过错原则、个人责任等传统方法来解决，但结果是污染者永远有理，受害者得不到赔偿。为了使受害人得到救济，逐渐产生了从过错推定到无过错责任的新型归责原则，并产生了与之相适应的一整套救济制度。同样，在行政法方面，由于受到职权法定原则的规制，政府直接担当环境管理的责任必须首先经过法律的授权；于是，各国修改宪法或者颁布专门法律，赋予政府环境管理的职能与职权，形成了具有环境管理特色的新制度。另一条路径则是对原有法律规则进行渗透，对已有规则进行制度限制，如在民法方面对所有权的限制，在行政法方面对经济管理权的限制等等。

考察环境法的历史轨迹，可以发现，环境法作为一种新兴的法律同样必须遵循法律发展的基本规律。法律的发展，与社会经济政治条件紧密相连，如在奴隶与封建社会时期，刑法产生并发达；在市场经济时期，民商法、行政法产生并发达；并不是有了民商法就不要刑法，有了行政法就不要民商法，相反的是新的法律产生以后会与旧有法律更加紧密地配合协调。因为，已有法律所调整的社会关系也是人类发展所必须规范或者纳入法律秩序的关系，新的社会关系出现以后，需要做的是如何将受到新的社会关系影响的那部分关系纳入法律的轨道，而不是，更不能彻底破坏已经纳入法律秩序的那部分关系。否则，新的法律带来的不是秩序而是新的更大的混乱。在此意义上，我们说环境法将被传统法律所忽视的人与自然的关系纳入考虑的范围，重视环境资源的生态功能与属性，这并不意味着环境法不考虑人与人的社会关系，更不意味着要取代原有的法律规则。因此，环境法与传统法律的关系并非对立或者完全不能相容的，相反，环境法要建立人与人和人与自然两类关系的融合规则，实现人与人和人与自然关系的双重和谐，必须与传统法律相互沟通、相互渗透、相互协调，我们将这种方法称为"沟通与协调"。

所谓沟通，是指环境法与各法律领域的交流和对话，目的是在相互理解的基础上建立共同认可与接受的新目标、新理念、新原则。如21世纪的中国必须制定"绿色民法典"，以回应生态文明时代的需要；但是，"绿色民法典"并非环境法典，而是在不动摇民法基本宗旨的前提下对民法典的绿化，是"斑驳的绿""星星点点的绿"。所谓协调，是指在沟通的基础上，按照新理念而对具体法律原则和制度的系统性考虑,通过统筹安排,将新目标、新理念、新原则贯穿到法律之中,最终达致共同目标的实现。如我国《物权法》的制定,就已经从资源可持续利用、环境保护的角度进行了相应的制度安排,透出了"绿色"。"沟通与协调"是环境法自我实现的必然要求;法律其实是各种利益平衡和协调的产物。传统的法律部门未考虑生态利益的保护,只在人与人的社会关系中区分、确认了各种利益的归属及其纠纷的解决;环境法并非要彻底颠覆传统的法学理论和法律体系,只是在传统的法律思维模式中纳入生态利益的考量,使生态利益进入整体利益衡量的范畴,通过和其他部门法及相关学科的沟通,协调"人与自然"共同体中的各种利益,达致人类社会的可持续发展。

第二节 环境法的立法体系

环境法的体系,是指环境法的内部层次和结构,是由有关保护环境、防止污染的各种规范性文件所组成的相互联系、协调一致的整体。它对外应与其他法律部门相协调,以保证整个法律体系的和谐统一;对内则应是环境法的各种法律规范之间的协调互补,以发挥环境法的整体功效,维系环境法的独立存在。

在实践中,一个国家有没有比较完善的环境法体系,是衡量该国环境法制建设的标志;在理论上,一国环境法体系的完善,直接影响着该国环境法学的发展。只有将实践中各种环境法律、法规和其他规范性文件综合起来进行整体分析和研究,环境法学的研究才能达到一个较高的水平。

从不同的角度,可以将环境法体系分为立法体系和规范体系。环境法的立法体系,是从立法的角度对环境法体系的概括。环境法的规范体系,是指构成环境法的各种法律规范的整体,是从学理角度对环境法体系的概括。我们这里主要阐述立法体系。

在我国,经过近三十年的努力,已经基本形成了以宪法为依据,以环境保护基本法为基础,以各环境保护单行法为主体,以相关部门法为补充的环境立法体系。综合我国现行的环境立法,环境法的立法体系主要由以下四个部分构成:

一、宪法

宪法是规定国家制度和社会制度的基本原则、公民的基本权利和义务、国家机关的组织与活动原则的根本大法,任何法律都必须以宪法为依据,环境法自不例外。

宪法关于环境保护的规定,是环境法的基础,是各种环境法律、法规和规章的立法依据。从主要内容上来看,宪法中对环境保护的规定一般是规定国家在环境保护方面所负的职责,国家应采取的保护自然环境、防治污染和其他公害的基本对策,环境立法权限划分以及公民在环境保护方面的权利和义务等。

我国《宪法》对环境保护做了一系列的规定,其中最主要的是《宪法》第26条第1款的规定:"国家保护和改善生活环境和生态环境,防治污染和其他公害。"这一规定把环境保护作为一项国家职责和基本国策在宪法中予以了确认。除此之外,在我国《宪法》中还有关于自然资源权属及其保护和合理利用名胜古迹等特殊环境要素保护等一系列与环境保护有关的规定。如第9条第2款规定:"国家保障自然资源的合理使用,保护珍贵的动物和植物。禁止任何组织或者个人用任何手段侵占或者破坏自然资源。"上述各项规定,为我国相关的环境立法提供了基本的指导原则和立法依据。

二、环境保护综合性立法

环境保护综合性立法,是在环境法发展到一定阶段出现的对环境保护方面的重大问题进行全面、系统调整的综合性实体立法,它主要是对环境保护的目的、范围、管理体制、基本原则、主要制度、法律责任等方面作出规定,包括环境保护基本法和有关环境保护整体性内容的立法,在我国,这类法律有《环境保护法》《环境影响评价法》《清洁生产促进法》以及《循环经济促进法》等。

在综合性环境立法中,环境保护基本法的制定是环境立法进入先进行列的重要象征,它标志着一个国家对环境问题认识的逐渐深入和法律制度建构的日趋完善。其他综合性立法也是从实现可持续发展目的出发,对事关社会经济发展全局的环境保护问题所进行的立法,这些立法可能是环境保护基本法的配套性法律,如我国的《环境影响评价法》;也可能是环境法与相关法律相互协调的法律,如我国的《清洁生产促进法》《可再生能源法》等等。

三、环境保护单行法律、法规

环境保护单行法律、法规,是指以宪法和环境保护基本法为依据,针对特定保护对象而进行的专门立法,这方面的立法是宪法和环境保护基本法的具体化。

我国环境保护的单行法律、法规可大致地划分为以下两个基本的组成部分:

(一) 污染控制立法

污染是环境问题最为集中的表现,有关预防和防治污染的立法历来是环境保护立法的重点。现代意义上的环境法就是由最初的污染控制法发展起来的。在环境法的发展过程中,不仅形成了数量众多的污染控制的单行立法,甚至在各国的环境保护基本法中,也能明显看出对污染控制偏重的倾向。

根据环境污染产生的原因和表现形态的不同,污染控制立法主要是从以下两个方面展开:

首先,以环境污染物为标准的立法。一般看来,环境污染物是人类生产和生活活动所形成的废弃物,如人们常说的废水、废气、废渣等,它们是造成环境污染的直接"凶手",控制污染的一个重要任务就是控制这类环境污染物的产生和排放。各种污染物的性质、形态和作用的不同,造成的环境要素影响不同,这就使得我们可以污染物的不同影响为标准来进行立法,比如水污染、海洋污染、大气污染、固体废弃物污染、噪声污染等,这是环境污染控制立法的重要形式。我国在这方面的立法主要有《大气污染防治法》《水污染防治法》《固体废物污染环境防治法》《环境噪声污染防治法》《海洋环境保护法》等,以及一些相关的配套法规和规章。

其次,以环境安全为标准的立法。事实上,可能产生环境污染的物质并不都是或者不完全是生产或生活活动所产生的废弃物,有相当一部分环境污染是由于人们生产生活所必需的物质所引起,这些物质有的是人工合成的自然界所没有的物质,如农药、化肥;有的是对自然现象加以工业化利用的结果,如核能开发、电磁利用等。这些可能产生环境污染的物质一方面对于人类社会经济发展具有重要的意义和作用;另一方面,一旦发生事故,污染后果十分严重,可能造成灾难性事件。对于这样一类环境污染的控制必然不能等同于上一种污染物,必须通过相关立法加强对该类物质的生产与使用的管理,以确保环境安全。在我国立法实践中,主要是针对化学危险品、农药、放射性物质、电磁波辐射等污染物的生产、运输、储存、使用等方面进行立法。

(二) 生态保护立法

主要是为了规范人们开发利用自然资源的行为,保证对自然资源的适度开发,平衡对自然资源的社会需求与自然供给之间的关系,促进人类社会与自然的和谐,实现可持续发展而进行的立法。目前,我国在这个方面的立法主要有《水法》《土地管理法》《渔业法》《矿产资源法》《森林法》《草原法》《野生动物保护法》《水土保护法》《防沙治沙法》等,以及一些相关的法规和规章。

这类立法主要体现为对自然资源开发利用的规制,虽然这些立法近年来从保护自然资源、实现可持续发展方面进行了一些修订,但总体上依然存在"重开发利用轻保护"的倾向,这是目前受到理论界和实践部门广泛关注的一个重大问题。在今后的立法发展和完善过程中,这个问题应该得到逐步的改善和解决。

四、相关部门法中有关环境保护的规定

由于环境问题的广泛性和复杂性,环境保护的公共利益属性使得环境法涉及社会关系的各个领域,环境法调整"人—自然—人"之间关系的基本内容以及沟通与协调的方法最终需要以各种制度形式具体表现出来。其最基本的表现方式就是环境法理念与原则向相关部门法的渗透,与相关法律制度结合发展成为新的制度。在实践中,这方面的立法也是大量存在的,比如民事立法中有关相邻关系、自然资源权属、无过错责任制度的规定;刑事立法中有关破坏环境资源犯罪的规定;行政立法中有关国家环境管理的规定;诉讼法中有关环境诉讼的规定,等等。这些规定都是环境法体系的重要组成部分。

第三节 环境保护基本法

一、环境保护基本法的含义

环境保护基本法是指一个国家制定的综合调整环境社会关系的法律文件。这个法律文件以对人类环境的合理开发利用、保护改善为立法目的和法律控制为内容,以规定公民的环境权利义务以及国家的环境保护职责和管理权限为形式,以全面协调人类与环境的关系为宗旨,对一国环境法律秩序的建立、确认和保障发挥基础与核心作用。环境保护基本法通常表现为一个国家的最高环境立法,具有较高法律位阶,如美国的《国家环境政策法》、俄罗斯的《联邦环境保护法》、日本的《环境基本法》等等。一般认为:环境保护基本法的颁布,是一国环境保护法制化的标志,也是一国环境保护或环境管理水平的标志。

环境保护基本法是在环境问题引发社会问题,环境保护成为独立的利益诉求,需要专门立法并加以综合调整的背景下产生的。针对环境问题的立法早已存在,20世纪60年代之前,各国分别在大气、水、噪声、废弃物、野生动植物、森林、土地、河流等领域制定了一些单项法律,试图对环境问题加以控制和解决。但这些法律制定的时代不同,目的各异,显现出单项法的缺陷:无法有效地调整具有整体性、生态性、开放性特征的环境资源关系;大量单项立法没有统一的立法宗旨与精神指引,容易形成矛盾与冲突。

20世纪60年代开始的人类环境问题大讨论和《人类环境宣言》的出台,使人们真正认识到环境与资源、环境与人口的关系,认识到需要有统一的发展目标和发展战略,需要有统一的综合性法律对环境保护领域加以调整。认识上的飞跃直接导致了环境保护基本法的出现。1972年前后世界各国掀起了制定环境保护基本法的第一个高潮,大多数国家的环境保护基本法是在这一时期出台的。如美国1969年制定了《国家环境政策法》,日本在1967年和1972年分别制定了《公害对策基本法》和《自然环境保护法》。

1992年,联合国环境与发展大会召开,《里约宣言》明确将可持续发展作为全球环境保护的根本目标,人类对环境问题的认识达到了一个新的高度,环境与发展综合决策成为迈向21世纪的人类的最大改革重点。为了实现这一改革,各国纷纷行动起来,一些没有制定环境保护基本法的国家迅速制定并颁行了环境保护基本法,如泰国以及拉丁美洲诸国;一些已经制定有环境保护基本法的国家根据可持续发展的要求进行了修订或重新制定基本法,如日本在1993年将《公害对策基本法》《自然环境保护法》予以废止,重新制定并颁布了《环境基本法》,完成了环境保护以公害治理为主到全面保护环境的发展过程。1992年以来,世界各国颁行环境保护基本法的热潮方兴未艾,形成了制定环境保护基本法的第二次高潮。

环境保护基本法在环境立法体系中处于高位阶,指导着环境保护单项法的制定和实施,有"环境宪法"之称。例如,美国《国家环境政策法》规定,国会授权并命令国家机构应当尽一切可能使国家的各项政策、法律以及公法解释与该法的规定相一致。日本的《环境基本法》中虽然并无明确的条文对该法与其他相关法律的关系作出规定,但在该法颁布的同时专门制定了《关于伴随环境基本法施行整备相关法律的法律》,据此专门对那些与《环境基本法》不符的规定进行修改。可见,环境基本法的效力高于环境保护单项法。

二、各国的环境保护基本法

纵观目前各主要国家的环境保护基本法,在满足基本法功能的前提下,依据其立法重心的不同,可以分为两种不同的类型。

（一）政策宣示型立法

这类环境保护基本法,立法重点是对国家基本环境政策、原则和基本措施的宣示和确定,不对环境保护具体制度加以详细规定,内容较为宏观和简约。最典型的是美国的《国家环境政策法》。

该法分为两节,主要包括三项内容：

1. 宣布国家环境政策和环境目标

美国《国家环境政策法》是第一次明确宣布国家环境政策的法律,它宣布的国家环境政策是："联邦政府与各州和地方政府以及有关的公共和私人团体合作,运用包括财政和技术援助在内的一切切实可行的手段和措施,以旨在发展和促进普遍福利的方式,创造和保持人类与自然得以在建设性的和谐中生存的各项条件,实现当代美国人及其子孙后代对于社会、经济和其他方面的要求。"同时,该法还宣布了六项国家环境目标。

为了实现上述国家环境政策和环境目标,美国《国家环境政策法》规定,运用同其他国家政策相一致的"一切切实可行的手段""改善、协调联邦计划、职能、项目和资源"是联邦政府的持续责任。联邦政府所有行政机关应对其现行法定职权、行政规章、政策和行政程序进行检查,看其是否符合国家环境政策和目标,并要求在限期内向总统提出相应的修改措施。[1]

---

[1] 王曦：《美国环境法概论》,武汉大学出版社1992年版,第216页。

2. 设立国家环境质量委员会

美国《国家环境政策法》规定,在总统府设立环境质量委员会,由三人组成,人选由总统提名,在征得参议院同意后任命。国家环境质量委员会的职责是为总统提供环境方面的咨询意见,收集有关环境的情报,向总统报告国家环境质量状况等等。同时,国家环境质量委员会还是一个行政机关间的协调机构,可根据授权协调解决行政机关间有关意见的分歧。

3. 规定环境影响评价制度

美国《国家环境政策法》在世界范围内第一次明确规定了环境影响评价制度。依据该法,任何行政机关,只要其行为属于对人类环境有重大影响的联邦行动,就必须对该行动进行环境影响评价,提交环境影响报告书。

从总体上看,美国《国家环境政策法》是一部从宏观方面调整国家基本政策的法规,是"保护环境的国家基本章程",其具有特殊性质和作用。同其他行政法规相比,它在美国环境法体系中显然处于更高的位置。[①]

(二) 全面调整型立法

这一类型的环境保护基本法,不仅宣示国家的环境基本政策和目标,也在内容上按照环境污染控制和生态保护要求,全面规定环境保护基本原则、基本制度和措施。典型立法有日本的《环境基本法》和俄罗斯的《联邦环境保护法》。

1. 日本的《环境基本法》

1993年,日本将过去的《公害对策基本法》《自然环境保护法》予以废止,重新制定并颁布了《环境基本法》。该法由三章共46条组成,其内容为:

(1) 总则部分确立了环境基本法的三大立法目标:保障环境资源的享受与继承,构筑对环境负荷影响最少的可持续发展社会,通过国际协调积极推进全球环境保护。总则还规定了国家、地方公共团体、企业、国民的环境保护职责。

(2) 宣布环境保护的基本政策,包括有关政策的制定与实施的方针、环境基本规划、环境标准、特定地区的公害防治、国家为保护环境应当采取的措施、有关全球环境保护的国际合作、地方公共团体的政策、费用负担与财政措施。

(3) 确立环境管理和纠纷解决机制,包括环境审议会、公害对策会议。

日本的《环境基本法》贯彻了可持续发展的要求,将环境保护基本法的范围从公害控制发展到保护整体环境和全球环境,明确了环境保护责任的归属,全面地规定了环境保护的基本措施和制度。

2. 俄罗斯《联邦环境保护法》

2002年,俄罗斯颁布了《联邦环境保护法》,其是在1991年俄罗斯苏维埃联邦社会主义共和国《自然环境保护法》的基础上制定的。该法由十六章共84条

[①] 王曦:《美国环境法概论》,武汉大学出版社1992年版,第243页。

组成,其立法目的为"满足当代人和未来世代代的需要,加强环境保护领域的法律秩序和保障生态安全"。

第一章"总则",规定了基本概念、环境保护立法、环境保护基本原则和环境保护对象等内容。第二章"环境保护管理基础",对俄罗斯联邦国家权力机关、俄罗斯联邦各主体国家权力机关、地方自治机关等在环境保护关系领域的职权进行了规定。第三章"公民、社会团体和其他非商业性团体在环境保护领域的权利和义务",规定了公民在环境保护领域的权利和义务。第四章"环境保护领域的经济调整",规定了环境保护领域的经济调整方式,如生态发展联邦规划、环境保护专项规划、环境影响收费、环境保护产业活动生态保险等内容。第五章规定了环境保护标准制度。第六章"环境影响评价和生态鉴定",规定了环境影响评价、生态鉴定等内容。第七章提出了进行经济活动和其他活动的环境保护要求。第八章是关于生态灾难区、紧急状态区的规定。第九章"受特殊保护的自然客体",规定了保护自然客体的法律制度。第十章是"国家环境监测"。第十一章"环境保护监督(生态监督)",规定了国家生态监督、生产生态监督、市政生态监督、社会生态监督等。第十二章是"环境保护科学研究"。第十三章"建设生态文化的基础",规定了生态教育。第十四章"违反环境保护法规的责任和环境保护纠纷的处理",规定了违反环境保护立法的法律责任。第十五章规定并提倡了环境保护领域的国际合作。第十六章为"附则"。

从总体上看,俄罗斯《联邦环境保护法》在结构体系、基本原则、确立基本环境权利等方面都颇有创新之处,对环境保护领域的管理职权、基本原则、制度、措施进行了全面的规定,是环境保护基本法立法的重要成果,值得借鉴。

三、中国的《环境保护法》

(一) 中国《环境保护法》的立法背景

中国于1979年制定了《环境保护法(试行)》,由第五届全国人民代表大会常务委员会第十一次会议通过实施。在《关于〈中华人民共和国环境保护法〉(试行草案)的说明》中,立法机关指出,"《环境保护法》是一个基本法,主要是规定国家在环保方面的基本方针和基本政策,而一些具体的规定,将在大气保护法、水质保护法等具体法规和实施细则中去解决",从而确立了其环境保护基本法的地位。

1979年《环境保护法(试行)》有七章,共33条,奠定了环境保护基本法的框架,以法律的形式确立了环境保护基本政策。1983年初,立法机关决定对《环境保护法(试行)》进行修改。1989年12月26日,第七届全国人大常委会第十一次会议通过了《中华人民共和国环境保护法》。

1989年《环境保护法》施行二十余年来,在我国的环境保护工作中发挥了重要的作用,但是随着经济社会的发展,带着浓重计划经济色彩的原《环境保护法》日益显示出其在解决日趋严重的环境问题方面的不足,《环境保护法》亟待修改。经过多年的酝酿和探索,于2011年初由全国人大常委会正式启动修法程序,历经全国人大常委会四次审议,面向社会公众两次征求意见,最终于2014年4月24日由第十二届全国人大常委会第八次会议审议通过了号称"史上最严格"的《中华人民共和国环境保护法》,并于2015年1月1日正式施行。

(二)《环境保护法》的基本内容

《环境保护法》有七章,共70条。该法的主要结构为:

(1) 第一章"总则"共12条。规定了立法目的、环境保护的基本原则、环境保护财政投入、环境保护宣传教育与舆论监督、环境管理体制以及环境日等。

(2) 第二章"监督管理"共15条,确立了环境保护规划制度、环境标准制度、环境监测制度、环境影响评价制度、区域联防联控制度、现场检查制度、环境保护目标责任制和考核评价制度等,同时对环境保护等部门的行政强制措施权以及人大监督环境保护工作等方面进行了规定。

(3) 第三章"保护和改善环境"共12条,对地方政府环境责任,生态保护红线和自然保护区的保护,开发利用自然资源,生态补偿,大气、水、土壤环境保护,农业和农村环境保护,海洋环境保护,城乡建设,绿色采购,绿色消费,生活废弃物分类回收,公民环境保护义务以及环境与健康管理等方面进行了规定。

(4) 第四章"防治污染和其他公害"共13条。主要规定了清洁生产和资源循环利用,三同时制度,排污者防治污染责任,排污税费制度,总量控制制度和区域限批制度,排污许可管理制度,严重污染环境的工艺、设备和产品淘汰制度,环境事故应急制度,农业和农村环境污染防治和环境污染责任保险制度等。

(5) 第五章"信息公开和公众参与"为新增的一章,共6条。该章节的增加,是我国环境立法的重大突破,其对环境权利及其保障机制,环境信息公开的主体、内容和方式,企业环境信息的公开,公众参与环境影响评价,环境举报制度以及环境民事公益诉讼制度等进行了规定。

(6) 第六章"法律责任"共11条,规定了违反环境保护法的行政责任、民事责任、刑事责任,包括按日计罚制度、排污者超标超总量排污的法律责任、违反环境影响评价的法律责任、违反信息公开的法律责任、环境损害的侵权责任、环境服务机构的连带责任、地方政府及其相关部门的法律责任等,同时还对环境损害赔偿的诉讼时效做了规定。

(7) 第七章"附则",仅1条,规定该法自2015年1月1日起施行。

（三）《环境保护法》的定位与特色[①]

当今中国，正处于发展社会主义市场经济、全面建成小康社会的关键时期，面临着文明转型的巨大机遇与挑战，环境立法必须对此有所回应。《环境保护法》定位于环境保护领域的基础性法律，立足于解决环境保护的理念、原则、基本制度和共性问题，对环境立法目的进行了突破和创新，同时针对中国目前严重的生态环境问题，在总结国内实践经验、吸纳国际新经验的基础上，重点处理环境保护与经济发展、国内与国际、共性与个性、理论与实际的关系，具有如下特色。

1. 立法目的的突破与转型

《环境保护法》第 1 条对立法目的进行了更新，其规定："为保护和改善环境，防治污染和其他公害，保障公众健康，推进生态文明建设，促进经济社会可持续发展，制定本法。"相较于原来的立法目的"为保护和改善生活环境与生态环境，防治污染和其他公害，保障人体健康，促进社会主义现代化建设的发展，制定本法"，主要有三个改动：一是以"环境"替代"生活环境与生态环境"。生活环境与生态环境本身并无严格的划分，以"环境"替代更能准确表达本法所要保护的对象，其具体范围留待下一条来明确。二是将原来的"保障人体健康"改为"保障公众健康"，体现了环境保护立法应当更多从公共利益出发的指导思想。三是将"促进社会主义现代化建设的发展"改为"推进生态文明建设，促进社会经济可持续发展"，将环境保护的立法目的提升到生态文明和可持续发展的高度，体现了整体主义、保护优先的现代理念，是新《环境保护法》在目标定位上的突破与转型。

具体考察，《环境保护法》所规定的各具体目的之间存在递进关系：

第一，《环境保护法》的直接目的是保护和改善环境、防治污染和其他公害。环境保护法律制度实施的直接目的是保护环境，即保护环境免受污染和破坏，对于已经被污染和破坏的环境采取措施加以改善，预防和治理污染和其他公害。亦即解决公众能够看到或者感受到的环境问题，是第一层次的目的。

第二，《环境保护法》的实质目的是为保障公众健康。保护环境的实质目的是保护人类自身，脱离对"人"的保护而谈论纯粹的生态保护并无意义。在个体层面，对人的保护就是通过保护环境以保障人体健康；但环境本身的公共属性要求更多从整体层面来看问题，即通过保护环境以保障公众健康。保障公众健康建立在"保护和改善环境、防治污染和其他公害"的基础之上，是第二层次的目的。本次修改以"公众健康"替代原先的"人体健康"，反映了环境保护目的导向的变化，与环境的公共属性和环境保护的公益目标更加契合，体现了现代生态环境保护的整体主义理念，是中国环境法治的一大突破。

---

① 参见吕忠梅主编：《中华人民共和国环境保护法释义》，中国计划出版社 2014 年版，第 5—10 页。

第三,推进生态文明建设、促进经济社会可持续发展是《环境保护法》的最终目的。虽然环境保护法强调保护环境的重要性,但也并非否定经济发展,生态文明应当是在生态和谐的前提下最后人类社会发展的文明形式。相较于原先"环境保护与经济社会发展相协调"的规定,新《环境保护法》体现了作为经济目标与环境保护目标之调和的可持续发展观念,在环境保护法律制度的设计中具有指导性地位,《环境保护法》的立法目的表述以"推进生态文明建设、促进经济社会可持续发展"收尾表明其最终目标是实现生态文明和经济社会可持续发展。

2. 推动建立基于环境承载能力的绿色发展模式

《环境保护法》要求建立资源环境承载能力监测预警机制,实行环保目标责任制和考核评价制度,制定经济政策应充分考虑对环境的影响,对未完成环境质量目标的地区实行环评限批,分阶段、有步骤地改善环境质量等,体现了生态文明、可持续发展、保护优先等新理念,是推行绿色国民经济核算,建立基于环境承载能力的发展模式,促进中国经济绿色转型的重要依据。

3. 建立多元共治的现代环境治理体系

《环境保护法》明确了政府、企业、个人在环境保护中的权利与义务,建立了公众参与机制,体现了多元共治、社会参与的现代环境治理理念:各级政府对环境质量负责,企业承担主体责任,公民进行违法举报,社会组织依法参与,新闻媒体进行舆论监督。

《环境保护法》规定:国家建立跨区联合防治协调机制,划定生态保护红线,健全生态保护补偿制度,国家机关优先绿色采购;国家建立环境与公众健康制度;国家实行总量控制和排污许可管理制度;政府建立环境污染公共监测预警机制,鼓励投保环境污染责任保险。同时,也明确规定公民享有环境知情权、参与权和监督权,要求各级政府、环保部门公开环境信息,及时发布环境违法企业名单,企业环境违法信息记入社会诚信档案;排污单位必须公开自身环境信息,鼓励和保护公民举报环境违法。

4. 完善制度体系

为将生态文明建设纳入经济建设、政治建设、文化建设、社会建设全过程,实现国家治理能力和治理体系现代化的目标。《环境保护法》建立了生态保护红线制度、环境健康风险评估制度、生态补偿制度、土壤污染调查制度、总量控制制度、污染物排放许可制度、农村农业污染防治制度、环境保险制度等。还对过去的一些老制度,如环境规划制度、环境影响评价制度、区域限批制度、限期治理制度、污染转移制度、环境事故应急制度、法律责任制度等,进行了调整完善。

5. 强化义务与责任

《环境保护法》一方面授予了各级政府、环保部门许多新的监管权力,如环境监察机构的现场检查权,环保部门的查封扣押行政强制权,对污染企业责令限产、停产整治权等。同时,规定了按日连续计罚,引入治安拘留处罚,增设了连带责任;构成犯罪的,依法追究刑事责任。另一方面,它也规定了人大对地方政府的监督权,规定了将环境保护考核情况向社会公开并纳入官员政绩考核,规定了对环保部门的严厉行政问责制度。

(四)《环境保护法》的法律机制

1. 环境与发展协调机制

《环境保护法》第4条宣示"保护环境是国家的基本国策","国家采取有利于节约和循环利用资源、保护和改善环境、促进人与自然和谐的经济、技术政策和措施,使经济社会发展与环境保护相协调"。该法完善了环境规划制度、环境影响评价制度、政府责任制度,确立了"保护优先、预防为主、综合治理、公众参与、损害担责"原则,规定了专家参与决策程序,建立了环境与发展协调机制。

2. 统一监管机制

环境的公共性要求统一监管,它涉及环境与发展的宏观衡量,即整体上采取环境保护措施的力度决定了经济发展的环境基础和资源供给,需要在环境与发展总体平衡的思路下进行决策。《环境保护法》明确了环境保护主管部门的统一监督管理职权,为实施统一监督管理建立了体制基础,并规定了区际合作制度、环境标准制度、重点污染物排放总量控制制度、排污许可管理制度、生态保护制度、环境与健康制度等。

3. 公众参与机制

环境利益在很大程度上是公共利益,公众参与所要解决的是环境利益与经济利益之间的平衡问题。《环境保护法》在总则中规定环境保护宣传教育及舆论监督,并专设"信息公开和公众参与"一章,规定了公民的知情权、参与权、监督权,对政府和企业信息公开、公众参与环境影响评价、环境公益诉讼等制度做了规定。

4. 决策实施机制

环境与发展的微观平衡也是综合决策所要解决的问题。因此,对企业和生产经营者的行为进行管制的各项制度都应当从环境与发展平衡的角度重新考量,使之符合可持续发展的目标。《环境保护法》规定了生态补偿制度、全过程控制污染制度、清洁生产和循环利用制度、环境监测制度,使环境与发展综合决策体现到对环境资源开发利用的全过程中。

5. 责任追究机制

责任的追究不仅是对既往决策的评价和追求,也具有对未来决策的指导和约束意义。责任既是法律强制力的体现,也是环境法实施的保证。《环境保护法》明确了管理者责任制度、企业和生产经营者的责任制度,通过规定责任形式以及责任追究程序,建立了《环境保护法》的责任追究机制。

思考题

1. 环境法规则和传统法律规则有何不同？
2. 环境法得以产生和独立的原因是什么？
3. 如何理解环境法的体系？
4. 什么是环境保护基本法？环境保护基本法有什么重要意义？

案例分析

我国《侵权责任法》第 65 条规定："因污染环境造成损害的，污染者应当承担侵权责任。"《环境保护法》第 64 条规定："因污染环境和破坏生态造成损害的，应当依照《中华人民共和国侵权责任法》的有关规定承担侵权责任。"《固体废物污染环境防治法》第 85 条规定："造成固体废物污染环境的，应当排除危害，依法赔偿损失，并采取措施恢复环境原状。"从条文上看，上述三部法律在环境污染民事责任的构成要件和责任形式上存在明显的不同。

问题：一般而言，在追究污染加害人的民事赔偿责任时，应适用哪部法律？当固体废物造成环境污染损害时，应当适用哪部法律？

第二章 环境法基本原则

内容提要

环境法基本原则,是指由环境法所确认并体现,贯穿于整个环境法体系,反映环境法的目的价值、基本特征及性质,对贯彻和实施环境法具有普遍指导作用的基本准则。它是环境法基本精神的集中体现,对环境立法和执法具有重要的指导意义。从环境法的本质出发,可将环境法基本原则凝练、抽象为风险预防原则、环境公平原则和环境民主原则。其中,风险预防原则处于根本地位,而环境公平原则和环境民主原则作为重要构成而存在。

关键词

基本原则　风险预防原则　环境公平原则　环境民主原则

第一节　环境法基本原则概述

环顾今天的中国,经过三十多年的经济高速发展,人们的物质生活水平有了极大的提高,但也不可避免地陷入了资源约束与经济发展的巨大矛盾之中。环境污染和破坏的速度急剧加快、环境事故频发、环境纠纷不断,环境问题已经成为近年来社会最关注的重点和热点,也是引发社会矛盾和冲突的焦点之一。面对纷繁的环境现象与事件,面对历历在目的环境污染与生态破坏后果,法律应以怎样的视角、从怎样的逻辑起点来观察、分析并解决这些问题?毫无疑问,欲将人们的行为纳入环境法的调整范围,建立正当的环境法律秩序,必须首先确立一些基本的判断标准,这种基本标准就是我们通常所说的环境法基本原则——凝练环境法的基本精神、阐明环境法制的基本态度。

法的基本原则是一个学理概念,基本含义为法律精神的积聚、法律问题处理的准绳。每一门法律在自己的发展与演进中,都会遵循法律发展的一般规律,形成自身特质与基本精神,学者们将这些特质与精神加以理论抽象,概括成为该门法律的基本原则。环境法的基本原则,是指由环境法所确认并体现,贯穿于整个环境法体系,反映环境法的目的价值、基本特征及性质,对贯彻和实施环境法具有普遍指导作用的基本准则。作为判断人们环境活动的基本准则,环境法的基本原则应当以保护环境、实现可持续发展为目标,以环境保护和法的基本理念为基础,以现代科学技术和知识为背景,体现出环境法的本质、根本精神以及国家环境保护的基本政策。

既然环境法基本原则是贯穿于全部环境法律规范和环境法适用中的准则,那么它不应仅仅是在政策上徒具形式的口号,而必然对整个环境立法、环境执法、环境司法产生直接的指导意义。具体而言,环境法基本原则的功能在于:

(1) 环境法基本原则是环境法理念的提炼与汇集,具有强烈的价值宣示功能。环境法基本原则体现着环境法的本质与根本价值,其既是环境法基本理念在环境法上的具体体现,又是环境法的本质、根本精神和国家环境政策在环境法上的具体反映。例如,环境安全是人类一切安全的基础,环境本身则具有污染和破坏容易、治理与恢复困难的特点,且人类自身的发展不可避免地受到科学技术条件和认识水平与能力的限制,因此,人类对于自己开发利用环境的行为必须持高度谨慎的态度,不能放任行为的后果。这种基本的态度反映在环境法上,就是风险预防原则的确立与实现。

(2) 环境法基本原则是环境法制度的指导,具有明显的制度协调功能。作为环境法精神与特性的高度概括,环境法基本原则在协调环境法律制度的冲突、指导法律制度的具体适用方面发挥着重要作用。"原则表达了详细的法律规则和具体的法律制度的基本目的,因为,人们把原则看做是这些基本目的始终如一、紧密一致、深入人心、从而使其完全理性化的东西。因此,法律原则正是规则和价值的交汇点。"[①]环境法律规范构成完整的制度体系,这个体系中包含有诸多的法律制度,各种制度有其具体的规范内容和目的。欲保证这些内容复杂的制度在调整目标与规范效果方面协调一致,不至于相互冲突,就必须有基本原则作为协调的标准,通过将基本原则渗透到环境法制度设计与实施的各个环节,使制度的创设、规范的适用能够在基本原则的统率下进行。

(3) 环境法基本原则是环境法实施的基础,具有直接的执行指导功能。从中国环境立法的现实来看,绝大多数的环境法律法规都是具体设置了执法主体的,或者说法律明确了由哪个行政主管部门来执行某部法律。但是,执法者所有的法律赋予的执法权并不是随心所欲的,其执法行为必须符合立法的目的与精神。环境法基本原则概括了立法者对于环境法制度的基本态度与价值观念,正是立法目的与精神的直接体现。虽然从制度设计的角度看,不同的制度所体现的重点可能有所不同,但任何制度都不可能也不应该背离环境法的基本原则。

---

① 〔美〕M. D. 贝勒斯:《法律的原则——一个规范的分析》,张文显译,中国大百科全书出版社 1996 年版,第 315 页。

因此，执法者只有依循基本原则实施具体执法行为，才能实现环境法的立法目的，体现环境法的精神。否则，执法行为可能出现偏差，执法结果可能与立法精神南辕北辙。

（4）环境法基本原则是环境司法中法律规范适用的援引，具有重要的法律漏洞弥补和利益衡量功能。作为环境法的灵魂和建构环境法制度体系的依据，环境法基本原则本身具有实际的解释力与指导力，并且以其高度的涵盖性与抽象性弥补具体制度的不足。当社会生活中出现既定的环境法律规范与变化的社会现象的矛盾的时候，环境法基本原则可以为司法者提供法律解释的基本线索和根本指引，弥补成文法滞后于社会发展变化的不足，既为解决个案纠纷提供可能，也为法律的修订奠定基础。任何制定法都不可能穷尽社会生活中人们行为的全部，加之环境法较之于传统法律更加广泛而复杂，环境法律规范更不可能涵盖全部环境社会关系，法律适用空白与不足的情形必然会出现。一旦出现这种情形，基本原则可以成为司法者在个案裁判中直接援引的一般条款，通过法官的法律解释进行法律漏洞弥补和利益衡量。在这个意义上讲，环境法的基本原则与民法上的"诚实信用"、"公序良俗"等基本原则一样，是对法官的一种授权，是法官用来处理成文法与社会发展的不一致，综合考量法律、当事人利益、社会秩序维护三者关系，公正合理地处理环境纠纷的重要依据。

环境法的基本原则是人类在一定时期，根据环境问题以及对环境问题及其解决方法的认识基础上形成的，它们是生态规律、人类对环境的认识、环境经济原理的基本要求等支撑环境法的知识背景与知识内核在环境立法上的反映，是认识环境法的性质，准确理解、执行、适用环境法律规范的关键所在。违背了环境法的基本原则，将直接产生某种法律后果，有关主体必须承担相应的法律责任；与环境法基本原则相抵触的法律规范必须修改或者被撤销；与基本原则相违背的环境法主体的行为，必须得到纠正或受到制裁。但是，在具体的立法实践中，由于各国具体国情、法律结构、经济发展水平的不同，对基本原则会有所取舍或侧重。从环境法独有的特征与品性出发，我们将贯穿于整个环境法的理念与制度，最能反映出环境法自身特质的环境法基本原则概括为风险预防原则、环境公平原则以及环境民主原则。其中，风险预防原则处于根本地位，而环境公平原则与环境民主原则是环境法基本原则的重要构成。

第二节 风险预防原则

生存的安全和生活的安定是人类的基本追求之一，但世界却总是充满风险。现代社会中，随着科学技术突飞猛进的发展和人类改造自然、开发利用环境资源能力的大大提高，发生环境事故和生态灾难的几率越来越高，人类认识能力和水平的有限性与自然发展变化的无限性之间的矛盾更加突出。我们一方面在享受着转基因食品带来的高营养、高科技含量,另一方面也在承受着转基因食品可能引起的种种不良后果。转基因食品的出现,祸兮福兮?……环境法虽然是在环境问题出现并严重化之后积极应对而产生的法律,但要从根本上解决环境问题、重建人与自然的和谐,仅仅满足于事后补救是远远不够的,必须着眼于对环境风险以及环境危机的预防,着眼于环境质量的改善、环境品质的提高。因此,未雨绸缪于先,亡羊补牢于后,是环境法确认环境社会关系、构建环境社会秩序、引导环境社会行为的基本选择。换言之,确立风险预防原则在环境法中的基础性地位是必需的。

一、风险预防原则的含义

(一) 风险与环境风险

风险,其字面意义可以理解为危险、意外事故、损失等的可能性。[①] 风险之所以产生,是由于我们生活在一个充满不确定性的世界上。实践中的风险可以从不同角度认知:(1) 客观的风险与主观的风险。客观的风险,即科学意义上的风险,将风险理解为事件发生的概率和可能导致的不利后果的乘积,包含了概率、严重性和可靠性三个要素,这是一种纯粹概率角度的理解。主观的风险,即文化意义上的风险,着重于人类对风险的反映,强调风险意识的重要作用,涉及公众的信念、态度、判断和情感,以及公众在灾害和收益上所持的广泛的社会和文化价值观等。[②] (2) 已知的风险与未知的风险。已知的风险,是指人们有充分的信息来源了解、熟悉的一类风险,如保险法上的风险。未知的风险,是指由于认知能力有限,人们难以了解、熟悉与把握的一类风险,如环境法上的风险。

环境风险则是指环境遭受损害的可能性,包括环境遭受风险的可能性以及风险所致损害的严重性。其特性在于:(1) 性质上,环境风险属于未知的风险。至今,人类对许多环境风险的产生、传递以及反应的机制还无法完全了解,这就决定了对这些风险进行管理的决策是在充满不确定性的情况下作出的。(2) 危害的后果上,环境风险的危害具有潜伏性和不可逆转性。环境风险与损害常常跨越时间和空间,再加上科学技术发展的局限,使得人们对于损害环境的活动造成的长远影响和最终后果,往往难以及时发现和认识,而后果一旦出现,就已无法救治。[③] (3) 影响范围上,环境风险更多地表现为国家性、区域性甚至全球性的风险。环境风险从根本上区别于传统的地方性环境问题,环境风险的法律规制

[①] 〔英〕戴维·M.沃克:《牛津法律大辞典》,李双元等译,法律出版社 2003 年版,第 973 页。

[②] 唐双娥:《环境法风险防范原则研究》,高等教育出版社 2004 年版,第 5—10 页。

[③] 金瑞林主编:《环境法学》,北京大学出版社 2002 年版,第 85 页。例如,DDT 的使用就是一个典型例子,充分说明了上述问题。

也就成为环境法面临的新课题。环境风险的独有特性决定了有必要重新审视以前的法律制度和价值追求,从而发展出一种新的环境法指导思想——风险预防原则。

(二) 风险预防原则的界定

回顾风险预防原则的演进历程,其最早起源于 20 世纪 60 年代的德国。德国人较早地意识到必须克服由不确定性带来的弊端,即解决因不确定性导致的行动上的滞后性与环境保护的预防性需要之间的矛盾。20 世纪 80 年代,德国向国际北海保护会议提出了确立风险预防原则的建议,第二届国际北海保护会议接受了这一建议,会后发表的《伦敦宣言》第一次明确、系统地论述了风险预防原则:"为保护北海免受最危险物质的有害影响,即使没有绝对明确的科学证据证明因果关系之前,也应采取风险预防的措施以控制此类物质的进入,这是必要的。"同一时期,OECD 环境委员会也提出建议:各国环境政策的核心,应当以预防为主。1992 年联合国环境与发展大会上通过的《里约环境与发展宣言》原则 15 被认为是风险预防原则的里程碑。此后,风险预防原则得到了国际环境立法的广泛认可,其适用范围从海洋环境保护逐步扩展到气候变化、危险物品管制、臭氧层保护、生物多样性保护等多个领域。20 世纪 90 年代以后通过的所有关于环境保护的国际法律文件几乎都规定了风险预防原则。更为重要的是,风险预防原则不仅已为国际环境保护条约所普遍接受和承认,而且在 1999 年澳大利亚与新西兰诉日本的南方金枪鱼案、2001 年爱尔兰诉英国 MOX 核电厂案等著名案例中得到了具体体现,这意味着该原则对于国际社会所有成员的可能适用。[①]

在国内立法方面,一些发达国家如美国、加拿大、澳大利亚等国已经确立了风险预防原则,并出现了适用风险预防原则的司法判例。较为著名的判例有:比利时的 Wilrijk 焚烧工厂案中,法官运用风险预防原则干预了政府的许可政策,命令拥有许可证的活动停止;美国的储备矿产案中,美国法官在储备矿产公司的行为对公众健康的危害存在不确定性的情况下,作出了工厂可以不关闭,但应在合理的时间内将污染转向陆地,而不能排入苏必利尔湖的判决;澳大利亚的里斯诉国家公园和野生动物署案中,法院认为,澳大利亚作为《生物多样性公约》的缔约国之一,公约前言中规定的风险预防原则应被认为已经纳入国家立法,并据此作出了判决,从而成为澳大利亚适用风险预防原则的起点。[②]

尽管有以上的法律实践,但从风险预防原则的总体情况来看,其仍处于不断

[①] 对于风险预防原则在国际法上的地位至今仍存在较大争议:一种观点认为风险预防原则已经成为一项习惯国际法原则,一种则坚决反对,第三种则认为风险预防原则正在形成一项习惯国际法原则。参见朱建庚:《风险预防原则与海洋环境保护》,人民法院出版社 2006 年版,第 244—252 页。

[②] 唐双娥:《环境法风险防范原则研究》,高等教育出版社 2004 年版,第 98—133 页。

发展的过程中,该原则尽管被肯定为是"好的事物",但其含义并没有得到明确的确认。① 学者大都将《里约环境与发展宣言》的原则 15,即"为了保护环境,各国应按照本国的能力广泛适用预防措施。遇有严重的或不可逆转损害的威胁时,不得以缺乏科学充分确实的证据为理由,延迟采取符合成本效益的措施防止环境恶化",作为风险预防原则一般的甚至是最权威的定义。概括而言,风险预防原则的内涵十分丰富,主要包含有下列思想内核:

(1) 环境风险的危害被怀疑到一定的程度,如严重的、不可逆转的或重大的风险(there is threats of serious or irreversible environmental damage)。这是风险预防原则的适用前提,在《里约环境与发展宣言》《生物多样性公约》《联合国气候变化框架公约》以及《澳大利亚政府间环境协议》中都有相应规定。

(2) 该原则是为解决环境危害的科学不确定性问题而选择的一种基本法律态度。对风险预防原则而言,有关环境危害的科学不确定性是其支点所在。不确定性源于人们了解某一主题的需求和实际上了解该主题的程度之间存在差距。② 环境领域的不确定性意味着:人类活动对于环境风险的危害肯定有作用,但环境受到威胁的程度、风险危害的性质和严重程度或者因果关系等方面存在科学上的不确定性。这种不确定性包括:是否存在环境风险的危害?如果存在,这种危害是否会发生?对此,我们必须采取审慎的态度去观察和预见,并提前采取行动,这是对待不确定性的合适途径。

(三) 风险预防原则的本质

在本质上,风险预防原则是对环境法传统思维的转变。传统理念认为:在科学未能证明是"环境有害的"之前,就假定是"环境安全的"。换言之,即在科学不确定性面前持观望和等待的态度。这样,科学不确定性就成为潜在的污染者、规制机关不采取事前行动的一个理由或者说"权利来源"——当有关环境问题的危害存在着科学不确定性时,潜在的污染者可以以科学没有证实为由拒绝采取措施加以预防。如美国至今仍然以矿物燃料燃烧不会引起温室效应为由,拒绝批

---

① precautionary principle 的中文译法并不统一,中国官方将《里约环境与发展宣言》原则 15 中的"precautionary measures"译为"预防措施",有的译为"预防原则",有的译为"警惕原则"等。如做一精确考察,在词源意义上,"precautionary"意为事先采取的避免危害或者风险的行动,或者是为了避免可能的危险或不适而采取行动,其本身即包含有环境威胁之义,而威胁又是风险的同义词,因此 precautionary principle 依赖于风险的某一概念,译文应该直接体现风险一词;此外,国外尤其是欧盟及其成员国在汲取风险预防原则精神后,对 preventive principle 与 precautionary principle 进行了区分:前者是以科学确定性为前提的,适用于对环境问题具有肯定性的场合,后者则是以科学不确定性为前提,适用于存在不确定性的场合。这样,preventive principle 译为防止原则较为适合,而将 precautionary principle 译为风险预防原则更为科学。

② 实事求是地说,不确定性并非一个贬义词,但不幸的是,使用的频繁使得它已经带有混乱、无能和不恰当的意思,忧虑、怀疑、犹豫不决、疑惑、猜疑成为不确定性的同义词。参见〔美〕H. W. 刘易斯:《技术与风险》,杨健等译,中国对外翻译出版公司 1994 年版,第 78 页。

准《京都议定书》。而规制机关则将是否作出决定的责任转移给科学家,以避免其规制行为被指责为武断的或没有科学依据的。如20世纪70年代即有初步证据表明汽油中的铅可能危害人体健康,但我国直到1998年才开始要求禁止使用含铅汽油。如此,很多具有潜在环境危害性的物质或活动因为这种科学上的不确定性而得以继续使用或进行。[①]

从某种意义上讲,臭氧层破坏、全球变暖、生物多样性锐减等现代环境问题的一个重要特征,就是存在太多的科学不确定性。在这种情况下,如果仍然持观望和等待的态度,直到科学能确切地证明环境危害的因果关系后再来采取措施,恐怕已是于事无补。最为关键的并不是采取预防措施的必要性,而是采取预防措施的时间。因此,即使没有充分的科学证据,只要有造成严重或不可逆转环境损害的威胁的存在,就必须采取预防措施。

综上,我们可知,风险预防原则本身知识跨度极广,涉及科学的、经济的、伦理的、法律的知识背景,在技术上给予一个精确的定义较为困难。我们可以这样来描述风险预防原则:它是在有关环境危害存在科学上的不确定性的情况下预防环境损害发生的义务的指导思想。其核心在于:当科学知识对某一环境问题的认识未达成一致意见或存在冲突时,如果存在对环境造成严重或不可逆转损害的威胁,科学上的不确定性不能成为延迟或拒绝采取预防措施的理由,从而降低环境风险发生的可能性及风险损害程度。

二、风险预防原则的法律适用

风险预防在保护环境、促进可持续发展方面是一个新的思想和原则,其要求我们彻底改变处理潜在的环境危害问题的方法和思路,建立"预防"的理念,对政府的环境风险规制措施进行根本性的重塑。风险预防原则的真正实现,除了确立其根本原则的地位之外,还需要具体的法律机制和法律制度的配合。

(一)风险预防原则的法律地位

正如"诚实信用原则"作为民法中的"帝王"条款确立了民事主体守法的一般性义务一样,在环境法领域,也需要确立这样的一般性义务条款。根据国内外学界的研究,风险预防原则能够担此重任,这是因为其在实践中被视为形成了一种实质性的谨慎义务,即将预防环境危害发生的一般义务延伸到这样的范围——预防那些未被科学确切证明的、可能危害环境的行为。

风险预防原则成为保护环境的一般义务的意义在于:有关环境损害存在着不确定性可能成为不采取预防措施的理由之一,因为在缺乏有关环境危害绝对证据的情况下,政府机构面临向社会证明应当采取防范性的措施是正当的、理由

[①] 唐双娥:《环境法风险防范原则研究》,高等教育出版社2004年版,第2页。

充分的难题。① 但如果将风险预防原则确定为保护环境的一般义务,那么这种不确定性便无法成为政府机构和企业不采取预防措施的"权利"来源。因此,风险预防原则一旦确立,就可以发挥价值目标功能,成为环境法目的解释的直接依据,实现对某些应然的环境利益的保护,从而预防一定危害的发生。

(二) 风险预防原则的法律适用要素

探求风险预防原则的适用要素,其目的在于将风险预防原则适用的动态环节予以抽象、概括,使其具有较强的可操作性,能够在环境保护领域发挥应有的功能与作用。②

1. 不确定性

确定与不确定实际上是针对人类活动与环境损害之间因果关系而言的,也是与风险有密切关系的一个问题。如果有科学证据能够充分证明人类活动与环境损害之间存在因果关系,那我们就称之为确定的风险,反之则称之为不确定的风险。

随着科学技术的不断进步和经济的高速发展,人类活动对环境造成损害的不确定性风险越来越多,科学上的不确定性成为困扰环境法的一个问题。但是,现有的法律规定几乎从没有具体指出在既定的场合应当如何采取谨慎措施。为解决该问题,人们引入了解决风险不确定性的方法,即阈值的确定。

2. 阈值的确定

阈值就是适用风险预防的临界线,其作用主要是解决适用依据问题,同时也防止风险预防原则的滥用。依照风险预防原则,在采取具体预防的行动之前,必须确定某一活动产生的潜在危害程度。换言之,就是要明确:环境风险导致的潜在危害达到多大时,采取风险预防的措施才是正当的。此时,确定阈值具有决定性意义,因为它关系到是否需要采取风险预防原则,采取怎样的风险预防原则,以及在实施风险预防原则中允许对效益和成本进行平衡的程度。

目前的国际条约和文件对阈值的规定,概括起来有高、低两种情形:(1) 较高的阈值。较高的阈值是指环境风险导致的潜在危害必须是重大的,否则就不能采取风险预防的措施,听任环境风险继续存在。在实践中,全球公域保护例如臭氧层保护、生物多样性保护、濒危野生动植物保护以及海洋生物资源保护等领域对于适用风险预防原则的阈值规定较高。相关国际公约规定,在适用风险预防原则时,环境风险导致的危害必须是"重大的""严重的""不可逆转的",其原因在于:导致产生环境风险的原因,如燃烧矿物燃料导致气候变化、基因改良致人类健康和环境受到危害等,都是既有风险危害也有风险收益的活动,因此,风险

---

① 唐双娥:《环境法风险防范原则研究》,高等教育出版社 2004 年版,第 51—52 页。
② 朱建庚:《风险预防原则与海洋环境保护》,人民法院出版社 2006 年版,第 170—179 页。

预防原则在全球公域保护的领域得以适用的阈值自然要高,这是立法者对风险和收益进行平衡的结果。(2)较低的阈值。较低的阈值是指对环境风险导致的潜在危害要求不高,只要达到合理的程度,就可以采取措施。在实践中,环境污染防治领域中适用预防原则的阈值规定较低,其原因在于:该领域中几乎都是高风险危害、几乎没有任何收益的活动,因此,风险和收益平衡的结果自然倾向于禁止或者限制这些活动。

不同的国际条约或文件对风险预防原则适用阈值的规定存在较大差异。一般认为:在风险引起的危害大于收益的领域如污染防治领域,适用预防原则的阈值较低;而在可能带来大的收益的领域,风险预防原则适用的阈值较高一些。但应注意的是,并不能因此将风险预防原则的适用绝对化——认为风险预防原则在任何情况下都是正当的。风险预防原则在适用前,必须满足一定的阈值,即所谓的门槛。作为前置条件的阈值,可以防止风险预防原则的滥用,使得该原则更具科学性与适用性。本质上,阈值的不同只是说明在不同的场合,风险预防原则适用的严格程度不一样,到底采用何种阈值取决于不同国家或者国际组织的解释以及不同的社会、文化背景和环境风险的具体情形。[①]

3. 利益的平衡

绝对的风险预防原则可能被滥用,较弱的风险预防原则又无法发挥应有的功能;因此,多数情况下,风险预防原则总是处在中间状态,这是在风险预防原则中引入平衡因素的结果。事实上,合理的和能被接受的风险预防原则也必须纳入成本效益等考虑因素。风险预防原则的合理运用,必须关注如下问题:

(1)风险预防原则中的平衡因素。适用风险预防原则时,我们不得不追问:在环境风险的危害后果没有实际发生之前,就应从法律上加以规制,要求潜在的污染者或者规制者采取防范性措施的合理性何在?显然,只有当风险达到一定的阈值,才能根据风险预防原则采取适当的措施加以防范。采取何种措施能更好地实现风险预防的目标,则需要根据风险的大小和对环境的要求而定,利益平衡决定了不可能一味地禁止或者限制一切产生环境风险的行为或活动。

(2)成本与效益的评估。经济学家强调,绝对的风险预防原则要得以贯彻,代价将非常高,而且以后可能出现的新信息可能表明,先前采取的风险预防措施根本是不必要的。鉴于此,欧盟2000年在《关于风险预防原则的公报》中提出了采取风险预防原则措施必须符合相称性的要求,成本效益分析方法则成为评估风险预防措施是否符合相称性的经济标准和方法。实践中,要求采取符合成本效益的风险预防措施的条约有:2001年的《国际控制有害船底防污系统公约》、1992年的《里约宣言》等。

---

① 唐双娥:《环境法风险防范原则研究》,高等教育出版社2004年版,第161页。

4. 适当预防措施的采用

由于环境问题和风险差异较大,为实施风险预防原则而采取的措施差异也较大。从客观上讲,不同的人类活动可能引起不同的环境风险,这使得要想作出一个统一的风险预防措施规定相当困难。从主观方面看,人们对于风险预防原则本身及应当采取何种程度的风险预防措施,存在较大的认识差异。因此,风险预防的具体措施不可能确定,需要在实践中加以明确。目前,较多采用的风险预防措施有:禁止和限制、最佳可得技术和最佳环境实践、清洁生产等。

(三) 风险预防原则在我国的实现

在我国现行的环境保护法律、法规中,并没有明确地规定风险预防原则。《环境保护法》第5条规定了"预防为主"的基本原则,但从含义上考察,其所规定的"预防"主要是 preventive 意义上的,即针对确定性损害的防止性原则,而非针对风险不确定性的风险预防。从严格意义上说,我国已有立法中并未充分体现风险预防原则;从法律文件来看,政府并没有将其与一般的防止性预防原则相区别,而是采用了同样的术语;风险预防原则的典型要素——存在科学不确定性不能作为推迟采取预防措施的理由,仍未体现于相关立法中。

也许是由于风险预防原则在立法与实践中仍存在不少争议的缘故,我国目前尚未在法律上确立风险预防原则。但这不能成为我们拒绝风险预防原则的理由。将风险预防确立为环境法的一项基本原则不仅仅是先进国家的普遍做法,更为重要的是,确立风险预防原则,可以为在科学上的不确定性的情况下优先保护环境和人类的生命健康安全提供重要的法律依据,更有利于降低人类面临的越来越多、越来越高的环境风险。[①] 作为发展中国家的中国,应该从环境问题造成的巨大损失和社会损害中认识到风险预防原则的极度必要性。确立风险预防原则,才可能尽量避免环境损害或者将其消除于生产过程之中,真正做到防患于未然。

同时需要指出的是,《环境保护法》的个别条款体现了风险预防的理念,值得充分关注。《环境保护法》第39条规定:"国家建立、健全环境与健康监测、调查和风险评估制度;鼓励和组织开展环境质量对公众健康影响的研究,采取措施预防和控制与环境污染有关的疾病。"该条中首次出现了"风险"概念,确立了国家针对环境与健康问题的风险预防义务,这是我国环境立法的一大进步。第39条的加入,是环境法学者持续关注环境与健康问题并不断呼吁立法的结果[②],表明风险预防原则的理念已经逐渐得到立法者的认可,是我国环境法确立风险预防原则的良好开端。

---

① 朱建庚:《风险预防原则与海洋环境保护》,人民法院出版社2006年版,第266—267页。
② 吕忠梅:《〈环境保护法〉的前世今生》,载《政法论丛》2014年第5期。

在我国环境法中充分实现风险预防原则,有以下几个方面的具体要求:

1. 建立强制禁止和淘汰制度

某些高度危险和有毒的物质造成环境危害的可能性极大,根据风险预防原则的要求,应在法律上明确禁止或淘汰该种产品的生产和使用以及相关生产活动的进行。

2. 建立针对某些特定活动或产品的"白名单"制度

在传统的环境法中,对有毒、有害活动或产品之生产和使用的控制,通常通过"黑名单"制度实现。没有列入"黑名单"的活动或产品,就是对环境无害的。根据风险预防原则,鉴于存在大量科学上的不确定性,"黑名单"所能涵盖的范围十分有限,而只有那些已被证明对环境是安全的活动或产品,才应该被认为是对环境无害的。这些活动或产品就构成了"白名单"。而对于"白名单"之外的活动或产品来说,除非有充分证据表明其对环境是安全的,否则就会被假定为在环境上是有害的。只有在"白名单"上的活动或产品,才能被允许生产和使用。

3. 在一定程度上,以"最佳可得技术"标准取代传统环境标准

传统的环境标准是以环境具有一定的纳污能力为前提的,企业承担的污染控制义务也以环境标准为基础。风险预防原则拒绝接受环境具有吸收能力的观点,而将焦点转移到减少或消除污染物向环境的排放上。因此,应在一定程度上,以现有的"最佳可得技术"标准取代传统的环境标准,采取更加严格的污染控制措施。例如,美国《清洁水法》就要求已有的污染者采用"经济上可实现的最佳可得技术"作为控制污染的第一步,新的污染者则被要求运用"最佳可得证明控制技术"。从欧盟的实践看,目前的"最佳可得技术"基本上是指清洁生产工艺。

4. 完善现有的相关制度

环境规划制度、环境检测制度、环境影响评价制度和环境与健康制度风险预防原则联系较为紧密。应根据风险预防的要求,对上述制度给予完善。其中,环境影响评价制度的完善最为重要,在进行环境影响评价时,应注意开展生态评估,对某些特殊开发项目或活动可能造成的生态影响进行风险评估。

根据《环境保护法》第39条规定,我国应对目前的环境与健康工作制度加以完善。具体而言:(1)健全环境与健康管理体制。需要改变目前环境与健康管理存在的科技与法律断裂、权力与权力断裂、政府与社会断裂的现状,建立系统思维,建立高效运转的协同机制,推动地方成立环境与健康工作领导小组,逐步建立监测网络互联、信息共享、危机处理责任共担为核心的部门协作机制。(2)强化环境与健康问题调查制度。针对环境健康问题突出、群众反映强烈的一些重点地区,应及时开展环境与健康专项调查,为决策提供参考。(3)建立并完善环境健康风险评估制度。环境健康风险评估(Environmental Health Risk Assessment,EHRA)是环境与健康工作的基本工具,是指利用现有的毒理学、

流行病学及实验研究等最新成果,按一定准则,对有害环境因素作用于特定人群的有害健康效应(病、伤、残、出生缺陷、死亡等)进行综合定性与定量评估的过程。通过风险评估,建立环境与健康风险管理信息服务系统。

5. 加强对生态特别保护区的保护

根据风险预防原则,一方面,在生态特别保护区中,任何活动都必须考虑风险预防的要求,确保生态保护区域不受干扰;另一方面,禁止该区域内以任何形式排放污染的行为,以防范潜在的环境风险。

第三节 环境公平原则

现代环境问题是由各种不适当的人为活动引起的,行为人所实施的环境利用行为涉及对利益关系的调整和重新处理,必须进行谨慎的利益考量,这就出现了环境利益的公平享有和环境责任的公平负担问题。环境公平原则的本质在于改变少数人污染和破坏环境却由全体社会成员承受后果的不公平状态,按照利益衡量原则重新分配因环境问题造成的利益失衡,实现社会的公平与正义。

一、环境公平原则的含义

环境公平原则,是指对环境问题所涉及的相关主体,如开发者、污染者、受益者以及主管者等,在使用环境资源或对环境资源造成污染和破坏时,应当按照环境正义精神,公平分配相关利益及其责任,以平衡各种利益关系、保护环境资源和维持生态平衡。

环境公平原则包括两个方面的具体内容:一是环境利益的公平享有;二是环境责任的公平负担。

(一)环境利益的公平享有

环境利益的公平享有,是指所有的当代人与后代人,都享有平等的开发、利用环境资源的权利。这是可持续发展思想的核心,也是实现可持续发展的必备条件。它由代内公平和代际公平两部分组成:

(1)代内公平。代内公平是指所有的当代人,无论其国籍、种族、性别、贫富、文化水平等等,都平等地享有利用自然资源和享受清洁、良好环境的权利。在当今世界,无论是在国与国之间,还是在一国内的不同群体之间,都存在着大量的不公平现象;在国际上,发达国家将自身发展建立在对发展中国家自然资源的剥削和掠夺的基础上,同时,由于其高消费的生活方式和高消耗的生产方式,发达国家造成了大部分的环境资源压力;在一国内,也普遍存在着弱势群体与强势群体之间在享有环境资源上的不平等现象。因此,代内公平是可持续发展所必须实现的目标。

(2) 代际公平。代际公平是指人类在世代延续的过程中既要保证当代人满足或实现自己的需要,还要保证后代人也能够有机会满足他们的利益需要。这也正是布伦特兰夫人对可持续发展的经典定义:"既满足当代人的需要,又不对后代人满足其需要之能力构成危害。"代际公平理论是由美国的魏伊丝教授(Edith Brown Weiss)提出的。在1984年《生态法季刊》上发表的题为《行星托管:自然保护与代际公平》的论文中,她提出,每一代人都是后代人的地球权益托管人,并提出要实现每一代人之间在开发、利用自然资源方面的权利平等。在实现世代间公平的原则上,魏伊丝教授具体提出了"保存选择多样性""保存质量"和"保护获取"等三个原则。① 实现当代人与后代人之间的公平,是可持续发展不同于传统思想的最大特征。

代内公平和代际公平作为公平享有环境利益的两个方面,已得到了普遍的认可,并已在一些国际法律文件中得以体现。在1972年的人类环境会议上,人们就已经注意到了当代人权利和后代人环境利益的问题,《人类环境宣言》的原则1明确提出"人类享有自由、平等和充足的生活条件的基本权利";在共同观点的第6条中,提出"为了这一代和将来的世世代代,保护和改善人类环境已经成为人类一个紧迫的目标"。1992年《里约环境与发展宣言》宣示的原则3指出:"为了公平地满足今世后代在发展与环境方面的需要,求取发展的权利必须实现。"在《联合国气候变化框架公约》《保护臭氧层公约》《生物多样性公约》等国际法律文件中,也体现了代内公平和代际公平的要求。

(二) 环境责任的公平负担

环境责任的公平负担,是指环境责任必须得到公平的分配。换言之,由于环境污染和生态破坏而产生的各种环保责任,应在国家、企业和个人之间进行公平的分配。需要指出的是,这里的环境责任,是法理学意义上的广义责任,包括第一性义务与第二性义务两个方面,即既有法定义务和约定义务的承担,也有不履行义务或者侵犯他人权利而形成的后果性义务的承担。

人们对环境责任负担问题的认识和确立,经历了一个逐步深化的过程。在过去相当长的一段时间内,环境长期被认为是无主物,造成环境污染和生态破坏的组织和个人,只要对其他人的人身和财产没有造成直接的侵害就是合法的,不必承担任何环境责任。但随着环境危机愈演愈烈,国家对环境保护的投入也越来越大,政府不堪重负,并且形成越治理污染越严重、治不胜治的恶性循环。为此,公众对这种做法提出质疑和反对:个别主体追求经济利益给环境造成的外部不经济性,凭什么要全体纳税人或受害人来负担? 换言之,即由全体公众乃至社

---

① 参见〔美〕魏伊丝:《公平地对待未来人类:国际法、共同遗产与世代间衡平》,汪劲等译,法律出版社2000年版,第41—48页。

会来承担治理污染的费用,形成了"企业赚钱污染环境,政府出资治理环境"的困境。这种现象不仅使得环境利益主体权利义务极不对称,背离了社会的公平与正义,而且也不能有效地遏止环境污染与生态破坏。

因此,在经济学外部性理论的指引下,联合国经济合作与发展组织环境委员会首次提出了环境责任分担的基础性原则——污染者负担原则(Polluter Pays Principle),该原则明确禁止各成员国对该国就企业污染防止工作所采取的措施予以资金上的补助,要求污染者负担由政府部门决定的减少污染措施的费用,以保证环境处于一种可能被接受的状态。该原则很快得到国际社会的广泛承认,被许多国家确认为环境法的一项基本原则。1992年《里约环境与发展宣言》原则13要求"各国应制定关于污染和其他环境损害的责任和赔偿受害者的国家法律",原则16则提出:"考虑到污染者原则上应承担污染费用的观点,国家当局应该努力促使内部负担环境费用,并且适当地照顾到公众的利益,而不歪曲国际贸易和投资。"这都是对污染者负担原则的国际认可。

尽管"污染者负担原则"明确了环境污染者所承担的环境责任,但其忽视了生态环境破坏者的环境责任的承担问题,是不全面的。[1] 同时,"污染者负担"也无法解决污染者无法确定时的治理费用承担问题。因此,应在"污染者负担"的基础上,进一步实现环境责任的公平承担。

环境责任的公平负担从根本上说,实际上是相关费用的公平承担问题。一般而言,治理污染费用、环境恢复费用、预防费用、损害赔偿费用构成了环境责任的全部,应由造成环境污染和生态破坏的企业或个人承担。但是,环境污染侵害具有累积性和多元参与性,一项污染往往是多个污染者长年累积的结果,如果由所有的污染者承担责任,常常会出现旧污染者难以认定的问题;而如果强令由个别或现有的污染者承担历年积累的环境侵害责任,则很容易由于污染者赔偿能力的不足而无法实现,同时也与公平观念相悖。因此,此时需要国家与污染者共同承担环境责任。在国家承担的范围上,理想的方法是:国家以人民的税收出资一部分,另外由现行的污染者与可得知的旧污染者负责一部分,如此共同来赔偿[2]。总之,应根据公平理念和具体情况,来分配国家、企业和个人所承担的环境责任。

---

[1] 参见陈泉生:《环境法原理》,法律出版社1997年版,第77页。
[2] 黄锦堂:《台湾地区环境法之研究》,台湾月旦出版社股份有限公司1994年版,第57页。

二、环境公平原则的法律适用

(一) 实现环境利益的公平享有

1. 明确规定公民环境权

每一个公民,无论是当代人还是后代人,都平等地拥有享受清洁、良好环境的权利,这是实现代内公平和代际公平的前提与基础。

2. 建立完善的生态补偿制度

目前在环境利益的享有上存在着大量的不公正现象。对此,应有相应的制度加以矫正。在这方面,生态补偿正是发挥该功能的制度:一方面,通过对因环境保护而丧失发展机会或遭受污染物转移的区域进行资金、技术和实物的补偿,实现不同群体间的代内公平;另一方面,通过对由人类活动造成的生态破坏和环境污染进行补偿、恢复和综合治理,保证环境资源的可持续利用能力,实现当代人与后代人之间的代际公平。我国目前的生态补偿制度还很不完善,政府的转移支付、财政补贴、直接管制等手段占据了主要的位置,市场机制的作用很小,相应的责任制度也不健全。因此,应建立起统一、协调的生态补偿管理体制,培育成熟的环境产权交易市场,以完善我国的生态补偿制度。

3. 积极探索实现后代人环境权的制度安排

由于后代人尚未出生,其权利就必须通过当代人的行为来实现。在世界各国的法律实践中,已经有了一些积极的探索,如法国成立了后代人委员会,旨在建立后代人利益的代理机制,以保障后代人利益在当前的政府政策和决策中的体现;在1993年菲律宾最高法院的一个判例中,法院承认了45名儿童的原告资格,使他们能够作为自己和后代人的代表,来对政府允许伐木公司砍伐森林的行为提起诉讼。该案引发了各国学者对后代人环境权的热烈讨论。从总体上看,如何通过恰当的制度安排实现后代人的环境权,目前尚无定论,还需要继续探讨。

(二) 实现环境责任的公平负担

我国1979年《环境保护法(试行)》第6条规定了"谁污染,谁治理",这一原则当时主要是为了明确污染单位有责任对其造成的污染进行治理,但许多学者认为"谁污染,谁治理"表述不够确切,认为其在文字结构上只明确了污染者的治理责任,但事实上这一原则还应包括对污染造成损失的赔偿责任。于是,1989年的《环境保护法》未在条文中明确表述这一原则,但通过具体制度更加全面地贯彻了"污染者付费原则"。1996年国务院颁布《关于环境保护若干问题的决定》第7条明确提出国务院有关部门要按照"污染者付费、利用者补偿、开发者保护、破坏者恢复"的原则,完善环境经济政策,切实增加环境保护投入。2003年国务院对排污收费制度进行了重大变革,出台了《排污费征收使用管理条例》,确认了排污收费制度。

《环境保护法》中第5条明确规定了"损害担责"的原则。这是对原先"污染者付费原则"的发展和补充,使其外延更为全面、内涵更为充实。纵观我国环境保护立法进程,对于环境责任的公平负担始终是在借鉴国际社会普遍采用的、成熟的经验基础之上,结合本国的实际与国情,以污染者负担为基础和核心内容,渐次发展起来的。我们可将这一原则的具体制度提炼为"开发者养护、污染者负担、受益者补偿、主管者负责"几部分。

1. 污染者负担制度

污染者负担制度有利于推动污染者合理利用环境和资源,提高其对周围环境资源的利用效率,从而实现整个环境资源的可持续发展,并达致社会公平。实践中,我国已发展出一系列完整的制度设计与法律规范,保障污染者负担制度的贯彻和实施。具体而言:(1)落实了环境保护目标责任制。环境保护目标责任制,一般是以签订责任书的形式,具体规定各级领导在任期内的环境目标和管理指标,并建立相应的定期检查、考核和奖惩办法。(2)健全了排污收费制度。按照污染物的种类、数量、浓度,根据有关规定征收费用,利用经济杠杆的作用,把排污量的大小同企业的经济效益直接联系。(3)明确了污染者保护环境、治理环境的责任,采取限期治理的措施。这种措施使污染企业的治理责任更加明确并有了时间上的限制,有助于疏通资金渠道和争取基建投资指标,使污染治理得以按计划进行。(4)实施了环保奖励政策。对于削减污染或综合治理方面做出较大贡献的单位和个人提供税收优惠措施或给予财政奖励、补贴。[①]

2. 开发者养护制度

开发者养护,是指开发利用环境资源者,不仅有依法开发自然资源的权利,同时还负有保护环境资源的义务。这一原则体现了"开发利用与保护增殖并重"的方针:对于可更新资源,应当在不断增殖其再生能力的前提下持续使用;对于不可更新资源,应当节约利用、综合利用。开发利用环境资源的单位和个人,不仅有开发利用的权利,还负有养护的义务。从我国目前的环境现状来看,人均资源占有量很低,而且自然环境和自然资源的破坏十分严重,因此在法律上明确科学开发利用自然资源、抑制生态破坏具有重要意义,同时还可以促进自然资源的节约使用和合理利用,提高经济效益和环境效益。在开发利用自然资源时,应采取积极措施,养护、更新、增殖、节约和综合利用自然资源;在具有代表性的各种类型自然生态系统区域内建立自然保护区,保护区内不得建设污染和破坏环境的设施,不得贬损整体环境在精神上的美观舒适愉悦度;对已经受到污染和破坏的环境进行恢复和整治。例如,《渔业法》第四章针对渔业资源的增殖和保护

[①] 钱水苗等编著:《环境资源法》,高等教育出版社2005年版,第99页。

作出了专门规定;《森林法》第 35 条规定:"采伐林木的单位或者个人,必须按照采伐许可证规定的面积、株数、树种、期限完成更新造林任务,更新造林的面积和株数不得少于采伐的面积和株数"。

3. 受益者补偿制度

受益者补偿,主要包含有两大内容:其一,针对以环境资源的利用而营利的单位或个人,即利用环境资源的单位或个人必须承担经济补偿责任。其二,针对使用消耗自然资源或对环境有污染作用的产品的消费者,他们的消费活动如果消耗自然资源或对环境有污染作用,也必须承担经济补偿责任。例如,为了削减以氟利昂为制冷剂的空调使用,美国于 1990 年就对使用臭氧层损耗物质开征税收,效果明显。须注意的是,随着环境保护的概念从污染防治扩大到自然保护和物质消费领域,利用、消耗环境资源的主体范围不断拓展,环节也不断增加。从实际支付费用的主体来看,从原材料的加工、生产到流通、消费、废弃以及再生等各个环节都存在着分担费用的现象。因此,只要从环境或资源的开发、利用过程中获得实际利益者,都应当就环境和自然资源价值的减少付出应有的补偿费用。

受益者补偿制度的适用,具体有:(1) 实行排污收费或者征收环境税。排污收费或者征收环境税是一种简单而又行之有效的法律制度,即排放污染物的单位或个人按照其排放污染物的种类、数量或浓度而向国家交纳一定的费用,以用于治理和恢复因污染对环境造成的损害。(2) 实行废弃物品再生和回收制度。从建立循环经济型社会的角度出发,目前世界各国开始在产品的废弃与回收再利用领域实行延伸生产者责任制度,同时消费者作为受益人也有义务承担相应的费用。(3) 实行开发利用自然资源补偿费和税收制度。对于开发利用自然资源者,不论是对自然资源的开发利用还是单独小享受和利用自然为目的,都应当按照受益者补偿制度支付相应的资源恢复费、自然利用费、生态补偿费或相应的税收。(4) 建立环境保护的共同负担制度。对于环境污染防治和自然环境保护的费用,除了上述受益者补偿外,国家和地方政府也有义务承担一定比例的环境保护费用。在西方国家,共同负担制度主要适用于国家和地方政府认为需要给予资金投入的环境污染防治或自然保护领域,紧急情况下采取应急措施所需的费用以及为防范环境风险而大范围采取措施的费用。[1]

4. 主管者负责制度(政府环境责任制度)

我国目前已产生的许多污染环境和生态破坏问题,很大程度上是由于监督和管理上的不严格而造成的。因此,通过强化监督管理和领导者的责任来促使其对环境污染的防治和生态资源的保护是十分必要的。所谓主管者,对一个单位来讲是指单位责任人或法定代表人,对一个行政区来讲是该行政区域人民政

---

[1] 汪劲:《环境法学》,北京大学出版社 2006 年版,第 173—175 页。

府首长和相关政府部门的负责人。这里的责任,分别指保护环境的责任和对本行政区的环境质量负责,如省长、市长、县长、镇长、乡长对本省(市、县、镇、乡)的环境质量负责;企业、事业单位的法定代表人对本单位的环境保护负责。

确立主管者负责制度,也就是落实政府的环境保护责任,这有利于各级政府克服片面追求经济效益而忽视环境保护的观念,使政府加大对环境保护工作的投入,使环境保护工作落到实处。这正是2014年修订的《环境保护法》所关注的重点内容。2014年《环境保护法》修改,一个重点就是强化政府环保责任,通过制度安排督促地方政府平衡经济发展和环境保护的关系。《环境保护法》第6条第2款规定,地方各级人民政府应当对本行政区域的环境质量负责;第26条规定,县级以上人民政府应当将环境保护目标完成情况纳入对本级人民政府负有环境保护监督管理职责的部门及其负责人和下级人民政府及其负责人的考核内容,作为对其考核评价的重要依据。根据上述规定,我国环境法已经将环境保护目标作为地方政府政绩考核的重要指标,加大其在考核指标体系中的权重,充分体现了环境责任原则的要求。

除此之外,《环境保护法》所规定的政府环保责任还有:(1)改善环境质量。第28条规定,地方各级人民政府应当根据环境保护目标和治理任务,采取有效措施,改善环境质量。未达到国家环境质量标准的重点区域、流域的有关地方人民政府,应当制定限期达标规划,并采取措施按期达标。(2)加大财政投入。第8条规定,各级人民政府应当加大保护和改善环境、防治污染和其他公害的财政投入,提高财政资金的使用效益。(3)加强环境保护宣传和普及工作。第9条规定,各级人民政府应当加强环境保护宣传和普及工作,鼓励基层群众性自治组织、社会组织、环境保护志愿者开展环境保护法律法规和环境保护知识的宣传,营造保护环境的良好风气。(4)对生活废弃物进行分类处置。第37条规定,地方各级人民政府应当采取措施,组织对生活废弃物的分类处置、回收利用。(5)推广清洁能源的生产和使用。第40条第2款规定,国务院有关部门和地方各级人民政府应当采取措施,推广清洁能源的生产和使用。(6)做好突发环境事件的应急准备。第47条规定,各级人民政府及其有关部门和企业事业单位,应当依照《中华人民共和国突发事件应对法》的规定,做好突发环境事件的风险控制、应急准备、应急处置和事后恢复等工作。县级以上人民政府建立环境污染公共监测预警机制,组织制定预警方案;环境受到污染,可能影响公众健康和环境安全时,依法及时公布预警信息,启动应急措施。突发环境事件应急处置工作结束后,有关人民政府应当立即组织评估事件造成的环境影响和损失,并及时将评估结果向社会公布。(7)统筹城乡污染设施建设。第51条规定,各级人民政府应当统筹城乡建设污水处理设施及配套管网、固体废物的收集、运输和处置等环境卫生设施、危险废物集中处置设施、场所以及其他环境保护公共设施,并保障其正常运行。(8)接受同级人大及其常委会的监督。第27条规定,县级以上人民政府应当每年向本级人民代表大会或者人民代表大会常务委员会报告环境状况和环境保护目标的完成情况,对发生的重大环境事件应当及时向本级人民代表大会常务委员会提出报告,依法接受监督。

第四节 环境民主原则

随着环境保护意识的日益提高,社会公众对于环境问题越来越关注。政府通过何种途径解决环境问题、解决方式能否得到公众认可,成为了公众关注的焦点。由于环境问题与民主制度天然、内在的价值契合,如何在环境领域贯彻、构建民主制度,有效地动员与说服民众防范环境风险、解决环境问题成为了环境法亟待解决的问题之一。在此背景之下,环境民主原则[①]应运而生,日显重要。

一、环境民主原则的含义

(一)民主与环境民主

在民主的理想中,"参与"居于核心地位。甚至可以说,民主即意味着参与,这似乎是一个不言自明的命题。[②] 而自20世纪60年代以来,"参与"成为了一个流行的政治词汇。具体至环境保护领域的民主原则,亦有其深厚的思想与理论渊源,在实践中也形成了不同的制度支撑。

1. 现代民主理论

民主的精髓是"人民主权",其重要特征在于国家权力必须采用分权和制衡原则,防止权力的滥用。这就要求人民对政府权力的运用进行监督,赋予人民充分的知政权、参政权。现代民主理论注重"参与型民主",以协调多元主体的利益冲突。[③] 环境保护与社会各个方面利益联系密切,最容易达致社会的共识与共赢,自然最有可能成为"参与型民主"的突破口与试验田。事实上,公众参与不仅是环境保护的需要,同时也是一个国家是否保护和重视民主权利的一个重要标志,它与国家的政治民主化进程紧密相连。当政府决策的内容影响到公众的切实利益时,公众应当享有参与政府决策程序并影响政府决策的权利。[④] 例如,20世纪70年代美国环境法上的公众参与条款爆炸性地增多,代表了立法机构为实现美国民主传统而在环境法上所做的努力;相应地,公众参与条款的制度化也将其民主更加合法化。美国的成功经验表明,有效的公众参与可以加强民主制度,

---

① 在既有的环境法教材著述中,该原则又被称为"公众参与原则"。
② 〔美〕卡罗尔·佩特曼:《参与和民主理论》,陈尧译,上海世纪出版集团2006年版,推荐序言。
③ 吕忠梅主编:《环境资源法学》,中国政法大学出版社2005年版,第105页。
④ 汪劲:《中外环境影响评价制度比较研究》,北京大学出版社2006年版,第52页。

有助于建立一个更加和谐的社会。

2. 预防理论

随着对环境问题认识的深入,国际社会普遍认识到对于环境保护来说,相对于环境损害发生后的救济,预防环境破坏和污染的发生显然更加重要,而预防需要国家公共权力的干预和公众的广泛参与。自 20 世纪 90 年代以来,关于环境保护的关注发生了明显的转变,关注重点从强调实体意义上的环境权转移到对包括知情权、参与权、司法请求权等程序意义上的环境权的肯定与保护,世界各国的立法、司法实践也随之发生了重大转变。广大公众作为人类活动的主体,对于与维持自身生存密切相关的环境品质的改善,当然地享有参与决策的权利;对于任何可能造成环境污染或资源破坏的开发建设行为,有权依法进行监督,有权在受到环境决策行为的侵害时向有关机关请求救济。

(二) 环境民主原则的界定

20 世纪 60 年代末,西方国家爆发了以环境保护为核心的社会运动,它不仅对西方国家乃至世界范围内环境保护的发展产生了重大而深远的影响,也直接促成了当代环境法的产生。环境民主原则正是在这样的背景下被确认为环境法的一项基本原则。如美国的《国家环境政策法》确认了该原则,并通过环境影响评价制度予以落实。《人类环境宣言》及其后的许多国际环境法文件也都强调了环境民主的重要作用。《里约环境与发展宣言》通过原则 10 进一步强调了公众参与的重要性。1998 年 6 月 25 日联合国为欧洲制定的《在环境问题上获得信息、公众参与决策和诉诸法律的公约》(以下简称《奥胡斯公约》),是国际上首个专门规定公众的知情权、参与权和诉诸司法权的公约,影响深远:其一,从公众的环境知情权的内容,以及政府保证公众环境知情权实现的义务两个方面明确了公众的知情权。其二,从公众对具体环境活动决策的参与,公众对与环境有关的计划和政策决策的参与,环境行政法规和法律决策及执行过程中的公众参与三个方面明确了公众的决策参与权。其三,明确了公众知情权和决策参与权受到侵害的司法救济请求权。

20 世纪 90 年代以来,一些环境保护先进国家在确立环境影响评价制度的同时,相继引入了公众参与机制,并就公众参与环境影响评价的法律程序作出了规定,如日本的《环境影响评价法》、俄罗斯的《环境影响评价条例》等。与此同时,所颁布的环境保护基本法也有大量的篇幅涉及公众参与,如法国 1998 年颁布的《环境法典》和加拿大 1999 年颁布的《环境保护法》都有专章规定公众参与,美国《国家环境政策法实施条例》(即《CEQ 条例》)也对公众参与制度作了比较全面具体的规定。可见,环境民主原则是国际环境法与国内环境法的基本原则之一。

环境民主原则,是指生态环境的保护和自然资源的合理开发利用必须依靠社会公众的广泛参与,公众有权参与解决生态问题的决策过程,参与环境管理并对环境管理部门以及单位、个人与生态环境有关的行为进行监督。环境民主的内容是广泛而复杂的,《奥胡斯公约》化繁为简,将环境民主的内容高度凝练为获得信息、公众参与以及司法救济三项。其中,获得信息为前提条件,公众参与为主要手段,而司法救济则是有力保障。我国正在制定的有关环境保护公众参与的法规,应参考《奥胡斯公约》,对这三个方面的内容,作出适合中国国情的规定。

(三) 中国的环境民主原则

在我国,公众参与机制引入于20世纪90年代。1991年,我国实施了一个由亚洲开发银行提供资助的环境影响评价培训项目,在环境影响评价报告书中首次提出公众参与问题。1993年,原国家计委、国家环保局、财政部、中国人民银行联合发布了《关于加强国际金融组织贷款建设项目环境影响评价管理工作的通知》,该通知明确指出:"公众参与是环境影响评价的重要组成部分。"《环境影响评价法》首次在环境立法中规定了较为明确的公众参与条款,标志着环境民主在我国发展到了一个新的阶段。2006年2月,原国家环境保护总局专门颁布了《环境影响评价公众参与暂行办法》。2007年4月,原国家环境保护总局颁布了《环境信息公开办法(试行)》,2008年5月1日起正式施行。这是我国政府部门发布的第一部有关信息公开的规范性文件,也是第一部有关环境信息公开的综合性部门规章,具有重要意义。在环境保护实践中,公众参与也得到了迅速的发展,在修建青岛音乐广场、制止水洗孔庙、泰山建索道、张家界建观光电梯、怒江和都江堰修建大坝等重大事件中都可以看到公众参与的影响和作用。

环境民主原则在我国环境立法中不断得到重视和体现。《环境保护法》专设第五章"信息公开和公众参与",将原先分散在相关法律法规中的环境信息公开和公众参与规定予以集中,并在如下方面具有突破:明确宣示公民的环境知情权(第53条第1款);政府环境信息公开范围的具体化(第54条第1、2款),建立环境违法企业的"黑名单"并予以公开(第54条第3款);企业环境信息公开的法定义务(第55条);建设项目的环境影响评价报告书全文公开,并对其公众参与情况进行监督检查(第56条第2款)。

尽管取得了较大进步,但有关环境民主的立法仍有待完善。总体上看,公众参与仍然落后于发达国家,各单项环境立法对环境民主原则的贯彻有待提高。例如,现行的《环境影响评价法》尽管对公众参与环境影响评价予以了明确,但更多表达的是鼓励公众以适当方式参与环境影响评价的良好意愿,法律规定较为粗疏,缺乏可操作性,公众参与的渠道也不够畅通,公众意见的法律效力尚不明确,这些问题致使我国环境影响评价过程中的公众参与缺乏充分的制度保障。

二、环境民主原则的法律适用

鉴于环境民主原则的内容具体多样,并且各国对环境民主原则的适用都有具体的实体与程序法律规范加以保障,因此该原则属于具有法律拘束力的原则。在我国未来的环境立法中,环境民主原则应该得到确定,相应的制度保障也应该跟进。保障环境民主原则的制度化措施至少应包括如下内容:

(一)参与

公众参与包括两种形式:制度内的参与和制度外的参与。前者指陈情、请愿、听证、提供意见等;后者指静坐、抗议、堵厂及各种暴力行为等。而"参与哲学"要求将制度外的参与内化为制度内的参与,对公众的行为进行因势利导,赋予公众参与政府环境决策的权利。[①] 广泛而有效的公众参与才是推动环境保护与可持续发展的根本力量与核心着力点,其不仅可以构成对环境违法以及环境执法中"权力寻租"的遏制性力量,也是促进环境决策合理化、科学化的建设性力量。具体而言,要在实践中贯彻、落实公众参与,以下几方面是不可或缺的:

1. 确立公民环境权

通过宪法和环境保护基本法确立公民环境权,是实现民主和公众参与的最具有决定性的因素。从宪法基本国策及相关条款出发,可以推导出我国公民所享有的程序性环境权[②],包括公民在有关环境事务方面的知情权(了解、获取环境信息的权利)以及参与环境事务的讨论权、建议权等具体权利。《环境保护法》第53条第1款规定,公民、法人和其他组织依法享有获取环境信息、参与和监督环境保护的权利。这为环境民主原则提供了坚实的法律基础。

2. 制定有关公众参与的专门法律

在宪法和环境基本法确立公民环境权的基础上,还应该有专门的法律或法规规定公众参与,以使环境民主原则具体化。专门立法至少应做到:(1)充分保障公民知情权。依据《环境保护法》,各级政府和相关企业应当定期向公众发布环境信息,保证公众环境知情权的实现。(2)建立公众参与决策制度。政府对某一环境资源问题或事务在作出决定或制定法律法规前,应主动向公众征求意见,听取公众的反映作为决策的参考,或政府鼓励和保障公众对环境资源问题或事务自由发表意见。(3)推动、完善公众参与环境影响评价等环境管理活动。公众参与已成为环境影响评价制度的一个重要环节和特点。各国在这方面都有

---

① 叶俊荣:《环保自力救济的制度成因:"解决纠纷"或"强化参与"》,载《环境政策与法律》,台湾月旦出版社股份有限公司1993年版。
② 陈海嵩:《论程序性环境权》,载《华东政法大学学报》2015年第1期。

许多成功经验,我国应充分借鉴。

3. 扩大和保障环境诉讼机制

环境诉讼是公众参与环境管理的重要方式,特别是当政府机关不履行环境立法规定的职责或从事违法行政行为时提起诉讼,往往比批评、建议、申诉、抗议等更为有力。实践表明,政府环境管理部门及其工作人员可能由于屈从于某种压力、诱惑、私利或偏见而实施不当、违法的行为,这时如果没有公众以第三者的名义加以抵制,违法行为难以制止。同时,《环境保护法》所确立的环境公益诉讼制度应得到进一步加强,这不仅是对环境公益的维护,更是环境民主原则在司法领域的体现,从司法的角度保证环境民主原则的贯彻与实施。

4. 发展民间环境资源保护社会团体

把公众组织起来,成立民间环境保护团体,开展环境保护宣传、学术交流、环境保护科技成果推广等活动,将有效地提高全民族的环境意识,并为政府在决策方面提供参考意见。目前,许多国家的法律都规定公民有权依法成立旨在保护环境的社会团体,其实践已经证明,民间环境保护团体可以在保护环境资源、促使环境问题的解决、监督政府依法行政等方面发挥不可替代的积极作用。因此,推动、发展民间环境保护社会团体,是实现环境民主原则的组织保证和社会基础。[1]

(二) 程序

环境民主的真正目的是建立一种程序性机制,以确保国家的环境政策、环境目标与公众参与结合起来,共同注入政府所采取的项目和行动中去。只有在公平、合理的法律程序中,那些利益受到程序结果直接影响的人才能得到基本的公正对待。将法律程序本身的正当性、合理性视为与实体结果的公正性具有同等重要意义的价值,才能在法律实施过程中符合正义的基本诉求。在一定意义上,程序的平等性就是参与的平等性。程序只是为了参与者可预知及理性而设立,而可预知及理性显然有助于保护当事人的自尊心。[2] 因此,只有让公众充分参与到政府决策程序中,才能真正实现公众参与;也只有让公众享有充分的决策权,才能增加公众对于政府决策的认知和接受,使政府的权威得到加强。

参照《奥胡斯公约》的规定,一个较为理想的公众参与程序,大致需要包括以下环节:公众参与的程序范围、公众介入的时间、公众参与的具体方式、公众参与的效力以及保障公众参与的辅助性措施(包括信息披露制度和公众参与的司法救济)等。因此,在具体操作上,应当建立广泛有效的公众参与机制并明确具体的程序,围绕环境信息的公开与获知、公众意见的征求与表达、公众监督与补救

---

[1] 吕忠梅、高利红、余耀军:《环境资源法学》,中国法制出版社 2001 年版,第 102 页。
[2] 应松年:《比较行政程序法》,中国法制出版社 1999 年版,第 192 页。

等加以规定和运用,真正推动与完善公众参与制度。

思考题

1. 为什么要确立环境法的基本原则?基本原则在环境法中有什么样的功能与地位?
2. 为什么说风险预防原则是环境法的基础性原则?
3. 如何正确理解环境公平原则?
4. 环境民主原则在我国应如何完善?

案例分析

云南怒江建坝的经济利益与生态风险之争[①]

我国云南怒江大峡谷仅次于美国科罗拉多大峡谷而以"世界第二大峡谷"闻名中外;在巍巍横断山的呵护下,怒江成为中国最后两条原始生态河之一;以怒江、澜沧江、金沙江三江并行奔流179公里的奇观"三江并流"跻身世界自然遗产;怒江地区还是全球最大的生物资源库之一,拥有北半球几乎所有的生物类型……

然而,2003年开始怒江的平静突然被打破。3月14日,华电集团与云南省政府签署了《关于促进云南电力发展的合作意向书》,云南省政府表态支持华电集团开发云南电力资源,支持开发怒江。但同时,另一种声音也通过各种渠道传了出来,尤其是环保主义者动用了各种媒体曝光怒江项目的种种弊端,反对怒江水电站的建设。一时间,怒江水电站应否建设的问题被推至舆论的风口浪尖上。

赞成建造水电站一方的主要理由有两点:一是增加当地政府财政收入。"怒江全部梯级地电站建成后,每年地方财政收入将增加27亿元,仅怒江傈僳族自治州每年地方财政就将增加10亿元。"2003年11月3日怒江傈僳族自治州计委办公室官员接受媒体采访时给出了这样一组数字,当时怒江全州地方财政收入仅为1.05亿元。二是认为水电站的建设可以带动当地的经济发展。

而反对建坝的一方也是言之凿凿,主要意见集中在以下十个方面:(1)地质问题。怒江是修建水坝的高风险区,是三大板块的碰撞地带,新构造活动非常活

[①] 自然之友:《自然之友总干事薛野在"与何祚麻、陆佑楣院士一行座谈讨论会"上的发言记录》,载http://www.bokee.com/new/display/71378.html,2014年5月1日访问。

跃。从全世界的调查来看,大型水坝诱发地震是一个不争的事实。在如此危险的地区,兴建十几极的大型水坝是不是一个明智的选择?(2)生物多样性问题。全球二十几个生物热点地区,中国只有一个,就集中在怒江地区。这是中国的财富也是世界的财富,而且涉及国家将来在基因方面占有的资源,这样大规模的开发对其威胁有多大?(3)文化多样性问题。云南是文化多样性非常丰富的地区,而且三江并流地区是世界自然文化遗产,在这样的地区兴建这样的大型工程是否有违我们的国际承诺,我们还要不要这个世界自然文化遗产?(4)民族多样性问题。云南是民族多样性最丰富的地区,但是他们都是弱势群体。现在的开发商和地方政府结合在一起是一个强势群体,这些少数民族缺乏足够的教育信息,他们的知情权、参与权、监督权以及决策权难以得到充分的保障。(5)移民问题。怒江开发淹没的全部是精华地带,是最适于人居住的,而且都是高产区,一旦开发建设,让这些淹没地区的人往哪里搬?云南已经人满为患,还有什么地方能安置这5万人?在怒江水电站的利益分配方案中,未见分配给当地居民的实际利益。对此项工程的各种情况,金沙江附近两岸的村民们根本不知道。(6)国际影响问题。怒江是国际河流,而且中国政府已经宣布要做一个负责任的大国。(7)公众参与问题。整个怒江开发的过程中,公众参与没有得到足够的保障。(8)科学决策问题。如何作出明智而科学的决策,需要制度保障。(9)针对开发怒江理由的回应。一是关于中国可能能源短缺的理由。由国家发改委和电监会提供的资料表明:再过两年,中国的电力就可能出现过剩,那么怒江庞大的二千多万千瓦电力存在着将来卖不出去的不确定性与市场风险。二是开发怒江的脱贫理由。目前我们存在着发展模式的选择问题,究竟怎样的发展模式更符合可持续的发展呢?(10)对开发商提供数据的质疑。水电开发商提供的成本和收益不真实,因为他们没有将社会成本计算在内。据悉,在《怒江中下游水电规划环境影响报告书》经过国家发改委组织的专家论证后,中国国内的民间环境保护组织于2005年8月25日共同发起了"民间呼吁依法公示怒江水电环评报告的公开信"签名活动,要求依照《环境影响评价法》的规定向公众公布怒江水电规划的环境影响报告书。

　　面对该环保事件,我们不得不思索:缓解能源紧张、发展西部经济的目的是值得肯定的,但是否就一定要通过开发水电来完成?在强调可持续发展的今天,环境本身的价值也是不容忽视的,如何在经济发展与环境保护之间取得平衡?这也许就是决策者们当前必须审视、考虑的重大问题。

问题:
1. 该案例涉及环境法的哪些基本原则?
2. 你认为应当如何处理、协调经济发展与生态保护、环境保护之间的关系?

第三章 环 境 权

环境权是环境法的基石性理论。环境权是一项正在发展中的新型人权。环境权具有价值层面、宪法层面、具体制度层面三个不同的层次,其基本类型为公民环境权和国家环境管理权。公民环境权是公民所享有的在健康、舒适和优美的环境中生存和发展的权利。国家环境管理权是公民环境权得以实现的手段和保障,其在国内法上的主要实现方式是环境公共管理职能的履行,在国际法上的主要实现方式为维护本国环境安全和捍卫本国环境利益。

环境权 人权 公民环境权 国家环境管理权

第一节 环境权概述

一、环境权的缘起

(一)环境权的提出

环境权的主张是 1960 年由原联邦德国的一位医生首先提出来的。他向欧洲人权委员会提出控告,认为向北海倾倒放射性废物的行为违反了《欧洲人权条约》中关于保障清洁卫生的环境的规定,从而引发了是否要将环境权纳入欧洲人权清单的争论。

20 世纪 60 年代中期,环境污染已经成为威胁人类生存、社会稳定、国家安全的重大问题,联合国大会首次以环境问题为题进行辩论,并且决定于 1972 年在斯德哥尔摩召开"人类环境会议"。在联合国辩论的题目之一就是"人对环境是否应该享有权利以及享有权利的法律依据是什么",联合国在决定召开"人类环境会议"的同时,也号召世界各国展开对环境权利的法律依据的大讨论。

许多国家积极参与了这次讨论。1970 年,美国密执安大学教授约瑟夫·萨克斯发表了其著名的论文——《为环境辩护》,并指出应该构建新的权利体系,应对环境问题。萨克斯教授认为,人应该享有环境权利并且这项权利应该是具体的和可执行的。空气、水等环境资源不能再被视为"自由财产"而成为所有权的客体,而应当是全体国民的"共享资源"和"共有财产",任何人不得任意地占有、使用、收益和处分。为了实现对环境资源的合理支配和保护,有必要将其委托给国家进行管理。基于"公共信托"的特殊性,环境资源的委托人和受益人是当代和今后世代的美国人,受托人是美国政府。在这个公共信托关系中,国家作为受托人有责任和义务为委托人和受益人管理好信托财产,委托人和受益人则可以依法享有权利。

20世纪70年代初,国际法学者雷诺·卡辛向海牙研究院提交了一份报告,提出要将现有的人权原则加以扩展,将健康和优雅的环境权包括在内,人类有免受污染和在清洁的空气和水中生存的相应权利。卡辛认为,环境权具体应包括保证有足够的软水、纯净的空气等,最终保证人类得以在这个星球上继续生存。①

1970年3月,国际社会科学评议会在东京召开了"公害问题国际座谈会",会后发表的《东京宣言》明确提出:"我们请求,把每个人享有其健康和福利等要素不受侵害的环境的权利和当代传给后代的遗产应是一种富有自然美的自然资源的权利,作为一种基本人权,在法律体系中确定下来。"这就更为明确地提出了环境权的法律诉求。②

(二)环境权的逐步发展

世界范围内对环境问题的大讨论,特别是关于环境保护的权利基础的讨论,不仅对人类面临的环境问题作出了法律上的解释,而且代表着社会公众的现实诉求,也使国家看到了运用法律机制解决环境问题的可能性。于是,环境权理论被越来越多的立法所接受,尤其是在国际人权法领域,呈现出法律化趋势。

首先是欧洲人权会议接受了环境权为基本人权的观点。20世纪70年代初,欧洲人权会议组织了一个80人的专家委员会,致力于将"人类免受环境危害的在这个星球上继续生存下去的权利"作为新的人权原则进行国际法编纂。1971年,欧洲人权会议将个人在洁净的空气中生存的权利作为一项主题进行了讨论,继而在1973年维也纳欧洲环境部长会议上制定了《欧洲自然资源人权草案》,肯定地将环境权作为新的人权并认为应将其作为《世界人权宣言》的补充。此外,欧洲人权会议还为环境权的确立进行了广泛的工作,旨在引起全世界对环境权的重视,使其成为世界性的而不是为欧洲所特有的概念。③

---

① 参见吕忠梅、高利红、余耀军:《环境资源法学》,科学出版社2004年版,第71—72页。
② 同上书,第72页。
③ 参见吕忠梅:《环境法学》,法律出版社2004年版,第86页。

之后的一系列国际法文件同样对环境权做了明确宣示。1972 年,《人类环境宣言》原则 1 宣称:"人类有在一种能够过尊严和福利的生活的环境中,享有自由、平等和充足的生活条件的基本权利,并且负有保护和改善这一代和将来世世代代的环境的庄严责任。"1987 年经济合作与发展组织环境法专家组拟订的《环境保护与可持续发展的法律原则》第 1 条规定:"全人类有能够为了其健康和福利而享有充足的环境的基本权利。"1987 年发表的世界环境与发展委员会报告——《我们的共同未来》建议,作为环境保护和可持续发展的一项法律原则,"全人类对能满足其健康和福利的环境拥有基本的权利"。1989 年《哥斯达黎加促进和平与可持续发展的人类责任宣言》序言中谈到:"认识到国际社会确认人类有在保障尊严和福利的环境中生活的基本权利……"1991 年《关于国际环境法的海牙建议》原则 1.3b 规定:"国家应该承认对于确保健康、安全和可持续生存与精神福利的个体与集体的基本环境人权。"1992 年《里约环境与发展宣言》原则 1 规定:"人类处于备受关注的可持续发展问题的中心。他们享有以与自然相和谐的方式过健康而富有生产成果的生活的权利。"

与此同时,一些国家的司法实践中也出现了有关环境权的案例。在哥伦比亚,安蒂奥基亚地区法院在一项判决中认定,一些砍伐森林的活动和污染环境的行为对土著居民的健康和生活造成了"严重的后果","他们的森林被破坏,因而改变了他们与环境的关系并威胁到他们的生活、文化和道德的完善",为此,法院判决被告支付有关费用。在另一个有关沥青污染的案件中,第一最高法院在判决中认为该沥青项目"对宪法中所规定的基本权利造成了威胁……这项基本权利可能遭到侵犯,将对社区造成不可弥补的损害",由此命令暂停该沥青项目,哥伦比亚宪法法院支持了第一法院的这一判决。[①]

日本除了有承认日照权、眺望权、景观权等个别环境权的判例外,还有一些实质性地采纳环境权构想的判例。[②] 1994 年 1 月 31 日,仙台地方法院对东北电子原子能发电所一案作出判决,虽然该判决驳回了对原子反应堆的运转、建设的中止请求,但却首次肯定环境权的主张为合法。判决说:"尽管正如被告指出的那样,原告主张的环境权在实体法中没有明文规定作为根据,但从权利主体中权利者的范围,权利对象中环境的范围,权利的内容等均为具体的、个别的事实来看,尚不能草率地作出它不明确这一判断。至于本案中以环境权为基础提出的请求,作为在民事诉讼法上的请求,不能说它不具备民事裁判中审查对象的法定

---

① 参见 E/CN/4/1993/7 号文件,法蒂玛、佐赫拉·克森蒂尼的报告:《人权环境与发展》,载《环境法与可持续发展》,中国环境科学出版社 1996 年版,第 93 页。转引自吕忠梅:《环境法学》,法律出版社 2004 年版,第 91 页。
② 参见同上书,第 90 页。

资格这一性质,所以本案中的诉讼,应该说是合法的。"①

我国近年来也出现了一些具有环境权意义的立法。1995 年的《福建省环境保护条例》第 9 条规定:"公民有享受良好环境的权利和保护环境的义务。"2003 年通过的《包头市环境保护条例》第 9 条规定:"一切单位和个人都有享受良好环境的权利和保护环境的义务。"2006 年 3 月 18 日开始施行的《环境影响评价公众参与暂行办法》第 33 条规定了在进行规划环境影响评价时,对"可能造成不良环境影响并直接涉及公众环境权益的规划","应当在该规划草案报送审批前,举行论证会、听证会,或者采取其他形式,征求有关单位、专家和公众对环境影响报告书草案的意见"。《环境保护法》设立了专章规定"信息公开和公众参与"这一环境权的重要内容,并且已经对环境状况知情权和环境事务参与权这两项环境权子权利进行了明确规定,即第 53 条"公民、法人和其他组织依法享有获取环境信息、参与和监督环境保护的权利",相应的,也要求"各级人民政府环境保护主管部门和其他负有环境保护监督管理职责的部门,应当依法公开环境信息、完善公众参与程序,为公民、法人和其他组织参与和监督环境保护提供便利"。这就意味着我国的环境权立法,实现了从低位阶到高位阶的跨越,环境权已经被环境保护领域的综合性的法律所确认。

同时还应该注意的是,《环境保护法》还明确规定了环境保护义务和国家环境日,这是保障环境权实现的一个重要方面。权利与义务是统一的;为有效实现环境权,需要法律设定并确保人们遵守环境保护义务的规定。《环境保护法》第 6 条第 1 款规定:"一切单位和个人都有保护环境的义务",是对"普遍环保义务"的法律确认,是指人类社会的所有成员都负有保护环境的义务,包括个人和单位在从事各种活动时都应当考虑环境保护要求,履行环境保护义务。所谓普遍,一方面是指该义务由所有人普遍承担,包括人类个体和作为个体之联合的"单位";另一方面是指环境保护义务涉及政府管理、经营活动、消费活动的各个方面,各类主体在从事各种活动时都应当履行环境保护义务。这就为环境权的实现提供了坚实保障。另外,《环境保护法》第 12 条将每年 6 月 5 日确定为国家环境日,表明了我国政府和人民为维护和改善人类环境,造福全体人民,造福子孙后代而共同努力的决心和态度,也为环境权在我国的实现提供了更多的可能。

二、环境权的含义

(一)环境权的概念

如果仅仅从字面上理解,环境权有两种含义:一是"环境的权利"(environmental rights);二是"对环境的权利"(the right to environment)。由于现行的

---

① 〔日〕富井立安等:《环境法的新展开》,日本法律文化社 1995 年版,第 101—103 页。

法律体系立足于"主体—客体"二分,或者说法律上的主体只能是人,客体不能享有权利,故而"环境的权利"在目前还很难实际进入立法视野。因此,在现行的法律框架内,环境权只可能是人对环境的权利。但由于环境权的权利基础是环境伦理,价值目标是可持续发展,环境权不是也不能像以往的权利那样"为所欲为、飞扬跋扈",而是更加强调权利行使的克制和适度,更加强调对权利滥用的禁止。

环境权是指人所享有的在健康、舒适和优美的环境中生存和发展的权利。理解这一定义,必须把握如下方面:首先,环境权的目的是为了人能够更好地生存和发展;其次,环境权的主体是人,是法律上的人对环境所享有的权利,并非环境本身所享有的权利;再次,环境权的内容十分广泛,具有多个层次,是一种集合性权利或一般性权利,可类型化为若干子权利,这一点是我们正确理解环境权的关键,将在后文专门论述;最后,环境权的观念基础是人与自然共生共荣的和谐理念,人对自然充分尊重的环境伦理,以及以资源可持续、经济可持续、社会可持续为基础的可持续发展观。

(二)环境权的属性

环境权是在环境问题日益严重的社会背景中产生和发展的,它的产生表明传统法律部门无法应对不断出现的环境危机。环境权得以提出并在世界范围内受到广泛关注和传播的原因,也正在于此。由此,环境权的权利属性问题就成为必须予以明确的关键问题。

环境权究竟是一项什么权利?对此,学术界尚有不同的认识,但从环境权的内涵及其产生和发展的原因看,环境权应该是一项基本人权。

所谓人权,是人作为人应当享有的、不可非法剥夺的、不可让渡的权利,它是人类社会最高形式和最具普遍性的权利。人权的目的和功能在于保障人能够成为真正意义上的人,使人能够在保持人格尊严的情形下获得生存和发展。如果一项权利可以由人自由地设定、转让或者放弃,如果一项权利并不影响和关涉到人的尊严,那么这项权利就不能成为人权。人权是一个内涵十分丰富的范畴,最主要的是包括道德和法律两个既有密切联系、又不完全相同的内容。人权首先是一种道德权利,是人之所以能够成为人所享有的当然权利,作为应有权利的人权,无须任何实定法的确认;人权其次是一种法定权利,是为法律所明示和保障的权利,在现代法治国家,应有权利只有转化为实定法上的权利才能够得到法律的全面保护。

判断一项权利是否属于人权,有一些基本的标准:第一,从产生来看,该权利并非因为法律的规定而产生,而是与生俱来,不能因为法律的规定而发生转让或剥夺;第二,从位阶上看,处于权利体系的上位,该权利可以引申和延展出其他权利;第三,从属性上看,该权利至少包括道德和法律两种属性;第四,从与人格尊严的关联度来看,该权利的有无,直接影响到人格尊严的享有。

根据这样的标准,环境权是可以成为人权的:(1)人的生存和发展离不开健康、舒适和优美的环境,这是人成为人的前提和基础,人天生地享有环境权,并不依赖法律的规定与否。(2)环境权可以成为权利的基础,在整个权利体系中处于高位阶,如环境权本身可以成为具体权利——采光权、安静权、清洁空气权、清洁水权等的基础;也可以成为其他人权——生存权、发展权的基础。(3)环境权具有道德和法律双重属性,在道德层面,环境权是一项天然的、应然的权利;在法律层面,环境权又被诸多的立法和司法实践所确认。(4)健康、舒适和优美的环境,直接关系到人的生存和发展,关涉人格尊严实现与否。

从另外一个角度看,在环境问题日益严重之社会背景下产生的环境权,本身就应为克服和弥补传统法律理论和法律制度在环境保护中的缺陷和不足的一项新权利;环境问题的复杂性也绝非传统的财产权、人格权等权利理论与制度的某一种或几种所能胜任的。可见,以解决环境问题、实现可持续发展为己任的环境权,唯有上升到基本人权的高度,才能真正揭示其内在机理。

从法律实践来看,在国际法上,环境权基本上被接受并被认为是新型的、正在发展中的"第三代人权"[①]。除了前面提到的《人类环境宣言》外,它还可以在许多国际法文件中找到,如1966年签署的《经济、社会及文化权利国际公约》第11条宣布:"本公约缔约国确认人人有权享有其本人及家属所需之适当生活程度,包括适当之衣食住及不断改善之生活环境。缔约国将采取适当措施确保此种权利之实现,同时确认在此方面基本自由同意之国际使用极为重要。"[②]在国内法中,也有不少学者认为环境权是继法国《人权宣言》、苏联宪法、《世界人权宣言》之后人权历史发展的第四个里程碑。[③] 这表明,环境权符合人权的基本要素和功能,是既合乎理性分析又为立法实践所承认的一项基本人权。

三、环境权的逻辑构成及其类型

在明确了环境权的人权属性后,我们就可以进一步了解环境权的复杂性和多面性。这是正确理解环境权的关键所在。

(一)环境权的复合性

作为一项正在发展中的新型人权,环境权在主体、客体以及内容上具有丰富

[①] 西方有学者认为,人权的形成和发展经过了三个历史阶段:"第一代人权"主要是一些不干涉个人自由的"消极权利";"第二代人权"主要是参与公共事务和国家事务的"积极权利";"第三代人权"则是涉及社会公平和社会保障的权利,以及发展权、环境权等"社会连带权利"。详细论说可以参见张文显:《法哲学范畴研究》,中国政法大学出版社2001年版,第401—402页。

[②] 王铁崖主编:《国际法资料选编》,法律出版社1981年版,第158页。

[③] 参见叶明照:《自然保护中的公民环境权》,载王礼嬙等主编:《中国自然保护立法基本问题》,中国环境科学出版社1992年版,第42页。转引自吕忠梅:《沟通与协调之途——论公民环境权的民法保护》,中国人民大学出版社2005年版,第26页。

性和复杂性。具体而言:(1)环境权的主体包括当代人和后代人,使得环境权兼有个人权、集体权、国家权、人类权、代际权的性质。(2)由于环境权的客体包括具有经济功能、生态功能以及其他非经济功能的环境资源,使得环境权兼有财产权、人身权以及其他经济性法权和生态性法权的某些性质。(3)由于环境权的内容包括合理开发利用环境、享受适宜环境、保护和改善环境等方面,使得环境权兼有生存权、自然资源权、生命健康权等方面的某些内容。因此,环境权是一项主体广泛、客体多样、内容丰富的新型人权。

环境权的复合性还表现为它是公权力与私权利的复合体。环境权的产生来自于市场机制在环境保护上的失灵,它是典型的为弥补外部不经济性而发展的新兴法权,是国家运用各种手段和措施限制、禁止个人有害环境或社会公共利益的行为的法律依据,具有浓厚的公权色彩。但是,尽管环境资源是公有的,环境资源的生态效益是无法为个人所独立占有和支配的,可人类的生存除了生活的需要以外还必须有劳动的需要,而作为人类劳动对象的自然资源早已部分(包括自然资源本身以及它们的功能)地为个人所占有和支配,传统私法已对此作出了一定的制度安排。按照私权配置的基本原则进行权利设定,各个私权主体对其所占有和支配的这一部分环境资源行使权利的结果必然会在客观上对环境资源的生态功能产生影响,环境权如果不能进入这一领域,建立具体的保护环境资源的私权制度,并对环境权提供私法救济,环境权不仅无法实现其价值,而且无法超越宣言式的立法阶段,成为合理的法律权利。所以,合理的环境权既是公权力与私权利的复合,也是实体性权利与程序性权利的复合,后者是前者的必然要求。

(二)环境权的逻辑层次

显然,环境权所具有的复合性特征对我们正确理解和把握环境权提出了挑战:环境权既然是一个兼具各种不同性质和内容的法权,是一个复杂的"权利束",那么如何遵循一定的标准和规则,建立起一个条分缕析、和谐统一的环境权体系呢?对此,应该对不同层次的环境权进行区分,以明确环境权的内在逻辑。具体而言,环境权具有如下三个层面的内容:

1. 价值层面的环境权

价值层面的环境权,是指作为价值判断标准和主体权利义务总体的环境权,它是一个抽象的概念。此时的环境权所指向的,是一个抽象的整体,既不涉及具体的权利类型,也不涉及主体的具体权利义务内容;其功能在于为正当环境利益提供判断标准,明确环境权体系的内在价值取向,也为环境法各项具体制度和规范提供本源和依归。换言之,环境法的各种制度及其规范,均不得背离环境权的内在价值,均应以保障和促进环境权的实现为根本出发点。简言之,这个意义上的环境权是作为环境法基石范畴的抽象性权利。

确立价值层面的环境权,具有重要的意义:

(1) 为正当环境利益的判断提供标准。任何一个法律部门的产生,其根本原因在于原有的法律规则无法满足变化了的利益关系的需要。环境法自不例外,其一方面对新的环境利益关系予以规范;另一方面,这种新出现的环境利益关系还必须和其他利益关系进行沟通和协调,各种利益的正当性边界需重新划定。要完成权利边界的重新确定必须要有明确的价值标准。如前所述,环境权的观念基础是人与自然共生共荣的和谐理念、人对自然充分尊重的环境伦理,以及以资源可持续、经济可持续、社会可持续为基础的可持续发展观。可见,人与自然和谐、尊重自然以及可持续的发展是环境权的内在价值取向所在,也是判断环境利益正当性以及环境权利与其他权利边界的标准。

(2) 体现现代法治"权利本位"的基本价值取向。在现代社会中,"权利本位"是所有法律的基本价值取向,也是现代法治的精神内核和终极关怀。环境权作为人所享有的在健康、舒适和优美的环境中生存和发展的权利,本质上与整个环境法律制度的终极目的是一致的,即以保障、实现公民权利为起点和宗旨。价值层面的环境权,正是环境法和环境权体系中"权利本位"价值取向的集中体现,全面而概括地涵盖了主体的环境权利与义务。

(3) 为具体制度提供指引和监督。价值层面的环境权作为一种价值判断标准,具有指引与监督的功能,既要为实定法提供目标指引与制度导向,也要为实定法的执行与实际效果提供检验标准,保证各种具体制度不偏离环境权的宗旨,实现环境权保护的目标。

2. 宪法层面的环境权

宪法层面的环境权,是指宪法中所规定的、以公民基本权利为形式表现出来的环境权。宪法作为国家的根本大法,处于"母法"地位,是部门法立法根基之所在。在当今各国宪法中,"公民的基本权利与义务"都是一个重要的组成部分,以保证公民权利不受公权力侵犯,同时直接对立法、司法和行政构成约束。因此,只有将环境权作为公民基本权利在宪法中加以明文规定,才能为相关环境法制提供立法支撑和依据,同时为民法、行政法、诉讼法等部门法在各自范围内规定环境权相关制度提供坚实的基础。

宪法层面的环境权意义在于:一方面,将价值层面的环境权以宪法的形式固定下来,为环境权的内在价值取向进入法律体系提供了路径,实现了应有权利的法定化;另一方面,宪法性环境权在一国实定法律体系中,具有最高位阶和最高效力,可以且必须运用各种法律手段加以保障,这就使得环境权具有了实定法上的效力。宪法层面的环境权是连接环境权抽象价值和具体制度的桥梁,意义十分重大。

从世界各国的实践来看,已经有越来越多的国家将环境权纳入其宪法。据统计,目前已有 90 多个国家或地区的宪法规定了个人所享有的清洁、健康的环境权利。① 如《法国环境宪章》第 1 条规定"人人都有在平衡和健康的环境中生活的权利"。《葡萄牙共和国宪法》第 66 条规定"任何人都享有有益健康与生态平衡的人类生活环境的权利和保护这种生活环境的义务"。《西班牙宪法》第 45 条第 1 款规定:"所有人都有权利享受适于人发展的环境,并有义务保护环境。"《韩国宪法》第 35 条第 1 款规定:"所有公民有在健康、舒适的环境中生活的权利,国家以及公民应当努力保护环境。"《中华人民共和国宪法》没有直接规定环境权的内容,但有两个条文与其密切关联,一是第 26 条规定"国家保护和改善生活环境和生态环境,防治污染和其他公害";二是第 33 条规定"国家尊重和保障人权"。从法律解释的角度看,前者是国家环境基本国策条款,强调了国家的环境保护义务,后者则涵盖了环境权的内容,因为其是人权的重要组成部分。但这种间接的指称并不利于环境权的高位阶强调和整体保护,加之环境权入宪已经成为各国宪法发展的趋势,我国也理应在这点上顺应潮流,将环境权的保护提升到宪法的高度,并且重点关注宪法的实施和监督。

3. 具体制度层面的环境权

具体制度层面的环境权,是指由各具体法律制度予以规范的环境权。这一层面的环境权可以根据不同的标准进行划分,如从环境权益的具体表现形式看,可以分为清洁水权、清洁空气权、日照权、安宁权、通风权、眺望权、景观权、达滨权、户外休闲权、环境审美权等各种具体权利形态;从法律性质的不同角度可以分为实体法上的环境权和程序法上的环境权,公法上的环境权和私法上的环境权,等等。各种类型下还可以进行更为细致的划分。具体制度层面的环境权,既是对宪法层面环境权的具体化,使其成为法律主体具体的权利义务所必要,也是法定权利转化为实有权利、可救济的权利所必要。可以说,离开了具体层面的环境权,价值层面、宪法层面的环境权都只能停留在形式意义上,环境权的具体制度是权利实现的基本保障。

需要特别明确的是,环境权的价值层面、宪法层面、具体制度层面的划分是十分重要的,因为不同层次的环境权所具有的功能和地位各不相同。它们具有的是层层递进的关系,不可以相互替代,更不能相互混淆,否则,不仅会产生认识上的混乱,甚至可能导致错误地理解环境法制度。

(三) 环境权的类型

环境权的类型,是依据环境权内在逻辑而得出的、能全面体现环境权不同层面内容的抽象类别。这种分类,以人权原理为基础,结合环境权的自身特征进行。

---

① 吴卫星:《我国环境权研究三十年之回顾、反思与前瞻》,载《法学评论》2014 年第 5 期。

人权并非一个静止的概念。自产生以来,其一直随着时代的潮流而发生变化。第二次世界大战后,随着人权由国内领域发展到国际领域,人权理论在主体上发生了相应的变化,即由过去单纯的个人人权发展为以种族、民族为构成内容的集体人权。传统的人权理论认为,只有个人才是人权的主体。但在现代社会中,个人都从属于某个政治实体和社会共同体。在一个存在着集体性压迫和暴力的社会中,那些被压迫的集体中的个人根本无法去实现其个体人权。因此,个人人权中内在地包含对集体人权的要求,"充分实现个人的人权需要全面地或部分地发展团体的某种权利"[①]。换言之,集体人权是实现个人人权的手段和保障,其是为了保障个人人权而从个人人权中推导出来的权利。可见,集体人权和个人人权构成了人权的基本类型,两者之间是手段和目的的关系:集体人权为一种手段性的权利,以保障作为目的而存在的个人人权。

环境权作为一项复合性和社会连带性的新型人权,其本质上区别于自由权和社会权性质的传统人权,具有个人和集体两个面向,而环境权的类型也就可以分为公民环境权和国家环境管理权。

(1) 个人面向的环境权。这是归属于单个主体的环境权,即公民环境权。此时的"公民",不仅仅包括生物学意义上的"人"——自然人,也包括法律拟制的"人"——法人及其他组织。这是因为,法人和其他组织归根结底是人的集合或物的集合,其环境权最终还是通过处在其中的个人的环境权的主张而实现。只不过相对来说,单个公民的环境权中非财产属性的因素更多一些,比如更强调环境状况的知情和环境事务的参与等;而在法人或其他组织的环境权中,财产属性的因素更多一些,比如更多地强调环境资源的利用。

公民环境权是公民所享有的在健康、舒适和优美的环境中生存和发展的目的性权利,其既体现环境权的价值取向,也可在宪法和具体制度中得以实现。其主要有四个方面的内容:环境资源利用权、环境状况知情权、环境事务参与权和环境侵害请求权。

(2) 集体面向的环境权。这是为了保障公民环境权而从中推导出来的手段性权利,其归属于享有环境权的公民总体。为了更好地行使和实现该权利,公民通过一定的方法授权给特定的公共机构,以有效地达到保护生态环境的目的。这是由环境问题和环境保护的自身特征所决定的:一方面,环境问题是市场失灵的产物,单靠市场机制无法有效地解决该问题,此时就必须有国家公权力的介入,以有效地控制环境问题,推行环境保护;另一方面,环境效益是所有人类所共享的"公共物品",具有强烈的整体性和公共性,任何人在当今社会都不可能脱离

---

① 〔澳〕里奇:《发展权:一项人民的权利?》,转引自黄楠森、沈宗灵:《西方人权学说》,四川人民出版社1994年版,第285页。

环境条件独善其身,也不可能以任何方式独占环境利益。这就使得环境权领域中必然存在大量的集体行动和公共选择,对此,需要有一定的法律规则予以明确和保障。

由此,集体面向的环境权在实践中表现为公权力对该领域集体行动和公共选择的规制与保障,其法律形式为国家的环境管理权,其目的在于保障公民环境权的实现,具有手段性。在内容上,国家的环境管理权对内主要表现为特定公权力主体针对环境管理相对人行使环境管理职权;对外则主要表现为在国际交往中维护本国环境安全、捍卫本国环境利益等责任和职权。

第二节 公民环境权

一、公民环境权的含义

所谓公民环境权,是公民所享有的在健康、舒适和优美的环境中生存和发展的权利。公民作为公民环境权的主体,可以是单独概念,也可以是法人等集合概念,因此,可以在个人、群体意义上对之进行理解和界定。与此同时,从时空纬度上讲,公民还包括了当代人和后代人双重含义。与之相应的是公民环境权所具有的多重属性:个人权利、集体权利、人类权利、代内权利和代际权利。

这些属性使得公民环境权具有以下几个特征:首先,公民环境权是一项新型的人权。它是人不可或缺的、与生俱来的、天赋的自然权利。其次,公民环境权是一个权利束。它包含了若干项权利类型,它是一个集合性的权利。再次,公民环境权是个人属性与集体属性的统一。它是个人权利,又是集体权利。事实上,个人权利是集体权利的基础,集体权利又是个人权利的保障[1],两者相辅相成、和谐共生。最后,公民环境权是代内权利和代际权利的统一。它一方面要求代内的公平,另一方面又强调代际的正义。

二、公民环境权的内容

公民环境权是一个权利束,包括了很多的内容,如果都表征为权利,则涵盖了若干具体的权利类型。将这些具体类型统一起来,便是公民环境权的内容。为了便于区分,不妨按照一定的标准对之进行分类。一般说来,权利的表现形式多为分类的标准。如此,公民环境权则主要包括四个方面的内容:环境资源利用权、环境状况知情权、环境事务参与权和环境侵害请求权。需要说明的是,这种

---

[1] 参见李步云:《论个人人权与集体人权》,载 http://www.jcrb.com/zyw/n74/ca165747.htm,2007年2月1日访问。

区分只是学理上的分类,在很多国家并没有具体的规定,甚至有些国家还没有将公民环境权在法律法规中予以明示。不过正如上文述及的那样,从世界范围看,包括中国在内的许多大陆法系国家和英美法系国家,都已经出现了一些体现公民环境权的理念和内容的宪法宣示或者原则性规定,相关的立法和司法实践也或多或少地将之予以了呈现;这些情形一方面证明了环境权正处于发展过程中,另一方面也表达了公民环境权的相关立法需要朝以下四类进行发展的呼吁。

(一) 环境资源利用权

从学理的角度,人对环境资源的利用包括三个方面:一是对环境资源经济价值的利用,例如人们利用水资源灌溉、开发森林的林业资源、开采矿产资源等;二是对环境资源生态价值的利用,主要是指排污者利用环境资源的自然净化能力,即环境容量而实施的排污行为;三是对环境资源美学价值、宗教价值等其他非经济价值的利用,主要是指人们基于身心健康、审美需要、宗教信仰等原因,而对环境资源非经济价值的利用。传统的权利类型基本上着眼于对于环境资源经济价值的利用,而忽视了生态价值、美学价值等其他非经济价值的利用。环境资源利用权要求重新审视环境资源的各项内在价值,合理和科学利用、最大化地穷尽其相关价值。

环境权首先包括对环境资源的利用权,这一点在一些国际条约和很多国家的宪法中都得到了体现。例如,1992 年的《欧洲联盟条约》的第 130r 条第 1 段规定:"共同体的环境政策应该促进下列目标的实现:保存、保护和提高环境质量;保护人类健康;谨慎、理性地利用自然资源;促进国际层面采取应对国家和世界范围的环境问题的措施。"《挪威宪法》第 110b(1) 条规定:"每一个人都有享受有益于健康的环境和自然处境(natural surroundings)的权利,要保存它们的生产性和多样性。自然资源的利用应当给予综合长期的考虑,这一权利应当保留给将来世代。"

此外,现有的各国环境立法中关于日照权、眺望权、景观权、静稳权、嫌烟权、亲水权、达滨权、清洁水权、清洁空气权、公园利用权、历史性环境权、享有自然权等等实际上都是关于环境资源利用权的规定。在美国、日本、印度、菲律宾、哥斯达黎加等国也都有保护环境资源利用权的司法实践。[①] 在我国,也出现了很多关于环境资源利用权的相关规定和司法实践。以阳光权为例,我国《物权法》第 89 条规定:建造建筑物,不得违反国家有关工程建设标准,妨碍相邻建筑物的通风、采光和日照;我国《国家标准城市居住区规划设计规范》规定:大城市住宅日照标准为大寒日≥2 小时,老年人居住的建筑不应低于冬至日日照 2 小时的标

---

① 参见吕忠梅:《环境法学》,法律出版社 2004 年版,第 107 页。

准；另外，深圳、上海、南京等地，近年来纷纷出现了很多关于阳光权的判例。[①]

(二) 环境状况知情权

环境状况知情权是公众有权获得关于本区域乃至本国的环境资源状况、国家环境管理现状等相关信息的权利。信息的充分占有，是公众判断自身是否生活在健康、友好的环境中的前提，更是日后参与到环境管理等事务中的信息基础。知情权大多为程序性的权利，比如规定何种环境信息应该公开？在多大范围内公开？公开环境信息的程度如何？公众如何获取环境信息？公众的知情权受损，如何进行救济？等等。

世界上，有相当多的国家都对公民的环境知情权作出了规定，因为"人们有权知道环境的真实状态"[②]。如乌克兰共和国《自然环境保护法》第9条规定："公民有权依法定程序获得关于自然环境状况及其对居民健康的影响等方面的确实可靠的全部信息。"1993年，奥地利议会通过了专门的《环境信息法》，该法第1条阐明了其立法目的："本法的目的是使公众知道在环境方面特别是有权被安排自由地获得行政机关支配的环境数据，以及要求行政机关公开地公布环境数据的权利。"

在我国，2003年的《环境影响评价法》第6条规定："国家加强环境影响评价的基础数据库和评价指标体系建设，鼓励和支持对环境影响评价的方法、技术规范进行科学研究，建立必要的环境影响评价信息共享制度，提高环境影响评价的科学性。"2005年国务院《关于落实科学发展观加强环境保护的决定》要求："实行环境质量公告制度，定期公布各省(区、市)有关环境保护指标，发布城市空气质量、城市噪声、饮用水水源水质、流域水质、近岸海域水质和生态状况评价等环境信息，及时发布污染事故信息，为公众参与创造条件。"2006年《全国生态保护"十一五"规划》中指出："建立重大生态环境法规政策、规划公告制度，保障公众的知情权。"2008年5月，我国第一部有关环境信息公开的规范性文件《环境信息公开办法(试行)》的颁布更是为保证公众知悉环境信息提供了制度支持。2014年《环境保护法》明确规定了环境状况知情权，该法第53条第1款规定，"公民、法人和其他组织依法享有获取环境信息、参与和监督环境保护的权利"。为了保障该权利的实现，该法第54条又规定了政府发布环境信息的职责、第55条则规定了重点排污单位主动公开环境信息的义务。2015年1月1日开始施

[①] 参见《深圳首例"阳光权"案开庭》，载 http://news.sohu.com/50/46/news146954650.shtml，2007年2月1日访问；《阳光权之争》，载 http://www.ewen.cc/qikan/bkview.asp? bkid=54328&cid=104600，2007年2月1日访问；刘洪：《索要阳光权胜诉的破冰意义》，载 http://www.chinacourt.org/public/detail.php? id=233432，2007年2月1日访问。

[②] 世界环境与发展委员会：《我们共同的未来》，王之佳、柯金良等译，吉林人民出版社1997年版，第330页。

行的《企业事业单位环境信息公开办法》更是对于上述条款原则性规定的细化。

此外,一些国际公约也对环境状况知情权有明确规定,比如1998年6月25日欧洲委员会通过的《奥胡斯公约》就规定:"认识到每一个人享有在适合他/她的健康和福利的环境中生活的权利,以及各自的和其他人一起的为当代人和未来世代的利益而保护和促进环境的责任。为了为保护当代和未来世代的每一个人生活在适合他/她的健康和福利的环境中的权利做出贡献,各成员国应该保证根据本公约的规定在环境事务方面的获得信息、公共参与决策和获得司法救济的权利。"

(三)环境事务参与权

环境事务参与权是指公民享有的通过一定的程序或途径参与到与环境利益相关的一切决策、实施等事务中的权利。规定公民的环境事务参与权,目的在于通过公民参与环境管理的各项事务,一方面使各种利益集团能够充分表达其不同的利益诉求,寻求利益共存或利益妥协的方式和途径,以减少因环境保护的巨大利益冲突引发的社会矛盾,使环境法律制度得到顺利实施;另一方面则是作为行政管理民主化的一项重要内容,建立公众监督机制,防止因行政机关的违法或不当行为引起的环境污染和破坏,防止因行政主体的权力竞争而导致的公共利益受到损害的悲剧。①

环境事务参与权有实体性的内容,也有程序性的规定,这些在一些国际性文件中都有所体现。1992年《里约环境与发展宣言》的原则10对公民的程序权利做了概括性的规定:"环境问题最好是在全体有关市民的参与下,在有关级别上加以处理。在国家一级,每一个人都应能适当地获得公共当局所持有的关于环境的资料,包括关于在其社区内的危险物质和活动的资料,并应有机会参与各项决策进程。各国应通过广泛提供资料来便利及鼓励公众的认识和参与。应让人人都能有效地使用司法和行政程序,包括补偿和补救程序。"当然,环境事务参与权的保护必须由国家予以保障,比如,《奥胡斯公约》就要求缔约国政府保障公民的这三项程序权利。②

各国立法对于公民环境事务参与权规定得比较充分,具体包括③:

第一,参与国家环境管理的预测和决策过程。即参与国家国民经济和社会发展计划以及各种环境规划的制定,参与环境管理机关的管理活动。

第二,参与开发利用的环境管理过程以及环境保护制度实施过程。《美国清洁水法》规定,公民有权参加实施局长或任何州根据本法制定的标准、计划与规

---

① 吕忠梅:《环境法学》,法律出版社2004年版,第109页。
② 参见那力:《论环境事务中的公众权利》,载《法制与社会发展》2002年第2期。
③ 参见吕忠梅:《环境法学》,法律出版社2004年版,第108—110页。

划的过程,局长及该州应为其创造条件并予以鼓励。公民参加这种管理的方式主要是通过各种"听证会"。

第三,参与环境科学技术的研究、示范和推广等。《美国国家环境政策法》第2条规定:"最充分地利用公共和私人机构和组织以及个人提供的服务、设施和资料(包括统计资料)……"。还规定:"向各州、县、市、机关团体和个人提供关于恢复、保持和改善环境质量有用的建议和情报"。

第四,组成环境保护的团体,参与环境保护的宣传教育和实施公益性环境保护行为。

第五,参与环境纠纷的调解。在设有调解程序的国家中,公民参与污染纠纷的调解工作。《韩国环境保护法》第54条规定,为调解环境污染引起的纠纷,在中央和地方设立环境纠纷调解委员会,其组成人员由保健社会部长官从下列各项所列代表公益的和具有工业或公共保健知识的专家中等额任命或聘请:"(1)代表公益的法律界人士、舆论界人士和有关官员;(2)具有工业或公共保健知识的环境专家、医务界人士、商业界和工业界人士以及农业和水产业人士。"

在我国,2005年国务院《关于落实科学发展观加强环境保护的决定》要求:"企业要公开环境信息。对涉及公众环境权益的发展规划和建设项目,通过听证会、论证会或社会公示等形式,听取公众意见,强化社会监督。"2006年的《环境影响评价公众参与暂行办法》对于公众参与环境影响评价的一般要求、组织形式等内容作出了详细的规定。2006年《全国生态保护"十一五"规划》中又指出:"制定并完善生态保护的公共参与政策,鼓励公众参与生态环境管理、监督与建设。……针对重大环境问题,举行公众听证会,广泛听取社会各界的意见,鼓励公众参与生态环境监督。……深入开展生态环境国情、国策教育,分级、分批开展生态环境保护培训,重视生态环境保护的基础教育。开辟公众参与生态保护的有效渠道,为公众参与重大项目决策的环境监督和咨询提供必要的条件。"2014年修订通过的《环境保护法》新增了一章共计六个条文,即第五章,集中规定了信息公开和公众参与。其中,对于公众参与,主要反映在第56条、57条和58条;分别规定了建设项目环境影响评价的参与、环境污染和生态破坏的举报、环境公益诉讼等事项。值得强调的是,第58条的出现意味着环境公益诉讼作为公众参与环境事务、帮助政府进行环境执法的重要方式,终于被我国的环境保护基本法所确定,它与《民事诉讼法》第55条"对污染环境、侵害众多消费者合法权益等损害社会公共利益的行为,法律规定的机关和有关组织可以向人民法院提起诉讼"一道,框架性地建构了中国环境公益诉讼制度——公众在司法领域的重要参与。2015年1月7日起实施的最高人民法院《关于审理环境民事公益诉讼案件适用法律若干问题的解释》则从起诉资格、案件审理、救济方式等众多方面,夯实了社会组织等主体在环境司法领域内的参与广度和深度。

(四) 环境侵害请求权

请求权,指权利人得请求他人为特定行为(作为或不作为)的权利。[①] 所谓环境侵害请求权是指当公民的环境资源利用权、环境状况知情权和环境事务参与权等环境权益受到侵害时,受害人或者相关主体向有关部门请求保护的权利。

这里的有关部门主要包括两类:一类是拥有一定环境管理职权的国家机关,另一类则是拥有司法权的检察机关和审判机关。在我国,前者主要是指环境保护主管部门。需要特别注意的是,由于我国各级政府的组成机构之间并无专门的组织法规定相应的职权,因此,涉及环境管理职能的其他部门众多,比如水务主管部门、林业主管部门、土地主管部门、海事主管部门、渔业主管部门等。

至于请求权的基础,可以是基于对行政行为的司法审查、行政复议和国家赔偿而提出的请求权,也可以是基于对他人侵犯环境权而产生的停止不法侵害的请求权和损害赔偿的请求权等。

在我国,《环境保护法》第 57 条规定:"公民、法人和其他组织发现任何单位和个人有污染环境和破坏生态行为的,有权向环境保护主管部门或者其他负有环境保护监督管理职责的部门举报。公民、法人和其他组织发现地方各级人民政府、县级以上人民政府环境保护主管部门和其他负有环境保护监督管理职责的部门不依法履行职责的,有权向其上级机关或者监察机关举报。接受举报的机关应当对举报人的相关信息予以保密,保护举报人的合法权益。"这是公民、法人和其他组织向行政机关主张侵害请求权的原则性规定。该法第 58 条规定:"对污染环境、破坏生态,损害社会公共利益的行为,符合下列条件的社会组织可以向人民法院提起诉讼:(一) 依法在设区的市级以上人民政府民政部门登记;(二) 专门从事环境保护公益活动连续 5 年以上且无违法记录。符合前款规定的社会组织向人民法院提起诉讼,人民法院应当依法受理。提起诉讼的社会组织不得通过诉讼牟取经济利益。"这是特定的社会组织向法院主张环境侵权请求权的规定。与此同时,在该法的法律责任一章,则从诉讼时效、责任方式等方面系统地规定了环境侵权请求权的行使情形。除了环境保护基本法,各个单行法也有相应的规定。《水污染防治法》第 86 条规定:"因水污染引起的损害赔偿责任和赔偿金额的纠纷,可以根据当事人的请求,由环境保护主管部门或者海事管理机构、渔业主管部门按照职责分工调解处理;调解不成的,当事人可以向人民法院提起诉讼。"《大气污染防治法》第 62 条、《环境噪声污染防治法》第 61 条、《固体废物污染环境防治法》第 84 条等都作出了类似的规定。

---

① 梁慧星:《民法总论》,法律出版社 2001 年版,第 79 页。

第三节 国家环境管理权

一、国家环境管理权的含义

(一) 国家环境管理权的概念

国家环境管理主要是通过计划、限制、扶助和监督等手段,采取对污染和破坏的事前预防措施以及发生污染和破坏后的迅速、紧急排碍措施和其他适当措施。[①] 而国家环境管理权就是国家环境管理职能部门可以实施上述手段的职权,具体说来,即依法行使的对环境保护工作的预测、决策、组织、指挥、监督等诸权力的总称。[②]

(二) 国家环境管理权的权力来源

仅仅从法律的角度进行考察,国际环境管理权的权力首先来源于宪法对于该权力的明确规定。放眼世界,许多国家的宪法都对国家的环境管理权进行了明确的规定和宣示。1994年修宪后的《德国基本法》第20A条规定:出于对后代的责任,国家在宪法秩序范围内,通过立法并依法由行政和司法机构对自然的生活环境予以保护。1976年的《葡萄牙宪法》第9条第E项规定了国家的任务包括"拥有和增进葡萄牙人民的文化财产,保护环境与自然,维护自然资源"。《巴拿马宪法》第110条规定"根据国家的经济和社会发展情况,积极养护生态条件,防止环境污染和生态失调,是国家的一项基本职责"。《菲律宾宪法》第16条规定"国家保护和促进人民根据自然规律及和谐的要求,享有平衡和健康的生态环境的权利"。《希腊共和国宪法》第24条也规定"保护自然和文化环境是国家的一项职责,国家应当就环境保护制定特殊的预防或强制措施"。《泰国宪法》规定"国家应保护自然,保持自然资源与替代物的平衡,应防止与消除污染,制定相应适当的水土利用计划"。《保加利亚宪法》规定"保加利亚共和国确保生态环境的维护与再生,确保自然界丰富多样以及国家天然财富和资源的合理利用"。美国的联邦宪法并未规定国家环境管理权,但个别州的州宪法对此有相关规定。比如《宾夕法尼亚州宪法》规定,"宾州的自然资源是全体人民(包括后代)的共同财产,州政府作为这些资源的受托者,应从全体人民的利益出发,对其加以保护"。

我国《宪法》对国家环境管理权的规定主要体现在第9条第2款"国家保障自然资源的合理利用,保护珍贵的动物和植物。禁止任何组织或者个人用任何手段侵占或者破坏自然资源"和第26条"国家保护和改善生活环境和生态环境,

---

[①] 参见吕忠梅:《环境法学》,法律出版社2004年版,第140页。
[②] 参见吕忠梅、高利红、余耀军:《环境资源法学》,科学出版社2004年版,第99页。

防治污染和其他公害"上。

二、国家环境管理体制

国家环境管理体制是国家环境管理权得以运作的有形组织结构,是国家环境管理权的主体实施环境管理时关于职权范围、途径和效用等各项程序性和实体性的制度的总和。国家环境管理体制与国家环境管理权密切相关,不同的管理体制意味着不同的管理主体、权限和效用。

(一) 国外国家环境管理体制的主要类型

1. 其他行政管理主体兼任

由一个或若干个履行其他行政管理职权的部或局拥有部分和全部的环境管理权,也就是没有专门设置环境管理的统管机构和协调机构,而是由其他部门代为行使环境管理职权。原苏联就采取了这种体制,只是在国家计划委员会内设置自然保护局,国家科学技术委员会内设置自然利用与环境保护委员会,把环境保护工作分散在农业、卫生、渔业、地质各部和各工业主管部。随着环境问题的日益严重,这种体制的弊端愈发暴露,极不利于环境管理。

2. 委员会

委员会是一个协调机构,一般都是在中央政府内部设置,由有关部门的领导充当委员,实行一人一票制,负责制定政策和协调各部的活动。20 世纪 70 年代,很多国家设立了委员会。如 1970 年原联邦德国设立了由总理和各部部长组成的"联邦内阁环境委员会",意大利设有"环境问题部际委员会",澳大利亚设有"环境委员会",日本曾设"公害对策委员会",智利设有"全国环境污染委员会"。委员会的优势在于可以充分协调各个行政主体之间的管理职权。

3. 专门机构

将以前分散在其他机构的环境管理职权逐渐地集中起来,成立一个专门机构,赋予其环境管理权。1970 年,英国、加拿大成立了环境部;1971 年,丹麦设立环境保护部;1974 年,原联邦德国设立了相当于部一级的环境局。

4. 独立机构

这种机构的环境管理权限超过一般的专门机构,或者由政府首脑兼任该机构的领导。例如美国在总统执行署设立的联邦环保局,日本设立的由国务大臣任长官的环境厅。独立机构的级别很高,环境管理权限范围又非常广泛,便于对环境资源进行更为有效、全面、统一、管理。

5. 几种机构并存

这种设置实际上是基于统一领导与分工负责相结合的原则和理念。这种设置方法以英国、德国、法国、意大利、比利时、瑞典等国为代表。德国除设有统管环境工作的联邦环境局外,还设置有协调各部工作的联邦内阁环境委员会,在中央有关各部如外交、财政、经济、农村食品、劳工及社会服务、科技等部也都设有部署的环保局,负责本部门的环保工作。意大利虽没有环境部,但其只负责研究环境问题,另有13个部对其职务范围内的环保工作负责,协调各部工作的是环境问题部际委员会。

目前,这种设置方案越来越得到广泛的认同。即使在设置了独立机构的美国和日本,也都有并存的情形。美国的内务部、商业部、卫生教育福利部、运输部也都设置有相应的环境与资源管理机构,甚至在商业部内设有编制达1万人的海洋和大气管理局。日本在环境厅之外,仍在15个省(厅)中设有相应的环保机构,如厚生省设有环境卫生局、通产省设有土地公海局、海上保安厅设有海上公害课、运输省设有安全公害课等。

(二) 中国的环境管理体制

新中国成立以后,我国的环境管理体制经历了五次大的变迁。

20世纪70年代初之前,环境管理权由相关的部委兼任。如农业部、卫生部、林业部、水产总局等分别负责本部门的环境管理工作。

1974年5月,国务院成立由二十多个部委组成的环境保护领导小组,下设办公室。国务院环境保护领导小组是主管和协调全国环境工作的机构,日常工作由下属的办公室负责。

1982年,成立城乡建设环境保护部,同时撤销了国务院环境保护领导小组。这样,环保局作为城乡建设环境保护部的下属机构,主管全国的环境保护工作。另外,在国家计划委员会内设置了国土局,负责全国国土与整治工作,其职责也同环境保护有一定的关联。

1984年5月,根据国务院《关于环境保护工作的决定》成立了国务院环境保护委员会,负责研究审定环境保护工作的方针、政策,领导和组织协调全国的环境保护工作。同年12月,城乡建设环境保护部下属的环保局改为国家环保局,同时也是国务院环境保护委员会的办事机构,负责全国环境保护的规划、协调、监督和指导工作。此外,在国务院内的有关部委设立了司局级的环保机构。1998年国务院机构调整中,国家环保局升格为部级的国家环境保护总局,撤销了国务院环境保护委员会。

2008年3月5日十一届全国人大一次会议审议并通过了《关于国务院机构改革方案的决定》,组建中华人民共和国环境保护部,将其作为正式的国务院组成部分;不再保留国家环境保护总局。

通过以上对机构设置历史沿革的梳理,不难发现:国家环境管理权从基本上由其他部门兼负,到逐步独立,再到越发加强,这种发展实际上根植于环境问题日益严重、人与自然的关系愈发紧张这一大的背景。而环境资源的生态属性要求对其实施统一的管理,如果将环境管理权分别地赋予不同的行政主体,那么极易造成各个主体之间互相争夺利益或推诿责任,而不利于环境管理政令的上通下达。

近年来,国家通过相关立法和实践,稳中求进地进行了不少的制度设计和安排,以期理顺和完善环境管理体制。比如修订后的《水法》和《大气污染防治法》对水和大气的管理体制都提出了新的要求。① 又如对地方环境保护局实施垂直管理的呼声渐高。②

与以往有形架构的变化不同,这次变迁更加注重内在管理体制的变革、更加强调实际的效用如何。因此,不妨称之为"正在发生的第五次变迁"。国务院《关于落实科学发展观加强环境保护的决定》对于环境管理体制的变革提出了要求和目标性的指引,即:按照区域生态系统管理方式,逐步理顺部门职责分工,增强环境监管的协调性、整体性。建立健全国家监察、地方监管、单位负责的环境监管体制。国家加强对地方环保工作的指导、支持和监督,健全区域环境督查派出机构,协调跨省域环境保护,督促检查突出的环境问题。地方人民政府对本行政区域环境质量负责,监督下一级人民政府的环保工作和重点单位的环境行为,并建立相应的环保监管机制。法人和其他组织负责解决所辖范围有关的环境问题。建立企业环境监督员制度,实行职业资格管理。县级以上地方人民政府要加强环保机构建设,落实职能、编制和经费。进一步总结和探索设区城市环保派出机构监管模式,完善地方环境管理体制。各级环保部门要严格执行各项环境监管制度,责令严重污染单位限期治理和停产整治,负责召集有关部门专家和代表提出开发建设规划环境影响评价的审查意见。完善环境犯罪案件的移送程序,配合司法机关办理各类环境案件。

值得关注的是,2013年中共中央《关于全面深化改革若干重大问题的决定》专门强调了加快生态文明的制度建设,在生态环境保护管理体制的改革上,做了如下的指引:改革生态环境保护管理体制。建立和完善严格监管所有污染物排

---

① 2002年通过的我国《水法》第12条规定:"国家对水资源实行流域管理与行政区域管理相结合的管理体制。国务院水行政主管部门负责全国水资源的统一管理和监督工作。国务院水行政主管部门在国家确定的重要江河、湖泊设立的流域管理机构(以下简称流域管理机构),在所管辖的范围内行使法律、行政法规规定的和国务院水行政主管部门授予的水资源管理和监督职责。县级以上地方人民政府水行政主管部门按照规定的权限,负责本行政区域内水资源的统一管理和监督工作。"2000年修订的我国《大气污染防治法》第4条规定:"县级以上人民政府环境保护主管部门对大气污染防治实施统一监督管理。各级公安、交通、铁道、渔业管理部门根据各自的职责,对机动车船污染大气实施监督管理。县级以上人民政府其他有关主管部门在各自职责范围内对大气污染防治实施监督管理。"

② 实际上,这正是契合了现代社会的环境管理权越发集权化的要求,只不过环境问题的解决不可能依靠一个简单的垂直管理和总局升格就可以达致,关键是要通过法律的规定和实践将国家的环境管理权予以明晰化,明确其性质、内容、行使主体、行使方式、救济途径,合理地界定其国家环境管理权与公民的环境权之间的关系。将这些问题都厘清以后,通过组织法的颁布和修改,对于机构进行改革和整合,这个过程必须法定化、科学化、程序化,而不能流于随意。

放的环境保护管理制度,独立进行环境监管和行政执法。建立陆海统筹的生态系统保护修复和污染防治区域联动机制。健全国有林区经营管理体制,完善集体林权制度改革。及时公布环境信息,健全举报制度,加强社会监督。完善污染物排放许可制,实行企事业单位污染物排放总量控制制度。对造成生态环境损害的责任者严格实行赔偿制度,依法追究刑事责任。

2014年修订的《环境保护法》反映和体现了环境管理体制的最新变化趋势:从侧重行政部门之间的分权到重视环境保护主管部门的统一协调和监管;从强调以行政区划为中心到强调以自然生态区划为中心。① 前者如该法第10条的规定,即"国务院环境保护主管部门,对全国环境保护工作实施统一监督管理;县级以上地方人民政府环境保护主管部门,对本行政区域环境保护工作实施统一监督管理。县级以上人民政府有关部门和军队环境保护部门,依照有关法律的规定对资源保护和污染防治等环境保护工作实施监督管理。"不同于以往将有环境管理职权的部门悉数列举的情况,如今只是强调环境保护主管部门的统一监督和管理,为日后环境事权的调整和重新分配埋下了伏笔。后者如该法第20条第1款的规定:"国家建立跨行政区域的重点区域、流域环境污染和生态破坏联合防治协调机制,实行统一规划、统一标准、统一监测、统一的防治措施。"据此,环境保护行政部门是对环境保护工作实施统一监督和管理的机关。这有两层意义,一是国家环境保护部对全国范围内的环境保护工作统一监督和管理;二是各地环保厅(局)等对本行政区划内的环境保护工作统一监督和管理。与此同时,各级人民政府中的有关行政主管部门,如国土、水利、农业等,以及军队中的环境保护部门,依据法律的规定履行关于生态资源保护和环境污染防治等职权。

三、国家环境管理权在国内法上的实现

国家环境管理权是公民环境权让渡的结果,目的在于维护和保障公民环境权。在法律的视野内,行使国家环境管理权,必须考虑到国内法和国际法的双重范畴,从而促使其各项权能和职责得以满足和施展,推动公民环境权最终实现。所以,国家环境管理权的实现实际上就是该权力动态运作的整个过程,涵盖了"权力产生——权力行使——权力实现"的一个完整历程,而实现的方式则是该历程的具体化。国家环境管理权在国内法上的实现方式有一般和特殊之分:

(一) 一般实现方式

1. 环境行政立法

环境行政立法是指有立法权的环境管理行政主体依法制定、修改和废止环

---

① 参见张忠民:《从强调环境执法到提倡环境治理:环境监管模式的转变》,载《中国法律》2014年第4期。

境管理行政法规和规章的行为。它不包括国家权力机关制定环境法律的行为,仅指有立法权的国家和地方各级行政机关依照法定权限和程序制定环境管理规范性文件的行为。

在我国,环境行政立法机关的关系及其权限自上而下可以划分为四个效力逐渐递减的层次:

(1) 国务院。国务院的环境行政立法,一方面是宪法、法律规定的具体化,另一方面又是进一步制定部门性环境行政规章、地方性环境行政规章的依据,因此具有承上启下的功能。

(2) 国务院各部门。国务院有环境管理职能的各部门,可依据法律和行政法规,在本部门权限内,制定环境管理行政规章,称为部门性规章。

(3) 各省、自治区、直辖市人民政府。省级人民政府可依据法律、行政法规,制定环境管理行政规章,也可以根据同级人民代表大会或其常委会制定的地方性环境保护法规制定规章,称为地方性规章。

(4) 设区的市、自治州的人民政府,可以根据法律、行政法规和本省、自治区、直辖市的地方性法规,就城乡建设与管理、环境保护、历史文化保护等方面的事项,制定地方政府规章。

需要特别注意的是,《立法法》对地方性环境行政规章与部门性规章的效力进行了规定。《立法法》第91条明确了"部门规章之间、部门规章与地方政府规章之间具有同等效力,在各自的权限范围内施行"。第95条明确规定:地方性法规与部门规章之间对同一事项的规定不一致,不能确定如何适用时,由国务院提出意见,国务院认为应当适用地方性法规的,应当决定在该地方适用地方性法规的规定;认为应当适用部门规章的,应当提请全国人民代表大会常务委员会裁决;部门规章之间、部门规章与地方政府规章之间对同一事项的规定不一致时,由国务院裁决。

2. 环境行政执法

环境行政执法是指环境行政管理主体依法对环境行政管理相对人采取的直接影响其具体权利义务的行为,或对相对人是否正当行使权利和履行义务的情况进行监督检查的行为。

根据我国有关法律规定,环境行政执法行为主要采取以下几种形式:

(1) 行政收费。是指环境管理行政机关出于环境保护的目的,以国家的有关法律、法规及其相关规定为依据,按照法定的项目和标准,对相对人收取相应的费用。行政收费必须以法律、法规或者国务院及其财政、物价部门以及省人民政府的规定为依据,其收费项目和收费标准应当按照国家规定报经批准;对没有合法依据的行政事业性收费,本级人民政府及其有关工作部门应当予以制止,公民、法人或者其他组织有权拒绝。

环境管理行政执法机关的行政事业性收费和罚没收入,应当严格执行收费和罚没收入收支两条线管理制度、罚款决定与罚款收缴分离制度,财政部门不得违规返还。

(2) 监督检查。是指环境管理行政机关为了实现监督管理职能,对相对人是否遵守环境法律、法规和环境行政决定所进行的监督检查。监督检查一般分为书面监督检查和实地监督检查两种方法,也可以分为亲自监督检查和授权监督检查。但是不论何种监督检查,都必须坚持依法、合理和科学的原则,避免重复检查和多头检查。

(3) 行政许可。是指环境管理行政主体根据管理相对人的申请,经审查依法赋予其从事某种环境法律所禁止的事项的权利和资格的具体行政行为。行政许可的书面形式是环境行政许可证。实施行政许可的,除法律、行政法规另有规定外,不得收取费用。

(4) 行政处罚。是指环境管理行政主体依法对违反环境法律、法规,但尚未构成犯罪的相对人所实施的一种惩戒。行政处罚权的行使必须依据两个原则:一是处罚法定原则,即环境管理行政机关实施行政处罚必须有法定依据,主体、职权必须是法定的,并必须依照法定程序实施处罚;二是一事不再罚原则,即管理相对人违反环境行政法律、法规的行为,只能受到一次处罚。

2014年修订的《环境保护法》增加了关于"按日计罚"、行政拘留等环境行政处罚措施,大大强化了环境行政处罚的力度和强度。其中,"按日计罚"体现在第59条第1款"企业事业单位和其他生产经营者违法排放污染物,受到罚款处罚,被责令改正,拒不改正的,依法作出处罚决定的行政机关可以自责令改正之日的次日起,按照原处罚数额按日连续处罚";行政拘留则反映在第63条:"企业事业单位和其他生产经营者有下列行为之一,尚不构成犯罪的,除依照有关法律法规规定予以处罚外,由县级以上人民政府环境保护主管部门或者其他有关部门将案件移送公安机关,对其直接负责的主管人员和其他直接责任人员,处10日以上15日以下拘留;情节较轻的,处5日以上10日以下拘留:(一)建设项目未依法进行环境影响评价,被责令停止建设,拒不执行的;(二)违反法律规定,未取得排污许可证排放污染物,被责令停止排污,拒不执行的;(三)通过暗管、渗井、渗坑、灌注或者篡改、伪造监测数据,或者不正常运行防治污染设施等逃避监管的方式违法排放污染物的;(四)生产、使用国家明令禁止生产、使用的农药,被责令改正,拒不改正的。"相应的,为了细化按日计罚的操作,环境保护部又出台了部门规章,即《环境保护主管部门实施按日连续处罚办法》(部令第28号);为了规范行政拘留,公安部、工业和信息化部、环境保护部、农业部和国家质量监督检验检疫总局又联合印发了《行政主管部门移送适用行政拘留环境违法案件暂行办法》(公治[2014]853号)。

(5) 行政强制执行。指环境管理行政相对人不履行环境法律、法规规定的义务,环境行政主管机关强制其履行义务的行政行为,其种类有间接强制执行和直接强制执行两类。《环境保护法》赋予了环境保护主管部门查封、扣押等权力,体现在第 25 条的规定,即"企业事业单位和其他生产经营者违反法律法规规定排放污染物,造成或者可能造成严重污染的,县级以上人民政府环境保护主管部门和其他负有环境保护监督管理职责的部门,可以查封、扣押造成污染物排放的设施、设备",这是我国《行政强制法》在环境保护领域内的具体化,强化了环境行政强制权。为了细化和规范这个权力的行使,环境保护部制定了专门的规章《环境保护主管部门实施查封、扣押办法》(部令第 29 号)。

3. 环境行政司法

环境行政司法是指享有环境行政司法权的环境管理行政主体依法处理和裁决环境行政争议和环境民事纠纷的行为。实际上,它是带有司法性质的环境行政行为。环境行政司法主要包括环境行政复议和环境行政调解两种方式。

(1) 行政复议。行政复议是指环境管理行政机关在行使环境行政管理权时,与相对人就已生效的具体环境行政行为发生争议,依相对人的申请,由该行政主体或其上级机关对引起争议的具体行政行为进行复查并作出决定的制度。

(2) 行政调解。行政调解是指由环境管理行政机关出面主持的以环境法律、法规为依据,以自愿为原则,通过说服教育的方法促使双方当事人友好协商,相互谅解,达成协议解决纠纷的行政司法活动。

(二) 特殊实现方式

所谓国家环境管理权的特殊实现方式,主要是在环境立法、环境执法和环境司法这些相对单一和刚性的实现方式之外,更为柔性和灵活的一些实现方式,即不强调命令和服从等硬性模式,而是从市场的角度、广泛采取间接的经济刺激等手段去激发市场主体的能动性,从而实现国家环境管理权。[①] 为此,《环境保护法》做了不少努力,该法第 21 条规定"国家采取财政、税收、价格、政府采购等方面的政策和措施,鼓励和支持环境保护技术装备、资源综合利用和环境服务等环境保护产业的发展",第 22 条规定"企业事业单位和其他生产经营者,在污染物排放符合法定要求的基础上,进一步减少污染物排放的,人民政府应当依法采取财政、税收、价格、政府采购等方面的政策和措施予以鼓励和支持"。这些条文规定了对于环保产业、环保主体等进行经济刺激和柔性管理,大大丰富了环境执法的工具箱。在实践中,可能主要通过环境行政合同和环境行政指导这两种方式

[①] 参见张忠民:《从刚性单一到柔性综合:环境污染防治法律制度的嬗变》,载《环境保护》2013 年第 21 期;熊晓青:《建立系统、超脱和灵活的环境监管体制——以〈环境保护法〉的修改为契机》,载《郑州大学学报(哲学社会科学版)》2013 年第 4 期。

具体得以实施。

1. 环境行政合同

环境行政合同是环境管理行政机关之间、环境管理行政机关与行政相对人之间为保护和改善环境而依法签订的协议。环境行政合同有其特殊性:环境行政合同的双方当事人中,必须有一方是环境管理行政机关;环境行政合同双方当事人的地位不平等,一般是管理和被管理的关系;环境行政合同的目的在于实施国家环境资源管理的目标;环境行政合同以双方当事人的意思表示一致为成立要件。但由于环境和环境问题的广泛性和复杂性,环境管理行政机关有权根据环境问题和环境管理目标的变化,及时指挥合同的履行,在环境状况发生重大变化时,有权变更甚至解除合同。但这种特权的行使须为保护环境之目的,且以当事人的行为违反环境保护的公共利益为前提,并需给予适当的补偿。

环境行政合同订立的方式主要有以下几种:第一,招标。环境管理行政主体通过一定方式,公布一定的条件,向公众发出以订立合同为目的的意思表示。环境管理行政主体发出招标通知后,投标人各自提出自己的条件,最后招标人从中选择提出最优条件的招标人与之订立合同。第二,邀请发价。环境管理行政机关为实现一定的目的,在签订合同前,发出要约,提出一定的条件,邀请相对人发价,然后由环境管理行政机关综合各种因素,选择最恰当的相对人与之签订合同。第三,直接磋商。在某些特殊情况下,环境管理行政机关可以直接与任何相对人进行磋商,签订合同。

环境行政合同一般都采用书面的形式。在直接磋商这种形式中,有时也采用口头的形式。

在环境行政合同的履行过程中,环境管理行政机关始终处于主导位置,它对环境行政合同的履行负有监督和某种指挥责任;它可以根据情况的变化提出变更、修改合同,对合同的履行提供优惠和照顾条件,可以对相对人不履行合同的行为直接进行制裁等。一般来讲,相对人一方的责任及奖罚都比较明确具体,但环境管理行政机关的责任则很难明确,难以依法追究其责任。

环境行政合同订立以后,与民事合同一样,可依法变更或解除。不同的是环境管理行政机关在这方面享有一定的特权,它有权单方做出变更或解除,但须对相对人由此所造成的损失做补救。但相对人要求变更或解除合同,须经环境管理行政机关同意,否则不能成立。

2. 环境行政指导

环境行政指导是指环境管理行政机关在其职责或管辖事务范围内,为谋求环境保护目标的实现,基于国家法律、法规或政策的精神,适时灵活地采取劝告、建议、指示等非强制性形式,以取得相对人同意或协助等行为的总称。

与其他环境管理行政行为不同的是,环境行政指导行为不具有国家强制力,而是由相对人自主地决定是否听从和配合该环境行政指导，亦不直接产生行政法律后果。环境行政指导的直接目的是谋求国家环境保护目标的实现，它是国家环境管理行政机关主动采取的一种积极行为，且是一种事实行为，该行为必须进行"成本—效益"的分析。环境管理行政机关实施环境行政指导的范围较宽且有主次，首先是根据其职责和承担的具体任务的要求进行指导；其次，只要是属于其管辖事务范围，均可实施指导。尽管环境行政指导行为有具体的法律依据，但多数环境行政指导行为是基于法的精神和原则以及环境管理行政机关的职能做出的，有的则是直接依据国家或执政党的政策适时灵活地做出的，因此适时灵活和有一定的风险是环境行政指导的重要特点。这些特点使得不具有国家强制力的环境行政指导在环境保护方面作用甚大，因为它能够最大限度地挖掘和发挥环境管理相对人的积极性。

四、国家环境管理权在国际法上的实现

国家环境管理权在国际法上的实现，是指在对外环境交往中，始终捍卫本国的主权，一方面要维护本国的环境安全，另一方面要根据本国的实际国情，捍卫本国的环境利益。这些都将会实质地影响到国内的公民环境权的真正实现和国家环境管理权的顺畅行使。事实上，国际环境管理权在国际法上的实现，更多地意味着主权的享有、利益的捍卫、责任的承担和义务的履行，这点与国内法上的实现不同，在国内法上，国家环境管理权更多地意味着职能和权力。

（一）维护本国环境安全

1. 始终捍卫本国的环境主权

各国对本国境内的环境及自然资源拥有永久性主权，有权自主决定对其开发利用，任何国家不得以任何理由掠夺他国资源，破坏他国环境，也不得以环境为借口干涉他国内政，为保护人类环境而进行的国际合作，必须在尊重各国主权的基础上进行。早在1962年联合国大会通过的《关于天然资源之永久主权宣言》就明确规定了各国对其生存环境和自然资源享有永久的主权。1974年联合国大会通过的《建立新的国际经济秩序宣言》进一步指出：每一个国家对自己的天然资源和一切活动拥有充分的永久主权。同年通过的《各国经济权利和义务宪章》则将这一主权权利列为国家的经济权利之一。当然，国家环境主权不仅是国家的一种权利，更是国家的一种责任，如1992年签订的《生物多样性公约》就明确规定：重申各国对它自己的生物资源拥有主权权利，也重申各国有责任保护它自己的生物多样性并以可持久的方式使用它自己的生物资源。

2. 避免污染物转移

污染物转移是指污染物（含污染行业、污染行为）从一国管辖地区转移至另一国管辖地区或通过第三国向另一国管辖地区转移。污染物转移存在的根本原因在于国与国之间的经济发展水平、环境标准等存在差异。据泰国《新中原报》1996年5月4日的一篇文章披露,美国仅在1995年就向包括中国在内的约三十个国家和地区输出了2亿磅的塑料废料。1989年,在联合国环境规划署的主持下,117个国家和34个国际组织参加的瑞士巴塞尔大会通过了《控制危险废物越境转移及其处置巴塞尔公约》,作为专门用于控制污染物越境转移的公约,它对控制污染物越境转移做了全面的规定,强调各国有权禁止污染物入境,同时也有义务控制污染物出境,即控制污染物越境转移既是各国的权利同时也是各国的义务。《里约环境与发展宣言》指出:各国应有效合作,阻碍或防止任何造成环境严重退化或证实有害人类健康的活动和物质迁移或转让到他国。

(二)捍卫本国环境利益

1. 坚持共同但有区别原则

中国作为发展中国家,在国际环境交往中,应当坚持共同但有区别的环境责任,即保护和改善全球环境是世界各国的共同责任,但是发达国家与发展中国家应当承担的责任是有区别的,发达国家应负更大的责任,承担更多的义务。实行共同但有区别的环境责任原则,不仅仅是因为发达国家是世界环境问题的主要责任者,同时也是考虑到各国经济、技术的实际承担能力,特别是从人类社会走共同的可持续发展道路、保护共同的后代人的利益出发,发达国家承担更多的环境责任不仅是合理的,也是必须的。这一点已被国际环境立法普遍确认。

2. 坚持发展中国家优先发展的原则

1972年的《人类环境宣言》把早期的发展中国家优先发展权确定为两层含义:一是发展中国家的主要任务是发展,在发展过程中自主决定对本国环境及自然资源的开发利用,别国无权干涉;二是发达国家应向发展中国家提供技术和财政援助并且不得附加任何条件。1991年发展中国家环境与发展部长级会议通过的《北京宣言》指出:环境问题绝不是孤立的,需要把环境保护同经济增长与发展的要求结合起来,在发展的进程中加以解决持续的发展和稳定的经济增长,是改变这种贫困与环境退化恶性循环并加强发展中国家保护环境能力的出路。《里约环境与发展宣言》指出:发展中国家,特别是最不发达国家和在环境方面最易受伤害的发展中国家的特殊情况和需要应受到优先考虑。环境与发展领域的国际行动也应当着眼于所有国家的利益和需要。《气候变化框架公约》则规定:应当充分考虑到发展中国家缔约方尤其是特别易受气候变化不利影响的那些发展中国家缔约方的具体需要和特殊情况。《生物多样性公约》也规定:进一步承认有必要订立特别规定,以满足发展中国家的需要,包括提供新的和额外的资金与适当取得有关的技术。因此,在国际环境交往中,中国等发展中国家,应当享有优先发展权。任何国家特别是发达国家,不应以保护环境为由干涉发展中国家的内政,也不应借此提出任何形式的援助或发展资金的附加条件,更不应设置影响发展中国家出口和发展的绿色贸易壁垒。

思考题

1. 为什么要确立环境权？环境权包括哪些层次和内容？
2. 你认为公民环境权应如何救济？
3. 国家环境管理权与公民环境权是什么关系？环境管理权应如何行使？
4. 国家在国际环境法中处于什么地位？应如何实现环境权？

案例分析

甲县的环保局与水利局相邻。2006年，水利局新建了一栋比较高的办公楼，大楼建起以后，环保局本来较低的办公楼阳光被挡，基本上不再有光照。环保局的局领导找到水利局的局领导，希望能够解决或者进行某种程度上的补偿。水利局认为，他们在自己的院子里盖房子，有权利决定盖多高，至于挡住了环保局的光线，就不在他们考虑的范畴内了，更不可能导致补偿问题。即使是应当由水利局承担责任，但是办公楼已经盖起来了，不可能因此而拆掉重建。环保局于是到当地的法院起诉，以水利局侵犯了环保局的采光权为理由要求水利局承担一定的民事责任。开庭后，被告水利局以法律上没有明确规定采光权为由进行答辩，而原告始终坚持"相邻的双方，应当给予对方提供通风、排水和日照等便利"的观点。最终法院以采光权在法律上无明文规定为理由驳回了原告环保局的起诉。

事后，环保局以水利局未缴纳排污费为理由，向水利局送达了限期缴纳排污费通知书，在规定的期限内，水利局没有理睬；环保局于是下发了环境行政处罚事先告知书，在规定的期限内，水利局仍未申请行政复议和听证，也没有及时足额缴纳排污费；最后，环保局就以水利局为环境管理的相对人，对其进行了行政处罚。水利局接到环境行政处罚通知书后，以环保局为被告，向当地的人民法院提起了行政诉讼，要求法院撤销环保局作出的行政处罚。后来，在主审法官的主持之下，环保局与水利局达成了口头的和解协议。于是，水利局撤诉，并且补交了排污费和滞纳金，环保局也撤销了对水利局的行政处罚决定。

问题：

1. 本案中的环保局作为法人，是否享有采光权？如何对该权利进行救济？
2. 结合案例，谈谈公民环境权的救济和环境管理权的行使。
3. 案例中，有哪些处理是违法的？应当如何纠正？

第四章 环境管理基本法律制度

内容提要

环境管理基本法律制度是指由环境法律规范所组成的相互配合、相互联系的特定体系。其内容是以环境管理的职权职责及行使为核心,调整在环境管理过程中形成的社会关系。环境管理基本法律制度,规定了环境管理主体在特定环境保护领域的行为模式和相应的法律后果,基础是环境管理关系参加者的权利和义务。以管理行为实施的时间为标准,环境管理基本法律制度可以分为源头控制基本制度和过程控制基本制度两大类。

关键词

环境管理基本法律制度　源头控制　过程控制

第一节　环境管理基本法律制度概述

一、环境管理基本法律制度的含义

环境管理基本法律制度是指由环境法律规范所组成的相互配合、相互联系的特定体系。从结构上说,同其他的法律制度一样,其是由调整特定的社会关系的法律规范构成的具体的法律制度,是国家为调整特定的社会关系而创设的、并以国家的强制力保障其实施的规范体系。就其实质内容而言,是以环境管理的职权职责及行使为核心,调整的是在环境管理过程中形成的社会关系。

在环境法中,确立环境管理基本法律制度具有非常重要的意义。首先,环境管理基本法律制度是环境法基本原则的体现,是环境法基本原则的制度化。其次,环境管理基本制度统领整个环境管理体系,对具体环境管理制度具有指导作用和基石效用。

环境管理基本法律制度,规定了环境管理主体在特定的环境保护领域的行为模式和相应的法律后果。环境管理基本法律制度的基础是环境管理关系参加者的权利义务,制度是这些权利义务的具体化和系统化,是环境管理参加者理解和执行自己权利和义务的依据和出发点。

环境管理基本法律制度是国家环境管理职能在环境法上的体现，是环境管理制度的法律化和具体化。从某种意义上讲，环境管理基本法律制度是国家环境管理权的体现。环境管理基本法律制度是一切从事自然资源开发和利用环境的公民、法人和其他组织都必须严格遵守的法律制度，否则，将要承担相应的法律责任。

环境管理基本法律制度是一系列法律规范组成的特定体系，具有以下特点：

(1) 规范化。环境管理基本法律制度作为一项制度化的存在，首先具有制度化的特征，它自成体系、相对独立，在环境管理领域发挥着规范作用。

(2) 体系化。环境管理基本制度包括某一类法律规范，它对环境管理关系进行系统化调整。同一环境管理制度的不同法律规范之间相互配合、相互衔接，对某一类社会关系予以综合调整。

(3) 相关性。由于环境管理关系的相关性，不同层次的环境管理法律制度间也具有密切的相关性。基本法律制度是统领环境法各子领域的制度体系，可以适用于环境法的各个部分，各部分的环境管理法律制度都是环境法规范体系的一个环节，基本制度与它们结合起来，就构成了完整的、综合的环境法律体系。

二、环境管理基本法律制度的分类

到目前为止，我国已经建立起了比较完备的环境管理法律制度体系，各项制度相互配合，形成了一个有机的整体，保证我国的环境管理能够依据法律制度有效运行，提高了环境管理的效力。这些制度涵盖了目标责任层、战略规划层、战略策略层和单项措施层，形成一个层层递进的制度体系。它们既包括环境管理的基本法律制度，也包括环境管理的一般法律制度，分工较为科学，在管理上具有连续性，采取的措施也较为完善，为我国环境管理提供了法律依据。

经过三十多年的环境立法，我国的环境管理法律制度已经具有相当规模，《环境保护法》作为环境保护领域的综合性法律，对各种规范进行了类型化，形成了环境管理的基本法律制度。以管理行为实施的不同时间阶段为标准，将环境管理的基本法律制度分为源头控制基本制度和过程控制基本制度两大类。

1. 源头控制基本制度

源头控制基本制度是指在可能影响环境的人类活动进行前，法律赋予管理者或被管理者某种权力及义务，使其可依法进行必要的管理以使该活动不致危害环境的法律制度。一般而言，源头控制制度是对影响环境行为的抽象性、预防性管理，其作用是把可能影响环境状况和质量的行为事先纳入国家环境管理的过程，以便进行有效的监督和指导；也可以使行为人在事前了解自己的行为可能造成的环境影响，及时采取有效的预防措施，使行为更加理性。源头控制基本制度主要有环境规划制度、环境标准制度、环境资源承载力监测预警制度、环境保护目标责任制度和环境影响评价制度。

2. 过程控制基本制度

过程控制基本制度是指在开发利用环境的过程中，法律赋予管理者或被管理者某种权力及义务，要求行为人或相关人采取相应措施或履行某些义务以避免或减轻对环境的污染和破坏的管理制度。相对于源头控制制度，过程控制制度是对影响环境行为的具体性、干预性管理，其作用是使既定的环境管理目标在实践中得到贯彻落实，避免或减少人类的开发利用活动对环境造成的不良影响。过程控制基本制度主要有环境监测制度、联合防治协调制度、激励机制和环境监察制度。

第二节 源头控制基本制度

一、环境规划制度

(一) 环境规划制度的含义

世界各国在寻求协调环境与发展的合理战略中，规划制度是其中的重要措施。[①] 环境规划是对环境保护工作的总体部署和行动方案，也是对一定时间内环境保护目标、基本任务和措施的规定。通过规划对环境资源的开发利用和保护进行事前安排，决定着环境资源可利用总量。它也是实施环境资源总量控制的基础，决定着环境与发展之间平衡点的确定。环境规划制度是环境规划工作的法定化、制度化，是通过立法形成的关于环境规划工作的系列规则。我国环境保护法律、法规和规章大都有环境规划的内容。《环境保护法》第 13 条不仅要求县级以上人民政府将环境保护工作纳入国民经济和社会发展规划，国务院环境保护主管部门和地方人民政府环境保护主管部门会同有关部门，根据国民经济和社会发展规划编制国家环境保护规划和区域环境保护规划；而且明确了环境保护规划的内容并与主体功能区规划、土地利用总体规划和城乡规划等相衔接。

按规划的制定主体，环境规划可分为：国家规划与地方规划。按规划的时间期限分为：短期规划、中期规划和长期规划。通常短期规划以 5 年为限，是具体落实长期规划、中期规划的行动计划；中期规划以 15 年为限，是长期计划的实施性计划；长期环境规划，又称远景环境规划，是一种战略规划，以 20、30、50 年为限，如《全国 2000 年环境保护规划纲要》《中国环境保护行动计划(1991—2000 年)》。按规划的法定效力分为：强制性规划和指导性规划。按规划的性质可以

---

① 参见金瑞林、汪劲：《20 世纪环境法学研究评述》，北京大学出版社 2003 年版，第 214 页。

分为：国民经济与社会发展规划、土地利用总体规划、城乡规划、主体功能区规划、环境保护规划等类型，每一类还可以按范围、行业或专业再细划成子项规划。

（二）环境规划的内容和管理

国家环境保护规划是全国环境保护工作的基础，《环境保护法》规定：由国务院环境保护主管部门会同国务院有关部门依法行使国家环境保护规划的编制权，国务院则依法行使国家环境保护规划的批准权。这既实现了编制主体与批准主体的分离，以避免部门利益对环境规划的影响，也体现了国家对环境保护规划工作的重视程度。

在国家的规划体系中，环境保护规划属于专门规划，或者说，国家环境保护规划与国民经济和社会发展规划之间是专项规划与综合规划的关系。因此，国家环境保护规划应当根据国民经济和社会发展规划的总体要求进行编制，由国务院批准并对外公布，这样既有助于进一步提升政府的公信力，也有助于各级政府、企业、公民等充分了解国家环境保护规划，从而促进规划的贯彻实施。

地方环境保护规划是指县级以上人民政府对本行政区域内环境保护工作的总体部署。地方环境保护规划根据国家环境保护规划的要求制定并由同级人民政府批准并公布。

《环境保护法》规定，环境保护规划的内容应包含生态保护和污染防治两方面的目标、任务、保障措施，必须与主体功能区规划、土地利用总体规划和城乡规划等经济社会发展相关领域的总体部署相衔接。这保证了环境规划能够体现国家"五位一体"的发展战略、国家与地方规划体系的协调性、相关规划之间的有机衔接与配合，有利于规划的落实与有效实施。

（三）环境规划的编制和实施

环境规划编制过程是一个科学决策的过程，其程序包括如下方面：

（1）对象调查：包括区域环境质量现状、自然资源现状及相关的社会和经济现状调查，明确存在的主要问题，并做出科学分析和评价。

（2）历史比较及有关环境问题的分类排队：在区域现状调查和掌握资料的基础上，对历史上的环境资源状况进行分析比较，对环境问题进行分类，根据环境问题的严重程度对其进行排队，以便有重点、有针对性地制订方案予以解决。

（3）目标导向预测：根据区域社会经济发展规划，预测区域社会经济发展对环境的影响及其变化趋势，结合相关规划的协调性需要，预定环境规划的目标导向，经过反复论证，最后确定区域环境规划目标。

（4）拟制方案：根据环境预测目标以及预测结果的分析，拟订若干种环境规划方案草案，以备择优选用。

（5）系统分析，择优决策：在对各种规划草案进行系统分析和论证的基础上，筛选最佳环境规划草案。根据实现环境规划目标和完成规划任务的要求，对选出的环境规划草案进行修正、补充和调整,形成正式环境规划。经过法定程序批准与公布,形成有法律效力的规划。

根据中国当前环境污染严重的现状,在总结过去环境保护成功经验的基础上,《环境保护法》第20条建立了区域、流域联防联治制度,明确要求对跨行政区域的重点区域、流域环境污染和生态破坏实行统一规划、统一标准、统一监测、统一的防治措施。这是对环境规划的新要求。

环境保护规划的实施,一般指对已经批准的各级、各类计划的具体落实和实现。根据有关法律规定,各级人民政府要认真组织环境规划的实施,将其纳入地方政府环境保护目标责任制考核内容。

二、环境标准制度

(一) 环境标准与环境标准制度

环境标准是国家根据人体健康、生态平衡和社会经济发展对环境结构、状况的要求,在综合考虑本国自然环境特征、科学技术水平和经济条件的基础上,对环境要素间的配比、布局和各环境要素的组成以及进行环境保护工作的某些技术要求加以限定的规范。其主要内容为技术要求和各种量值规定,为实施环境法的其他规范提供准确、严格的范围界限,为认定行为的合法与否提供法定的技术依据。环境标准是环境管理的技术手段,是环境评价的技术基础和环境科学的重要组成部分,又是环境立法的科学基础和环境法规的重要组成部分。环境标准是环境保护的技术规范和法律规范有机结合的综合体,是环境管理的依据。

环境标准制度是随着环境法制的建立而逐步发展起来的。国际标准化组织在1972年开始制定环境基础标准和方法标准,以统一各国环境保护工作中的名词、术语、单位以及取样、监测、分析方法等。我国自1973年颁布《工业"三废"排放试行标准》开始,逐步建立了环境标准体系与环境标准法律制度。《环境保护法》第15、16条对我国的环境标准制度作了明确规定。

(二) 环境标准的分类

我国的环境标准分为国家环境标准、地方环境标准。《环境保护法》第15条规定:国务院环境保护主管部门制定国家环境质量标准。省、自治区、直辖市人民政府对国家环境质量标准中未作规定的项目,可以制定地方环境质量标准;对国家环境质量标准中已作规定的项目,可以制定严于国家环境质量标准的地方环境质量标准。地方环境质量标准应当报国务院环境保护主管部门备案。第16条规定:国务院环境保护主管部门根据国家环境质量标准和国家经济、技术条件,制定国家污染物排放标准。省、自治区、直辖市人民政府对国家污染物排放标准中未作规定的项目,可以制定地方污染物排放标准;对国家污染物排放标准中已作规定的项目,可以制定严于国家污染物排放标准的地方污染物排放标准。地方污染物排放标准应当报国务院环境保护主管部门备案。

地方环境标准包括地方环境质量标准和地方污染物排放标准(或控制标准)。国家环境标准在全国范围内执行。地方环境标准在颁布该标准的省、自治区、直辖市辖区范围内执行。环境标准分为强制性环境标准和推荐性环境标准。环境质量标准、污染物排放标准和法律、行政法规规定必须执行的其他环境标准属于强制性环境标准。强制性环境标准以外的环境标准属于推荐性环境标准。国家鼓励采用推荐性环境标准。

国家环境标准,按其性质、内容和作用,可以分为环境质量标准、污染物排放标准(或控制标准)、方法标准、基础标准和样品标准等五大类。

(1) 环境质量标准,是为保护人体健康、社会物质财富安全和维护生态平衡,对环境中有害物质或因素含量的最高限额和有利环境要素的最低要求所做的规定。它是一个国家环境政策和环境质量目标的具体体现,是衡量一个国家、一个地区环境是否受到污染的尺度,是制定污染物排放标准的依据。按照环境要素的不同,可分为大气环境质量标准、水环境质量标准、土壤环境质量标准、噪声环境质量标准等。

(2) 污染物排放标准,是为了实现环境质量目标,结合技术经济条件和环境特点,对排入环境的污染物或者有害因素所作的控制规定。它包括污染物排放浓度标准和污染物排放总量标准。浓度标准,又称浓度控制标准,是以经济上的可行性为根据而为污染源规定的排放标准,一般以某种污染物在载体中的百分比表示。总量标准,又称总量控制标准,是以环境容量为根据而为污染源规定的排放污染物的数量限额。一般以一定时间内排放污染物的总量表示。

(3) 环境基础标准,是在环境保护工作范围内,对有指导意义的符号、指南、导则等所作的规定。它是制定其他环境标准的技术基础,其目的是为制定和执行各类环境保护标准提供一个统一遵循的准则,避免各标准之间的相互矛盾。

(4) 环境方法标准,是在环境保护工作范围内,以抽样、分析、试验等方法为对象而制定的标准。它是制定、执行环境质量标准、污染物排放标准的主要技术依据,其目的是为了使各种环境监测和统计数据准确、可靠并具有可比性。

(5) 环境样品标准,是为了在环境保护工作和环境标准实施过程中标定仪器、检验测试方法、进行量值传递而由国家法定机关制定的能够确定一个或多个特性值的物质和材料。它是一种实物标准。

《环境保护法》第16条特别规定了鼓励环境基准研究的内容。这是针对我国过去环境标准制定过程中存在的问题而专门进行的规定。环境基准是环境质量基准的简称,指环境中污染物对特定保护对象(人或其他生物)不产生不良或有害影响的最大剂量或浓度,是一个基于不同保护对象的多目标函数或一个范围值。环境基准主要是通过科学实验和科学判断得出的,它强调"以人(生物)为本"及自然和谐的理念,是科学理论上人与自然"希望维持的标准"。环境基准和环境标准是两个不同性质的概念,环境基准是一个科学术语,由环境物质与特定对象之间的剂量——效应关系确定,不包含社会、经济、技术等人为因素,也不具有法律效力,但它是制定环境标准的基础和科学依据。环境标准规定的环境有害化学组分或物理因素的容许浓度(或剂量、强度)原则上应小于或等于相应的环境基准值,但它却是环境保护工作的"自然控制标准",也是国家进行环境质量评价、制定环境保护目标与方向的科学依据,因此,国家鼓励环境基准研究意义重大。

(三)环境标准的制定和实施

《环境标准管理办法》对需要统一的技术规范和技术要求,以及如何制定环境标准作出了明确规定。

在实施环境质量标准时,县级以上的地方人民政府环境保护主管部门应结合所辖区域环境要素的使用目的和保护目的划分环境功能区,对各类环境功能区按照环境质量标准的要求进行相应标准级别的管理。

在实施污染物排放标准时,县级以上人民政府环境保护主管部门在审批建设项目环境影响报告书(表)时,应根据建设项目具体情况确定该建设项目应执行的污染物排放标准。

环境标准一经颁布,即具有法律效力,必须严格执行,任何单位和个人不得擅自更改或降标。违反国家法律和法规规定,越权制定的国家环境质量标准和污染物排放标准无效。对不执行强制性环境标准的,依据法律和法规有关规定予以处罚。

三、环境资源承载能力监测预警制度[①]

(一)环境资源承载能力及立法意义

环境资源承载能力是指在一定的时间和一定的区域范围内,在确保生态环境良性循环和自然资源合理开发利用的前提下,环境资源能够承载的人口数量及相应的经济社会活动总量的能力和容量。

生态环境和自然资源为经济社会发展提供必要的支撑,任何技术都无法替代,经济社会发展总是伴随着土地、矿产、能源、水等资源的消耗。改革开放以来,我国在创造世界经济奇迹的同时也面临着生态环境与资源保障的严峻挑战,污染严重、资源短缺、环境质量恶化等问题十分突出。据统计,我国人均水资源量仅为世界人均水平的28%,人均耕地资源仅为世界平均水平的40%,环境资

---

① 参见贾彦鹏:《资源环境承载力监测预警机制研究》,载 http://www.china-reform.org/? content_545.html,2015年4月4日访问。

源超载现象非常严重和普遍。为了应对环境资源超载问题,自2004年国务院发布《关于深化改革严格土地管理的决定》开始,国家逐步提出了实行最严格的土地管理制度、最严格水资源管理制度的要求并发布了规范性文件。党的十八大报告、十八届三中全会决定更明确提出,加强生态文明制度建设,要完善最严格的耕地保护制度、水资源管理制度、环境保护制度。要求建立资源环境承载力监测预警机制,对水土资源、环境容量和海洋资源超载区域实行限制性措施。

但是,资源环境承载力是一个动态变化过程,受到人口规模、开发程度、城镇化规模、产业发展、基础设施建设、空间布局、气候和自然条件等多重因素的影响,要实施最严格的生态环境保护制度,必须建立监测预警机制,以便实时掌握当前的资源环境承受能力,制定符合当前资源环境形势的决策部署和相关政策,找准承载力的制约因素和薄弱环节进行补充强化,避免因过度开发突破资源环境承载力的底线,损毁生态环境的自我恢复的能力,出现不可逆的后果。为此,《环境保护法》第18条明确规定:"省级以上人民政府应当组织有关部门或者委托专业机构,对环境状况进行调查、评价,建立环境资源承载能力监测预警机制。"

(二)环境资源承载能力的基本内容

环境资源承载能力是一个涵盖资源和环境要素的综合概念,其要素应分为环境承载要素、资源承载要素、能源承载要素等,进一步细分可包括大气环境、水环境、土壤环境、土地资源、水资源、矿产资源、能源等基本要素。

1. 环境承载能力

环境承载能力按要素划分,可分为水、大气、土壤等的承载能力,其中大气承载能力因为空间污染的来源复杂性、远距离扩散性成为社会关注的焦点。当前我国一些发展中的顽疾在积累和演化过程中致使我国环境质量逐步恶化,甚至不可逆转,环境承载能力是资源环境承载能力体系中最脆弱和敏感的要素,是一条不容突破的底线。环境承载能力不仅会随着时间有所变化,而且还会因人们对不同的环境所要求的质量不同而不同。影响一个区域的环境承载力的主要因素有:科技的进步、区域内人类经济活动模式和区域外因素等。环境承载能力监测预警机制的建立就是要通过引导科技进步、调整产业结构、优化区域发展布局等,提高环境承载能力。

2. 资源承载能力

资源承载能力按照要素划分,也可分为土地资源承载能力、水资源承载能力等。

土地资源承载力是指在一定时期和空间范围内,土地资源所能承载的人类各种活动规模和强度的极限。从土地为人类提供服务能力出发,土地资源是人类耕地保障、经济建设、生活空间、生态空间的载体,土地资源承载能力的表现形式就是耕地、建设用地、居住用地、生态用地的适宜面积。

水资源承载能力主要由水环境容量（纳污能力）和水资源的供给能力两部分组成。水环境容量是指水的纳污能力，在一定的水质或环境目标下，某水域能够允许承纳的污染物最大数量，这个环境容量对人类活动的支持能力同样影响到水资源承载力的大小。水资源供给能力主要是指能被人类生产生活所用的部分，水资源供给能力的大小必须考虑生态平衡的问题。

资源承载能力监测预警机制的建立就是要通过规范资源开发利用行为，促进资源节约，保护生态平衡，提高资源承载能力。

3. 能源承载能力

能源承载能力是指城市能源系统满足城市能源负荷需求，所承受的能源系统在规模、强度和速度上的发展能力，能源环境承载力与能源资源丰富程度、能源基础设施完善程度、能源系统效率等因素直接相关。虽然能源也可归于资源范畴，但从利用角度看，能源有其特性，尤其是它与环境承载能力和资源承载能力也有着复杂关系。如燃气或风力资源丰富，则可多用清洁和可再生能源减缓能源与环境的压力；环境保护力度越大、大气环境容量承载力越高，就可以支撑越多的环境排放，如脱硫率达到90%以上则可多使用煤，水资源和土地资源相对丰富就可以支撑相对多的人口和建筑建设量等。一般来说，人民生活水平越高，社会经济发展程度越高，其支撑力越大，但所需的能源消耗越大，造成的环境压力越大。建立能源承载能力监测预警机制，可以更好地处理环境、资源、能源承载能力之间的关系，促进可持续发展，保障生态安全。

（三）环境资源承载能力监测预警机制的建立

1. 落实主体功能区战略，划定生态红线

严格落实《全国主体功能区规划》和各省制定的主体功能区规划，建立国土空间开发保护制度，严格按照主体功能区定位推动发展。落实最严格的资源环境管理制度，牢固树立生态红线观念，划定并严守生态红线，扩大森林、湖泊、湿地等绿色生态空间，增强水源涵养能力和环境容量，让透支的环境资源逐步休养生息。

2. 确定资源环境承载能力测算方法

科学测算区域的环境资源承载能力是国土空间规划的基础，是划定主体功能定位的基本依据，建立系统规范的资源环境承载能力综合评价指标体系至关重要。环境资源承载能力测算结果应成为确定合理的人口规模、产业规模、建设用地供应量、资源开采量、能源消费总量、污染物排放总量的依据。国家鼓励相关科学研究，鼓励信息技术、先进方法的应用。

3. 建立环境资源承载能力统计监测工作体系

布局建设覆盖区域范围内所有敏感区、敏感点的主要污染物监测网络，完善环境资源信息采集工作体系,建立环境资源承载能力动态数据库和计量、仿真分析以及预警系统。深入研究不同发展情景下的资源压力、环境影响及其时空特征,使资源环境承载力的动态性特征在评价过程中加以体现。加强资源环境承载力监测评价的规范化与标准化工作,积极开展区域承载力监测评价与示范。

4. 建立资源环境承载力预警响应机制

开展定期监控,设立资源环境承载力综合指数,设置预警控制线和响应线。建立资源环境承载力公示制度。做好与关联的资源环境制度政策的配套和衔接。充分发挥资源环境承载力的指标作用,以承载力为依据,合理确定产业规模,对国土规划目标、任务和主要内容进行适当调整。做好预警应对工作,及时落实好限产、限排等污染防控措施。大力加强环境执法监管,严格问责,在环境污染重点区域,有效开展污染联防联控工作,逐步建立协作长效机制。

四、环境保护目标责任制度

(一) 环境保护目标责任制度的含义

环境保护目标责任制度又称环境保护目标责任制,是指以现行法律为依据,以责任制为核心,以行政制约为机制,把责任、权利、义务有机地结合在一起,明确地方政府和行政负责人在改善区域环境质量方面的权力、责任的法律规范的总称。

环境保护目标责任制是以我国的国情为基础的,为控制和改善环境的质量、实现国家环境保护目标而建立的实施机制。我国的环境污染问题严重,在很大程度上是由唯GDP的发展理念与管理模式引起的。生态文明建设上升为国家总体战略,既是对唯GDP发展理念的反思,也是对这种发展方式进行的纠正,如何切实地让各级政府及其负责人承担起环境保护责任,是其中最重要的内容。党的十八届三中全会决定明确提出,要建立生态审计制度、绿色GDP核算体系,对决策失误造成严重生态破坏和环境污染的党政主要负责人实行终身问责。环境保护目标责任制是对这一要求的重要体现,《环境保护法》第26条规定:"国家实行环境保护目标责任制和考核评价制度。县级以上人民政府应当将环境保护目标完成情况纳入对本级人民政府负有环境保护监督管理职责的部门及其负责人和下级人民政府及其负责人的考核内容,作为对其考核评价的重要依据。考核结果应当向社会公开。"第27条规定:"县级以上人民政府应当每年向本级人民代表大会或者人民代表大会常务委员会报告环境状况和环境保护目标完成情况,对发生的重大环境事件应当及时向本级人民代表大会常务委员会报告,依法接受监督。"建立了我国的环境保护目标责任制度。

(二) 环境保护目标责任制度的内容

环境保护目标责任制中的"责任",是法律上的积极义务。对于行政机关而言,政府、政府职能部门及其工作人员,在法律授权的范围内行使职权、履行职责,既是权利,也是义务。法定职权不得拒绝行使、不得选择行使、不得错误行使、不得懈怠行使。

根据法律规定,环境保护目标责任制包括两个层次、两个方面的内容:

1. 各级人民政府及其主要负责人、环境保护主管部门和相关部门及其负责人的责任

地方各级人民政府、环境保护主管部门和相关部门对本行政区域的环境质量负责,包括两个层次的内容:一是宏观层次的环境保护目标责任,包括具体目标确定及相应的考核评价标准,同时明确人大对政府环境保护工作的质询、监督制度,共同构建政府环境职责履行的政治责任机制,保证环境保护的社会压力可以通过法定程序传导到政府,督促政府重视环境保护工作。二是微观层次的政府环境违法责任追究制度,包括对违法责任人的追责机制,以及政府对违法后果的赔偿等补救制度,以对政府具体执法行为作出约束,促使政府及时、正确执行环境保护法律法规。

2. 环境保护目标责任确定与考核

目标责任的确定与考核评价是环境保护目标责任制不可分割的两个方面。目标责任的确定是通过工作目标设计,将组织的整体目标逐级分解,转换为组成部分的目标,并最终落实到个人的目标。在目标分解过程中,环环相扣,相互配合,形成协调统一的目标体系。每个个体目标的完成,是组织完成整体目标的前提。考核评价则是检查目标的实现情况,并据此给予奖惩。目标责任制与评价考核结合,具有设定工作目标、明确工作方向、发挥激励效果的优势。

根据法律规定,政府环境保护目标责任应包括如下内容:

地方各级人民政府对本行政区域的环境质量的改善情况。

县级以上人民政府环境保护主管部门对环境保护工作实施统一监督管理的情况;其他有关部门和军队环境保护部门依照有关法律的规定对资源保护和污染防治等环境保护工作实施监督管理的情况。

地方各级人民政府和环境保护行政部门将环境保护纳入国民经济和社会发展规划、制定环境保护专项规划的情况。

地方各级人民政府根据环境保护目标和治理任务,采取有效措施,改善环境质量的情况。

地方各级人民政府对环境保护的财政投入、发展环保产业、支持污染企业采取减少排污措施或者关停、开展环境保护宣传教育、建设环境友好资源节约型社会等的情况。

对于环境保护目标责任完成情况的考核,法律规定了三种形式:

一是定期向所在地的人民代表大会或常委会报告环境保护目标责任完成情

况，接受权力机关监督。

二是纳入政府领导班子及其成员的年度考核和任期考核，作为对领导干部综合评价的重要内容。

三是对环境保护目标责任进行专项考核。

无论以何种方式进行考核，结果都必须公开，接受社会监督。

（三）环境保护目标责任制的实施

环境保护目标责任制以签订责任书等形式实施。责任书至少应包括如下内容：

（1）有明确的时间和空间界限；
（2）有明确的环境质量目标和定量要求、指标；
（3）有明确的年度工作指标或阶段性工作指标；
（4）有明确的措施、支持系统和考核、奖罚办法；
（5）有考核结果公开及运用方式。

五、环境影响评价制度

（一）环境影响评价制度的含义

环境影响评价，是指对政策、规划和建设项目实施后可能造成的环境影响进行分析、预测和评估，提出预防或者减轻不良环境影响的对策和措施，进行跟踪监测并实施防治环境污染和破坏的措施的方法与制度。环境影响评价制度，是环境影响评价活动的制度化和法定化，通过立法确定环境影响评价活动的相关规则，以法定方式赋予环境影响评价结果的执行效力。

第二次世界大战以后，全球经济加速发展，由此带来的环境问题也越来越严重，环境公害事件频繁发生。人们开始关注人类活动对环境的影响，并运用相关学科的研究成果，预测和评估拟议中的人类活动可能会给环境带来的影响和危害，并有针对性地提出相应的防治措施。经过一段时间的实践，1964年在加拿大召开的国际环境质量评价会议上，首次提出了"环境影响评价"的概念。1969年，美国国会通过的《国家环境政策法》首次以法律的形式将环境影响评价作为一项法律制度确定下来，很快为许多国家和地区的环境立法所仿效。我国于1973年提出环境影响评价的概念，在1979年颁布的《环境保护法（试行）》中规定了环境影响评价制度，1989年《环境保护法》第13条和其他环境法律法规对环境影响评价制度作了进一步规定。2003年我国颁行了《环境影响评价法》，对环境影响评价制度作出了综合规定。2015年1月1日施行的《环境保护法》，根据我国环境影响评价的现状，对环境影响评价制度作了进一步完善，《环境影响评价法》将据此予以修订。

(二) 环境影响评价的范围

《环境保护法》第19条第1款规定:"编制有关开发利用规划,建设对环境有影响的项目,应当依法进行环境影响评价。"这与《环境影响评价法》规定的内容是一致的,明确了我国必须进行环境影响评价的范围是开发利用规划和建设项目。此外,《环境保护法》对政策环评也作了原则规定,这是对环境影响评价范围的新要求。

1. 规划的评价

(1) 综合规划。按照法律规定,对土地利用规划和区域、流域、海域的建设、开发利用规划,应当组织进行环境影响评价。

(2) 专项规划。专项规划分为指导性规划和非指导性规划。指导性的专项规划是指在专项规划中,主要是提出预测性、参考性指标的一类规划;非指导性专项规划是指在专项规划中指标和要求比较具体的一类规划。指导性专项规划和非指导性专项规划适用的评价方法不同。

2. 建设项目评价

根据《环境影响评价法》和《建设项目环境保护管理条例》的规定,凡是从事对环境有影响的建设项目都必须进行环境影响评价,范围包括工业、交通、水利、农林、商业卫生、文教、科研、旅游、市政等对环境有影响的一切基本建设项目、技术改造项目、区域开发建设项目、引进的建设项目(三资企业的建设项目)。

3. 经济、技术政策

《环境保护法》第14条规定:"国务院有关部门和省、自治区、直辖市人民政府组织制定经济、技术政策,应当充分考虑对环境的影响,听取有关方面和专家的意见。"这是对政策产生的环境影响进行评价的新规定,与美国、加拿大、荷兰等国广泛开展战略环境评价,将政府及政府相关部门制定的公共政策、规划作为环境影响评价的内容有相通之处。与处于决策链末端和中端的具体建设项目、行业或地区规划相比,处于决策链源头的宏观政策显然对环境更具全局性、持久性的影响,一旦决策失误所造成的环境灾难将不可估量。因此,政府在制定技术、经济政策的过程中,充分考量政策对环境可能造成的影响以提高决策的质量,建立起环境、经济、社会综合的决策机制。

考虑到我国经济、技术政策的制定所牵涉的范围广、不确定性大,政策制定还没有明确的程序,目前在我国建立政策环境影响评价制度还存在诸多的困难,因此,并未明确规定政策环评制度,只是作出了原则性规定,为进一步实现对政策环评的系统性制度构建提供了法律依据并留有充分的立法空间。今后,可以通过《环境影响评价法》等相关立法的修订以及配套法律制度的建立,最终形成政策环评制度。

（三）环境影响评价的公众参与

《环境影响评价法》对于规划环评、项目环评的内容及编制方式、程序、审批权限做了明确规定，其中一个非常重要的环节是明确规定了公众参与。原国家环境保护总局于2006年颁布了《环境影响评价公众参与暂行办法》，明确了环境影响评价中的公众参与原则及程序。《环境保护法》第五章"信息公开与公众参与"中，也对环境影响评价过程中的公众参与问题进行了专门规范。

1. 信息公开

建设单位或者其委托的环境影响评价机构、环境保护行政部门应当按照规定，采用便于公众知悉的方式，向公众公开有关环境影响评价的信息。公开的方式可以是一种也可以是多种，包括在特定场所提供环境影响报告书的简本、制作专题网页、在公共网站或者专题网站上设置链接以及采取其他便于公众获取环境影响报告书的方式等。《环境保护法》要求"负责审批建设项目环境影响评价文件的部门在收到建设项目环境影响报告书后，除涉及国家秘密和商业秘密的事项外，应当全文公开"。

2. 参与对象的确定

建设单位或者其委托的环境影响评价机构、环境保护行政部门，应当综合考虑地域、职业、专业知识背景、表达能力、受影响程度等因素，合理选择被征求意见的公民、法人或者其他组织。被征求意见的公众必须包括受建设项目影响的公民、法人或者其他组织的代表。

3. 公众参与的方式和期限

建设单位或者其委托的环境影响评价机构应当在发布信息公告、公开环境影响报告书的简本后，采取调查公众意见、咨询专家意见、座谈会、论证会、听证会等形式，公开征求公众意见。征求公众意见的期限不得少于10日，并确保其公开的有关信息在整个征求公众意见的期限之内均处于公开状态。

环境影响报告书在报审或重新审核前，环境影响评价机构可以通过适当方式，向提出意见的公众反馈意见的处理情况。环境保护行政部门应当在受理建设项目环境影响报告书后，在其政府网站或者采用其他便利公众知悉的方式，公告环境影响报告书受理的有关信息。公告的期限不得少于10日，并确保其公开的有关信息在整个审批期限之内均处于公开状态。公开征求意见后，对公众意见较大的建设项目，可以再次公开征求公众意见。

4. 公众意见的反馈

《环境保护法》第56条第2款规定，发现建设项目未充分征求公众意见的，应当责成建设单位征求公众意见。因此，环境保护行政部门可以组织专家咨询委员会对环境影响报告书中有关公众意见采纳情况的说明进行审议，判断其合理性并提出处理意见，当公众认为建设单位或其委托的环境影响评价机构对公众意见未采纳且未附具说明的,或者对未采纳公众意见的理由说明不成立的,应当向负责审批或者重新审核的环境保护行政部门反映,并附具明确具体的书面意见。环境保护行政部门认为有必要时,可以对公众意见进行核实。

土地利用的有关规划,区域、流域、海域的建设、开发利用规划的编制机关,在组织进行规划环境影响评价的过程中,可以参照《环境影响评价公众参与暂行办法》的规定考虑公众意见。

(四) 不依法进行环境影响评价的法律后果

《环境保护法》第19条第2款规定:"未依法进行环境影响评价的开发利用规划,不得组织实施;未依法进行环境影响评价的建设项目,不得开工建设。"明确了不依法进行环评的法律后果。

1. 未依法进行环评的规划,不得组织实施

我国规划环评制度建立以来虽然取得了重要进展,但规划环评工作进展不均衡。部分地区的开发区规划环评执行率不足50%,一些地方中小流域开发处于无序状态,部分重要产业基地建设也没有依法开展规划环评。为解决规划环评执行不力的问题,《环境保护法》对开发利用规划未依法进行环评的法律后果做出了明确规定。开发利用规划是具体项目规划和建设的依据,开发利用规划不能组织实施就意味着整个规划区域内的开发利用活动不能进行。

2. 未依法进行环评的建设项目,不得开工建设

建设项目环评属于事前预防性措施,但《环境影响评价法》第31条要求未依法进行环评而擅自开工建设的单位"限期补办手续",这给建设项目开通了"先上车,后买票"的后门。为弥补《环境影响评价法》的缺陷和不足,《环境保护法》明确规定,未依法进行环境影响评价的建设项目,不得开工建设。

3. 对不依法进行环评的责任人进行追究

《环境保护法》规定:对建设项目未依法进行环境影响评价,被责令停止建设,拒不执行的行为,除依照有关法律法规规定予以处罚外,由县级以上人民政府环境保护主管部门或者其他有关部门将案件移送公安机关,对其直接负责的主管人员和其他直接责任人员,处10日以上15日以下拘留;情节较轻的,处5日以上10日以下拘留。

环境影响评价机构在有关环境服务活动中弄虚作假,对造成的环境污染和生态破坏负有责任的,除依照有关法律法规规定予以处罚外,还应当与造成环境污染和生态破坏的其他责任者承担连带责任。

第三节 过程控制基本制度

一、环境监测制度

(一) 环境监测制度的含义

环境监测是指根据保护环境的需要,运用物理、化学、生物等方法,对反映环境质量的某些代表值进行长时间的监视和测定,跟踪其变化及其对环境产生影响的过程。

环境监测工作是指围绕环境监测展开的一切活动,包括监测计划、组织、具体操作、编报、管理等活动。环境监测制度是环境监测工作的制度化、法定化,是通过立法形式形成的有关环境监测工作的一套规则。目前,确定我国环境监测制度的法律规范主要是环境法律、法规中有关环境监测的条款和专门性的环境监测法规、行政规章、技术指南。

《环境保护法》第17条规定:"国家建立、健全环境监测制度。国务院环境保护主管部门制定监测规范,会同有关部门组织监测网络,统一规划国家环境质量监测站(点)的设置,建立监测数据共享机制,加强对环境监测的管理。有关行业、专业等各类环境质量监测站(点)的设置应当符合法律法规规定和监测规范的要求。监测机构应当使用符合国家标准的监测设备,遵守监测规范。监测机构及其负责人对监测数据的真实性和准确性负责。"这表明,我国的环境监测制度由监测机构的设置及管理两个方面的内容构成。

《全国环境监测管理条例》对环境监测的任务作出了明确的规定,主要有三个方面:一是进行环境质量监测,对组成环境的各项要素进行经常性监测,及时掌握、评价并提供环境质量状况及发展趋势;二是进行环境污染监测,即对各个有关单位排放污染物的情况进行监视性监测,为执行各种环境法规、标准,实施环境管理提供准确、可靠的监测数据;三是进行环境科研和服务监测,发展环境监测技术,为环境科技的发展积累背景数值和分析依据。

(二) 环境监测机构

我国环境监测机构主要有:(1) 国务院和地方各级人民政府的环境保护主管部门设置的环境监测管理机构。(2) 全国环境保护系统设置的环境监测站,即国家级、省级、各省辖市及直辖市所辖区设置的环境监测站,县及地级市所辖区环境监测站。(3) 各部门的专业环境监测机构,包括环境卫生、劳动环境、农业环境、水利环境、海洋环境等监测机构。(4) 大、中型企事业单位的监测站。

以上环境监测机构,依照法律、法规和行政规章,共同形成全国环境监测网。全国环境监测网分为国家级网、省级网和市级网三级。环境监测网的任务是联合协作和汇总资料。

为了全面地反映环境质量的状况,需要进行环境监测的种类比较多,同时,随着环境保护的需要和科学技术的发展,需要监测的种类也不断地发生变化。目前环境监测的项目主要有城市大气、地面水、地下水、生活饮用水以及工业污染源等。这些种类繁多的监测任务,不可能由一个环境监测站来完成,而必须形成分工负责、联合协作、共同工作的监测网络。

(三) 环境监测机构的管理

对环境监测机构的管理主要包括对监测质量的管理、对监测报告的管理和对监测对象的管理:

(1) 对监测质量的管理。环境监测乃是为了记录环境质量的细微变化,所以监测质量就非常重要,而保证监测质量也是各级环境监测站的重要技术基础和管理工作。为了保证监测数据的准确可靠,我国对此专门有《环境监测质量管理规定》等行政规章以及相关技术指南予以规定。《环境保护法》第17条、第63条对此也作出了明确规定。

(2) 对监测报告的管理。定期发布环境状况公报,是一项重要措施。为了确保数据信息的高效传递,及时提出各种环境监测报告,为环境管理提供有效、及时的服务,有关行政法规规定了环境监测简报制度、环境监测季报制度、环境质量报告书制度、环境监测年鉴制度和数据资料管理制度。环境质量报告书是环境监测的综合成果,是环境管理的重要依据。该报告书由各级环境保护行政部门组织,以监测站为主要力量,协调各有关部门共同编写,由各级环境保护行政部门定期报送同级人民政府和上级环境保护行政部门。该报告书按内容和管理的需要,分年度环境质量报告书和五年环境质量报告书两种。所有监测数据、资料、成果均为国家所有。

(3) 对监测对象的管理。为了保证监测工作得以顺利进行,环境法律、法规规定,排污单位应对污染物排放口、处理设施的污染排放定期检测,并纳入生产管理体系;应按规定使排污口符合规定的监测条件。不具备检测能力的排污单位可委托环境保护行政部门对环境监测站或委托经其考核合格并经环境保护部门认可的有关单位进行监测。监测人员依法到有关排污单位进行现场检查或监督性监测时,被检查、监测单位必须密切配合,如实反映情况,提供必要的资料和监测工作条件。经环境保护行政部门授权,排污单位每月10日前向当地环境保护行政部门环境监测站报告上月排污和处理设施的监测结果。

(4) 环境监测机构的法律责任。《环境保护法》第65条规定:环境监测机构在有关环境服务活动中弄虚作假,对造成的环境污染和生态破坏负有责任的,除依照有关法律法规规定予以处罚外,还应当与造成环境污染和生态破坏的其他责任者承担连带责任。

二、联合防治协调制度[①]

(一) 联合防治协调制度的含义

联合防治协调制度又称为联防联控机制,是同级别的行政区域协同运用组织和制度等资源综合实施污染防治、生态保护措施的制度体系。这一机制始于国外区域大气污染防治和流域管理的实践。

在生态环境保护工作中,生态环境的自然属性与行政管理区划的人为属性始终存在矛盾。一个自然的生态系统分属不同的行政区域或者一个行政区域分属不同的自然生态系统是现代国家管理中的常态。虽然在生态环境保护过程中,自然生态系统内不同的行政区都是污染的制造者同时也是受害者,但由于各行政区处于生态系统的不同位置导致受到的污染或破坏程度以及治理力度不尽相同,十分容易带来个别地区的"搭便车"现象,只污染破坏不治理或多污染破坏少治理,在享受其他地区治理外部正效应的同时将自身的污染成本转移给相邻地区,最终损害整个区域内的环境质量,造成环境治理中的"公地悲剧"。要防止这种现象,就必须建立一种有约束力的制度,保证一定区域内的利益相关者统一行动,各自承担自身的开发利用生态环境行为产生的外部负效应。这个统一的具有约束力的制度就是区域联合防治协调机制,在这一机制下,区域内的所有行政区通过协议形式并实际采取行动保证整个区域的利益最大化。为此,《环境保护法》第20条规定:"国家建立跨行政区域的重点区域、流域环境污染和生态破坏联合防治协调机制,实行统一规划、统一标准、统一监测、统一的防治措施。"

根据法律规定,联合防治协调制度有如下特点:

(1) 主体是平等地位的行政区域,通过协议方式建立横向联系机制。联合防治协调机制中的区域专指横向关系上互相不具有行政隶属关系的行政区。如京津冀、长三角、珠三角等,这些行政区间的协同无法完全借助同一行政区内行政权力的垂直运行模式,因而需要具有符合自身特点的运行模式。

(2) 治理对象具有区域性、流动性。大气是一个循环流动的整体,流域是自然形成的汇水区,一个区域内的霾污染、水污染会很快扩散到相邻区域。

(3) 必须采取综合治理手段。大气污染、水污染的产生是复合性和复杂性因素综合作用的结果,采用单一的防治手段难以取得成效。因此,联合防治协调机制在具体的手段选择上必须处理好政府与市场的关系,综合运用管制工具、市场工具,并确保已有法律制度的切实实施。

(二) 联合防治协调制度的内容

在我国,联合防治协调机制的建立来自于环境保护实践,经历了先出台政策

[①] 参见陈贻健:《治霾之道:构建区域联防联控机制》,载《中国社会科学报》2013年2月2日。

后上升为法律的过程。2005年国务院《关于落实科学发展观加强环境保护的决定》初次提出相关概念,2008年环境保护部等制定的《关于加强重点湖泊水环境保护工作的意见》、2010年环境保护部等出台的《关于推进大气污染联防联控工作改善区域空气质量的指导意见》对我国的大气污染防治、流域保护中的联防联治作了规定,2011年国务院《关于加强环境保护重点工作的意见》提出了"完善跨行政区域环境执法合作机制和部门联动执法机制"。《环境保护法》在总结这些经验的基础上,建立了联合防治协调制度。该制度包括如下内容:

1. 联合防治协调机制的对象

按照《环境保护法》的规定,建立联合防治协调机制的对象包括重点区域和流域。根据2012年环保部、国家发改委、财政部的《重点区域大气污染防治"十二五"规划》,确定的重点区域包括:京津冀、长江三角洲、珠江三角洲地区等,涉及19个省、自治区、直辖市,面积约132.56万平方公里,占国土面积的13.81%。根据环保部、国家发改委、财政部、水利部的《重点流域水污染防治规划(2011—2015年)》,重点流域包括松花江等10个流域,涉及23个省(自治区、直辖市),254个市(州、盟),1578个县(市、区、旗)。

2. 联合防治协调机制的范围和方法

建立联合防治协调机制的范围包括环境污染和生态破坏两个方面,具体应根据建立联合防治协调区域、流域的特点以及环境污染和生态破坏的情况,采取针对性措施。

联合防治协调机制的方法要求实行"五个统一",即统一规划、统一标准、统一监测、统一评估、统一防治措施。具体应由相关行政区域按照"五个统一"的要求,经过协商以协议方式建立体制、明确运行程序、成立实施机构、鼓励公众参与、完善监督机制。

(三) 联合防治协调制度的实施

《环境保护法》虽然对联合防治协调机制作了规定,但仅仅是原则性的。从理论上看,联合防治协调机制适应了生态环境保护的客观规律,并能够对相关区域的经济、科技、能源、法律等手段进行整合,是一种有效的综合治理模式。因此,建立和完善联合防治协调机制的各项制度也应遵循协同思维,整合已有法律制度并切实在联合防治区域内实施。如果说在法律上建立联合防治协调制度的目的在于治理环境污染、保护生态环境,防止污染转移或对生态环境整体造成损害,那么,联合防治协调机制就不是在现有法律制度之外另辟蹊径,而是要确保各项法律制度在联合防治区域内的实现。其中几项主要制度如下:

(1) 区域主体制度。区域主体制度解决的是哪些行政区、通过什么样的组织形式进行区域联防联控。确定区域主体制度主要包括三方面的内容:首先,应科学地进行区域划分,在科学调研分析的基础上确定重点区域及流域的范围;其次,应明确法律授权,在现有的区域间环保部门或政府间行政协议的基础上,明确联合防治主体的法律地位;最后,明确实施主体的组织形式,以确保联防联控的效果。

(2) 排放总量控制目标制度。根据科学测算的结果核定该区域、流域的污染物排放总量控制目标,然后再进行分配。在分配时应当综合考虑各地的经济社会发展水平、自然资源和环境条件等因素。

(3) 联合执法制度。联合执法是一种常态性的制度,为保证联合执法的顺利实施,应建立和完善相关的监测、考核、评估、处罚建议等制度。区域联防联控机制并不产生新的执法权,它的执法权依据仍来源于各个行政区政府的法定权力。

(4) 突发性污染和破坏事件应急制度。面对日益严峻的污染和破坏情况,除了常规的日常防控之外,还必须在突发性污染和破坏事件发生时作出及时、有效、充分的应对,这就需要在区域联防联控机制中建立突发性污染和破坏事件应急应对制度。

(5) 公众参与制度。联合防治协调机制本身是多元共治体制的重要内容,在这个体制中,必须重视公众参与。在规划、监测、执法等各个环节切实赋予并保障公众的知情权、参与权、监督权、环境权益损害的救济权,才能真正发挥联合防治协调的功能。

三、激励机制

(一) 激励机制的含义

激励机制是运用市场机制进行环境保护的一种措施,是指国家根据生态规律和经济规律,综合运用价格、成本、利润、信贷和利息税收等经济杠杆以及环境责任制等经济方法,向各相关利益主体提供的一种非强迫性的、具有灵活选择性的手段,以限制破坏环境的经济活动,激励有利于环境改善的经济活动。这种手段在法律上主要表现为对政府行政行为的规制,要求政府必须为市场主体提供必要的支持并保证落实。

激励机制的建立是对过去环境保护主要依靠行政手段进行监管所导致的环境保护动力不足问题反思的结果。由于环境资源和环境保护的公共产品属性,在现有政治经济制度下,无论是作为环境保护政策制定者或主要提供者的政府,还是作为市场中的利益个体,由于个体理性和群体理性的竞争,以各自利益为核心的行为模式,必然导致各主体都企图在环境保护中巩固强势地位,获取环保利益。两者都会因为缺乏有效的具有选择性的激励而无法克服"市场失灵"和"政府失灵",同时这会阻碍对新的更有效率路径的寻觅,既不能阻止滥用环境资源的倾向,又不能成功地提供环境保护所需要的公共产品。因此,单纯依靠行政监管的环境保护机制必然会出现动机与动力的双重问题。要解决这一问题,必须进行新的制度安排,最关键的是建立能够达到激励兼容的制度:既能有效地激励企业行为,使企业有动力采取必要的技术措施减少对环境的污染;也能激励监督者和公众,使监督者有动力实行有效的监督,使公众有动力去进行环境保护。《环境保护法》在规定环境行政管理制度的同时,还建立了运用市场手段保护环境的激励机制,该法第21条、第22条、第23条对相关内容作出了规定。

(二) 激励机制的内容

在我国的环境保护实践中,激励机制被广泛应用,国家也先后出台了各种政策,如2010年国务院发布的《关于进一步加大工作力度确保实现"十一五"节能减排目标的通知》、2011年环境保护部发布的《关于环保系统进一步推动环保产业发展的指导意见》、2011年财政部、国家发改委《关于开展节能减排财政政策综合示范工作的通知》、2007年国务院《关于促进资源型城市可持续发展的若干意见》等等,这些政策性文件中都有激励机制的内容。但是这些措施一直未在立法中得到体现。2014年修订的《环境保护法》,在总结过去激励政策成功经验的基础上,按照全面深化体制改革的要求,在法律制度层面建立了激励机制。

根据《环境保护法》的规定,激励机制包括三个方面:

1. 激励环保产业发展

《环境保护法》第21条规定:"国家采取财政、税收、价格、政府采购等方面的政策和措施,鼓励和支持环境保护技术装备、资源综合利用和环境服务等环境保护产业的发展。"这是关于激励环境保护产业发展的规定。

环保产业是具有高增长性、吸纳就业能力强、综合效益好的战略性新兴产业。发展环保产业一方面为污染防治提供先进的技术、装备和产品,提升传统产业、促进产业结构调整,加快经济发展方式转变;另一方面可以有效地启动国内市场,拉动需求,形成新的经济增长点,发展绿色经济,抢占后金融危机时代国际竞争制高点。国家采取措施激励环保产业发展,是十分重要的战略选择。环境保护产业激励的对象主要为环境保护技术装备、资源综合利用和环境服务业,从理论上讲,环保产业的范围会随着科学技术的发展而变化,不能只局限于列举。

2. 激励市场主体节能减排

《环境保护法》第22条规定:"企业事业单位和其他经营者,在污染物排放符合法定要求的基础上,进一步减少污染物排放的,人民政府应当依法采取财政、税收、价格、政府采购等方面的政策和措施予以激励和支持。"这是对市场主体减少污染排放的激励。

企业排放污染物的行为具有负外部性,不可避免地会对其他利益相关者、社会公众产生不利的影响。经济激励是解决环境污染外部性的重要方法,通过市场传达有益的和良好的信号,促使生产者和经营者主动内化自身成本,减少污染物的排放。目前,国家正在试点的碳排放权交易市场、水权交易市场,都是通过市场机制激励企业减少排污、节约资源的重要措施。

3. 支持市场主体转产、搬迁、关闭

《环境保护法》第 23 条规定:"企业事业单位和其他生产经营者,为改善环境,依照有关规定转产、搬迁、关闭的,人民政府应当予以支持。"这是对市场主体为改善环境而转产、搬迁、关闭的激励。

市场主体是经济利益最大化的追求者,但企业为了保护环境而停产、搬迁或关闭时,其经济利益必然受到影响,实际上承担了环境保护的社会责任。法律对于主动承担环境社会责任的市场主体,当然应该通过财政、税收、信贷等多种手段加以鼓励和支持。

(三) 主要激励措施

《环境保护法》规定了政府对市场主体进行激励的主要措施。

1. 财政方法

财政方法是对政府财政收入和支出水平所作的决策,其主要的手段包括预算、国债、购买性支出和财政转移支付等。为支持和鼓励环保产业的发展、鼓励企业节能减排或者转产、关停、搬迁,政府可以综合运用多种财政方法:引导环保资金的投入,完善相关金融政策,形成节能减排的激励和约束机制,对生产环保产品的企业、节能减排企业提供财政补贴;加大对环保企业的无偿资金援助,采取财政贴息、财政担保等形式,支持民营环保企业的发展,支持污染企业自愿转产、搬迁、关闭;发行国债增加对环境保护的投入,发行中长期环保建设债券;鼓励外资企业、地方政府、民营企业进入环保产业,使投资主体逐渐多元化,扩大环保产业融资渠道;等等。《环境保护法》第 8 条规定:"各级人民政府应当加大保护和改善环境、防治污染和其他公害的财政投入,提高财政资金的使用效益。"

2. 税收手段

税收是基于政治权力和法律规定,由政府专门机构向居民和非居民就其财产或特定行为实施强制、非罚与不直接偿还的金钱或实物课征,是国家最主要的一种财政收入形式。税收除了组织财政收入外,还有调控社会经济、监督经济活动的功能。利用税收支持和鼓励环境保护,至少有如下的做法:对企业免征或减征税;设立较长的特许期和宽限期,在宽限期内免征或减征所得税等;建立环保税;等等。

3. 价格工具

价格一般是指进行交易时,买方所需要付出的代价,它是价值的货币体现。因为价格具有标度、调节、信息和分配等多种功能,可以发挥多重作用:在市场经济中反映商品供求关系的变化;国家通过价格而实施宏观调控,以此来影响和调节市场中对于某类商品的需求量。由此,国家可以通过制定政策,对某些商品价格进行干预,以此参与国民收入的分配和再分配,从而鼓励和支持环境保护;提高资源购买的价格,从源头上抑制资源的购买数量;制定鼓励人们节约资源能源消费的价格政策;制定鼓励企业节能减排的价格政策;对环境污染产品实行价格限制;等等。

4. 政府采购

政府采购是各级国家机关、事业单位和团体组织,为了从事日常的政务活动或者为了满足公共服务的目的,使用财政性资金采购依法制定的集中采购目录以内的或者采购限额标准以内的货物、工程和服务的行为。在政府采购中推行"环保优先",实施"绿色采购",是鼓励环境保护的重要举措和途径,更可以带动整个市场形成环境友好、资源节约的良好风气。《环境保护法》第36条第2款规定:"国家机关和使用财政资金的其他组织应当优先采购和使用节能、节水、节材等有利于保护环境的产品、设备和设施。"

四、环境监察制度

(一) 环境监察制度的含义

环境监察是在环境现场进行的执法活动,它是一种具体的、直接的、微观的环境执法行为,是环境保护主管部门及其相关部门实施监督、强化执法的主要途径之一。环境监察的特点是"日常、现场、监督、处理",不同于一般的环境管理,其任务是依法对污染源排放污染物情况和对海洋及生态破坏事件实施现场监督、检查,并参与处理。环境监察制度是有关环境监察权的授予及行使、环境监察任务与程序、环境监察效力等相关法律规范的总和。

在我国,环境执法的形势依旧十分严峻。不可持续经济增长方式造成的环境危害十分严重,企业片面追求经济利益最大化对环境污染和破坏的后果日益显现,企业偷排偷放、违法排污严重损害公民环境权益、影响群众生命财产安全,环境污染损害人群健康的事件频繁发生。同时,环境保护工作中的有法不依、执法不严、违法不究现象以及行政不作为现象仍然存在。为了加大环境法律执行力度,我国的环境监察工作由原来的环境监理开始起步,逐步形成了有专门队伍、有明确工作任务、有执法程序、有执法手段的较为完善的环境监察工作机制。《环境保护法》在总结环境监察工作经验的基础上,对环境监察权的授予和行使、环境行政强制手段等作了系统规定。

(二) 环境监察权及其行使

《环境保护法》第24条规定:"县级以上人民政府环境保护主管部门及其委托的环境监察机构和其他负有环境保护监督管理职责的部门,有权对排放污染物的企业事业单位和其他生产经营者进行现场检查。"这意味着,县级以上环境保护主管部门和其他负有环境保护监督管理职责的部门享有环境监察权,环境监察权的内容为现场检查。

根据法律规定,环境监察权可以自己行使,也可以委托行使。委托执法是环境保护主管部门设立的环境监察机构根据行政委托实施环境现场监督检查,并依照法定程序执行或运用环境法律法规,从而直接强制地影响行政相对人权利和义务的具体行政行为。委托执法需以委托人的名义进行,执法后果也由委托人承担。

现场检查是一种具体行政行为,通过查看排放污染物的企业事业单位和其他生产经营者的生产场所、生产设施、环境保护设施以及污染物排放设施,了解和掌握行政相对人的守法情况,督促其履行义务。

现场检查的执法人员有进入现场、调取资料、收集证据的权力。目的在于收集信息,了解行政相对人的守法状态。现场检查会对行政相对人的实体权利和义务产生影响,但现场检查行为本身并不直接决定行政相对人的实体权利和义务。现场检查的结果,存在两种可能性:一是未发现相对人违法或者不履行法律义务,二是发现相对人存在违法或者不履行法律义务的情况,后者可能会引起行政强制、行政处罚等后续行为。因此,现场检查必须按照法定程序进行,为此,环保部专门颁布了《环境监察办法》《环境监察执法证件管理办法》,规范现场检查行为。

现场检查可以分为例行检查和突击检查,定期检查和不定期检查,对辖区内所有排放污染物的企业事业单位和其他生产经营者的普遍检查和针对特定的排放污染物的企业事业单位和其他生产经营者的个别检查。

实施现场检查的部门、机构及其工作人员应当为被检查者保守商业秘密。实施现场检查的执法人员有违法行为,应当依法承担法律责任。

(三)行政强制权及其行使

《环境保护法》第 25 条规定:"企业事业单位和其他生产经营者违反法律法规规定排放污染物,造成或者可能造成严重污染的,县级以上人民政府环境保护主管部门和其他负有环境保护监督管理职责的部门,可以查封、扣押造成污染物排放的设施、设备。"这是对行政强制权的规定,它与现场检查权有密切联系,但是一种独立的行政权力。行政强制措施可能是现场检查的后续措施,也可能由其他执法行为引起。

查封、扣押是我国《行政强制法》规定的行政强制措施。查封,是指行政机关对某些动产或者不动产实施就地封存,不允许财产所有权人、使用权人使用或处分的行政强制措施。扣押,是指行政机关将有关财产置于自己控制之下,以防止当事人毁损或转移的行政强制措施。《环境保护法》将其具体运用于环境保护领域,强化了环境行政执法权。

实施查封、扣押的行政主体,是县级以上人民政府环境保护主管部门和其他负有环境保护监督管理职责的部门。查封、扣押的行政相对人,是企业事业单位和其他生产经营者。适用查封、扣押的情形,是污染者违反法律法规规定排放污染物,造成或者可能造成严重污染。查封、扣押的对象,是造成污染物排放的设施、设备。

查封、扣押作为行政强制措施,应当遵守《行政强制法》所规定的合法性、适当性、教育与强制相结合原则。实施查封、扣押时,应遵守实施行政强制的一般性程序要求,根据《行政强制法》第18条规定,行政机关实施行政强制措施应当遵守下列规定:(1) 实施前须向行政机关负责人报告并经批准;(2) 由两名以上行政执法人员实施;(3) 出示执法身份证件;(4) 通知当事人到场;(5) 当场告知当事人采取行政强制措施的理由、依据以及当事人依法享有的权利、救济途径;(6) 听取当事人的陈述和申辩;(7) 制作现场笔录;(8) 现场笔录由当事人和行政执法人员签名或者盖章,当事人拒绝的,在笔录中予以注明;(9) 当事人不到场的,邀请见证人到场,由见证人和行政执法人员在现场笔录上签名或者盖章;(10) 法律、法规规定的其他程序。该法第19条规定,情况紧急,需要当场实施行政强制措施的,行政执法人员应当在24小时内向行政机关负责人报告,并补办批准手续。行政机关负责人认为不应当采取行政强制措施的,应当立即解除。

思考题

1. 环境规划制度为什么重要?
2. 我国的环境标准包括哪些?
3. 环境资源承载能力对于可持续发展有什么意义?
4. 为什么要建立环境保护激励机制?激励机制包括哪些内容?

案例分析

1. 2006年厦门市引进一项总投资额108亿元人民币的对二甲苯化工项目,即"PX项目",选址于海沧台商投资区,投产后每年的工业产值可达800亿元人民币。该项目于2006年11月开工,原计划2008年投产。由于PX项目区域位于人口稠密的海沧区,临近拥有5000名学生的厦门外国语学校和北师大厦门海沧附属学校,项目5公里半径范围内的海沧区人口超过10万,居民区与厂区最近处不足1.5公里。同时,该项目距厦门风景名胜地鼓浪屿仅5公里之遥,与厦门岛仅7公里之距。项目开工后便遭受广泛质疑。2007年3月,由全国政协委员、中国科学院院士、厦门大学教授赵玉芬发起,有105名全国政协委员联合签名的"关于厦门海沧PX项目迁址建议的提案"在两会期间公布,提案认为PX项目离居住区太近,如果发生泄漏或爆炸,厦门百万人口将面临危险。但遗憾的是国家相关部门和厦门市政府没有采纳他们的建议。

2007年5月末,对PX化工项目一无所知的厦门市民从各种传媒渠道获得了PX的相关信息,通过各种形式表示反对。2007年5月30日上午,厦门市长刘赐贵主持召开了第五次常务会议,研究PX项目建设,经慎重研究,决定暂缓建设PX项目。福建省政府要求厦门市在原有PX项目的单个项目环境影响评价的基础上扩大环评的范围,进行区域规划环境影响评价。6月1日,数千名激愤的厦门市民以"散步"的名义,上街游行,表达反对在厦门建设PX化工项目的意愿。6月7日,厦门市政府宣布,PX项目的建设与否将根据全区域总体规划环境影响评价的结论进行决策,决策后将严格按照规划环境影响评价的要求认真做好落实。随后,厦门市政府针对网民出台了《厦门市互联网有害信息和不良信息管理和处置办法》。

2007年6月7日,国家环保总局组织各方专家,就海沧PX化工项目对厦门市进行全区域总体规划环境影响评价。12月5日,公布了区域总体规划环境影响评价报告。该报告结论为厦门市在海沧南部的规划应该在"石化工业区"和"城市次中心"之间确定一个首要的发展方向。报告同时披露了海沧现有的石化企业翔鹭石化(PX项目的投资方)五年前环保未验收,即投入生产,并且其污染排放始终未达标。

2007年12月8日,在厦门市委主办的厦门网上,开通了"环评报告网络公众参与活动"的投票平台;9日投票突然被中止,10日投票平台被撤销。在投票结束之时的结果显示,有5.5万张票反对PX项目建设,支持的有3000票。12月13日,翔鹭腾龙集团(PX项目方)办公室通过媒体发布了《翔鹭腾龙集团致厦门市民公开信》。该公开信宣称,(1)PX(对二甲苯)低毒,不会致癌致畸,也不是原子弹;(2)海沧PX项目采用世界先进的工艺专利技术,安全稳定和可靠性更有保障;(3)海沧PX项目与居民区完全可以和谐共处。并宣称,翔鹭石化通过了环保验收,其排放没有超标。同日,厦门市政府开启公众参与的最重要环节——市民座谈会。多家权威性媒体获准入内旁听。最终结果显示,49名与会市民代表中,超过40位表示坚决反对,随后发言的8位政协委员和人大代表中,也仅1人支持复建项目。12月14日,第二场市民座谈会举行。第二场座谈会有97人参加,62人发言。在座谈中,仅仅有10名发言者表示支持PX项目建设。其中曾对海沧区做过独立环境测评的厦门大学袁东星教授,用数据及专业知识对PX项目表示反对。之后,福建省政府针对厦门PX项目问题召开专项会议,决定迁建PX项目。

问题:该事件中,环境影响评价制度发挥了怎样的作用?如何避免类似事件的发生？

2. 2005年1月18日,国家环保总局在京宣布停建金沙江溪洛渡水电站等13个省市的30个违法开工项目,并指出要严肃环保法律法规,严格环境准入,彻底遏制低水平重复建设和无序建设。2006年2月7日,国家环保总局对9省11家布设在江河水边的环境问题突出企业实施挂牌督办;对127个投资共约4500亿元的化工石化类项目进行环境风险排查;对10个投资共约290亿元的违法建设项目进行查处。2007年1月10日,环保总局通报了投资1123亿元的82个严重违反环评和"三同时"制度的钢铁、电力、冶金等项目,并首次使用"区域限批"办法,对唐山市、吕梁市、莱芜市、六盘水市等4个城市及国电集团等4家电力企业处以制裁。2007年7月3日,针对中国当前严峻的水污染形势,环保总局开始对长江、黄河、淮河、海河四大流域水污染严重、环境违法问题突出的6市2县5个工业园区实行"流域限批",对部分同处一个流域内污染严重的县市或工业园区同时"限批",对流域内32家重污染企业及6家污水处理厂实行"挂牌督办"。2009年6月11日,环境保护部决定暂停审批金沙江中游水电开发项目、华能集团和华电集团(除新能源及污染防治项目外)建设项目、山东省钢铁行业建设项目环境影响评价,以遏制违法建设及"两高一资"重复建设项目。

问题:"环保风暴"暴露出我国环境法治的哪些问题？请逐一分析。

第五章 保护和改善环境法律制度

> **内容提要**

保护和改善环境的法律制度,是对生态保护和环境改善等各项工作的法定化和制度化,是保护和改善环境方面具有可实施性的规范。保护和改善环境的主要法律制度包括生态保护制度、环境要素保护制度、改善环境制度。

> **关键词**

环境和改善环境　生态保护制度　环境要素保护制度　改善环境制度

第一节　保护和改善环境法律制度概述

一、保护和改善环境法律制度的含义

保护和改善环境法律制度是指防治生态破坏,维持生态系统的平衡,保护生态环境,改善环境要素和质量,从而实现对自然资源的可持续利用和生态平衡之法律制度的总称。它具有以下几个方面的特征:

(1) 目的的生态性。保护和改善环境法律制度,无论其制度内容为何,其目的是为了保障生态安全,维护生态平衡,规制生态破坏行为。资源的不合理开发利用以及环境污染的最严重后果之一都是造成生态系统的破坏,一旦生态平衡被打破,不仅恢复困难,有些甚至不可逆转。因此,保障生态安全成为环境法的立法目的。

(2) 手段的多样性。保护和改善环境涉及多主体、多利益行为,政府、企业、个人都应享有相关权利(权力),履行相应义务(职责)。在市场经济条件下,更需要充分发挥市场机制在资源开发利用与保护中的基础性作用,政府行为应由法律确定合理的调控或干预边界。2014年修订的《环境保护法》规定的各种区域性保护制度、生态补偿制度,就是对充分发挥市场机制的基础性作用,和更好发挥政府作用理念的具体实现。

(3) 内容上的综合性。保护和改善环境制度是一种综合性的制度规范,涉

及《环境保护法》和多部相关法律,对这些制度的理解也需要综合性思维。

二、保护和改善环境法律制度与污染控制法律制度的关系

生态保护与污染防治是环境保护不可或缺的两个方面,对于一个健全的环境法律制度体系来说,保护与改善环境和控制环境污染都是必需的。过去的《环境保护法》被诟病为污染防治法,其中一个重要的原因是该法对生态环境保护的重视不够,导致相关法律制度的缺失。2014年修订的《环境保护法》在很大程度上对这一不足进行了弥补,大大加强了保护和改善环境的制度内容,建立了许多新的法律制度,使得这部法律更加符合环境保护领域综合性法律的定位,这是一个很大的进步。但是,保护与改善环境和控制环境污染存在着一定的联系与区别,立法选择上也将其分为两类不同的行为加以规制,对于这些不同,需要正确把握。从学理上看,保护与改善环境的法律制度和污染控制的法律制度存在如下区别:

(1)规制对象的不同。保护和改善环境法律制度规制的对象是对生态平衡有影响的环境行为,也就是说,保护和改善环境法律制度的调整对象是因开发利用和保护自然资源、生态环境行为而形成的社会关系。污染控制法律制度规制的对象是排污行为,污染防治法律制度的调整对象是因污染行为而形成的社会关系。

(2)制度内容的不同。保护和改善环境法律制度的内容重点在于遏制生态破坏行为,维护生态平衡,保障生态安全。污染控制法律制度的内容重点在于遏制环境污染行为,防止环境污染的产生,控制污染物排放,治理环境污染。

(3)制度目标上的不同。保护和改善环境法律制度的目标在于维护生态平衡,保护生态安全;而污染防治法律制度的目标在于消除污染,减轻环境的污染程度。

三、保护和改善环境法律制度的重要性

自然环境对于人类的生存和发展具有两个最重要的功能:一是为人类提供生存所必需的空气、水、食物,这种功能的实现有赖于生态系统的平衡;二是为人提供发展所必需的原料、场所、工具,这种功能的实现一定会形成对生态系统平衡的冲击。如果说,生存与发展是人类社会永恒的主题,那么,这两种功能之间的协调也必须成为经济、政治、文化、社会过程的主旋律。

客观存在于自然界中的一切能够为人类所利用的作为生产资料和生活资料来源的自然因素被称为自然资源,过去的法律将其分割为单个的、没有联系的"物",忽视了其作为生态系统的价值。在环境法的观念中,自然资源不仅是环境要素、是单个的"物",更是生态系统不可分割的组成部分、是一个整体。并且,作

为整体的生态系统为人类提供的生命支持功能、生态服务功能不可替代,是人类生存和发展必需的条件,在这个意义上,生态系统本身也是一种资源。因此,环境法将自然资源的开发利用对生态系统的影响纳入调整范围,必要而且必须,限制自然资源开发行为的"任性",是环境法产生的根本原因之一。

存在于自然界的各种自然资源是相互联系、相互制约、不可分割的统一体,它们之间形成生态系统关系。对生态系统内的任何一个自然因素的破坏,都可能导致整个生态系统的破坏,出现生态平衡失调、能量流和物质流受阻,对自然资源的持续利用也就无法实现。生态系统所具有的自我调节和维持平衡状态的能力是人类得以利用自然资源经济价值的前提,对某类自然资源进行开发利用,势必涉及对自然资源整体即整个生态环境及其各个组成因素的保护。如果人们在对自然资源的使用过程中,不能保持物种的合理结构、维持系统机制正常运行,就会造成生态系统失衡,导致资源趋向退化和枯竭,从而破坏整个生态系统。自然资源的经济价值和生态价值具有内在统一性。因此,人们在开发利用自然资源时必须合乎生态规律的要求,以便使自然资源可以得到不断更新和正常循环,生态系统能量与物质的流动以及生态系统结构的组成比例处于相对稳定的状态。但是,保护与改善环境的范围并不仅局限于此,至少要包括生态系统的保护、生态功能的保护、物种保护和生物生境的保护,以保证整体生态系统的平衡。

自然资源和生态系统的支持能力是有限的,所以必须强调积极的管理,即通过对生态环境中的资源要素根据其不同的利用类型分别予以规划、管理和保护,将人类的开发利用活动控制在一定的限度内,防止人为原因造成生态系统破坏,维持生态系统平衡,保障自然资源的再生和永续利用,实现可持续发展。

四、生态保护法律制度的类型及目的

根据《环境保护法》及相关法律法规的规定,我们将保护和改善环境的法律制度归纳为三类:生态保护制度、环境要素保护制度、改善环境制度。

保护和改善环境的主要目的在于保证自然资源的永续开发利用,支持所有生物的生存能力。为了实现这一目标,世界自然保护同盟(IUCN)1980年编写的《世界自然保护大纲》里提出了保护自然的对策,其提出,为维护基本生态过程和生命支持系统需要优先采取:(1)对基本生态过程和生态系统及其环境进行合理的规划、调配和利用,并提高管理水平;(2)保存遗传多样性;(3)保证利用时不超过它们的生产力,才能维持基本生态过程和生态系统的持续利用;为了物种和生态系统的持续利用,需要先注意控制生产量。保护栖息地和资源的环境,调整贸易的需求,合理地调配使用,使生物物种和生态系统的利用不至于下降到不易恢复原有水平的状态;为了保护自然,要考虑四个原则:从全局观念出发,对于自然资源生产能力的估计应留有余地,避免产生不可逆转的破坏,治理和预防

相结合。《环境保护法》规定的生态红线制度、生态功能区划制度、自然保护区制度、生物多样性保护制度、生态补偿制度,等等,都是对这种理念的贯彻。

生态系统的整体性,要求在对各环境要素给予充分关注的同时,还必须特别关注与人类生存和发展有重要关系的环境要素,防止出现"短板"效应。为此,我国现行《环境保护法》建立了环境要素普查、监测、评估、修复制度;对具有特殊重要意义的农业环境、海洋环境建立了专门保护制度。

人为环境也是生态系统的重要组成部分,城乡建设过程中如何保持生态平衡、维护生态功能也是当前环境保护面临的重大问题,尤其是在人为环境建设过程中形成的污染,可能对人群健康造成威胁,导致生命健康损害,直接影响人类的再生产和个人的尊严,这些都是环境法必须高度重视的问题。为此,我国《环境保护法》建立了城乡建设环境保护制度、环境与健康保护制度。

第二节 生态保护制度

一、生态保护红线制度

(一)生态保护红线制度的含义

生态保护红线是我国环境保护的重要制度创新。生态保护红线制度是指在自然生态服务功能、环境质量安全、自然资源利用等方面,实行严格保护的空间边界与管理限值,以维护国家和区域生态安全及经济社会可持续发展,保障人群健康的法律规定。在我国,"生态保护红线"是继"18亿亩耕地红线"后,被提到国家层面的"生命线"。2014年修订的《环境保护法》第29条第1款规定:"国家在重点生态功能区、生态环境敏感区和脆弱区等区域划定生态保护红线,实行严格保护。"初步建立了我国的生态保护红线法律制度。

生态保护红线最早来自于地方环境保护的立法探索,改革开放较早、生态环境保护问题更凸显的一些经济特区,如深圳、厦门等,在对外开放过程中引进了系统保护生态环境的理念,以地方环境保护条例的形式规定生态红线制度。近年来,随着我国工业化和城镇化的快速发展,资源环境形势日益严峻。尽管中国生态环境保护与建设力度逐年加大,但从总体上看,资源约束压力持续增大,环境污染仍在加剧,生态系统退化依然严重,生态问题更加复杂,生态恶化趋势尚未得到逆转。已建成的各类保护区存在空间交叉重叠、布局不合理、保护效率不高等问题。我国生态环境缺乏整体性保护,且严格性不足,尚未形成保障国家与区域生态安全和经济社会协调发展的空间格局。

划定生态保护红线是维护国家生态安全的需要。只有划定生态保护红线,按照生态系统完整性原则和主体功能区定位,优化国土空间开发格局,理顺保护与发展的关系,改善和提高生态系统服务功能,才能构建结构完整、功能稳定的生态安全格局,维护国家生态安全。

划定生态保护红线是不断改善环境质量的关键举措。当前我国环境污染严重,以细颗粒物(PM2.5)为特征的区域性复合型大气污染、以富营养化为特征的水污染、以重金属和农药化肥为主的土壤污染问题日益突出。划定并严守生态保护红线,将环境污染控制、环境质量改善和环境风险防范有机衔接,确保环境质量不降级、并逐步得到改善,才能从源头上扭转生态环境恶化的趋势,建设天蓝、水绿、地净的美好家园。

划定生态保护红线有助于增强经济社会的可持续发展能力。划定生态保护红线,引导人口分布、经济布局与资源环境承载能力相适应,促进各类资源集约节约利用,对于增强我国经济社会可持续发展的生态支持能力具有极为重要的意义。

(二)生态保护红线制度的内容

1. 生态红线的范围

环境保护部2014年印发了我国首个生态保护红线划定的纲领性技术指导文件《国家生态保护红线——生态功能基线划定技术指南(试行)》(环发〔2014〕10号)。根据该文件规定,生态保护红线是指对维护国家和区域生态安全及经济社会可持续发展,保障人民群众健康具有关键作用,在提升生态功能、改善环境质量、促进资源高效利用等方面必须严格保护的最小空间范围与最高或最低数量限值,具体包括生态功能保障基线、环境质量安全底线和自然资源利用上线,可简称为生态功能红线、环境质量红线和资源利用红线。

具体而言,生态功能红线是指对维护自然生态系统服务,保障国家和区域生态安全具有关键作用,在重要生态功能区、生态敏感区、脆弱区等区域划定的最小生态保护空间;环境质量红线是指为维护人居环境与人体健康的基本需要,必须严格执行的最低环境管理限值;资源利用红线是指为促进资源能源节约,保障能源、水、土地等资源安全利用和高效利用的最高或最低要求。

2. 生态保护红线与原有制度的关系

我国2014年修订的《环境保护法》虽然规定了生态保护红线制度,但很不具体。目前,"生态保护红线"更多体现在政策层面的确认和强调,体现了国家以强制性手段强化生态保护的坚定决心与政策导向,是我国生态环境保护领域的重大战略决策与制度创新,也是现阶段生态文明建设的重要内容。[1] 这一制度是针对原有生态保护制度存在的区域空间交叉、布局不合理、保护缺乏整体性的问题而建立的,因此,认识并处理生态保护红线与原有的区域保护制度之间的关

---

[1] 陈海嵩:《"生态红线"的规范效力与法治化路径》,载《现代法学》2014年第4期。

系,是准确理解并把握这一制度内容的核心。

我们看到,虽然《国家生态保护红线——生态功能基线划定技术指南(试行)》明确了"生态保护红线"是由生态功能红线、环境质量红线和资源利用红线构成的系统。但2014年修订的《环境保护法》第29条第1款仅规定了"在重点生态功能区、生态环境敏感区和脆弱区等区域划定生态保护红线",在立法形式上将"生态保护红线"等同于"生态功能红线"。实际上,这并不代表新《环境保护法》只重视生态功能红线,忽视环境质量红线和资源利用红线,其内在的逻辑关系为:三类生态保护红线并不是平行并列的关系,"生态功能红线"是宏观层面的生态保护红线,"环境质量红线"和"资源利用红线"则是相对微观或具体的生态保护红线。质言之,"环境质量红线"和"资源利用红线"是根据"生态功能红线",对已经划定红线区域所进行的生态保护控制。后两类红线的划定需要以"生态功能红线"的划定作为前提和依据,各类环境要素都应符合环境功能区的要求。同时,"环境质量红线"和"资源利用红线"的划定已经有具体的依据,"环境质量红线"的划定的依据是国家环境质量标准和污染物排放标准;自然资源利用红线应符合经济社会发展的基本需求,与现阶段资源环境承载能力相适应。

实际上,我国除了在《环境保护法》中建立了自然保护区制度以外,各自然资源立法也建立了特殊区域划定与保护制度,以利于自然资源的更新、繁衍,我们将这种区域称为资源再生保护区域。例如《土地法》规定的基本农田保护区,《水法》规定的饮用水水源保护区,《草原法》规定的基本草原保护区,《渔业法》规定的渔业重要养殖水面保护和水产种植资源保护区。自然资源的再生繁衍需要适宜的环境,为了更好地开发利用自然资源,划定一定区域采取更为严格的管制措施是十分必要的。从本质上看,这些区域也是生态保护红线制度的内容。

目前,生态保护红线制度尚处于发展过程中,其中许多内容,还需要进一步梳理相关法律法规和环境保护实践,更需要加强生态保护红线制度的理论研究,将2014年修订的《环境保护法》的原则性规定与已有立法确立的各种保护区域之间的关系理顺,为形成保障国家与区域生态安全和经济社会协调发展的空间格局提供法律依据。

二、自然保护区制度

(一) 自然保护区制度的含义

自然保护区是指对有代表性的自然生态系统、珍稀濒危野生动植物物种的天然集中分布区、有特殊意义的自然遗迹等保护对象所在的陆地、陆地水体或者海域,依法划出一定面积予以特殊保护和管理的区域。有关自然保护区的设立、建设和管理的法律规定,即自然保护区制度。我国《环境保护法》第29条第2款规定:"各级人民政府对具有代表性的各种类型的自然生态系统区域,珍稀、濒危的野生动植物自然分布区域,重要的水源涵养区域,具有重大科学文化价值的地质构造、著名溶洞和化石分布区、冰川、火山、温泉等自然遗迹,以及人文遗迹、古树名木,应当采取措施予以保护,严禁破坏。"为建立自然保护区提供了法律依据。

自然保护区能为人类保存完整的生态系统的天然"本底",是保存动植物物种的天然贮存库和进行科学研究的天然实验室,也是普及自然科学知识的自然博物馆。它对于保护自然环境和自然资源,维护生态平衡,探索自然的发生演变规律和资源的合理利用方式,促进经济建设和科学、文化、教育事业的发展具有重要意义。

(二) 自然保护区制度的内容

根据《环境保护法》和《自然保护区条例》的规定,自然保护区制度的内容如下。

1. 自然保护区的设立

(1) 建立自然保护区的条件。划定自然保护区的目的是对特殊区域生态环境进行保护,这类区域的确定,必须考虑生态环境要素及其所在区域环境的特殊性、典型性、重要性和保护的必要性。根据《自然保护区条例》第 10 条的规定,凡具有下列条件之一的,即应当建立自然保护区:典型的自然地理区域、有代表性的自然生态系统区域以及已经遭受破坏但经保护能够恢复的同类自然生态系统区域;珍稀、濒危野生动植物物种的天然集中分布区域;具有特殊保护价值的海域、海岸、岛屿、湿地、内陆水域、森林、草原和荒漠;具有重大科学文化价值的地质构造、著名溶洞、化石分布区、冰川、火山、温泉等自然遗迹;经国务院或者省、自治区、直辖市人民政府批准,需要予以特殊保护的其他自然区域。

(2) 自然保护区的类型

根据自然保护区所保护区域生态环境的特征和重要性,我国的自然保护区分为国家级自然保护区和地方级自然保护区,实行分级管理。在国内外有典型意义、在科学上有重大国际影响或者有特殊科学研究价值的自然保护区,可列为国家级自然保护区。国家级自然保护区以外的,在当地具有典型意义和较大影响,具有重要科学研究价值和一定保护价值的自然保护区列为地方级自然保护区。地方级自然保护区也可以分级管理,一般分为省级、市级和县级三级。自然保护区的命名,通常是其所在地地名加"国家级自然保护区"或"地方级自然保护区",以表明其级别。对有特殊保护对象的自然保护区,可以在自然保护区所在地地名后加特殊保护对象的名称。

(3) 自然保护区的功能划分

自然保护区分为核心区、缓冲区和实验区。自然保护区内保存完好的天然状态的生态系统以及珍稀、濒危动植物的集中分布地,划为核心区,核心区是自然保护区的"核心",是自然保护区根本价值之所在,实行最为严格的管理和保护。核心区外围可以划定一定面积的缓冲区,只准进入从事科学研究活动。缓冲区外围划为实验区,可以进入从事科学试验、教学实习、参观考察、旅游以及驯化、繁殖珍稀、濒危野生动植物等活动。原批准建立自然保护区的政府认为必要时,可以在自然保护区的外围划定一定面积的外围保护地带。

2. 自然保护区的管理

根据《环境保护法》第 29 条第 2 款规定,各级人民政府对具有代表性的各种类型的自然生态系统区域,珍稀、濒危的野生动植物自然分布区域,重要的水源涵养区域,具有重大科学文化价值的地质构造、著名溶洞和化石分布区、冰川、火山、温泉等自然遗迹,以及人文遗迹、古树名木,应当采取措施加以保护,严禁破坏。根据自然保护区工作的特点和要求,国家对自然保护区实行综合管理与分部门管理相结合的管理体制。作为环境保护的主要职能部门,国务院环境保护主管部门负责全国自然保护区的综合管理;国务院林业、农业、地质矿产、水利、海洋等有关行政部门作为与各种特殊生态环境因素管理密切的部门,在各自的职责范围内,主管有关的自然保护区,其具体的管理权限由有关的法律规范进一步明确;县级以上地方人民政府负责自然保护区管理的部门的设置和职责,由省、自治区、直辖市人民政府根据当地具体情况确定。

(1) 设立自然保护区管理机构。国家级自然保护区,由其所在地的省级人民政府有关自然保护区行政主管部门或者国务院有关自然保护区行政主管部门管理。地方级自然保护区,由其所在地县级以上地方人民政府有关自然保护区行政主管部门管理。有关自然保护区行政主管部门应当在自然保护区内设立专门的管理机构,配备专业技术人员,负责自然保护区的具体管理工作。自然保护区管理机构应当制定自然保护区的各项管理制度,并履行法律法规和有关主管部门赋予的职责。管理经费由自然保护区所在地的县级以上地方人民政府安排。国家对国家级保护区的管理,给予适当的资金补助。公安部门可根据需要在自然保护区内设置派出机构。

(2) 对自然保护区内各项活动的管理。除法律有明确规定外,禁止在自然保护区内进行砍伐、放牧、狩猎、捕捞等生产经营性活动。禁止任何人进入自然保护区的核心区。因科学研究的需要,必须进入核心区从事科研工作的,应事先向自然保护区管理机构提交申请和活动计划,并经省级以上人民政府有关部门批准。禁止在缓冲区开展旅游和生产经营活动,确因科学研究、教学实习需要进入自然保护区缓冲区的,应当事先向自然保护区管理机构提交申请和活动计划,经自然保护区管理机构批准。在国家级自然保护区的实验区开展参观、旅游活动的,由自然保护区管理机构提出方案并经省级主管部门审核后,报国务院主管部门批准。在自然保护区的核心区和缓冲区内,不得建设任何生产设施。实验区内不得建设污染环境、破坏资源或者景观的生产设施。在自然保护区的外围保护地带建设的项目,不得损害自然保护区内的环境质量。

三、生物多样性保护制度

(一) 生物多样性保护制度的含义

生物多样性是人类社会赖以生存和发展的基础,它不仅提供了人类生存不可缺少的生物资源,也构成了人类生存和发展的生物圈环境。生物多样性保护制度是通过控制人类开发利用环境活动,遏制生物多样性减少所可能造成的恶化人类生存环境、限制人类生存与发展机会的选择的制度规范的总和。建立生物多样性保护制度的目的,在于保护和拯救生物多样性,使它们向当代人提供最大的利益,并保持满足后代需要的潜力,以实现人类社会的可持续发展。

生物多样性保护法律制度的提出是社会发展的结果,是基于当前世界生物多样性遭破坏的严峻现实提出的要求。在西方发达国家的立法中,这一制度得到了不同形式的确认和体现,但生物多样性保护法律制度在我国还十分薄弱。2014年《环境保护法》第30条规定:"开发利用自然资源,应当合理开发,保护生物多样性,保障生态安全,依法制定有关生态保护和恢复治理方案并予以实施。引进外来物种以及研究、开发和利用生物技术,应当采取措施,防止对生物多样性的破坏。"对我国的生物多样性保护制度作了原则规定。

生物多样性的概念由美国野生生物学家和保育学家雷蒙德(Ramond. F. Dasman)1968年在其通俗读物《一个不同类型的国度》(*A Different Kind of Country*)一书中首先使用,但这个词并没有得到广泛的认可和传播。直到20世纪80年代,罗森(W. G. Rosen)在1985年第一次使用了生物多样性的缩写,并于1986年公开发表了相关论文,由此"生物多样性"才在科学和环境领域得到广泛传播和使用。

生物多样性是生物及其与环境形成的生态复合体以及与此相关的各种生态过程的总和,由遗传(基因)多样性、物种多样性和生态系统多样性三个层次组成。遗传(基因)多样性是指生物体内决定性状的遗传因子及其组合的多样性。物种多样性是生物多样性在物种上的表现形式,也是生物多样性的关键,它既体现了生物之间及其与环境之间的复杂关系,又体现了生物资源的丰富性。生态系统多样性是指生物圈内生境、生物群落和生态过程的多样性。

生物多样性是地球生命的基础。它的重要的社会经济伦理和文化价值无时不在宗教、艺术、文学、兴趣爱好以及社会各界对生物多样性保护的理解与支持等方面反映出来。它们在维持气候,保护水源、土壤和维护正常的生态学过程方面对整个人类做出的贡献更加巨大。生物多样性的意义主要体现在它的价值。对于人类来说,生物多样性具有直接使用价值、间接使用价值和潜在使用价值。

(1) 直接价值。生物为人类提供了食物、纤维、建筑和家具材料及其他生活、生产原料。

(2) 间接使用价值。生物多样性具有重要的生态功能。在生态系统中,野生生物之间具有相互依存和相互制约的关系,它们共同维系着生态系统的结构和功能;提供人类生存的基本条件(如,食物、水和呼吸的空气),保护人类免受自然灾害和疾病之苦(如,调节气候、洪水等)。野生生物一旦减少了,生态系统的稳定性就要遭到破坏,人类的生存环境也就要受到影响。

(3) 潜在使用价值。野生生物种类繁多,人类对它们已经做过比较充分研究的只是极少数,大量野生生物的使用价值目前还不清楚。但是可以肯定,这些野生生物具有巨大的潜在使用价值。一种野生生物一旦从地球上消失就无法再生,它的各种潜在使用价值也就不复存在了。因此,对于目前尚不清楚其潜在使用价值的野生生物,同样应当珍惜和保护。

1992年6月5日在联合国环境与发展大会上签署的《生物多样性公约》,对生物多样性定义为:生物多样性是指所有来源的形形色色的生物体,这些来源除包括陆地、海洋和其他水生生态系统及其所构成的生态综合体外,还包括物种内部、物种之间和生态系统的多样性。生物多样性的内容包括三个基本方面:(1) 遗传多样性,种内基因变化的多样性;(2) 物种多样性,是指一定空间范围内的物种数量及其分布保持在较高水平和较为均匀的程度;(3) 生态系统多样性,是指生物圈内生境、生物群落和生态过程的多样化以及生态系统内生境、生态过程变化的多样性。中国政府积极参加了《生物多样性公约》的起草、讨论和谈判,为《公约》文本的最终通过发挥了积极的作用。中国政府于1992年6月11日在联合国环境与发展大会上签署了《生物多样性公约》,并于1993年1月5日批准了《公约》,成为世界上率先批准《公约》的少数几个国家之一。

(二) 生物多样性保护制度的内容

中国是世界上12个具有"巨大生物多样性"的国家之一,生物多样性资源十分丰富。我国具有脊椎动物6266种,占世界的10%;共有高等植物约3万种,仅次于马来西亚和巴西,居世界第三;属于我国特有的种属较多,其中陆栖脊椎动物占世界的19%(约479种),高等植物占50—60%;我国是世界上培育物种和野生亲缘物种的8个作物起源中心之一,有世界上最丰富的栽培和野生果树种类,有种类繁多的适合生物生存的陆地。但是,由于对生物多样性保护的重视不够,我国的生物多样性正遭受着严重威胁:一是过度的开发活动造成对森林、草原、湿地、沿海滩涂等生态环境的直接破坏;二是对珍稀或具有经济价值的动植物品种过度狩猎、捕捞或者掠夺式开发直接导致物种灭绝或濒临灭绝;三是环境污染造成生态环境恶化,导致生物多样性降低;四是现代农业生产方式普及导致作物多样性减少;五是外来物种入侵。

生物多样性保护制度应该对这些破坏生态环境、可能导致生物多样性减少的行为加以严格控制,但显然这不是一部法律或者一个制度可以完成的任务。它至少涉及我国现行的《环境保护法》《野生动物保护法》《土地管理法》《草原法》《森林法》《渔业法》《水土保持法》等多部法律,以及《自然保护区条例》《野生植物保护条例》《水生野生动物保护条例》《濒危野生动植物进出口管理条例》等多部法规、规章。

2010年9月,国务院批准了《中国生物多样性保护战略与行动计划》(2011—2030年),确立了我国生物多样性保护政策框架。该计划提出的建立我国生物多样性保护制度战略的指导思想是:统筹生物多样性保护与经济社会发展,以实现保护和可持续利用生物多样性、公平合理分享利用遗传资源产生的惠益为目标,加强生物多样性保护体制与机制建设,强化生态系统、生物物种和遗传资源保护能力,提高公众保护与参与意识,推动生态文明建设,促进人与自然和谐。该计划还确定了保护优先、持续利用、惠益共享三大原则,明确了生物多样性保护的近期目标是到2015年,力争使重点区域生物多样性下降的趋势得到有效遏制;中期目标是到2020年,努力使生物多样性的丧失与流失得到基本控制;远景目标是到2030年,使生物多样性得到切实保护。

该计划还根据我国的自然条件、社会经济状况、自然资源以及主要保护对象分布特点等因素,将全国划分为8个自然区域,即东北山地平原区、蒙新高原荒漠区、华北平原黄土高原区、青藏高原高寒区、西南高山峡谷区、中南西部山地丘陵区、华东华中丘陵平原区和华南低山丘陵区。综合考虑生态系统类型的代表性、特有程度、特殊生态功能等因素,划定了35个生物多样性保护优先区域,包括大兴安岭区、三江平原区、祁连山区等32个内陆陆地及水域生物多样性保护优先区域,以及黄渤海、东海及台湾海峡和南海等3个海洋与海岸生物多样性保护优先区域。

应该说,《中国生物多样性保护战略与行动计划》(2011—2030年)为建立我国的生物多样性保护法律制度奠定了基础。2014年《环境保护法》从环境保护领域综合性法律的角度,对生物多样性保护制度作了两个方面的规定:

一是针对我国资源过度开发导致生物多样性减少的现象,将防止开发利用自然资源导致的生物多样性破坏作为重要规制内容,要求将保护生物多样性纳入自然资源开发利用的考虑之中,制定有关生态保护和恢复治理方案并予以实施。

二是针对外来物种入侵现象,要求采取措施防止引进外来物种以及研究、开发和利用生物技术可能导致的对生物多样性的破坏,严格控制外来物种引入、生物技术使用,防止外来物种和生物技术对遗传多样性、物种多样性和生态系统多样性构成威胁。

从学理上看,我国的生物多样性保护制度还十分薄弱,不仅没有建立完善的制度体系,而且有许多立法空白,需要进一步加强理论研究,加快立法步伐。

四、生态补偿制度

(一)生态补偿制度的含义

生态补偿是一种使外部成本内部化的环境经济手段。生态补偿最初源于自然生态补偿,指生物有机体、种群、群落或生态系统受到干扰时,所表现出来的缓和干扰、调节自身状态使生存得以维持的能力,或者可以看作生态负荷的还原能力。[1] 作为一种环境资源保护的经济性手段,生态补偿机制是调动生态保护建设积极性、促进环境保护的利益驱动机制、激励机制和协调机制。生态补偿从狭义的角度理解就是指:对人类的社会经济活动给生态系统和自然资源造成的破坏及对环境造成的污染的补偿、恢复、综合治理等一系列活动的总称。广义的生态补偿则还应包括对因环境保护而丧失发展机会的区域内的居民进行的资金、技术、实物上的补偿,政策上的优惠,以及为增进环境保护意识,提高环境保护水平而进行的科研、教育开支。[2] 生态补偿具有范围的广泛性、手段的多样性和补偿的法定性等特点。其对于改善和保护生态环境,促进区域协调发展具有重要意义。随着森林生态效益补偿基金在法律上的确立,生态补偿更多地指对生态环境保护者、建设者的财政转移、物质性惠益给付的补偿机制。[3]

自然资源不仅是人类生产生活的物质基础,具有巨大的经济价值,同时其生态价值的重要性随着环境问题的日益严重也越发凸显出来。但是在现有的发展模式下,生态环境价值往往不被考虑,甚至对自然资源生态价值的利用还会影响到其经济价值的实现。生态环境的保护者一般不能从市场上自动获得经济效益和补偿,生态保护受益区的经济发展无需考虑应承担的环境成本,使得资源开发者往往把开发造成的生态破坏的外部不经济性转嫁给社会和环境。由此可见,必须建立生态补偿制度来应对这一问题。

2013年中共中央《关于全面深化改革若干重大问题的决定》(以下简称《决定》)的"十四、加快生态文明制度建设"之"(53)实行资源有偿使用制度和生态补偿制度"明确规定,"坚持谁受益、谁补偿原则,完善对重点生态功能区的生态补偿机制,推动地区间建立横向生态补偿制度"。2014年修订的《环境保护法》第31条对生态补偿制度进行了专门规定:"国家建立、健全生态保护补偿制度。国家加大对生态保护地区的财政转移支付力度。有关地方人民政府应当落实生

---

[1] 环境科学大辞典编委会:《环境科学大辞典》,中国环境科学出版社1991年版,第20页。
[2] 吕忠梅等:《超越与保守》,法律出版社2003年版,第355页。
[3] 杜群:《生态补偿的法律关系及其发展现状和问题》,载《现代法学》2005年第3期。

态保护补偿资金,确保其用于生态保护补偿。国家指导受益地区和生态保护地区人民政府通过协商或者按照市场规则进行生态保护补偿。"从而实现了生态保护补偿制度的体系化构建。

(二)生态补偿制度的内容

1. 国家对生态保护地区的生态保护补偿

《环境保护法》第31条第2款规定:"国家加大对生态保护地区的财政转移支付力度。"其制度功能是适用于资源开发利用的生态补偿,其制度价值在于保障可持续发展理念的实现。

制度确立及其适用的关键在于对"生态保护地区"的界定与功能划定。根据国务院于2010年12月21日公布的《全国主体功能区规划》,我国国土空间分为以下主体功能区:按开发方式,分为优化开发区域、重点开发区域、限制开发区域和禁止开发区域;按开发内容,分为城市化地区、农产品主产区和重点生态功能区。限制开发区域分为农产品主产区和重点生态功能区两类。禁止开发区域是依法设立的各级各类自然文化资源保护区域,以及其他禁止进行工业化城镇化开发、需要特殊保护的重点生态功能区。可见,限制开发和禁止开发区域与国家重点生态功能区的范围重合。

重点生态功能区即生态系统脆弱或生态功能重要,资源环境承载能力较低,不具备大规模高强度工业化城镇化开发的条件,必须把增强生态产品生产能力作为首要任务,从而应该限制进行大规模高强度工业化城镇化开发的地区。

国家重点生态功能区的禁限规定,基本上体现在三个方面:一是对国家重点生态功能区的生态环境实行封育,禁止任何人为活动,实现污染物零排放;二是对国家重点生态功能区的生态环境实行人工修复,恢复国家重点生态功能区的生态系统功能;三是对国家重点生态功能区进行环境治理,控制和减少污染程度。国家重点生态功能区的居民和政府因执行国家的禁限规定,只能进行对于生态效益或生态功能有益的行为,而不能损害生态环境,必然会带来发展机会的丧失和保护生态环境投入的加大。对这些丧失(机会成本)与投入(直接成本)进行充分补偿,是国家重点生态功能区禁限规定的政策有效执行的保障。

国家重点生态功能区转移支付是目前唯一的直接针对国家重点生态功能区的生态环境保护和生态建设的补偿政策。根据财政部公布的《2012年中央对地方国家重点生态功能区转移支付办法》,其规定的中央财政设立国家重点生态功能区转移支付的范围包括:(1)《全国主体功能区规划》中限制开发的国家重点生态功能区所属县(县级市、市辖区、旗)和禁止开发区域。(2)青海三江源自然保护区、南水北调中线水源地保护区、海南国际旅游岛中部山区生态保护核心区等生态功能重要区域所属县。对环境保护部制定的《全国生态功能区划》中不在上述范围的其他重要生态功能区域所属县给予引导性补助,对开展生态文明示范工程试点的市、县给予工作经费补助,对生态环境保护较好的地区给予奖励性补助。

2. 上下游之间的生态保护补偿制度

《环境保护法》第31条第2款规定:"有关地方人民政府应当落实生态保护补偿资金,确保其用于生态保护补偿。"其制度功能是适用于上下游地区之间的生态保护补偿,其制度价值在于保障公平价值的实现。

与上述中央财政转移支付相比,该制度规定的是地方横向转移支付。该制度的核心是通过经济发达地区向欠发达或贫困地区转移一部分财政资金,在生态关系密切的区域或流域之间建立起生态服务的市场交换关系,从而使生态服务的外部效应内在化。

3. 生态补偿制度市场机制的运用

《环境保护法》第31条第3款规定的是国家鼓励和"指导"地方人民政府之间通过市场机制来落实生态保护补偿制度。市场机制可以充分发挥多方主体的积极主动性,提供多方主体利益表达通道,利用协商方式和市场规则形成最佳的生态保护补偿协议。在市场机制中必须明确的问题有:(1) 参与主体,主体主要包括受益地区(生态服务需求者)和生态保护地区(生态服务供给者)。(2) 市场机制中的补偿对象:第一,减少生态破坏者,如牺牲发展机会的农民、地方政府和企业,包括:流域居民退耕还林、退牧还草承担的机会成本;为保护流域所进行的生态移民,为保护流域环境被迫"关、停、转"的企业承担的机会成本;为保护水源地方政府工业发展权受限导致税收减少的损失等。第二,为生态效益或生态功能的支出,包括封山育林、还林还草、治理沙化、保证绿色空间面积不减少、建设措施导致的支出。(3) 市场机制中的补偿标准:确定合理的生态补偿标准也即对生态服务进行合理定价,是生态服务市场补偿模式能够有效实施的关键。根据供给方的补偿标准和受益方的支付标准两个关键指标衡量,建立流域生态服务价格机制,在生态服务价值基础上,综合考虑支付者的支付能力,针对不同类型的生态服务,采用不同的定价方法,从而使补偿能够起到协调供需双方间的关系,实现生态服务供求均衡的作用。

第三节 环境要素保护制度

一、重点环境要素保护制度

(一) 重点环境要素保护制度的含义

重点环境要素保护制度是指对法律明确规定的环境要素采取调查、监测、评估和修复等多项措施,从事前、事中和事后全方位的角度加强保护的法律规则总和。加强重点环境要素的保护,对于保护和改善整体环境质量、保护生态环境具有十分重要的意义。近年来,随着经济的发展以及工业化、城镇化进程的推进,我国空气污染加剧,雾霾遍布全国,温室气体排放不断上升;水污染日益严重,几近"有河即干、有水即污";土壤污染惊人,尤其是重金属污染令人恐慌。如果大气污染、水污染、土壤污染不能得到有效遏制,不仅会造成生态系统平衡的破坏,而且会对人的生命与健康带来直接威胁,影响整个中国的经济社会健康发展。另一方面,大气、水、土壤也是环境要素中的基础性因素,植物、岩石等基本上附着在土壤之上,动物需要生活在大气和水之中。因此,从生态环境保护的角度看,大气、水、土壤的保护也是重中之重。因此,2014年《环境保护法》第32条规定:"国家加强对大气、水、土壤等的保护,建立和完善相应的调查、监测、评估和修复制度。"

这些年来,我国的大气污染日益严重,空气质量每况愈下。目前来看,至少出现了悬浮颗粒物污染、氮氧化物污染、二氧化硫污染、一氧化碳污染、光化学烟雾污染等众多现象;同时,二氧化碳等气体的排放也带来了诸多的气候变化等方面的环境问题。

中国是一个水资源短缺、水灾害频繁发生的国家,水资源总量居世界第六位,人均占有量只有2500立方米,约为世界人均水量的1/4,在世界排第110位。多年来,中国水资源质量不断下降,水环境持续恶化,由于污染所导致的缺水和事故不断发生,严重地威胁了社会的可持续发展,威胁了人类的生存。综合考虑中国地表水资源质量现状,符合《地面水环境质量标准》的Ⅰ、Ⅱ类标准只占32.2%(河段统计),符合Ⅲ类标准的占28.9%,属于Ⅳ、Ⅴ类标准的占38.9%,如果将Ⅲ类标准也作为污染统计,则中国河流长度有67.8%被污染,约占监测河流长度的2/3,可见中国地表水资源污染非常严重。此外,我国的地下水也污染严重,中国北方五省区和海河流域地下水资源,无论是农村(包括牧区)还是城市,浅层水或深层水均遭到不同程度的污染,局部地区(主要是城市周围、排污河两侧及污水灌区)和部分城市的地下水污染比较严重,污染呈上升趋势。

全国土壤情况同样不容乐观。2014年4月17日,我国环保部和国土资源部首次发布《全国土壤污染状况调查公报》,报告显示:我国的土地污染程度已经相当严重,19.4%的耕地土壤点位超标,以18亿亩耕地面积计算,中国约有3.49亿亩耕地被污染。为保护有限的土地资源,保障农产品质量安全和人居环境安全,加快土壤环境保护立法刻不容缓。

正是在这样的背景下,2014年《环境保护法》要求建立和完善相应的调查、监测、评估和修复制度,这表明了国家全力推进大气、水、土壤污染治理三项重点工作,毫不放松抓好主要污染物总量减排的决心。

(二) 重点环境要素保护制度的内容

根据我国现行《环境保护法》第 32 条的规定，对大气、水、土壤三项重点环境要素，必须采取调查、监测、评估和修复措施，以保障生态安全，维护生态平衡。

1. 环境要素调查制度

环境调查是利用科学的方法，有目的、有系统地收集能够反映与组织有关的环境在时间上的变化和空间上的分布状况的信息，研究环境变化规律，预测未来环境变化趋势，为进行组织活动的决策提供依据。对大气、水、土壤进行环境调查，可以采用野外调查、样品采集、样品分析测试与综合研究相结合等科学方法，选择特定调查区域对环境状况进行调查。对大气、水、土壤进行全面可靠的环境调查，其目的是为了了解真实的环境状况以便有效防治大气、水和土壤污染。目前，我国有关大气、水、土壤的环境调查还很不系统，具体的大气、水、土壤的环境调查制度还需要行政法规、地方性法规和规章的进一步规定，明确调查主体、调查方法、调查程序等具体内容。

2. 环境要素监测制度

环境监测是指在一定时间和空间范围内，运用物理、化学、生物等方法，间断或不间断地对影响环境质量因素的代表值进行测定，确定环境质量或污染程度及其变化趋势。对大气、水体、土壤等环境因素的质量状况进行监测是环境监测的重要内容。只有围绕大气、水、土壤污染防治三大战役，全面做好大气、水、土壤的环境监测工作，才能客观准确地反映环境质量状况，全力改善我国环境质量。

3. 环境要素评估制度

环境评估也叫环境质量评价，是指按照一定的评价标准和评价方法对一定区域范围内的环境质量进行说明、评定和预测。大气、水、土壤的环境评估的目的，一是按一定的原则、标准和方法，对大气、水、土壤的污染程度进行评定，或者说是对土壤环境质量的高低和优劣作出定性或者定量的评判。二是提高和改善大气、水、土壤的环境质量，并提出控制和减缓大气、水、土壤的环境不利变化的对策和措施。

4. 环境要素修复制度

环境修复，就是借助外界的作用力，使环境的某个受损的特定对象的部分或全部恢复成为原来初始的状态。严格说来，修复包括恢复、重建、改建等三个方面的活动。恢复是指使部分受损的对象向原初状态发生改变；重建是指使完全丧失功能的对象恢复至原初水平；改建则是指对部分受损的对象进行改善，增加人类所期望的"人造"特点，减小人类不希望的自然特点。环境意义上的修复是指对被污染的大气、水、土壤环境采取物理、化学和生物学技术措施，使存在于大气、水、土壤环境中的污染物质浓度减少或毒性降低或完全无害化。

大气、水、土壤环境的调查、监测、评估和修复是大气、水、土壤环境保护工作的四个阶段。应当说,大气、水、土壤的调查是对大气、水、土壤进行环境监测的基础,对大气、水、土壤进行环境监测是做好环境评估的前提,而修复与否以及采取何种修复方法又必须根据管理部门对大气、水、土壤环境所做的评估。这四个具体的制度构成了一套完备的大气、水、土壤环境保护制度。只有认真落实好具体的调查、监测、评估和修复制度,依法执行好各项具体措施,才会达到立法目的。

二、农业环境保护制度

(一)农业环境保护制度的含义

农业环境保护问题关涉城市和农村、工业和农业、生产和生活,关乎国家发展方式转变、产业结构调整、社会管理变革,关系多个利益群体、多种利益关系、多元利益诉求。要推动国家产业结构调整、农业生产方式转变、农村治理模式转轨、农民生活方式转型等多层次、全方位的进行,必须有科学决策机制、合理的制度安排、有效的执行体制以及全社会的积极行动。这些涉及深层次利益调整的重大问题,需要以国家正式制度的形式划定政府、社会、个人权利(权力)的边界,明确规定政府、社会、个人的义务(责任),设定权力运行机制和权利保障程序[①],建立农业环境保护法律制度。

近年来,随着我国农业的迅速发展和集约化程度的提高,粗放型的农业方式和传统的农村生活方式使得农业污染日益严重。由于化肥农药施用不合理,耕作管理不合理,以及随意堆放畜禽粪便等,农业污染已由原来的局部水体、土壤污染源,向生态系统各层面的土壤、水体、生物、大气等区域发展,形成了"水、陆、空"三位一体的、互为关联的农业立体污染。它不仅会影响到农业生态安全,人体健康和农产品质量,而且也会影响到农业、农村的可持续发展和农民收入的提高,甚至还会影响到我国的环境外交和国际贸易。

而从法律的规制来看,原有的环境保护方面的法律,包括原《环境保护法》以及在此基础上建立的各项制度,主要针对的都是城市环境污染问题,考虑和保护的都是城市环境,严重忽视了对农村环境的保护。为了改变这种状况,2014年修订的《环境保护法》第33条规定:"各级人民政府应当加强对农业环境的保护,促进农业环境保护新技术的使用,加强对农业污染源的监测预警,统筹有关部门采取措施,防治土壤污染和土地沙化、盐渍化、贫瘠化、石漠化、地面沉降以及防治植被破坏、水土流失、水体富营养化、水源枯竭、种源灭绝等生态失调现象,推广植物病虫害的综合防治。县级、乡级人民政府应当提高农村环境保护公共服

---

① 吕忠梅:《美丽乡村建设视域下的环境法思考》,载《华中农业大学学报》2014年第2期。

务水平,推动农村环境综合整治。"该条确立了我国的农业环境保护制度。

(二) 农业环境保护制度的内容

1. 政府职责

各级人民政府及其环境保护部门要切实提高对农村环境保护工作的认识,加强领导,协调配合,将农业生产污染和农村生活污染纳入环境保护工作重点范围。由于关涉的部门较多,相关的职能部门不能各自为战,而应该通过相互协作,科学合理地运用各自职权;各级人民政府理应根据实际情况做出统筹安排,采取有效措施保护土壤、水体、种群和植被等,维护生态平衡。尤其是要防治土壤污染和土地沙化、盐渍化、贫瘠化、石漠化、地面沉降以及防治植被破坏、水土流失、水体富营养化、水源枯竭、种源灭绝等情况的出现。

2. 促进农业环境保护新技术

强调科学技术在农业保护中的地位和作用,有利于农业环境保护的推进。政府应该综合运用财政、税收、政府采购等手段,加强农村环保适用技术研究、开发和推广,充分发挥科技支撑作用,以技术创新促进农村环境问题的解决。更重要的是,需要建立农业环境保护技术服务的市场化体系,通过市场选择,建立良性机制,防止以农业环境保护新技术的名义对农业、农村环境带来新的污染和破坏。

3. 加强农业污染源的监测预警

按照农业污染源的严重性、紧急程度和可能涉及的范围,规定对应的预警级别和所应该采取的具体措施。加强农业污染源的监测预警,目的是为了掌握农业污染的第一手数据,有针对性地制定防治办法,当某些地方的农业污染达到一定程度时,分析其所属的预警级别并采取相应措施。这样可以有效控制农业污染源的扩大,保护农业环境。

4. 提供均等化公共服务

公共服务是21世纪公共行政和政府改革的核心理念,包括加强城乡公共设施建设,发展教育、科技、文化、卫生、体育等公共事业,为社会公众参与社会经济、政治、文化活动等提供保障。众所周知,相对于农村,城市环境的公共服务相对比较完善,比如保持城市公共区域卫生,包括社区、街道、市场等;保证市内的暂存垃圾能够及时清理、及时外运;城市垃圾外运后能够进行无害化、减量化、资源化处理;工业园区各类事故处理有预案及相应的处理措施;保护城市地下水不受污染;对城市空气质量进行及时监测。一直以来,由于国家的财政投入的结构性问题,农村环境保护的公共服务水平很低,缺乏防治环境污染、破坏的基础设施建设和管理体制设计。当前,农村的环境污染问题日益严重,作为我国的基层公共服务机关,县、乡两级政府对农村的环境保护工作责无旁贷。农村环境污染呈现面源污染的特点,蜻蜓点水式的治理根本无济于事,需要协调各方力量整合各种资源综合治理环境污染。需要明确的是,强调县级政府农村环境保护公共服务中的义务和职责,非常必要,因为相对于乡级政府而言,它在事权的履行、财权的分享等方面具备更多的权威和可能性。

5. 开展农村环境综合整治

农村环境综合整治是解决当下农村环境问题的重要手段。当前,我国农村环境形势非常严峻,点源污染与面源污染共存,生活污染和工业污染叠加,各种新旧污染相互交织;工业及城市污染向农村转移,危及农村饮水安全和农产品安全;农村环境保护的政策、法规、标准体系不健全;一些农村环境问题已经成为危害农民身体健康和财产安全的重要因素,制约了农村经济社会的可持续发展。为此,须统筹规划、突出重点,同时也要因地制宜、分类指导,综合整治恰恰可以发挥全局考量、局部切入的功能。

三、海洋环境保护制度

(一) 海洋环境保护制度的含义

海洋环境保护制度是指海洋资源开发利用中的生态保护与海洋环境污染控制的法律规范的总和。

海洋环境问题是伴随着人类开发利用海洋而产生的。海洋形成已有几十亿年,人类利用海洋也已有几千年的历史,但并未发生严重污染问题,因为海洋对有害物质具有自净能力。但海水的自净能力是有限度的,如果污染物质的浓度和数量超出了环境的自净和容纳能力,便会使海洋环境遭到污染。20世纪以来,人类及其日益发展的技术,给海洋环境和海洋资源带来了巨大的冲击,反过来海洋污染又对海洋生物资源、工业用水质量和人类自身的健康造成日益严重的威胁。目前危害较大的海洋污染物质主要有石油、重金属、农药、有机物质、放射性物质、固体废物和废热水中的热能等。比较其他环境因素,海洋污染有其显著的特点:污染源广,污染物质种类多,影响范围大,危害深远,控制复杂,治理难度大。因此,海洋环境保护是生态环境保护的又一重要内容。

1999年12月修订的《海洋环境保护法》、2013年制定的《海域使用管理法》建立了我国海洋环境保护的基本制度体系,国务院又先后颁布和实施了《防止船舶污染管理条例》《防治海洋石油勘探开发污染海洋管理条例》《防止倾废污染海洋管理条例》《防止陆源污染物污染损害海洋环境管理条例》《防止海岸工程建设项目污染损害海洋环境管理条例》和《防止拆船污染损害环境管理条例》等,对海洋环境保护的具体制度作了规定。《环境保护法》第34条明确授权:"国务院和沿海地方各级人民政府应当加强对海洋环境的保护。向海洋排放污染物、倾倒废弃物,进行海岸工程和海洋工程建设,应当符合法律法规规定和有关标准,防止和减少对海洋环境的污染损害。"

(二) 海洋环境保护制度的内容

1. 海洋环境保护的责任主体

我国《环境保护法》明确规定海洋环境保护的责任主体是"国务院和沿海各级人民政府",不同于环境保护的一般授权为环境保护主管部门和县级以上地方人民政府环境保护主管部门,这是基于海洋保护的统一性、全局性和主权性特点所作的规定。国务院海洋局是按照海域管理体制设立的跨行政区划机构,分别在东海、南海、北海等海域代表国务院行使包括海域使用和海洋环境保护监管在内的海洋管理权。沿海各级人民政府按照《环境保护法》的规定,应该履行保护海洋环境的职责。

2. 海洋环境污染防治的几种主要类型

(1) 防止陆源污染物对海洋环境污染的损害

陆地污染源,简称陆源,是指从陆地向海域排放污染物,造成或者可能造成海洋环境污染损害的场所、设施等;陆源污染物则是指由前述陆地污染源所排放的污染物,主要包括石油、重金属、农药、有机污染物、放射性物质、废热水、固体废弃物以及传染病病原体等。陆源污染物可能具有毒性、扩散性、积累性、活性、持久性和生物可降解性等特征,多种污染物之间还有拮抗和协同作用。陆源污染物通过大气、河流、运河、地下水道和排水口,最终进入海洋。随着经济的发展,陆地向海洋排放的污染物种类越来越多,数量也在不断增大,对近岸海域环境造成了极大的不利影响。排放陆源污染物应当遵守申报登记、入海污染物总量控制、缴纳排污费、采用清洁生产工艺、对超标排放或者在规定的期限内未完成污染物排放削减任务的限期治理等规定。同时,排放陆源污染物应当严格执行国家或地方指定的污染物排放标准。

(2) 防止倾倒废弃物对海洋环境的污染损害

"倾倒"是指通过船舶、航空器、平台及其他载运工具,向海洋处置废弃物和其他物质;向海洋弃置船舶、航空器、平台和其他海上人工构造物,以及向海洋处置由于海底矿物资源的勘探开发及与勘探开发相关的海上加工所产生的废弃物和其他物质。"倾倒"不包括船舶、航空器及其他载运工具和设施正常操作产生的废弃物的排放。废弃物根据有毒性、有害物质含量和对海洋环境的影响等因素,分为以下三类:禁止倾倒的物质、需要获得特别许可证才能倾倒的物质、低毒或无毒的废弃物。

(3) 防止海岸工程建设项目对海洋环境的污染损害

海岸工程是人们在海岸带上建设的各种工程,包括港口码头工程、入海河口水利工程、海涂围垦工程、潮汐发电工程等与海洋资源开发利用有关的各种工程,也包括一切在海岸带兴建的并可能对海洋环境产生影响的其他工程建设项目。在海岸建设港口、码头、围海造地和兴建入海口水利工程等,必须按规定采取相应措施,防止污染损害海洋环境。

(4) 防止海洋工程建设项目对海洋环境的污染损害

海洋工程,是指以开发、利用、保护、恢复海洋资源为目的,并且工程主体位于海岸线向海一侧的新建、改建、扩建工程。具体包括:① 围填海、海上堤坝工程;② 人工岛、海上和海底物资储藏设施、跨海桥梁、海底隧道工程;③ 海底管道、海底电(光)缆工程;④ 海洋矿产资源勘探开发及其附属工程;⑤ 海上潮汐电站、波浪电站、温差电站等海洋能源开发利用工程;⑥ 大型海水养殖场、人工鱼礁工程;⑦ 盐田、海水淡化等海水综合利用工程;⑧ 海上娱乐及运动、景观开发工程;⑨ 国家海洋主管部门会同国务院环境保护主管部门规定的其他海洋工程。目前我国的海洋工程以海洋石油勘探和开发建设工程为主。

第四节 改善环境制度

一、城乡建设环境保护制度

(一) 城乡建设环境保护制度的含义

城乡建设环境保护制度是指将生态环境保护理念纳入城乡规划,在建设中保护自然环境的相关规范的总和。

进入 21 世纪以来,我国经济迅速发展,大大改善了城乡居民生活水平,城市与农村的建设步伐加快,面貌日新月异。但是,在城乡建设过程中也出现了一些突出问题。在城市建设过程中,城市规划布局不合理、城市功能定位不合理、城市规模不合理的问题突出,导致各种"城市病",城市大气污染、水污染问题日益严重,垃圾围城现象十分普遍,城市生态系统无法建立平衡关系。近年来,在推进小城镇建设和新农村建设过程中,同样也出现了规划与管理严重不足、功能定位混乱、承接城市污染转移和废弃物转移、围湖造地、填海造地等问题,特别是将新农村建设简单地理解为盖楼房、修马路,不仅破坏了农村原有的生态环境,而且由于人口集中居住又缺乏污染物处理设施配套,使得农村的水污染、土壤污染、垃圾遍地问题日益突出。不可忽视的一个问题是,城乡环境尚未进入良性发展轨道,建设缺乏地方特色,趋同化、同质化现象严重。重视城乡建设中的环境保护问题以及结合当地自然环境禀赋进行城乡建设已经成为我国生态环境改善的一个十分重要的问题。为此,《环境保护法》第 35 条规定了城乡建设环境保护制度:"城乡建设应当结合当地自然环境的特点,保护植被、水域和自然景观,加强城市园林、绿地和风景名胜区的建设与管理。"

(二) 城乡建设环境保护制度的内容

1. 城市建设中的环境保护

(1) 城市环境综合整治

城市环境综合整治是多年前提出的一项环境保护制度。它要求政府各部门密切配合，运用各种手段，组织和监督各单位和市民，对城市环境污染进行综合防治。城市环境综合整治的目的是提高城市基础设施的布局水平，改善经济发展中对环境产生有害影响的不合理经济结构，在不断消除和降低污染的同时，逐渐恢复城市生态系统的良性循环，争取以现代化的科技和知识把城市建设成生态良性循环、清洁优美的现代化城市。城市环境综合整治实际上是将环境与发展综合决策贯穿到城市建设中的过程，良好的城市环境不仅对居民生活具有重要的意义，也是社会再生产得以顺利进行的重要前提。在这个意义上，城市环境综合整治是改善和维护城市环境质量的有效举措，既是经济社会发展的客观要求，同时也是经济社会发展的重要目的。环保部对于城市环境综合整治建立了专门的考核指标体系，并进行严格考核。

(2) 城市环境规划

城市环境规划作为调控人们生产生活活动，减少污染，防止资源破坏，保护人类生存，经济和社会持续稳定发展所依赖的基础，它担负着从整体上、战略上和统筹规划上来研究和解决环境问题的任务，对于可持续发展战略的顺利实施起着十分重要的作用。根据《环境保护法》的规定，城市环境规划应结合本地的自然环境状况，通过城市功能合理定位，形成合理的生产力布局，保护城市植被、水体，建设好园林、风景区，形成良好的城市生态系统，建设生态城市。

(3) 城市环境污染防治

城市是人口不断集中、产业不断集聚的场所，人流、物流、能流、信息流等更加频繁，也更容易发生环境污染问题。在城市建设中，应建立健全环境污染监测系统，对城市建设和发展中可能产生的环境污染问题进行跟踪，及时应对污染可能造成的不良影响，并对污染治理的效果及时进行检验、反馈和改进，减缓或消除次生环境污染影响。尤其应强化对建设项目环境影响评价中的跟踪评价和规划环评中的后评价机制的监督和管理。在生产领域，重视对生产全过程的环境污染跟踪监测和污染控制；在生活领域，关注对环境敏感区(点)的环境质量监测和对环境保护对象的跟踪调查。

2. 乡村建设中的环境保护

(1) 乡村建设用地中的环境保护要求

县级以上人民政府在编制乡村用地规划时，必须将环境保护作为重要指标纳入。人民政府在审核批准乡村建设用地方案时，应该考虑乡村环境容量、环境规划及环境保护政策。

(2) 村镇规划中的环境保护要求

通过编制村镇建设规划加强村、镇（乡）的生态环境保护，改善乡镇人居环境。村镇规划中应包含环保规划和国土规划，严格执行生态分级控制，优化区域生态格局。通过高起点规划、高标准建设、高效能管理，引领村镇建设的发展，实现社会经济持续发展、生态环境良性循环、村镇环境整洁优美、人与自然和谐相处的目标。让人们喝上干净的水，呼吸上新鲜的空气，吃上安全卫生的食物，在良好的环境中生活。

(3) 村容村貌管理

乡村环境卫生建设是当前亟待解决的问题，通过建设集中供水设施，切实解决农村饮水安全问题；通过建设生活垃圾集中处理和农业生产废弃物综合利用设施，改善农村人居生存质量；通过采取宣传教育措施，改变人们的生活习惯，提高农业人口的环境保护意识，改善村容村貌。

二、绿色消费制度

(一) 绿色消费制度的含义

绿色消费，是以保护消费者健康权益为主旨、以保护生态环境为出发点、符合人的健康和环境保护标准的各种消费行为和消费方式的统称。发展绿色消费，是建设"两型社会"（资源节约型和环境友好型社会）的重要内容，也是建设"两型社会"不可缺少的重要条件。绿色消费制度是国家采取一定措施鼓励公民、法人和社会组织通过自己的消费行为参与环境保护，将保护环境纳入生活方式的相关规范的总和。

传统消费模式本质上是一种资源耗竭型的消费模式。在这种模式下，经济系统致力于把自然资源转化成产品以满足人的需要，用过的物品则被当作废物抛弃。随着人口的增多以及人们生活水平的提高，消费规模日益扩大，废弃物不断增多，造成了资源的耗减和环境的恶化。近年来，我国发生了一系列严重的环境污染事件，造成巨大经济损失，危害人们的健康和生命安全。发生这些环境污染事件的一个重要根源是不可持续的消费方式：一方面，人们为了满足自己无限膨胀的欲望，肆意掠夺大自然，破坏生态环境；另一方面，人们又不顾及生态环境自身的"净化"能力，对消费所带来的废弃物处理不当，严重污染了生态环境。因此，应认真吸取教训，转变传统消费模式，大力发展绿色消费。发展绿色消费，可以在一定程度上抵制破坏生态环境的行为，促使生产者放弃粗放型生产模式，减少对环境的污染和资源的浪费，逐步形成可持续生产模式；可以引导消费观念和消费行为，使人们注重保护自然，形成科学、文明、健康的消费方式，促进生态环境的优化。

一般而言，绿色，代表生命，代表健康和活力，是充满希望的颜色。国际上对

"绿色"的理解通常包括生命、节能、环保三个方面。绿色消费的内容十分丰富,不仅包括购买绿色产品,还包括物资的回收利用,能源的有效使用,对生存环境、对物种的保护等,涵盖了生产行为、消费行为的方方面面。也有环保专家把绿色消费概括成 5R,即:节约资源,减少污染(Reduce);绿色生活,环保选购(Reevaluate);重复使用,多次利用(Reuse);分类回收,循环再生(Recycle);保护自然,万物共存(Rescue)。

在这里,"绿色消费"至少有三层含义:一是倡导消费者在消费时选择未被污染或有助于公众健康的绿色产品;二是在消费过程中注重对垃圾的处置,不造成环境污染;三是引导消费者转变消费观念,崇尚自然、追求健康,在追求生活舒适的同时,注重环保,节约资源和能源,实现可持续消费。也就是说,在社会消费中,不仅要满足我们这一代人的消费需求和安全健康,还要满足子孙后代的消费需求和安全健康。绿色生活或可持续生活是指某一个人或社会的生活方式,以使用有限的天然资源,达至某种程度上的可持续性。

我国最早规定绿色消费制度的法律是《循环经济促进法》,但该法的规定比较原则,并不具体。现行《环境保护法》第 36 条规定:"国家鼓励和引导公民、法人和其他组织使用有利于保护环境的产品和再生产品,减少废弃物的产生。""国家机关和使用财政资金的其他组织应当优先采购和使用节能、节水、节材等有利于保护环境的产品、设备和设施。"该条款为建立我国的绿色消费制度提供了更为明确的法律依据。

(二) 绿色消费制度的内容

1. 鼓励绿色消费

绿色消费是一种崭新的消费理念与生活方式,它既包括企业对绿色产品的提供,也包括消费者对绿色产品的购买与消费活动,它是一种符合环境保护要求的、较高层次的理性消费行为。但是,消费行为本质上是一种个体化的民事行为,尽管绿色消费对于改善环境质量具有非常重要的意义,但也不能在法律上采取强制性措施,只能通过各种方式加以鼓励和引导,形成新的绿色消费模式。这些鼓励和引导措施至少应该包括:针对企业生产绿色产品的激励机制,比如绿色产业投资、绿色标识与价格优惠、税收制度等等;针对消费者的绿色押金、绿色认证、绿色产品市场监管,等等;此外,还应该建立企业与消费者互动的绿色消费鼓励制度,比如生产者延伸责任与回收综合利用、绿色消费双向激励,等等。

2. 发挥政府示范作用

政府作为社会的管理者,其消费行为对全社会具有良好的示范效应;同时,政府作为国家财政资金的使用者,也有义务按照国家环境保护的要求,进行绿色采购,支持企业的绿色生产。因此,法律规定政府应率先使用节能、节水、节材等有利于保护环境的产品、设备和设施;使用财政性资金进行采购的,也应当优先采购节能、节水、节材和有利于保护环境的产品及再生产品。

三、生活废弃物分类处置制度

(一) 生活废弃物分类处置制度的含义

"生活废弃物"是指在日常生活和其他社会活动中产生的,社会主体为满足自身发展需要,利用物质条件在生产、生活过程中产生的被弃置的附属物。生活废弃物也是人们平常所称的"垃圾",包括居民生活垃圾、单位生活垃圾、道路清扫垃圾、公共场所垃圾、商业摊点垃圾、集贸市场垃圾、餐饮垃圾、建筑垃圾等废弃物。生活废弃物分类处置是指按一定规定或标准将垃圾分类储存、分类投放和分类搬运,从而转变成公共资源的一系列活动的总称。分类的目的是提高垃圾的资源价值和经济价值,力争物尽其用。生活废弃物分类处置是减少环境污染、改善环境质量的重要措施。生活废弃物分类处置制度是指有关生活废弃物分类方式、处置方法以及相关主体在生活废弃物分类处置过程中的权利义务关系的法律规范总和。

生活废弃物分类是对垃圾收集处置传统方式的改革,是对垃圾进行有效处置的一种科学管理方法。人们面对日益增长的垃圾产量和环境状况恶化的局面,如何通过垃圾分类管理,最大限度地实现垃圾资源利用,减少垃圾处置量,改善生存环境质量,是当前世界各国共同关注的迫切问题之一。

目前我国的垃圾处理多采用卫生填埋甚至简易填埋的方式,占用大面积土地;并且虫蝇乱飞,污水四溢,臭气熏天,严重地污染了环境。垃圾分类的好处是显而易见的。垃圾分类后被送到工厂而不是填埋场,既省下了土地,又避免了填埋或焚烧所产生的污染,还可以变废为宝,形成新的城市"资源矿山"。垃圾分类对于城市规划能够起到重要的促进作用,在合理的分类处置下,可以使垃圾污染程度有效地降低,并且在回收以及重塑方面也会对社会以及企业有着充分的益处。

我国现行法律中有关于生活废弃物的立法已有不少,包括《固体废物污染环境防治法》《循环经济促进法》《城市生活垃圾管理办法》《再生资源回收管理办法》等,但这些立法的规定理念较为落后,并且存在一定的矛盾与冲突。《环境保护法》第37条规定:"地方各级人民政府应当采取措施,组织对生活废弃物的分类处置、回收利用。"第38条规定:"公民应当遵守环境保护法律法规,配合实施环境保护措施,按照规定对生活废弃物进行分类放置,减少日常生活对环境造成的损害。"规定了生活废弃物分类处置、回收利用制度,为修改和完善相关法律提供了依据。

(二) 生活废弃物分类处置制度的内容

1. 地方人民政府应承担生活废弃物处理的主要责任

生活废弃物分类处置是一个从私有品转化为公共资源的过程。生活废弃物在分类储存阶段属于公众的私有品,经公众分类投放后成为公众所在小区或社区的区域性准公共资源,分类驳运到垃圾集中点或转运站后成为没有排他性的公共资源。因此,需要政府在建立分类标准、确定分类投放区域、进行分类驳运或者转运、建设处置设施等方面承担责任,为实现生活废弃物的分类处置提供必要的服务,建设能够满足需要的设施。具体而言,政府除了建设好生活废弃物分类处置的设施以外,重点应推动生活废弃物分类工作。

(1) 明确分类标准。分类的目的就是为了将生活废弃物分流处理,利用现有生产制造能力回收垃圾,分类利用回收品,包括物质利用和能量利用,填埋处置暂时无法利用的无用垃圾。各地方应综合考虑地理、经济发展水平、企业回收利用废弃物的能力、居民来源、生活习惯、经济与心理承担能力等因素,建立合理的分类标准。

(2) 建立减排补贴,超排惩罚的制度。制定单位和居民垃圾排放量标准,低于这一排放量标准的给予补贴,超过这一排放量标准的则予以惩罚。减排越多补贴越多,超排越多惩罚越重,以此提高单位和居民实行源头减量和排放控制的积极性。

(3) 促进生活废弃物分类处置观念的形成。广泛开展生活废弃物分类的宣传、教育和倡导工作,使消费者树立生活废弃物分类的环保意识,阐明生活废弃物对社会生活造成的严重危害,宣传生活废弃物分类的重要意义,呼吁消费者积极参与生活废弃物分类。同时教会消费者生活废弃物分类的知识,使消费者进行生活废弃物分类逐渐成为自觉和习惯性行为。

(4) 改造或增设垃圾分类回收的设施。生活废弃物分类应细化,可以用不同颜色的垃圾桶分别回收玻璃、纸、塑料和金属类包装垃圾、植物垃圾、生活垃圾、电池灯泡等特殊的垃圾。垃圾桶上必须注明回收的类别和简要使用说明,指导消费者使用。建立现代社区的生活废弃物经营和回收服务功能,政府可实行减免经营税的倾斜政策,调动社区的管理积极性。

(5) 改善垃圾储运形式。对环卫局的垃圾回收车进行分隔式的改造,分类装载生活废弃物。充分发挥原有回收渠道的作用,将可再生利用的生活废弃物转卖到企业。另外,建立专门回收队伍,由厂家直接回收,实现多渠道回收,引入价格和服务的竞争机制,以提高服务质量和回收率。

2. 公民的生活废弃物分类放置义务

生活废弃物从垃圾变为有用的资源,关键在于让公民个人参与到分类处置中来,以传统的监管方式实现的生活废弃物排放、分类处置的难度大、成本高,因为每个公民都要排放生活废弃物,因此,必须高度重视公民的积极性与防治作用的发挥。通过公民自己去履行生活废弃物分类处置的义务,才能实现制度的预期效果。

目前,我国的生活废弃物处理所折射的制度实施问题核心症结不在于没有专门立法或制度缺失,而是政府主导下的生活废弃物防治制度难以落实到每个个体。因此,规定公民"遵守环境保护法律法规,配合实施环境保护措施,按照规定对生活废弃物进行分类放置"的义务,是为了调动每个公民的参与积极性,减少日常生活对环境造成的损害。

四、环境与健康保护制度

(一)环境与健康保护制度的含义

环境污染最终也是最严重的后果是对人类健康造成损害,不仅直接影响当代人的生命健康,而且威胁未来世代人的健康出生与成长。近年来在我国频繁爆发的儿童血铅事件、砷中毒事件,以及日益严重的人口出生缺陷、不孕不育症人数增加,都是环境污染对人群健康造成影响的直接例证。环境与健康保护制度就是关于采取相关措施控制环境污染物的转移途径和暴露时间,切断污染物进入人体的通道,使人群免受或者减轻环境污染造成的健康损害的法律规范总和。

我国经过三十多年快速发展,环境问题进入集中爆发期,在局部地区已对人群健康造成危害。当前,我国环境与健康问题呈现如下特点:一是复合型污染严重,污染范围广,暴露人口多;二是人群暴露时间长,污染物暴露水平高,历史累积污染对健康的影响短时间内难以消除;三是城乡差异显著,大气污染是我国城市地区、水污染和土壤污染是农村地区面临的主要环境与健康问题;四是由于基础卫生设施不足导致的传统环境与健康问题还没有得到妥善解决的同时,由工业化、城市化进程带来的环境污染与健康风险日益严重。从发展趋势看,上述四个方面的问题短期内难以解决,未来环境污染的健康风险日趋严重,环境与健康工作形势严峻。

我国政府已开始着手化解环境与健康风险。原国家环保总局与原卫生部于2006年确立了《卫生部、国家环保总局环境与健康工作协作机制》,建立了国家环境与健康工作领导小组、联合办公室、专家咨询委员会、主题工作组等四个层面的组织机制,负责研究、出台若干重大环境与健康政策,建立协作机制,协调部门关系,指导环境与健康工作的发展。2007年11月,18个部委又联合出台了《国家环境与健康行动计划(2007—2015)》,这也是中国环境与健康领域的第一个纲领性文件。根据该计划,国家成立了以原卫生部、原环保总局为牵头部门,国家发改委、教育部、科技部、财政部、国土资源部、建设部、交通部、水利部、农业部、商务部、广电总局、统计局、安全监管总局、国务院法制办、气象局、中医药局等部门参加的国家环境与健康工作领导小组,并成立国家环境与健康专家咨询委员会,实行领导小组例会制度、联合办公室工作制度、共同协调地方工作制度等。云南、湖南、广东、黑龙江等省份也通过了本省的环境与健康行动计划。2011年8月,环境保护部又公布了《国家环境保护"十二五"环境与健康工作规划》,进一步明确了"十二五"期间环境与健康工作的重点领域和主要任务。但是,这些都还仅仅停留在政策层面,由于种种原因,难以得到真正落实。因为环境与健康保护问题涉及物理、化学、生物学、生态学、医学等多个自然科学领域,与经济社会发展方式、企业社会责任、环境管理、卫生管理、公民权益保障密切相关,需要通过自然科学研究解释环境与健康问题产生的机理,提出解决环境污染、防止人体健康受害的技术方案与措施,更需要通过社会科学研究寻找环境与健康问题产生的原因,提出解决环境污染、保障人群健康权益的制度安排与政策措施。

在一些先进国家,环境与健康保护采取的是典型的"科技+法律"模式,以环境健康风险评估为基础,建立以环境健康风险评估为核心的制度体系。1983年,美国国家科学院制定了"风险管理"策略,将环境与健康风险管理分为两个阶段,即风险评价与风险管理,并明确了健康风险的评价步骤,其发布的《联邦政府风险评价程序指南》将健康风险评估过程分为危害识别(hazard identification)、暴露评估(exposure assessment)、剂量—反应关系(dose-response assessment)和风险表征分析(risk characterization analysis)四个步骤,它也是美国《超级基金法》实施中决定污染场地的修复或生态恢复的范围、目标和方式的依据。美国的环境健康风险管理框架得到了许多国家的认可,加拿大、澳大利亚、荷兰等国环境立法予以采纳并且实施效果良好。韩国制定了专门的《环境与健康法》,第1条为:"为了预防和维护公众健康和生态安全,减少健康危害,评估、识别和监测环境污染和有毒有害化学品等对公众健康以及生态系统的影响和损害,制定本法。"该法也建立了以风险评估为核心的环境与健康保护制度。

我国《环境保护法》第39条规定:"国家建立、健全环境与健康监测、调查和风险评估制度;鼓励和组织开展环境质量对公众健康影响的研究,采取措施预防和控制与环境污染有关的疾病。"这是我国首次将环境与健康保护纳入环境立法,为建立健全环境与健康保护制度提供了依据。

(二) 环境与健康保护制度的内容

1. 环境与健康监测、调查和风险评估制度

环境与健康保护制度的核心在于将风险预防的原则变为实际的制度安排,通过建立风险评估制度将环境污染对人群健康的危害降到最低,采取各种措施对于易感人群、敏感人群进行保护,尽可能避免产生健康损害后果。人类对自然规律的认识有限,人类利用自然所产生的后果在短时间内不会完全显现,污染物对人体健康造成损害往往是一个缓慢的过程。但这种损害一旦形成,轻则可能对个人的健康造成不可逆转的危害,重则可能对整个民族的繁衍形成威胁。因

此，环境保护要做到以人为本，必须有强烈的风险控制意识，将风险预防作为基本原则，建立以保障人体健康为导向，以风险评价、风险控制和风险沟通为核心的环境健康风险监管机制，防范由健康风险引发的环境群体性事件。在环境与健康风险监管体制中，环境与健康监测、调查与风险评估是基础。

环境与健康监测主要是通过技术手段对"污染源—环境介质—人体负荷—健康效应"所进行的综合监测，以帮助我们全面了解环境与健康的现状，发现环境污染与人群健康之间的因果关系。

环境与健康调查主要是通过科学调查、社会学调查等方法对主要环境危险因子进行识别并提出有效应对措施的基础性工作，展开有效的调查可以摸清环境与健康问题的"底数"，为开展环境健康风险评估提供支撑。

环境健康风险评估（Environmental Health Risk Assessment，EHRA）是环境与健康工作的基本工具，是指利用现有的毒理学、流行病学及实验研究等最新成果，按一定准则，对有害环境因素作用于特定人群的有害健康效应（病、伤、残、出生缺陷、死亡等）进行综合定性与定量评估的过程。

2. 国家鼓励开展环境与健康科学研究

环境污染引发的人群健康危害具有复杂、不确定与不可逆等特性，但现行环境法律法规中有关环境与健康工作的内容过于原则化，缺乏真正符合环境与健康工作需要的法律制度和标准体系，许多环境管理制度及管理目标大多缺乏与健康问题的衔接，一些与环境和健康问题密切相关的重要环境管理制度尚未建立起来，其根本原因在于我国有关环境与健康的科学研究成果不足以支撑制度建设，要达到预防和控制与环境污染有关的疾病的目标，急需加强科学研究。

科研能力薄弱是我国推进环境与健康工作面临的最大障碍，长期、系统化的基础研究严重不足，缺少规范的环境与健康调查技术方法，一些重要的领域如环境污染导致人体健康损害的致病机理、暴露途径、暴露生物标识物的确定，有害污染物的健康危害评价指标和分析测试技术，以及环境与健康风险评价等方面研究明显不足，研究成果对管理决策的支持不够，不能为有效应对环境健康事件、开展环境与健康风险管理提供技术支撑。国家采取鼓励和组织开展环境质量对公众健康影响的研究的方式，为建立健全环境与健康保护制度奠定科学基础。

思考题

1. 你认为"生态红线"的法治化路径为何？
2. 你认为应如何完善我国的生态补偿制度？
3. 如何认识公民的生活垃圾分类处置义务？

3. 如何认识环境与健康保护制度？

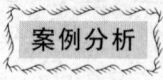

1. 水资源损害赔偿案

綦江县赶水矿产有限公司玛瑙煤矿位于桐梓县木瓜镇境内玛瑙洞，其前身为始建于1993年的川黔煤矿。原川黔煤矿于1998年1月7日由綦江县赶水镇梅子村转让与綦江县赶水矿产有限公司后，由綦江县赶水矿产有限公司设立并更名为现在的綦江县赶水矿产有限公司玛瑙煤矿。桐梓县木瓜镇龙塘村老房子32户村民均居住在玛瑙煤矿北井上。为了解决村民田土及水资源的损坏问题，双方曾经通过桐梓县木瓜镇综治办、企管站协调处理，周边村民及北井上部分村民与綦江县赶水矿产有限公司桐梓玛瑙煤矿达成了处理意见。32户村民中亦有几户按此处理意见签订了补偿协议。

綦江县赶水矿产有限公司玛瑙煤矿采煤区上方正好是原告村民房屋、耕地及水源地，公司在逐年的开采中，造成地下大量空洞，致使地表严重裂缝，岩体崩塌，水土严重流失。现已直接造成32户村民人畜饮水断源，原有水源、水井断流、枯竭。桐梓县木瓜镇龙塘村老房子32户村民原来人、畜、灌所用的主要水源处凉水井、半坡杨柳湾井及凉垭井现均未见有水。桐梓县木瓜镇政府为解决龙塘村老房子32户村民的取水困难而修建的渴望工程，其蓄水较充分。该工程所建的大水窖供水范围涉及赶窝、环山及老房子村，但老房子村相对距离较远。另外，渴望工程蓄水量受到季节、源头水源等因素的制约。老房子村民取水有一定困难，不能满足其用水需求。

问题：煤矿开采所导致水资源破坏的行为如何定性？矿山企业应当承担什么责任？法律依据是什么？

2. 血铅污染诉讼被撤诉

2014年4月中旬，湖南省衡阳市衡东县的居民向媒体举报"衡阳衡东经济开发区的污染问题"。澎湃新闻曝光了衡阳美仑化工致300多名儿童血铅超标事件。6月14日央视新闻频道对此事件深入跟踪报道，面对央视的质疑，衡东县政府否认了企业的污染行为，大浦镇镇长回应儿童血铅超标是咬铅笔造成的。

随后，国家环保部介入调查，9月份公布的调查结果及处理意见认为：衡东经济开发区存在大气重金属污染、衡阳美仑化工环评内容不全、铅尘随意排放、历史血铅排查不彻底等问题，要求衡东县政府对衡阳美仑颜料化工有限公司无条件关闭，对园区内其余17家涉重金属企业实行停产整治，并根据排查情况分别整治。

9月22日,长沙市曙光环保公益发展中心与中国政法大学环境受害者法律帮助中心合作提起两起诉讼,衡东县人民法院立案并发布公告称:"湖南衡阳衡东经济开发区血铅案"将于2015年4月28日开庭,该案被告为衡阳美仑颜料化工有限责任公司,原告为儿童血铅超标的53个家庭。"园区污染企业环境污染侵权案"将于2015年4月13日开庭,被告为衡东工业园中的湖南省创大钒钨有限公司,原告为衡县大浦镇石桥村4组,污染受害者汤冬华。汤冬华个案,因追加工业园区内其他6家污染企业而延期开庭。

立案过后,汤冬华开始不断接待政府人员、社会人员,并且在法院外被人堵住,法官也给他做工作,要他撤诉。政府动员了汤家的远方亲戚、邻村朋友、邻镇干部不断到家里游说,说只要撤诉,政府就给十多万,如果不撤诉就以敲诈勒索罪抓起来,最后又提出庭外和解会谈。

儿童血铅案中,县领导、镇干部、刑警队等都直接参与,统一分配任务,六七个人去一家,"动员"原告撤诉。立案时原告为53户血铅儿童家庭,经过政府20来天的"工作",42户家庭选择了撤诉。政府采取了派人带着空白的"撤诉申请"到原告家里车轮谈话、让亲属"丢饭碗"、取消低保、承诺补偿医疗费等多种方式"做工作",目的只有一个,让原告撤诉。

整个"做工作"过程,环保公益组织多次向媒体反映,《新京报》针对此事件发表评论,认为衡东县的行为是变相干预司法。评论文章特别指出:"这一事件也说明:个别基层政府的思维,还停留在过去的'畸形维稳'时代,不能正确对待民间依法维权。本来这一事件中,当地政府处理也算到位:县环保局局长等4人被免职了,受害儿童得到了免费发放的牛奶和药品,政府并不是污染的直接责任方。""但当受害者起诉维权时,有些地方政府就条件反射地认为'敏感'了,习惯性地秀出'国家机器的肌肉',阻挠正常诉讼,根子问题是将政府与污染企业做利益捆绑,将地方经济利益凌驾于法律之上、民众生命安全之上。""衡东县这么多孩子饱受铅污染之苦,通过诉讼向污染企业讨个说法,是正当、正常,乃至是任何法治政府乐见的事。这次衡东县政府却动用行政力量,阻挠诉讼维权,这种'防民如寇'的心态必须被清除。""近两年来,立案改革、环保诉讼这么多大改革都搞了,但个别基层政府却'兵来将挡、水来土掩',不能直接干涉立案了,就搞'关口前移',动用权力威逼利诱,生生把'状纸'从法院里拽出来,使国家层面的改革起不到效果,这是个应严肃对待的问题。"

问题:政府在保护和改善环境中应当承担什么责任?政府与污染企业之间应该是什么关系?此案应该如何处理?

第六章 污染控制法律制度

> **内容提要**

环境污染控制法律制度是国家为预防、治理环境污染所建立的法律制度的总称。它可以分为预防性控制制度和治理性控制制度。预防性控制制度包括了城市环境综合整治定量考核制度、排污申报登记制度、防止环境污染转嫁制度这三种制度。治理性控制制度主要包括污染物排放税、费制度,现场检查制度,限期治理制度,突发环境事件应急制度。

> **关键词**

环境污染控制法律制度　预防性控制制度　治理性控制制度

第一节　环境污染控制法律制度概述

一、环境污染控制法律制度的含义

环境污染控制法律制度是指以防治环境污染为目的的一类法律法规,它们作为环境法的重要组成部分,以对环境污染的防治为内容,在形式上表现为环境管理基本制度之下的具体污染控制制度,既是对环境管理基本制度的具体化,又是对环境污染防治的综合性规定。这一类法律制度具有如下特征:

(1) 环境污染控制法律制度是针对环境污染的预防、治理或污染物控制所进行的综合性立法,其内容涉及对各环境要素的全面保护。如排污申报制度以污染物排放活动作为其规范对象,包括了所有的需要进行申报的污染物和排污行为,而不是单纯地以某一类污染物或污染源控制为规范对象。

(2) 环境污染控制法律制度是《环境保护法》中有关污染防治的一般制度,既是环境管理基本制度在污染防治方面的具体体现,又是环境要素污染防治立法的基础和指导,或者说是对污染防治单行法制度的抽象与综合。如排污收费制度作为环境污染控制的重要制度,是对排污收费的一般性规定,它既是环境管理基本制度中过程控制制度的具体化,也是《大气污染防治法》《水污染防治法》

《噪声污染防治法》等单行法规定中针对不同污染物采用排污收费制度的依据。

（3）环境污染控制法律制度与生态保护法律制度之间应是互相协调与互相配合的关系。它们从不同的角度、不同的层面作出规定。虽然各有侧重，但两者并非截然对立和矛盾。从环境的属性讲，生态保护是防止环境污染的重要条件；而环境污染的防治又是生态保护的重要内容，也是生态保护的结果。从法律的内容看，生态保护法律制度着重于对水、森林、草原、土地等环境要素开发与利用过程本身的控制，是在原有的传统权利基础之上附加了可持续发展的考虑和环境保护的限制；而环境污染控制法律制度则更注重对于环境要素开发利用过程中所产生的副作用的限制，是为开发利用主体直接设定防治污染的义务与责任。

二、环境污染控制法律制度的类型

环境污染控制法律制度根据不同的标准可以分成不同的类型，按照在控制环境污染中功能的差异和制度的不同着力点，可以分为预防性控制制度和治理性控制制度。

1. 预防性控制制度

预防性控制制度是指国家以污染发生源为基点、旨在预防污染发生而建立的环境污染控制法律制度的总称。具体而言，预防性控制制度包括了城市环境综合整治定量考核制度、排污申报登记制度和防止环境污染转嫁制度。

2. 治理性控制制度

治理性控制制度是指国家为治理业已发生的环境污染而建立的环境污染控制法律制度的总称。治理性控制制度主要包括以下几种：污染物排放税、费制度，现场检查制度，限期治理制度，突发环境事件应急制度。

第二节 预防性控制制度

一、清洁生产和循环经济制度

（一）清洁生产和循环经济制度的含义

清洁生产与循环经济利用是从不同的角度防止污染、保护环境的有效措施，可以在人、自然资源和科学技术的大系统内，在资源投入、企业生产、产品消费以及废弃的全过程中，建设环境友好、资源节约型经济发展方式，在环境保护目标的约束下为经济发展开辟空间。为此，《环境保护法》第 40 条作了专门规定。

清洁生产是 20 世纪 80 年代以来发展起来的一种新的、创造性的保护环境资源的战略措施，该思想将整体预防的环境战略持续应用于生产过程、产品和服务中,以增加生态效率和减少人类及环境的风险。[①] 实行清洁生产既可以防止污染及污染转移,还具有可持续性。清洁生产一经提出,在世界范围内得到许多国家和组织的积极推进和实践,其最大的生命力在于可取得环境效益和经济效益的"双赢",是实现经济与环境协调发展的唯一途径。中国清洁生产制度始于20世纪90年代,后逐渐得到推广,在各环境保护单行法规定清洁生产制度和制定地方性清洁生产条例的基础上,我国于2002年制定了《清洁生产促进法》,2005年制定《可再生能源法》,为我国的清洁生产制度和采用清洁能源提供了法律依据。

循环经济是指在生产、流通和消费等过程中进行的减量化、再利用、资源化活动的总称,也是资源节约和循环利用活动的总称。循环经济作为一种新的发展模式,是在我国传统的高消耗、高排放、低利用的经济增长模式所带来的资源约束和环境压力背景下提出来的。20世纪80年代以来,我国经济快速增长,各项建设成就显著,但同时经济发展与资源环境的矛盾也日趋尖锐:环境污染加重趋势尚未得到根本遏制,生态破坏问题日趋严重,资源能源形势更加严峻,国际环境压力日益加大。要解决上述问题,破解制约我国经济社会发展的结构性矛盾,就必须大力发展循环经济。为此,我国于2008年颁布了《循环经济促进法》。

清洁生产与循环经济法律制度是关于推行清洁生产和发展循环经济的法律规范的总和,它以《环境保护法》为基本依据,具体内容体现在《清洁生产促进法》《可再生能源法》《循环经济促进法》等多部法律之中。

(二)清洁生产制度的内容

清洁生产是指利用无污染或者少污染的原材料、能源、工艺、设备和生产方法以及科学的内部管理,生产出清洁的产品。清洁生产秉持全过程控制污染的理念,要求做到"三清"——清洁的能源、清洁的生产过程和清洁的产品。其核心内容为:一是自然资源的合理利用,要求以最小的投入获得最大的产出;二是经济效益的最大化:通过节约资源、降低损耗、提高效能和产品质量,达到降低生产成本,提升企业竞争力的目的;三是环境危害最小化:通过最大限度地避免和减少使用有毒害物料,采用无废、少废技术,减少生产过程中的危险因素,注重废物回收和循环利用,采用可循环可降解材料完成产品生产和包装,改善产品功能等一系列环保措施,实现对人类健康和环境的危害最小化和"工业绿化"的目的。清洁生产法律制度围绕相关要求展开。

1. 清洁生产的推行

《清洁生产促进法》对政府及有关部门明确规定了要支持、促进清洁生产的

[①] 参见联合国环境署关于双赢(win-win)的论述,http://www.unepie.org,2004年5月25日访问。

具体要求,其中包括:制定有利于清洁生产的政策,制定清洁生产推行规划,发展区域性清洁生产,为企业提供清洁生产的技术信息和技术支持,组织清洁生产的技术研究和技术示范,组织开展清洁生产教育和宣传,优先采购清洁产品等。

2. 清洁生产的实施

《清洁生产促进法》规定了对生产经营者的清洁生产要求,包括指导性要求、强制性要求和自愿性规定三种类型。其中,指导性的要求不附带法律责任,属于此类要求的法律规定包括:有关建设和设计活动优先考虑采用清洁生产方式;按照清洁生产要求进行技术改造;普通企业的清洁生产审核等。自愿性的规定主要是鼓励企业自愿实施清洁生产,改善企业及其产品的形象,相应地,可以依照有关规定得到奖励和享受政策优惠。属于此类的规定包括企业自愿申请环境管理体系认证等。强制性的要求规定了生产经营者必须履行的义务,其中包括:对部分产品和包装物要进行标识和强制回收;部分企业要进行强制性的清洁生产审核;对污染严重的企业要按照国家环保总局的规定公布主要污染物排放情况等。

3. 推进清洁生产的激励措施

《清洁生产促进法》对实施清洁生产的企业规定了表彰奖励、资金支持、减免增值税等措施,明确规定实施清洁生产者可以从多方面获益。

(三) 循环经济制度的内容

循环经济是一种将经济体系与环境资源紧密结合的生态经济模式,针对我国的实际情况,在法律制度上必须坚持四个原则:一是减量化优先的原则。西方发达国家发展循环经济一般侧重于废物再生利用,而我国正处于工业化高速发展阶段,能耗物耗过高,资源浪费较为严重,因此前端减量化的潜力很大,要特别重视资源的高效利用和节约使用。二是突出重点,着力解决能耗高、污染重、影响我国循环经济发展的重大问题。对主要工业行业和重点企业,要明确提出节能减排的约束性要求。三是建立有效的激励与约束机制,对高消耗、高排放的行为要有硬约束;同时,通过激励政策,为企业或个人按照循环经济的要求进行生产和生活活动提供指导规范,支持和推动企业等有关主体大力发展循环经济。四是在生产、流通和消费的各个环节,注重发挥政府、企业和公众以及行业协会等主体在发展循环经济中的积极性,形成推进循环经济发展的整体合力。为此,《循环经济促进法》建立了如下制度:

(1) 循环经济规划制度。规定了编制循环经济发展规划的程序和内容,为政府及部门编制循环经济发展规划提供了依据。

(2) 抑制资源浪费和污染物排放的总量调控制度。明确要求各级政府必须依据上级政府制定的本区域污染物排放总量控制指标和建设用地、用水总量控制指标,规划和调整本行政区域的经济和产业结构,把本地的资源和环境承载能力作为规划经济和社会发展规模的重要依据。

(3) 生产者责任延伸制度。明确规定生产者在产品废弃后应当承担的回收、利用、处置等责任,将生产者的责任从单纯的生产阶段、产品使用阶段逐步延伸到产品废弃后的回收、利用和处置阶段。

(4) 对高耗能、高耗水企业的监督管理。国家对钢铁、有色金属、煤炭、电力、石油加工、化工、建材、建筑、造纸、印染等行业年综合能源消费量、用水量超过国家规定总量的重点企业,实行能耗、水耗的重点监督管理制度。

(5) 产业政策的规范和引导。国务院循环经济发展综合管理部门会同国务院环境保护等有关主管部门,定期发布鼓励、限制和淘汰的技术、工艺、设备、材料和产品名录。

(6) 明确减量化的具体要求。对于生产过程,规定了产品的生态设计制度,对工业企业的节水节油提出了基本要求,对矿业开采、建筑建材、农业生产等领域发展循环经济提出了具体要求。对于流通和消费过程,规定了服务业的节能、节水、节材要求;国家在保障产品安全和卫生的前提下,限制一次性消费品的生产和消费等。此外,还对政府机构提出了厉行节约、反对浪费的要求。

(7) 再利用和资源化的具体要求。对于生产过程,规定了发展区域循环经济、工业固体废物综合利用、工业用水循环利用、工业余热余压等综合利用、建筑废物综合利用、农业综合利用以及对产业废物交换的要求。对于流通和消费过程,规定了建立健全再生资源回收体系、对废电器电子产品进行回收利用、报废机动车船回收拆解、机电产品再制造,以及生活垃圾、污泥的资源化等具体要求。

(8) 建立激励机制。主要包括建立循环经济发展专项资金;对循环经济重大科技攻关项目实行财政支持;对促进循环经济发展的产业活动给予税收优惠;对有关循环经济项目实行投资倾斜;实行有利于循环经济发展的价格政策、收费制度和有利于循环经济发展的政府采购政策。

(9) 法律责任追究。《循环经济促进法》专设法律责任一章,对有关主体不履行法定义务的行为规定了相应的处罚细则,以保障该法的有效实施。

二、"三同时"制度

(一) "三同时"制度的含义

"三同时"制度是指一切新建、改建和扩建的基本建设项目(包括小型建设项目)、技术改造项目以及自然开发项目和可能对环境造成损害的工程建设,其中防治污染和其他公害的设施及其他环境保护设施,必须与主体工程同时设计、同时施工、同时投产的法律规定。建设项目一般包括设计、施工和投入使用三个阶段,"三同时"制度贯穿于建设项目的全过程,并对三个阶段提出了不同的要求。这有利于控制新污染源的产生和贯彻预防为主的原则,有利于保证项目建成后企业排放的污染物符合国家或者地方规定的标准。

"三同时"制度是我国环境保护工作的一个创举。这项制度始于20世纪70年代,在1979年《环境保护法(试行)》中就有规定,以后其适用范围、控制方法等不断得到完善,2014年修订《环境保护法》时,更对防治污染设施的建设、质量、拆除或者闲置作出了具体规定,大大增强了制度的可操作性。从实践中看,"三同时"制度必须与建设项目环境影响评价制度结合实施,才能够为"预防为主"原则的落实提供制度支持。因为"三同时"中的第一个"同时"不仅与建设项目的环境影响评价密切相关,而且本身就应该成为建设项目环境影响评价的一个重要内容,这样才能保证建设项目的选址、设计符合环境保护的要求,避免或减少环境污染的隐患。在某种意义上,"三同时"中的后面两个"同时"都是对第一个"同时"理念与方案的落实。当然,后面两个"同时"也还有着自身的功能,如果防治污染的设施设备被拆除或者闲置,即便有了"同时设计"、"同时施工"也无法达到控制污染、保护环境的目的。为此,《环境保护法》第41条对"三同时"制度作了规定。

(二)"三同时"制度的内容

1. 适用范围

根据有关法律、法规,"三同时"制度适用于新建、改建和扩建的建设项目、技术改造项目以及一切可能对环境造成污染和破坏的工程建设项目。无论该项目位于何处,无论是工业项目还是交通、商业、服务项目等。

2. 不同建设阶段的规定和要求

各级人民政府环境保护主管部门对建设项目的环境保护实施统一监督管理,包括对设计任务书中有关环境保护内容的审查、环境影响报告书或报告表的审批、建设施工的检查、环境保护设施的竣工验收以及环境保护设施运转和使用情况的监督检查。

(1)初步设计阶段。必须有环境保护的内容,包括:环境保护设施的设计依据;环境影响报告书或报告表及审批规定的各项要求和措施;防治污染的处理工艺流程、预期效果;对资源开发引起的生态变化所采取的防范措施;绿化设计、监测手段、环境保护投资的概算、预算等。建设单位负责落实初步设计中的环境保护措施;建设项目的主管部门负责初步设计中环境保护内容的预审和监督建设项目设计中环境保护措施的落实;各级人民政府的环境保护行政主管部门,负责初步设计中环境保护内容的审查。

(2)建设项目施工阶段。建设单位应严格按照环境影响报告书(表)和审批意见的要求以及审计文件中环境保护篇章的规定,在主体施工的同时落实环境保护设施的施工,并应当保护施工现场周围的环境,防止对自然环境的破坏,防止或减轻粉尘、噪声、震动等对周围生活居住区的污染和危害。

（3）建设项目正式投产或使用前。建设单位必须向负责审批的环境保护部门提交《环境保护设施竣工验收报告》，说明环境保护设施运行的情况、治理的效果和达到的标准，经验收合格并发给环境保护设施验收合格证后，才可以正式投产使用。未取得"环境保护验收合格证"的建设项目，工商行政管理部门不得办理营业执照。

（4）验收和正式投产使用阶段。环境保护行政主管部门负责环境保护设施的竣工验收，负责环境保护设施运转和使用情况的监督检查，建设项目的主管部门负责环境保护设施竣工验收的预审，监督项目竣工后环境保护设施的正常运转。

3. 防污设施的质量要求

防治污染的设施应当符合经批准的环境影响评价文件的要求。若防污设施没有建成或者没有达到国家规定的要求，投入生产或使用的，由批准该建设项目环境影响报告书的环境保护行政主管部门责令停止生产或者使用，可并处罚款。

4. 防污设施的拆除或者闲置

防治污染的设施不得擅自拆除或者闲置，确需拆除或者闲置的须经所在地的环境保护行政主管部门同意。

（三）法律后果

建设单位必须严格执行"三同时"制度。凡建设项目的环境保护设计内容未经环境保护行政主管部门审批、审查的，不予办理施工执照，擅自施工的责令其停工，补办审批手续；试生产建设项目的环境保护设施未与主体工程同时投入运行的，由审批建设项目环境影响报告书（表）的环保部门责令限期改正；逾期不改的，责令停止试生产，并可处以5万元罚款。

建设项目的防治污染设施没有建成、没有验收或没有达到规定的标准而投入生产或使用的，由有关的环境保护行政主管部门责令停止生产或使用，并可处以罚款。

三、企业环境保护责任制

（一）企业环境保护责任制的含义

企业环境保护责任制是以环境法律规定为依据，把环境保护工作纳入计划，以责任制为核心，以签订合同的形式，规定企业在环境保护方面的具体权利和义务的法律规范总和。

环境污染在生产与生活过程中产生，是人类的生产与生活的一个组成部分。人作为自然生物体，是生物圈的组成部分，必须参与生态系统的物质循环、能量流动、信息传递过程；企业事业单位和其他生产经营者在生产经营活动中，必须开发利用自然资源并且向环境排放生产过程中形成的物质或能量。这就意味着,人的生存与发展都可能带来环境污染。相对于人的生存活动而言,随着现代科学技术的发展和工业革命的更迭,生产活动开发利用自然资源和排放污染物质的能力、规模、后果都远非个人可比。严重的环境污染问题发端于企业生产经营活动,企业的营利行为建立在对环境造成污染损害社会公共利益的基础上,企业必须承担相应的环境保护义务。因此,环境立法中的一些重要理论,如污染者付费原则、企业社会责任等,都来自于对企业环境保护义务的认识,对企业生产经营活动过程的环境保护控制也成为各国环境保护立法尤其是污染控制立法的重点。

目前,我国面临着严峻的环境污染形势,废气、废水、废渣、粉尘、恶臭气体、放射性物质以及噪声、震动、电磁波辐射、光污染、废热等,给环境带来了污染,给生态造成了破坏,给人体健康带来了损害。实践中,诸多环境污染是伴随着企业事业单位和其他生产经营者的违法生产活动而产生的,例如因私铺暗管、私打渗井、私挖渗坑、偷偷灌注,以及私自篡改或伪造数据等行为而产生的废气污染、废水污染、废渣及其他固体废物污染、噪声污染、放射性污染、电磁波辐射污染等。这些污染行为已经影响到国家的环境管理秩序,并对生态环境和人体健康造成了显著的或者潜在的危害。因此,必须通过立法的途径来规制企业事业单位和其他生产经营者的违法排污行为,追究违法者的责任,预防污染现象的发生、蔓延。

我国的环境立法史上,也有许多针对企业污染控制的制度,以至于环境保护法有"为企业立法"之说。2014年修订的《环境保护法》一方面加强了政府的环境保护责任;另一方面,也对企业环境保护义务进行了概括性规定,明确了企业事业单位和其他经营者的环境保护禁限义务,建立了企业环境保护责任制。同时,《环境保护法》还规定了重点企业的污染信息公开义务,这比原来的自愿公开大大前进了一步。信息公开使企业与自己的竞争对手的比较成为可能,企业可以据此追踪竞争对手的最新进展,从而调整自己的发展目标;同时也使得投资者有能力比较同行业企业的污染水平以及污染趋势,并作出投资选择;再者,信息公开会产生一个"污染黑名单",企业因此有压力采取措施去减少污染。对于公众而言,除了对污染者进行道德上的谴责,还可能会产生相应的"邻避"效应,阻止高污染企业进入特定地区、抵制污染企业的产品;同时,环保组织也可以据以发现企业的污染信息,对损害环境公共利益的行为提起公益诉讼。

(二)企业环境保护责任制的内容

1. 排污者的环境污染防范义务

向环境中排放污染物的企业、事业单位,以及个体工商户等其他生产经营者,应当提前或者及时采取有效的措施,防治生产建设或者其他活动中产生的废气、废水、废渣、医疗废物、粉尘、恶臭气体、光辐射、放射性物质以及噪声、震动、电磁辐射造成环境污染。

2. 排污单位负责人的责任

向环境中排放污染物的企业、事业单位，要将环境保护纳入单位发展计划，制定明确的环境保护任务和指标，明确单位环境保护负责人和相关人员，明确排污单位的权利和义务、负责人的权利和义务，落实到生产管理、技术管理等各个方面和环节，并建立考核和奖惩制度。一旦排污单位违反协议排污，便依据协议追究单位负责人和相关人员的环境保护责任。

3. 重点排污单位的环境污染监测义务

列入重点排污名录的单位向环境中排放污染物，必须安装符合规定和监测规范的监测设备，并应该确保监测设备能够正常工作，监测所获得的原始监测数据要妥善保存以备查。

4. 严禁逃避监管的行为

国家禁止通过私铺暗管、私打渗井、私挖渗坑、偷偷灌注、私自篡改或伪造数据，以及不正常运行防治污染设施等逃避监管的方式，将污染物排放到地下水体、地表水体，或者将污染物掩埋、深埋到地下，或者篡改、伪造排污数据等以逃避排污责任。

5. 重点排污单位的信息公开义务

公开主体是"重点排污单位"，具体根据县级以上人民政府环境保护主管部门认定和发布的重点排污单位名录确定。

公开内容包括主要污染物的名称、排放方式、排放浓度和总量、超标排放情况，以及防治污染设施的建设和运行情况。

公开方式为强制企业公开信息。国务院环境保护主管部门应当建立统一的信息发布平台。

（三）企业违反法定义务的法律后果

（1）企业事业单位和其他生产经营者违法排放污染物，受到罚款处罚，被责令改正，拒不改正的，依法作出处罚决定的行政机关可以自责令改正之日的次日起，按照原处罚数额按日连续处罚。地方可以根据情况增加按日计罚行为的种类。

（2）企业事业单位和其他生产经营者超过污染物排放标准或者超过重点污染物排放总量控制指标排放污染物的，环境保护主管部门可以责令其采取限制生产、停产整治等措施；情节严重的，报经有批准权的人民政府批准，责令停业、关闭。

（3）建设单位未依法提交建设项目环境影响评价文件或者环境影响评价文件未经批准，擅自开工建设的，由负有环境保护监督管理职责的部门责令停止建设，处以罚款，并可以责令恢复原状。

(4) 重点排污单位不公开或者不如实公开环境信息的,由环境保护主管部门责令公开,处以罚款,并予以公告。

(5) 企业事业单位和其他生产经营者有建设项目未依法进行环境影响评价,被责令停止建设,拒不执行的;违反法律规定,未取得排污许可证排放污染物,被责令停止排污,拒不执行的;通过暗管、渗井、渗坑、灌注或者篡改、伪造监测数据,或者不正常运行防治污染设施等逃避监管的方式违法排放污染物的;生产、使用国家明令禁止生产、使用的农药,被责令改正,拒不改正的行为之一,尚不构成犯罪的,除依照有关法律法规规定予以处罚外,由环境保护主管部门或者其他有关部门将案件移送公安机关,对其直接负责的主管人员和其他直接责任人员,处10日以上15日以下拘留;情节较轻的,处5日以上10日以下拘留。

四、排污总量控制制度

(一) 排污总量控制制度的含义

排污总量控制制度是指国家环境管理机关依据所勘定的区域环境容量,决定区域中的污染物质排放总量,根据排放总量削减计划,向区域内的企业分配各自的污染物排放总量额度的一项法律制度。

排污总量控制是相对于我国过去长期实行的排污浓度控制而采取的一项更为合理的污染控制措施。浓度控制以控制污染源排放口排出污染物的浓度为核心的环境管理方法,因为其根据环境污染物排放的浓度标准,容易造成排放达标、环境污染的尴尬,不能满足控制污染、保护环境的要求。我国的环境保护经历了对污染物排放从单纯的浓度控制过渡到既控制浓度又控制总量的过程,反映出对环境资源认识的不断深化和污染控制力度的不断加大。从20世纪90年代后期至今,污染物排放总量控制已经成为环保领域的一出重头戏,并作为一种有效的环境管理手段在实践中广泛应用。

因为总量控制比浓度控制方法更能满足环境质量的要求,我国从20世纪末开始实行污染物排放总量控制制度。在"十一五"和"十二五"国民经济和社会发展规划中,重点污染物减排指标还被列为约束性指标,制定了全国主要污染物排放总量控制计划。《水污染防治法》和《大气污染防治法》也对总量控制制度作了规定。《环境保护法》第44条在这些制度的基础上,建立了排污总量控制制度。

(二) 排污总量控制制度的内容

排污总量控制是将某一控制区域(如行政区、流域、环境功能区等)作为一个完整的系统,采取措施将排入这一区域的污染物总量控制在一定数量之内,以满足该区域的环境质量要求的一项措施。一般而言,排污总量控制应该包括三个要素:污染物的排放总量;排放污染物的地域;排放污染物的时间。

1. 排污总量的确定

确定排污总量是一项政策性、技术性很强的工作。首先要通过制订全国及区域性的环境质量规划,拟订向环境排放各主要污染源及各单位的污染物允许排污总量,并应与各企业的污染物排放总量控制规划提出的排污总量相互协调统一。污染物总量控制可使环境质量目标转变为排放总量控制指标,落实到企业的各项管理工作之中,成为环保部门发放排污许可证的根据,也可以成为企业经营管理的基本依据。其次是考虑各地区的自然特征,弄清污染物在环境中的扩散、迁移和转移规律与对污染物的净化规律,计算环境容量,并综合分析该区域内的污染源,通过建立一定的数学模型,计算出每个源的污染分担率和相应的污染物允许排放总量,求得最优方案,使每个污染源只能排放小于总量排放标准的排放量。然后按照这个总量进行控制指标下达。

2. 污染物排放总量控制指标的下达

国务院发展改革部门会同有关部门在遵循公平、科学、合理原则下,研究提出国家重点污染物总量控制约束性指标分配意见,报国务院批准。国务院批准后向各省、自治区、直辖市下达。

3. 重点污染物排放总量控制指标的分解落实

省、自治区、直辖市人民政府应当按照国务院下达的重点污染物总量控制约束性指标和本行政区域需要,分解落实指标,削减和控制本行政区域的重点污染物排放量。

4. 重点污染物排放总量控制指标的遵守

企业事业单位执行国家和地区污染物排放标准的同时,应当遵守分解落实到本单位的重点污染物排放总量控制指标。

(三)排污总量控制制度的实施

排污总量控制制度与环境规划制度、政府环境保护目标责任制度、排污许可制度、环境标准制度、环境监测制度、企业环境保护责任制度都有着密切联系。这个制度的实施既需要各项制度的密切配合,更需要有科学合理的确定重点污染物、排污总量、控制区域以及排污时间的技术支持,这与我国的环境科学研究水平、信息技术手段运用能力、政府发展理念、环境执法水平、企业守法程度等都紧密相关。在立法上,《环境保护法》仅对排污总量控制制度作了原则规定,也还需要有相关法律、法规加以具体化。

《环境保护法》对政府和企业的违法行为分别规定了相应法律后果。

1. 地方政府的责任

(1)区域环评限批。对尚未达到环境质量标准的重点区域、流域,以及超过国家重点污染物排放总量控制约束性指标的地区,国务院和省、自治区、直辖市人民政府环境保护行政主管部门可以暂停审批新增重点污染物排放总量的建设项目环境影响评价文件。

(2) 限期达标。地方政府应当确定该重点区域、流域总量控制的污染物种类及控制指标,在规定期限内达到环境质量标准。

(3) 行政问责。地方各级人民政府应当对本行政区域的环境质量负责,对于达不到重点污染物排放总量控制指标的,地方行政负责人及环境保护主管部门负责人应承担相应责任。

2. 企业的责任

(1) 企业事业单位和其他生产经营者超过重点污染物排放总量控制指标排放污染物的,县级以上人民政府环境保护主管部门可以责令其采取限制生产、停产整治等措施;情节严重的,报经有批准权的人民政府批准,责令停业、关闭。

(2) 企业事业单位和其他生产经营者超过重点污染物排放总量控制指标排放污染物,造成损害的,依法承担民事责任、刑事责任。

五、排污许可证制度

(一) 排污许可证制度的含义

排污许可证制度是指凡是对环境有不利影响的各种开发、建设项目的排污设施及其经营活动,需要事前经过申请,经主管部门审查批准,颁发许可证后,才能按照规定的要求或条件进行建设和排污活动。

排污许可证制度是国家为加强环境管理而采用的一种卓有成效的管理制度,因其可以由管理机关针对不同的对象"量身定制",并且可以实行跟踪管理,而被认为是环境管理的"支柱性"制度,在国外得到广泛运用。20世纪80年代中期,我国开始引入了排污许可证制度,自1988年3月原国家环保局发布了《水污染物排放许可证管理暂行办法》开始,这一制度在我国的许多环境保护规范性文件、地方立法以及环境保护单行法中均有体现。但是,我国的环境保护法律法规虽然规定了排污许可证制度,却存在立法滞后于实践、法律法规不能指导实践的问题,使我国的排污许可证制度距"实行最严格的制度、最严密的法治"的要求还相差较远,急需进一步完善。《环境保护法》对排污许可证制度作了原则规定。

(二) 排污许可证的适用范围

排污许可证的最大优势在于可以对单个排污者确定义务并实施监管,为实现总量控制奠定基础,进而为建立排污许可交易市场埋下伏笔。根据法律规定,排污许可证的实施范围包括从事以下排污行为的单位:

(1) 向环境排放大气污染物的;

(2) 直接或间接向环境排放工业废水和医疗废水以及含重金属、放射性物质、病原体等有毒有害物质的其他废水和污水的;从事城镇污水集中处理设施运营的;

(3) 在工业生产中因使用固定的设备产生环境噪声污染的,或者在城市市区噪声敏感建筑物集中区域内因商业经营活动中使用固定设备产生环境噪声污染的；

(4) 产生工业固体废物或者危险废物的；依法需申领危险废物经营许可证的单位除外。

一般而言，种植业、非规模化畜禽养殖场和养殖小区排放污染物以及机动车、铁路机车、船舶、航空器等移动源排放污染物，不适用排污许可证的管理。

(三) 排污许可证的申请程序

排污许可证属于行政许可的一种类型，依申请而产生。排污许可证的申请，依《行政许可法》规定的程序执行。

(1) 申请排污许可证。现有的或者新的企业事业单位和其他生产经营者（以下统称为排污者）直接或间接向环境中排放工业废水、废渣、废气、医疗废水，以及含重金属、放射性物质、病原体等有毒有害物质的，必须先向环境保护主管部门申请领取排污许可证。

(2) 审批排污许可证。各级环境保护主管部门要根据权限依法受理，严格审批，严格监督检查。符合条件的予以审批，并颁发排污许可证；不符合条件的，不予颁发排污许可证或者符合条件后再颁发排污许可证。

(3) 使用排污许可证。获批者要严格按照核定的污染物种类、控制指标和规定的方式、期限排放污染物，且其所排污染物不得超过国家和地方规定的排放标准和排放总量控制指标。获批者要严格依照法定的程序和期限办理排污许可证的变更、延续、补办等手续。

(4) 监督管理排污许可证。排污许可证颁发后，主管机关必须对持证人执行许可证的情况进行经常性的监督管理，包括索取有关资料，检查现场设备，实地监测排污情况，发出必要的行政命令等。如发现问题，应及时纠正或作出处理。在情况发生变化或者持证人的活动影响周围公众利益时，可以修改许可证中原来规定的条件。

(5) 处理违法使用排污许可证。如果持证人违反规定的义务或者限制条件而导致环境资源的损害或者其他后果时，主管机关可以中止、吊销许可证，责令停止排污或者停产停业、没收、罚款以及其他法律责任。当事人如果对行政机关的处罚不服，可以在限定的时间内依法向人民法院起诉。

(6) 听证。如果排污许可的范围属于法律、法规、规章规定应当听证的事项，或者行政机关认为需要听证的其他涉及公共利益的重大事项，环境主管机关应当向社会公告，并举行听证。

(四) 排污许可证的监管

排污许可证制度是一种事前的污染控制措施，但其监管却应该是全过程的。对于许可证申请者而言，有义务按照许可证记载的事项履行防止污染、保护环境的义务;对于监管机关而言,发放许可证之日即为监管开始之时,必须按照许可证记载的事项进行跟踪检查与督促。现场检查也应针对许可证的要求进行,对不履行许可证义务的行为要依法追究法律责任。对违法发放许可证的责任人也要问责。

(1) 企业事业单位和其他生产经营者,未取得排污许可证排放污染物,被责令停止排污,拒不执行,尚不构成犯罪的,除依照有关法律法规规定予以处罚外,由县级以上人民政府环境保护主管部门或者其他有关部门将案件移送公安机关,对其直接负责的主管人员和其他直接责任人员,处 10 日以上 15 日以下拘留;情节较轻的,处 5 日以上 10 日以下拘留。

(2) 地方各级人民政府、县级以上人民政府环境保护主管部门和其他负有环境保护监督管理职责的部门不符合行政许可条件准予行政许可的,对直接负责的主管人员和其他直接责任人员给予记过、记大过或者降级处分;造成严重后果的,给予撤职或者开除处分,其主要负责人应当引咎辞职。

(3) 企业事业单位和其他生产经营者,未取得排污许可证排放污染物或者不按许可证要求排放污染物,造成损害的,依法承担民事责任、刑事责任。

六、禁止污染转移制度

(一) 禁止污染转移制度的含义

禁止污染转移制度是为防止污染转移而制定的一系列禁令的总称。污染转移是指经济相对发达的地区,将污染严重的设备或技术转移给没有防治污染能力的地区,技术较先进的企业将淘汰落后的污染设备转移给技术落后的企业,使被转移地区的环境严重受到污染的现象。

西方国家将其大量的垃圾和重污染设备转移到发展中国家,已是一个十分严重的外交、政治和法律问题。在我国,这个问题也一直存在,上海市环保局对来自纽约的 6 个装满塑胶垃圾的集装箱进行化验后在报告中指出:"有 55% 是家庭垃圾、输血袋及管子。"[1]除了将垃圾直接运抵我国外,一些外商投资于污染密集型产业,也成为污染转移的方式。污染密集型产业的发展不仅对环境质量有害,而且会对人类、动植物的生命或健康造成损害;在生产过程中,工人的安全和健康也会受到威胁或影响。一些外商投资企业还直接参与将危险废物非法进口。[2]

与此同时,中国在建立市场经济体制的过程中,也伴随着产业转移的过程,形成了国内的污染转嫁现象。改革开放初期,大力发展乡镇企业,一些落后的工

---

[1] 《西方国家大肆"出口"污染》,载《参考消息》1996 年 5 月 19 日。
[2] 叶汝求等:《环境与贸易》,中国环境科学出版社 2001 年版,第 282 页。

业设备、技术、产品被转移到了农村,加之乡镇企业没有任何防治污染的意识与能力,使工业污染从城市迅速蔓延到农村,有些严重的污染问题至今没有得到解决。20世纪90年代以后,随着国家区域开放开发战略的实施,东南沿海地区的产业逐渐向中西部地区转移,由于缺乏可持续发展理念和唯GDP导向,使得一些生态环境脆弱的地区大量承接高资源消耗、高污染产业,加之中西部地区对资源的掠夺性开发利用,导致环境容量急剧下降,污染与破坏日益严重。

污染转嫁和转移是地区经济发展不平衡的结果,也是国内相关法律和国际法律存在疏漏,使转嫁者"有机可乘"。一般情况下,经济发达国家或地区的环境保护标准比较严,造成发达国家或地区与欠发达国家或地区之间环境标准的落差。这种落差本身代表了一定的环境资源的价值:欠发达地区为了寻求经济的增长,往往牺牲环境的质量,制定较低的环境标准,甚至没有有效的环境标准,以生态价值换取经济价值。因此,只要存在经济发展的地区差异,就会有污染转嫁或转移的现象。如果法律不加以严格控制,这种现象难以杜绝。我国既是发展中国家,又是新兴的市场经济国家;国内的经济社会发展也不平衡,存在东部、中部和西部的差异,城市和乡村的差异,因而,在污染转嫁方面存在内外两重压力。

为防止内外两方面的污染转嫁,国家采取了越来越严格的政策、法律措施,从限制到完全禁止。从1984年开始,先后制定了《国务院关于加强乡镇、街道企业环境管理的规定》《对外经济开放地区环境管理暂行规定》《技术引进合同管理条例》《中外合资经营企业法实施条例》等,到1989年制定《环境保护法》,对防治污染转移作了专门规定。现行《环境保护法》第46条对防治污染转移制度作了进一步完善。

(二)禁止污染转移制度的内容

1. 禁止国内污染转移

禁止我国企业事业单位将严重污染环境的工艺、设备、材料和产品,转移给没有污染防治能力的单位和个人进行生产、加工、销售、经营或者处理,造成环境污染。具体包括两个方面:

(1)淘汰落后工艺、设备、材料和产品。国务院经济综合主管部门会同国务院有关部门公布限期禁止采用的严重污染环境的工艺名录,和限期禁止生产、销售、进口、使用的严重污染环境的设备名录;生产者、销售者、进口者或者使用者,必须在上述规定的期限内分别停止生产、销售、进口或者使用列入名录中的设备或生产工艺;被淘汰的设备,任何单位或个人不得转让给他人使用。

(2)禁止国内污染转移行为。即禁止将我国大中城市因能源、资源浪费严重,工艺落后,污染危害大又不好治理而淘汰下来的工艺、设备、材料和产品转让给没有防治能力的企业,或以联合生产、设分厂等形式在郊区农村设厂的行为。

2. 禁止国外污染转移

(1) 禁止将国外、境外已经禁止生产、使用、销售的工艺、设备、材料和产品，委托或者以联合生产、合资经营甚至是独资经营等形式转移给境内无污染防治能力的企业事业单位和个人生产、加工、销售或者使用。

(2) 禁止在技术工艺、设备、材料、产品引进合同中不同时引进境内不能配套生产的相应的防治污染设施，导致外商乘机将污染严重的工艺、设备、材料和产品转移到我国境内。

(三) 污染转移的构成要件

禁止国内污染转移，是为了保护落后地区发展权，防止环境污染扩散。禁止国外污染转移，是行使国家主权，保障国家环境权益的重要法律手段。因为法律采取了禁止性规定，属于最严厉的措施，对于这种行为的认定，应符合相应条件。

(1) 转移的设备或技术对环境的污染危害严重。这是构成污染转嫁的首要要件。如果转移的技术或设备仅仅不够先进，尚不至于给环境造成严重的危害，则不能轻率地认定为污染转嫁。

(2) 接受转移的企业或生产经营者没有防治环境污染的技术、设备、资金。如果接受转移者有足够先进的技术和设备配套解决环境污染问题，则即使转移的技术和设备比较落后，也不应该视为污染转嫁。

(3) 主观上有过错。其中转让方多出于故意，受让方多出于过失。转让方一般是在明知自己的技术或设备已经淘汰落后的情况下，迫于当地的政策、法律的压力，或为了牟取非法利益，将其淘汰的技术或设备转移出去。而受让方则往往是受害者，在对技术或设备不甚了解或完全不了解的情况下购买的。主观过错形式不同，处理上也应该有所区别。

七、环境污染责任保险制度

(一) 环境污染责任保险制度的含义

环境污染责任保险是以因被保险人原因造成环境侵权而对被侵害人的人身财产应负的赔偿责任为保险对象的一项保险制度。环境污染责任保险属于第三人责任险，即以被保险人依法对第三者应负的赔偿责任为保险标的的保险。依照环境污染责任保险合同，投保人依照约定向保险人支付保险费，在被保险人因环境污染向第三人承担赔偿责任时，保险人按照约定向被保险人支付保险金，或者在一定情况下，依照法律的规定或者合同的约定，直接向第三人支付保险金。

环境污染责任保险是在第二次世界大战以后经济迅速发展、环境问题日益突出的背景下诞生的，为许多国家所采用的一项环境保护经济政策，因此又被称为"绿色保险"。在我国，环境污染责任保险是继"绿色信贷"之后推出的又一项环境经济政策。

当前，我国正处于环境污染事故的高发期。污染事故频发，不仅严重污染环境、危害群众身体健康,而且因为一些污染事故受害者得不到及时赔偿,引发社会矛盾,导致社会秩序失范。环境污染责任保险具有以下功能,可以较好地应对环境污染事故:

(1) 分散企业风险。环境污染事故影响范围广、损失数额巨大,单一企业很难承受其全部后果。环境污染责任保险可以将单个企业的风险转移给众多的投保企业,使环境污染造成的损害由社会承担,分散单一企业的经营风险,使企业可以迅速恢复正常的生产经营活动。

(2) 社会管理功能。保险产品和保险公司的职能之一是社会管理。保险公司可以利用环境污染责任保险的费率杠杆机制促使企业加强环境风险管理,提升环境保护水平,提高企业环境保护意识。

(3) 保护受害者。保险有利于迅速地使受害人得到经济补偿,有效地保护受害者。环境污染造成的人身财产损害赔偿,无论是由企业承担还是由财政负担,都存在着难以及时、足额救济的问题。利用环境污染责任保险参与环境污染事故的处理,有利于使受害人及时获得经济补偿,稳定社会秩序,促进政府职能转变。

环境污染责任保险在我国的实践大致分为两个阶段,第一阶段是20世纪90年代初,这一阶段的特点是部分城市推出了环境污染责任保险产品,但市场成效并不理想,到90年代中期相关保险产品就退出了市场。第二阶段以2007年底由环保部与保监会联合发布的《关于环境污染责任保险工作的指导意见》为标志,环保部、保监会等国家相关行政管理部门积极推动环境污染责任保险,试点在更多的省市和行业展开。目前试点工作正在推进过程中。为了鼓励环境污染责任保险,《环境保护法》第52条规定:"国家鼓励投保环境污染责任保险。"

(二) 环境污染责任保险制度的内容

《环境保护法》规定的环境污染责任保险,属于自愿保险范畴。根据责任保险发生效力的方式不同,责任保险可以分为自愿责任保险和强制责任保险。法律规定投保人必须投保的责任保险是强制责任保险,比如机动车交通事故责任强制保险。

法律之所以规定了环境污染责任保险但未将其设定为强制险,是基于多方面的考虑。

(1) 环境污染责任保险是实现环境污染侵权社会化救济的重要途径。环境污染责任保险实质上是被保险人依法将应当承担的民事赔偿责任通过保险合同转移给保险人。当有多个被保险人投保环境责任保险时,最终具有多个投保人(被保险人)以保险公司为媒介,共同承担环境污染侵权责任,从而具有责任承担的社会化效果。因此,它对于环境保护具有重要的意义。

(2) 环境污染责任保险较之于其他保险,具有特殊性:承保条件严格,承保责任范围受到限制;个别确定保险费率,具有特定性;经营风险较大,需要政府支持。这些特点决定了环境污染责任保险的推进必须积极稳妥。

(3)环境污染责任保险在我国尚处于试点阶段,虽然已有多个环境污染责任保险产品投入市场,各地的试点工作也在稳步推进,全国环境污染责任保险试点取得了阶段性进展。但总体上看,我国环境污染责任保险尚处于发展初期,相关法律、标准、运作等方面还存在一些问题。目前,明显存在着制约因素:环境污染损害赔偿责任不明确,环境污染责任保险实施缺乏内在动力;地方试点缺乏国家在政策、资金等方面的支持;缺乏对投保企业和保险公司的激励机制,保险公司的经营风险较大;环境污染责任保险缺乏相应的标准,保险产品定价和损害赔付都缺乏指导;等等。这些问题的切实解决,还有待时日,在制度设计方面,也需要多个法律部门的协调与配合。

第三节 治理性控制制度

一、污染物排放费、税制度

(一)污染物排放费、税制度的含义

污染物排放费、税制度就是通常所称的排污收费和污染税制度,我国目前实行的是排污收费制度,污染税制度尚在环保税改革的酝酿过程中。

污染物排放费、税制度,是指国家环境保护机关或税务机关对向环境排放污染物或者超过国家污染物排放标准排放污染物的单位和个人,按照所排放的污染物的种类、数量和浓度,征收一定的费或税的法律规范总和。

税与费的性质是不同的。通常,征税的目的是获得必要的收入,以满足政府的财政开支,而收费则被看成是一种管理手段,尤其是排污收费,从最初始的目标来看,其作用主要是限制那些不利于环境的社会经济活动数量,而不是极力创造政府收入。另外,税与费的立法基础不同。在我国,任何税收(包括税种和税率)都必须由最高权力机关,即全国人民代表大会立法通过,任何地方(包括省、自治区和直辖市)人代会和政府无权设立任何税收政策,或对国家制定的税收进行修改。

如果我们把收费的立法基础与税收的立法基础等同看待,那么,即使这种"污染税"或"环境税"能起到限制不利于环境的行为的作用,我们也同样会面临着许多税收法律方面的障碍。

第一,这种收费明显地违背了税收的收入目标或功能,除非把收费标准确定得很低。排污收费标准越高,一般来说其筹集资金功能的发挥就越弱。

第二,税收要求统一和公平,即国家规定的各种税法在各地方必须统一执行,不存在特殊地方和行业的特种税率,地方也无需根据中央政府颁布的税法制定适合本地区的税种和税率。而排污收费正好相反,为了实现最佳的经济刺激效率,要求根据特定区域的社会经济发展水平和环境容量、资源条件,区别征收排污费。换言之,如果国家颁布一个统一的排污收费标准,则地方可以对收费标准进行调整,就排污收费来说,不同行业或位于不同环境功能区的两个排污者,在污染物排放相同时,如果缴纳的排污费不相同,这应该是允许的,但作为税收则是不允许的。

第三,税收的收入通常都要划入政府的公共财政预算中统一分配使用,而排污收费除了刺激削减污染,一般作为一种专项收入用于建立专项基金,在政府预算之外进行独立管理。在我国,这种收费表现为政府部门的一种行政事业性收费收入。

第四,税收的征收一般相对比较独立,由税务部门独立征收或由其委托的机构征收,而排污收费则由环境管理部门征收,其他政府部门的行政事业性收费也由相应的政府部门或代理的事业单位实施征收,而且后者的收费收入往往部分用于弥补征收机构的支出。

第五,在一些国家(如美国)中,由于存在"免税权"的问题,即法律规定在那些从未征收过联邦税或中央税的地区,当州和市政府接管征税的权力时,可以免征联邦税或中央税。换言之,如果在这些地区,以联邦税的形式实施污染税,则这种税收将不存在法律的基础,或者说这种污染税得不到法律的支持。在这种情况下,如果中央或联邦政府要征收某项污染税,那么只能采用一种收费的形式,或授权给地方政府征收。在我国,虽然不存在这种"免税权"问题,但同样存在实际征收权的配置问题。如果可能的话,当我们在设计污染税时,应尽可能地把这种税收设计成地方税。

从上面的比较中可以看出,收费的立法基础相对于征税来说更具有可操作性和简便性。这一事实导致了在经济得到政府控制的国家中,出现了大量的部门行政性收费,而且这些收费都游离于政府的公共预算之外。一方面,政府的预算内财政收入逐渐萎缩;而另一方面政府部门的预算外资金收入却逐年膨胀,最后出现比例"倒挂"现象。到目前为止,我国并没有开征污染税,但我们认为,排污费改税应该尽快实行。

世界上最早实行排污收费制度的是德国的鲁尔工业区,它在 1904 年就实行了排污收费制度。1976 年,德国更是在其《废水收费法》中,专门规定了排污收费制度。这是一项运用经济手段有效地促进污染治理和新技术的发展,又能使污染者承担一定的污染防治费的法律制度。其目的是为了促进排污者加强经营管理,节约和综合利用资源,防治污染的发生,保护和改善环境资源。

我国在 1978 年中央批转的《环境保护工作汇报要点》中明确提出实行排污

收费制度,1979年颁布的《环境保护法(试行)》正式规定了该制度。1982年国务院颁布《征收排污费暂行办法》,2002年国务院颁布《排污费征收使用管理条例》,使排污费征收制度不断得到充实和完善。《环境保护法》第43条对排污收费制度作了原则性规定。

(二) 污染物排放费制度的内容

1. 排污费的征收对象和范围

(1) 排污费的征收对象。直接向环境排放污染物的企业、事业单位,以及个体工商户等其他生产经营者,应当依照《排污费征收使用管理条例》的规定缴纳排污费。另据《水污染防治法》的规定,向水体排污的单位,即使未超过污染物排放标准,也要缴纳排污费。

(2) 排污费的征收范围。征收排污费的污染物包括污水、废气、固体废物、噪声和放射性物质等几大种类。但对于蒸汽机车和其他流动污染源排放的废气,在符合环境保护标准的储存或者处置的设施、场所内储存、处置的工业固体废物,进入城市污水集中处理设施的污水,不征收排污费。

2. 排污费的征收标准

(1) 依照《大气污染防治法》《海洋环境保护法》的规定,向大气、海洋排放污染物的,按照排放污染物的种类、数量缴纳排污费。

(2) 依照《水污染防治法》的规定,向水体排放污染物的,按照排放污染物的种类、数量缴纳排污费;向水体排放污染物超过国家或者地方规定的排放标准的,按照排放污染物的种类、数量加倍缴纳排污费。

(3) 依照《固体废物污染环境防治法》的规定,没有建设工业固体废物储存或者处置的设施、场所,或者工业固体废物或者处置的设施、场所不符合环境保护标准的,按照排放污染物的种类、数量缴纳排污费;以填埋方式处置危险废物不符合国家有关规定的,按照排放污染物的种类、数量缴纳危险废物排污费。

(4) 依照《环境噪声污染防治法》的规定,产生环境噪声污染超过国家环境噪声标准的,按照排放噪声的超标声级缴纳排污费。

(5) 避免重复征收排污费。排污者向城市污水集中处理设施排放污水、缴纳污水处理费用的,不再缴纳排污费。排污者建成工业固体废物贮存或者处置设施、场所并符合环境保护标准,或者其原有工业固体废物贮存或者处置设施、场所经改造符合环境保护标准的,自建成或者改造完成之日起,不再缴纳排污费。

3. 排污费的减免和缓缴

(1) 排污费的减免。排污者遇台风、火山爆发、洪水、干旱、地震等不可抗力自然灾害以及因突发公共卫生事件、火灾、他人破坏等遭受重大直接经济损失,可以申请减缴或者免缴排污费;排污者因未及时采取有效措施,造成环境污染的,不得申请减缴或者免缴排污费。排污者申请减免排污费的最高限额不得超过1年的排污费应缴额。此外,养老院、残疾人福利机构、殡葬机构、幼儿园、特殊教育学校、中小学校(不含其所办企业)等国务院财政、价格、环保部门规定的非营利性社会公益事业单位,在达标排放污染物的情况下,经负责征收排污费的环保部门核准后可以免缴排污费。

(2) 排污费的缓缴。排污者申请缓缴排污费的情形包括:① 遇到不可抗力自然灾害和其他突发事件,正在申请减免排污费以及市(地、州)级以上财政、价格、环保部门正在批复减免排污费期间;② 企业由于经营困难处于破产、倒闭、停产、半停产状态。排污者申请缓缴排污费的最长期限不超过3个月。在批准缓缴后1年内不得再重新申请。

4. 排污费的管理和使用

排污费的征收、使用必须严格实行"收支两条线",征收的排污费一律上缴财政,环境保护执法所需经费列入本部门预算,由本级财政予以保障。排污费必须纳入财政预算,列入环境保护专项资金进行管理,由环境保护主管部门会同财政部门按照"专款专用,先收后用,量入为出,不得超支挪用"的原则统筹使用。

征收的排污费,必须纳入财政预算,列入环境保护专项资金进行管理,应当用于下列污染防治项目的拨款补助和贷款贴息:(1) 重点污染源防治项目。包括技术和工艺符合环境保护及其他清洁生产要求的重点行业、重点污染源防治项目。(2) 区域性污染防治项目。主要用于跨流域、跨地区的污染治理及清洁生产项目。(3) 污染防治新技术、新工艺的推广应用项目。主要用于污染防治新技术、新工艺的研究开发以及资源综合利用率高、污染物产生量少的清洁生产技术、工艺的推广应用。(4) 国务院规定的其他污染防治项目。

环境保护专项资金不得用于环境卫生、绿化、新建企业的污染治理项目以及与污染防治无关的其他项目。

(三) 违反排污收费制度的法律后果

(1) 排污者未按照规定缴纳排污费的,由县级以上人民政府环境保护主管部门依照职权责令限期缴纳;逾期不缴纳的,处应缴纳排污费数额1倍以上3倍以下的罚款,并报经有批准权的人民政府批准,责令停产停业整顿。排污者以欺骗手段骗取减缴、免缴或者缓缴排污费的,由县级以上人民政府环境保护主管部门依职权责令限期补缴应当缴纳的排污费,并处所骗取批准减缴、免缴或者缓缴排污费数额1倍以上3倍以下的罚款。

(2) 对于环境保护专项资金使用者不按照批准的用途使用的,由县级以上人民政府环境保护主管部门或者财政部门依据职权责令限期改正;逾期不改正的,10年内不得申请使用环境保护专项资金,并处挪用资金数额1倍以上3倍以下的罚款。

(3) 县级以上地方各级人民政府环境保护主管部门应当征收而未征收或者少征收排污费的,上级环境保护行政主管部门有权责令其限期改正,或者直接责令排污者补缴排污费。

(4) 县级以上人民政府环境保护主管部门、财政部门、价格主管部门的工作人员有下列行为之一的,依照刑法关于滥用职权罪、玩忽职守罪或者挪用公款罪的规定,依法追究刑事责任;尚不够刑事处罚的,依法给予行政处分:① 违反规定批准减缴、免缴、缓缴排污费的;② 截留、挤占环境保护专项资金或者将环境保护专项资金挪作他用的;③ 不按照《排污费征收使用管理条例》的规定履行监督管理职责,对违法行为不予查处,造成严重后果的。

二、危险物品污染防治制度

(一)危险物品污染防治制度的含义

危险物品是指具有燃烧、爆炸、腐蚀、毒害、放射的性能,在生产、储存、运输、销售、使用、处置过程中,容易引起环境污染、人身伤亡、财产损毁的物品。危险物品污染防治制度是针对危险物品生产、储存、运输、销售、使用、处置过程可能造成环境污染的行为进行规制的法律规范的总和。

我国现有生产使用记录的化学物质4万多种,其中3000余种已列入当前《危险化学品名录》,具有毒害、腐蚀、爆炸、燃烧、助燃等性质。具有急性或者慢性毒性、生物蓄积性、不易降解性、致癌致畸致突变性等危害的化学品,对人体健康和生态环境危害严重,数十种已被相关化学品国际公约列为严格限制和需要逐步淘汰的物质。同时,尚有大量化学物质的危害特性还未明确和掌握。

随着我国经济高速发展,化学品的生产和使用量持续增加,化学品生产、加工、储存、运输、使用、回收和废物处置等多个环节的环境风险日益加大。化学品生产事故、交通运输事故、违法排污等原因引发的突发环境事件频繁发生,持久性有机污染物、内分泌干扰物等引起的环境损害与人体健康问题日益显现,化学品环境风险防控形势日趋严峻。环境保护部制定了《化学品环境风险防控"十二五"规划》,以加强管理。

放射性污染源于放射性物质的放射性。放射性物质有天然存在的,也有人工产生的。天然存在的放射性物质属于自然界的一部分,构成自然环境的天然本底,其产生的放射性即为"环境中的放射性水平",对人体的健康基本不构成危害,事实上,人体内部在正常情况下也含有天然放射性物质。只是当人类自发现了放射性物质并加以开发、利用以后,向环境中排放了过量的放射性物质,才产生了放射性污染问题。而且随着人类对放射性物质开发利用范围的不断扩大,这种放射性污染问题越来越严重,对人体健康的威胁也越来越大。

放射性物质的使用安全事关核能与核技术利用事业发展,事关环境安全,事关公众利益。半个多世纪以来,我国核能与核技术利用事业稳步发展。目前已经形成较为完整的核工业体系,核能、核技术有力地推动了经济社会发展。但是我国在核安全与放射性污染防治方面面临严重挑战,安全形势不容乐观。核电多种堆型、多种技术、多类标准并存的局面,给安全管理带来一定难度。运行和在建核电厂预防和缓解严重事故的能力仍需进一步提高。部分研究堆和核燃料循环设施抵御外部事件能力较弱。早期核设施退役以及历史遗留放射性废物,都需要妥善处置。铀矿冶炼开发过程中依然存在环境问题。放射源和射线装置量大面广,安全管理任务重。

针对目前我国存在的危险化学品与放射性物质管理存在的问题,《环境保护法》第 48 条专门建立了危险物品污染防治制度。

(二)危险物品污染防治制度的内容

1. 危险化学品污染防治

我国已经制定一些涉及化学物品的法律、法规,并且参加了多项与化学品有关的国际条约。中国已经批准了《关于在国际贸易中对某些危险化学品和农药采用事先知情同意程序的鹿特丹公约》《关于持久性有机污染物的斯德哥尔摩公约》等国际公约。国务院制定了《监控化学品管理条例》《易制毒化学品管理条例》《危险化学品安全管理条例》等行政法规。《固体废物污染环境防治法》对危险废物污染作了特别规定,《刑法》也有相应条款。但总体上看,我国有关化学物品管理的法律制度和行政执法都还存在碎片化、部门化等问题,需要立法进一步完善。

2. 含有放射性物质的物品的环境风险及其管理

放射性污染是指由于人类的生产、生活活动排放的放射性物质所释放的射线,使环境中的放射性水平改变,造成环境污染,从而危害人体健康的现象。我国《放射性污染防治法》将其定义为由于人类活动造成物料、人体、场所、环境介质表面或者内部出现超过国家标准的放射性物质或者射线。

2003 年以来,我国先后颁布并实施了《放射性污染防治法》《放射性同位素与射线装置安全和防护条例》《民用核安全设备监督管理条例》《放射性物品运输安全管理条例》和《放射性废物安全管理条例》,制定了一系列部门规章、导则和标准等文件,为保障核安全、控制放射性污染奠定了一定基础。环境保护部(国家核安全局)、国家发改委、财政部、国家能源局、国防科技工业局联合制定了《核安全与放射性污染防治"十二五"规划及 2020 年远景目标》,建立了放射性污染防治法律制度。《环境保护法》的原则性规定,为进一步完善这一制度提供了依据。

3. 增加对"处置"环节的规制

我国原有的《固体废物污染环境防治法》《刑法》对于危险物品的管理,未将

"处置"环节纳入。而处置环节处于化学物品和含有放射性物质的物品的生命周期的末端,是环境风险管理的关键环节。对处置环境管理不善,极易导致环境风险,导致大面积、长时间的环境污染和人体健康损害。《环境保护法》增加了"处置"环节的规定,完善了这一制度,也为后续立法提供了依据。

尽管现有的与化学物品、含放射性物质的物品有关的立法在管理环境风险方面发挥了巨大作用,但是立法碎片化、部门化,相关管理工作长期存在重技术、轻规则倾向等问题亟待解决。该制度的完善,对于保护环境和保障人群健康具有重大意义。在《环境保护法》作出原则规定之后,应尽快修改、完善与化学物品、含有放射性物质的物品有关的立法,提高环境风险管理能力。

三、突发环境事件应急制度

(一) 突发环境事件应急制度的含义

突发环境事件是指突然发生,造成或者可能造成重大人员伤亡、重大财产损失和对全国或者某一地区的经济社会稳定、政治安定构成重大威胁和损害,有重大社会影响的涉及公共安全的环境事件。

环境应急是针对可能或已发生的突发环境事件需要立即采取某些超出正常工作程序的行动,以避免事件发生或减轻事件后果的状态,也称为紧急状态;同时也泛指立即采取超出正常工作程序的行动。

经过三十余年的经济高速发展,我国已进入环境污染事故的高发期,有效防控环境污染突发事故的形势十分严峻。在我国,应急制度有一个发展的过程,最初由《海洋环境保护法》规定了因船舶海损事故而采取的强制应急措施;后来,《水污染防治法》规定了水污染事故的强制应急措施;《大气污染防治法》对大气污染事故的应急制度作了规定;国家制定了《突发事件应对法》,环保部针对突发环境事件制定了专门的规章。[①] 至此,关于环境事件的应急制度得到了较大的完善。《环境保护法》在吸收以前合理规定的基础上作出了新的规定。该法第47条为突发环境事件的应急处理提供了上位法依据。

(二) 突发环境事件应急制度的内容

1. 应急制度的适用范围

对于突发环境事件采取应急措施的责任主体包括各级人民政府及其有关部门和企业事业单位。突发环境事件包括环境污染和生态破坏事件。

应急措施作为一项行政措施,只有在法定"紧急状态"出现时才能施行。目

[①] 国务院同时颁布了九项专项应急预案,分别是:国家安全生产事故灾难应急预案、国家处置铁路行车事故应急预案、国家处置民用航空器飞行事故应急预案、国家海上搜救应急预案、国家处置城市地铁事故灾难应急预案、国家处置电网大面积停电事件应急预案、国家核应急预案、国家突发环境事件应急预案、国家通信保障应急预案。

前可以确定的适用范围为:(1)超出事件发生地省(区、市)人民政府的突发环境事件;(2)跨省(区、市)突发环境事件;(3)国务院或者全国环境保护部际联席会议需要协调、指导的突发环境事件或者其他突发事件次生、衍生的环境事件。

对污染责任者来说,只要"因发生事故或者其他突然性事件,造成或可能造成污染事故",负有责任的企业事业单位就应当采取应急措施。

2. 突发环境事件的分级

按照突发事件的严重性和紧急程度,突发环境事件分为四级:特别重大环境事件(Ⅰ级)、重大环境事件(Ⅱ级)、较大环境事件(Ⅲ级)和一般环境事件(Ⅳ级)。

3. 突发环境事件的应急组织

国家突发环境事件应急组织体系由应急领导机构、综合协调机构、有关类别环境事件专业指挥机构、应急支持保障部门、专家咨询机构、地方各级人民政府突发环境事件应急领导机构和应急救援队伍组成。

全国环境保护部际联席会议负责协调国家突发环境事件应对工作。全国环境保护部际联席会议有关成员单位成立环境事件专业指挥机构,并建立应急联系工作机制,必要时,国务院组织协调特别重大突发环境事件应急工作。地方人民政府成立突发环境事件应急领导机构。全国环境保护部际联席会议聘请科研单位和军队有关专家设立突发环境事件专家组。

(三)突发环境事件的预警

(1)县级以上人民政府建立环境污染公共监测预警机制,组织制定预警方案。

(2)企业事业单位应当按照国家有关规定制定突发环境事件应急预案,报环境保护主管部门和有关部门备案,做好应急准备。

(3)在发生或者可能发生突发环境事件时,企业事业单位应当立即采取措施处理,及时通报可能受到危害的单位和居民,并向环境保护主管部门和有关部门报告。

(4)在接到企业事业单位报告之后,或者县级以上人民政府认为已经发生或可能发生突发环境事件,可能影响公众健康和环境安全时,依法及时公布预警信息,启动应急措施。

(5)根据预警方案、应急预案,依法开展应急处置和事后恢复等工作。

在环境污染公共监测预警机制的建立和运行中,县级以上人民政府及其有关部门和企业事业单位,都应依法履行与突发环境事件的风险控制、应急准备、应急处置和事后恢复等有关的义务。

第六章 污染控制法律制度

（四）突发环境事件应急制度的实施

1. 预防和预警

预防和预警包括信息监测、预防工作及其相关措施。信息监测主要是及时掌握各种与环境突发事件相关的信息，预防工作建立在污染源、放射源和生物物种资源调查的基础之上，通过对突发环境事件的假设、分析和风险评估工作，完善各类突发环境事件的应急预案。

按照突发事件严重性、紧急程度和可能波及的范围，突发环境事件的预警分为四级，预警级别由低到高，颜色依次为蓝色、黄色、橙色、红色。根据事态的发展情况和采取措施的效果，预警颜色可以升级、降级或解除。

2. 应急响应

突发环境事件应急响应坚持属地为主的原则，地方各级人民政府按照有关规定全面负责突发环境事件应急处置工作，环境保护部及国务院相关部门根据情况给予协调支援。

（1）应急响应的报告程序分为初报、续报和处理结果报告三类。

（2）根据需要成立环境应急指挥部，负责指导、协调突发环境事件的应对工作。

（3）环境应急监测分队负责组织协调突发环境事件地区环境应急监测工作，并负责指导海洋环境监测机构、地方环境监测机构进行应急监测工作。

（4）全国环境保护部际联席会议负责突发环境事件信息对外统一发布工作。

（5）现场处置人员应根据不同类型环境事件的特点，配备相应的专业防护装备，采取安全防护措施，严格执行应急人员出入事发现场程序。对于受灾群众，现场应急救援指挥部应及时发布相关信息，通报情况，采取救援措施。

（6）满足法定条件时，可以按程序宣布应急终止。

3. 应急保障

应急保障包括应急资金、应急装备、应急通信、应急人力资源、应急技术等方面。

四、农业农村污染防治制度

（一）农业农村污染防治制度的含义

农业农村污染防治制度是针对农业源污染防治、保护农村生态环境的法律规范的总和。我国过去三十多年的环境立法工作中，高度重视对城市的环境保护、对工业污染的控制。环境保护"为城市立法，为工业立法"的结果，导致我国农业农村污染防治处于制度空白和组织空白状态。

其实，由于我国农业生产的现代化水平不高，农民的生产生活方式还很传统,农业生产者在种植和养殖的过程中造成的污染十分严重。随着对工业源污染控制能力的提高,农业源污染的严重性逐渐显现出来。目前,我国的农业源污染主要体现在水体污染和土壤污染两个方面。水体污染方面,过量施用化肥、农药以及规模化畜禽养殖产生的大量禽畜粪便、农村污水已成为中国水环境污染的"元凶";与此同时,农村饮水安全也成为重大社会问题。土壤污染方面,随着集约化农业的发展和农用化学物质种类、数量的增加,土壤重金属、有机污染、亚硝酸盐等污染也日益凸现,污染的程度和污染的面积也在不断加剧和扩大。

从某种意义上讲,造成农村污染日益加剧的主要原因有二:一是城市向农村的污染转移;二是城乡二元结构导致农村承担了更多的环境负担而享受了较少的环境收益。我国地区发展水平不一,城市与农村发展差距巨大,近年出现的污染转移现象正逐步成为进一步拉大这一差距并制约农村发展的诱因。与此同时,长期以来,在城乡二元的社会结构下,城市的发展长期依赖农村自然资源,并存在价格的"剪刀差",城市除了在资源开发利用上获益较多外,还向农村地区转移一些污染型产业、废弃物等,而农村不但没有享受到平等乃至更多的环境公共服务和设施,反倒必须要承受这种环境不正义。这种局面的改变,必须依赖政府的统筹安排,尤其是需要大量的资金支持。财政预算可以发挥引领和示范作用,从而带动社会、企业、个人等多元主体的投资。

为了改变过去环境保护立法"重城市轻农村、重工业点源控制轻农村面源控制"的失衡局面,《环境保护法》第49条至第51条专门建立了农村农业污染控制制度。

(二)农业农村污染防治制度的内容

1. 防止农业面源污染

各级人民政府及其农业等相关部门和机构有义务指导农业生产经营者防止农业面源污染,具体主要包括农业、化肥等的科学施用,农用薄膜、农作物秸秆等废弃物的处置等方面。前者主要是指积极引导和鼓励农民使用生物农药或高效、低毒、低残留农药,推广病虫草害综合防治、生物防治和精准施药等技术;后者则是把农业废弃物资源化利用同发展清洁能源结合起来,比如大力发展农村户用沼气,综合利用作物秸秆,推广"四位(沼气池、畜禽舍、厕所、日光温室)一体"等能源生态模式,推行秸秆机械化还田、秸秆气化、秸秆发电等措施,逐步改善农村能源结构。

2. 防止固体废物、废水施入农田

(1)禁止"不符合国家和地方农用及环境保护标准"的固体废物和废水施入农田。根据目前的法律,国务院环境保护主管部门根据国家环境质量标准和国家经济、技术条件,制定国家污染物排放标准。省、自治区、直辖市人民政府对国家污染物排放标准中未作规定的项目,可以制定地方污染物排放标准;对国家污染物排放标准中已作规定的项目,可以制定严于国家污染物排放标准的地方污染物排放标准。地方污染物排放标准应当报国务院环境保护主管部门备案。因此,有监督管理职责的责任主体要依法履行职责,参照规定的标准保障农田不受污染。

(2) 谨慎科学施用农药、肥料等农业投入品,防止重金属及其他有毒有害物质的污染。农药、化肥污染涉及范围广,随机性大,控制难度大,已成为目前影响生态环境质量的重要污染源,应该引起高度重视。我们应充分认识其危害,以保护自身赖以生存的环境。农药、化肥污染对耕地造成破坏,对江河湖及地下水源造成污染,经过挥发扩散对大气造成污染。因此,农药、肥料的施用一定要谨慎、科学。

3. **防止养殖、屠宰污染**

(1) 对养殖场、屠宰企业的选址、建设和管理。法律对选址和建设的专门规定与环境影响评价制度的内在要求相一致。环境影响评价的范围,一般是限于对环境质量有较大影响的各种规划、开发计划、建设工程等,所以一般的养殖场和屠宰企业可能不适用该制度,但是农业农村现阶段的面源污染特点,要求法律发挥立法先行的作用,提前对可能的污染进行评估,早做防范。

(2) 科学处置畜禽粪便、尸体、污水,防止环境污染。养殖场、屠宰企业对环境的污染主要是粪污处理不当,致使其对大气、水体、土壤造成污染。因此,养殖场、屠宰企业自身要采取措施科学处置,监管部门要加强监管。

4. **政府的资金投入义务与处置责任**

(1) 政府有责任对农村的生活废弃物进行处置。

(2) 各级人民政府必须加大农村环境保护的资金投入,将其纳入到政府的财政预算,从经常性的预算和建设性的预算等角度加以切实保障。从预算资金使用的角度看,这些资金的流向主要集中在饮用水水源地保护、生活污水和其他废弃物处理、畜禽养殖和屠宰污染防治、土壤污染防治和农村工矿污染治理等方面。

法律规定,政府应在财政预算中安排资金治理农村环境污染;同时,政府还应引导和鼓励社会资金参与农村环境保护,逐步建立政府、企业、社会多元化投入机制。

5. **统筹城乡污染防治设施**

(1) 污水处理设施及配套管网

"十一五"期间,我国加大了城镇污水处理及再生利用设施建设力度,处理能力显著提升,运营水平有所提高,为污染减排目标实现和水环境质量改善作出了重要贡献。但也存在一些问题:一是污水处理设施及配套管网建设发展不平衡,城市的污水处理设施及配套管网建设水平相对较高,而农村普遍缺少相关建设,即使有些农村有相关建设,处理能力也很低。二是现有设施升级改造的压力较大,因为建设资金投入较大,建成后的运营成本较高。三是污泥稳定化处理、安全处置和合理利用已成为我国污水处理行业发展的瓶颈。四是政府对运营环节重视度仍不够高,又由于资金短缺,财政拨款不能满足污水处理厂正常运行的需要,很大数量的污水处理厂还处于停滞的状态,设施运行管理的效率很低。由于城市和乡村的具体情况差异也很大,城市污水处理设施应提高现有处污能力,农村要加大污水处理设施及配套管网建设的投入,建立城乡一体化的污水处理网。

(2) 固体废物的收集、运输和处置等环境卫生设施

《固体废物污染环境防治法》把固体废物分为三大类:工业固体废物、城市生活垃圾和危险废物;此外,还有一些特殊的液体废物。但是,由于缺乏农村垃圾处理的相关制度,导致了工业固体废物向农村转移、农村生产生活垃圾缺乏合理处置方式等问题,造成了严重的农村环境污染,为此,政府应统筹考虑和安排城乡固体废物的收集、运输和处置等环境卫生措施,改善农村生活环境。

(3) 危险废物集中处置设施、场所

危险废物是指列入国家危险废物名录或者根据国家规定的危险废物鉴别标准和鉴别方法认定的具有危险特性的废物,这些废物处置不当,可能对环境或者人体健康造成有害影响。因此,选择和建设危险废物集中处置的设施和场所,必须十分慎重。但目前,由于农村环境保护的法律空白和组织空白,容易出现随意在农村设置危险废物集中处置设施、场所的情况。因此,必须按照城乡统筹考虑的原则,危险废物集中处置场所的选址,必须远离居民区、饮用水水源地保护区等环境敏感区域,避开城乡主导方向的上风向,优先在经过规划环评批准的工业园区内建设。同时,必须严格执行环境影响评价制度,坚决防止"先上车后补票"情形发生。此外,还要在运行过程中进行严格的监管,防止造成严重的环境污染。

思考题

1. 如何理解区域限批的法律性质?
2. 谈谈我国突发环境事件的运行机制。
3. 试述我国排污收费制度的最新发展及进一步完善该制度的建议。

案例分析

2005年11月13日,中国石油天然气股份有限公司吉林石化分公司(以下

简称吉林石化分公司)双苯厂硝基苯精馏塔发生爆炸,造成8人死亡,60人受伤,直接经济损失6908万元。爆炸事故发生后,监测发现苯类污染物流入松花江,造成水质污染。中石油吉林石化分公司距中俄边界约350公里,而松花江又将流入黑龙江(俄方称阿穆尔河),污染物进入俄罗斯境内,也给邻国带来危害和影响。

11月14日下午,吉林石化分公司和吉林市政府强调,爆炸产生的是二氧化碳和水,绝对不会污染到水源,而吉林石化分公司也有自己的污水处理厂,不合格的污水是不会排放到松花江的。

11月21日,哈尔滨市政府宣布全市停水四天,原因是"维修水管"。

11月23日,哈尔滨整座城市笼罩在大难当头的忐忑不安之中,出现了人们惊恐、纷纷外逃的局面。许多商店里的矿泉水甚至啤酒告罄,另有许多商店借机推出新的品牌提高价格。

11月23日,国家环保总局出面证实,吉林石化分公司化工厂大爆炸后泄漏逾百吨苯物质进入松花江,松花江受到严重污染;国务院总理温家宝在同一天的国务会议上痛斥地方官员的隐瞒;紧接着吉林省省市两级官员向公众道歉。

12月2日,国家环保总局局长解振华提出辞职获批准,由国家林业局局长周生贤接任。随后,吉林石化分公司的负责人被免职。

12月4日,中石油总公司向吉林省"捐款"500万元人民币治理污染,引发争议。

国务院事故及事件调查组经过深入调查、取证和分析,认定中石油吉林石化分公司双苯厂"11·13"爆炸事故和松花江水污染事件,是一起特大安全生产责任事故和特别重大水污染责任事件。

问题: 松花江苯污染事件暴露出我国突发环境事件应急机制的哪些问题?这些问题是否在后来的立法中得到了改善和解决?

第七章 环境法律责任

内容提要

环境法律责任是保障环境法律发挥实效,实现规制社会、保护环境目标的关键环节。环境法律责任由责任主体、违法行为、损害后果和因果关系四个要件构成,它以保障和实现环境权为宗旨,兼具有公益性和私益性,是一种扩大了、综合化了的法律责任。一般来说,环境法律责任基本上可以分为环境民事责任、环境行政责任和环境刑事责任三种,但专门环境法律责任的重要性也日趋突出,并且发挥着不可忽视的重要作用。

关键词

环境法律责任 环境民事责任 环境行政责任 环境刑事责任 专门环境法律责任

第一节 环境法律责任概述

一、环境法律责任的含义

法理学通常把法律责任分为广义法律责任和狭义法律责任。广义的法律责任就是一般意义上的法律义务的同义词,狭义的法律责任则是由违法行为所引起的不利后果。这种区分虽有一定的可取之处,但是,在法律术语的实际使用过程中却会不可避免地引起某种混乱。所以,越来越多的学者倾向于在狭义上使用法律责任这一术语。① 本书所指的是狭义上的环境法律责任,其是指主体实施了环境违法行为所引起的法律上的不利后果。

环境法律责任是环境法的不可或缺的重要组成部分,是发挥环境法环境保护作用的强有力的手段,也是实现环境法一切具体法律制度预期作用的必需。通过环境法律责任制度强制性作用的发挥才能保障环境法的有效实施,遏制环

---

① 张文显主编:《法理学》,高等教育出版社、北京大学出版社 1999 年版,第 121 页。

境违法行为,保护环境。

我们可以从以下几个方面来理解环境法律责任:

(1) 环境法律责任是环境法律的否定性评价。这是从价值判断角度揭示环境法律责任总是与环境法所不希望发生或明确反对的行为相联系的。某些主体之所以承担环境法律责任,其原因在于他/她的作为或不作为正是环境法所不希望发生或明确反对的。当然,法律评价在很大程度上是对道德评价与社会评价的提升,因此,环境法律的否定性评价不一定上升为环境法律责任,但环境法律责任一定是环境法的否定性评价。

(2) 环境法律责任是环境法律上的不利后果。这是从利害关系的角度揭示环境法律责任与主体行为之间的联系,即行为人如果不遵循环境法律的指引去追求自身利益,实施了已经或者可能导致环境负外部性的行为,那么,他/她的预期利益就得不到法律的承认和保护,甚至要为此付出某种代价。当然,环境法律上的不利后果的承担不一定就意味着要承担环境法律责任,但环境法律责任均需承担环境法上的不利后果。

(3) 环境法律责任是一种特殊意义上的义务。所谓特殊意义上的义务是与一般意义上的义务相对而言的。一般意义上的义务又称第一性义务,即人们通常所说的法律义务,包括法定的作为或不作为的义务以及合法约定的作为或不作为义务;特殊意义上的义务又称第二性义务,通常是指由于违反了法定义务或约定义务而引起的新的特定义务。因此,法律责任是由于侵犯法定权利或违反法定义务而引起的、由专门国家机关认定并归结于法律关系的有责主体的、带有直接强制性的义务,即由于违反第一性法定义务而招致的第二性义务。[①] 对环境法律责任的理解应当是特定主体因为违反某些环境法律义务而需要承担的某种新义务。这种语境下的环境法律责任就是一种狭义的法律责任,既揭示了环境法律责任与环境法律义务的区别,又明确了两者之间的关系。如环境规划与建设主体有进行环境影响评价的义务,这是第一性义务,当这些主体不按规定进行环境影响评价就构成了违反第一性义务,这时就可能引起新的特定义务即环境法律责任,新的特定义务既是环境法律对于其违反第一性义务的否定性评价,又需要其承担环境法上的不利后果。

二、环境法律责任的特征

环境法律责任是法律责任的一种,所以环境法律责任具有一般法律责任的属性。此外环境法律责任还具有自身的特殊性:

[①] 张文显:《法哲学范畴研究(修订版)》,中国政法大学出版社2001年版,第122页。

(1) 环境法律责任以保护与实现环境权为核心和宗旨。环境权是环境法学的基石范畴,所有环境法具体法律制度的设计和法律理论的展开都是围绕着环境权的保护与实现这一目的。环境法通过保障环境权利实现环境利益,但环境权利也会经常受到侵犯。权利受到负面影响主要有三种情况:第一,被压倒,这是正常的;第二,被侵犯,但却是可以原谅的,如政府对土地的合法征用;第三,被侵犯,而且是不可原谅的。① 环境权利也是如此,在环境权利可能受到的负面影响中,环境权被压倒指的是在整个社会宏大范围内环境资源作为整体在各个领域内进行配置,环境资源到底是作为生境功能还是作为劳动对象功能出现?② 第二种情形在环境法律领域内也经常会出现,实质上是环境利益的不同表现形式,如环境法上的排污收费制度。环境权受到第三种形式的负面影响,即环境权遭受到不可原谅的侵犯时,需要对侵犯行为进行处理,即追究环境法律责任。

(2) 环境法律责任范围扩大。环境法的法律血统决定了环境法与传统法律部门一样要调整人与人之间的社会关系,因此,违反了人与人之间的社会关系就会产生人对人的法律责任,具体来说,环境法律责任包括了人对于自然人、法人、社会和国家等主体承担的环境法律责任。同时,环境法具有自身的特殊性,环境法是"人与自然共同体规则",环境法调整的是"人—自然—人"的关系,在环境法律关系中具有"人—自然与人—人"关系互为中介特性③;况且,与传统法律部门把环境视为纯粹的客体不同,环境法还承认环境某种意义上的自身价值,所以环境法律责任在一定程度上还包括了人对环境的责任。

(3) 环境民事责任和刑事责任行政化。传统的民事责任与行政责任、刑事责任有着严格的区分:根据民事权利特别是财产权利的处分原则,当事人可以协商解决纠纷,而行政责任和刑事责任涉及的权利往往不得由当事人自由处分。由于环境违法行为所涉及的民事责任不仅仅是对作为当事人的公民个人权利的损害,而且是对社会公益的一种损害,因而环境法中越来越多的民事责任演变为行政责任和刑事责任,或者是既承担民事责任又不免除行政责任和刑事责任。传统的环境法律责任比较注重民事责任,而现代环境法则更加注重以行政责任和刑事责任为主的公法方面的法律责任,这种发展趋势主要有两条途径:一是民事责任公法化,即民事责任向刑事责任和行政责任转化,但民事责任向刑事责任的转化程度和范围也不是无限扩大的。第二种途径是形成专门的环境法责任形态。

---

① 参见夏勇:《权利哲学的基本问题》,载《法学研究》2004 年第 3 期。
② 参见吕忠梅、刘超:《资源分配悲剧性选择中的环境权——从环境资源分配角度看环境权利益属性》,载《河北法学》2009 年第 1 期。
③ 吕忠梅主持:《超越与保守——可持续发展视野下的环境法创新》,法律出版社 2003 年版,第 15 页。

第二节 环境民事责任

一、环境民事责任的含义

环境民事责任是指环境法律关系主体因违反环境保护义务,污染环境或破坏生态系统、侵犯他人环境民事权益而应依法承担的民事方面的法律后果。环境民事责任是因环境污染或生态破坏而引起的法律责任,其以行为人污染或破坏环境,且造成环境损害或他人人身、财产方面的损害为前提条件。

根据传统民法理论,民事责任可大致分为违约民事责任和侵权民事责任两大类。依据法律规定,任何人不得侵犯他人的物权、人身权、知识产权等民事权利,这是法律对每个民事主体所应负的一般性义务的要求,是一种普遍性的不作为义务,违反这种义务,即能构成侵权责任。另一种是当事人依法自行约定的义务,通常是当事人约定的特定的作为义务,此种义务也具有法律拘束力,违反义务将构成违约责任。我国《民法通则》第124条规定:"违反国家保护环境防止污染的规定,污染环境造成他人损害的,应当依法承担民事责任。"《侵权责任法》第65条规定:"因污染环境造成损害的,污染者应当承担侵权责任。"我国《环境保护法》第64条规定:"因污染环境和破坏生态造成损害的,应当依照《中华人民共和国侵权责任法》的有关规定承担侵权责任。"根据这些规定,可以认为保护环境是我国民事主体的法定义务,不得侵犯他人的环境权利是环境法的禁止性规定,违反了这种义务,就构成了侵犯环境权的民事责任。[①]

需要注意的是,我国现行《环境保护法》第64条规定的性质为引致性规范,其本身没有独立的规范内涵,而是指向特别的法律规范《侵权责任法》,需要依据《侵权责任法》规定的相关内容来确定当事人之间具体的权利、义务和责任内容。比照梳理我国《环境保护法》第64条和《侵权责任法》的有关规定,则可发现二者存在衔接不尽周延之处,需要通过法律解释予以协调适用。根据《环境保护法》第64条规定,"因污染环境和破坏生态造成损害的","应当依照《中华人民共和国侵权责任法》的有关规定承担侵权责任"。也即《环境保护法》规制"污染环境"和"破坏生态"两类原因行为导致的损害,对上述两类行为造成的损害,均应当依照《侵权责任法》的有关规定追究侵权责任。对于因为"污染环境"导致的损害,可以直接适用我国《侵权责任法》第八章"环境污染责任"第65条至第68条的规定来追究侵权责任,这些规定在我国《侵权责任法》的理论与制度框架中,属于特殊侵权责任类型。对于因为"破坏生态"导致的损害,则只能适用《侵权责任法》

---

① 吕忠梅、高利红、余耀军:《环境资源法学》,科学出版社2004年版,第168页。

的一般规定。

二、环境民事责任的特征

环境法上的民事责任作为整个民事责任的一部分,其适用要受到民事责任一般性规定的制约。同时,由于环境问题、环境权和环境法律规范的特殊性,环境民事责任又是与其他民事责任相区别的一种独立的责任。较之于传统民事责任和其他法律责任,环境民事责任具有如下特征:

第一,环境民事责任主要是一种侵权的民事责任,是民事主体违反保护环境的法定义务而应承担的法律后果。它一般不是违约责任。

第二,环境民事责任是一种特殊的侵权责任。在民法上,侵权行为有一般侵权行为和特殊侵权行为之分。特殊侵权行为是指当事人基于与自己有关的行为、事件或其他特别原因致人损害,依照民法上的特别规定或者特别法的规定而应负的民事责任。特殊侵权行为适用民法上特别的责任条款或者特别法的规定,主要是无过错责任和公平责任。在我国,环境法上的侵权行为就是由《民法通则》特别规定、《侵权责任法》以及环境法专门规定的一种特殊侵权行为,其行为特征、适用的规则原则、举证责任和责任的承担等都具有不同于一般侵权行为的特殊性。我国现行《环境保护法》规定,环境民事责任主要依照《侵权责任法》的有关规定。我国《侵权责任法》第八章规定的"环境污染责任"属于特殊类型侵权责任,有学者归纳其特殊性有:(1)规定环境污染责任是适用无过错责任原则的特殊侵权责任;(2)环境污染责任保护的环境属于广义概念,也应包括污染生态环境的内容;(3)污染行为是污染者的作为或者不作为;(4)环境污染责任规制的范围不仅指自然人的人身损害和财产损害,还包括更为广泛的损害,受害主体不仅包括当代人,还可能包括后代人;(5)环境污染责任的方式范围广泛。[①]

第三,环境民事责任形式多样,主要是以补偿为目的的财产责任,也包括非财产责任。环境民事侵权行为侵犯的是他人的环境权益,而这种形式的侵权多数会侵害他人的财产权利。因此,环境侵权行为人往往需要以一定的财产赔偿来矫正环境侵权行为的后果,以恢复或弥补受害人所受到的损害。基于此,环境民事法律责任主要是财产责任形式,且多表现为赔偿损失。但由于环境法还需要保护环境人格权,而对环境人格权益的损害在许多情况下并非仅靠承担财产责任能够消除的。尤其是环境侵害具有不可逆转的特点,造成损害后果以后不可能以任何方式加以填补或者补偿。据此,环境民事责任制度有一定的风险预防功能,侵权行为人还必须承担某些非财产责任,如停止侵害、消除影响、赔礼道

[①] 具体分析可参见杨立新:《侵权责任法》,法律出版社2010年版,第477—478页。

歉等。①

第四,环境民事责任的严格性。环境侵权责任是一种特殊侵权责任,是一种社会风险的分担形式。环境侵害是一种社会风险行为或者是人类文明的代价,在很多时候对环境侵权行为作出否定的评价纯粹是人类随着社会进步和观念更新,在日益重视环境保护的视野下不断把环境资源在人类生境与劳动对象两大领域分配的结果。之所以要求环境侵权行为人承担法律责任,是基于社会公平的考虑,而非行为人的主观恶性以及行为的可归责性。不考虑道德评价、不涉及主观恶性的环境民事责任的性质是一种严格责任。其严格性至少体现在三个方面:特殊侵权责任从责任构成到责任免除都有法律明确规定,必须严格依法实施;环境侵害行为不具备可归责性,但危害后果严重,受害人遭受损失巨大而长远,环境侵权责任以排除危害以及填补受害人利益为重点,必须有范围更为广泛的责任承担者,因此,环境民事责任确立了多种类型的救济形式,以使受害人的环境权益及时得到保护;环境侵害具有损害容易恢复难、甚至是不可恢复的特性,为了预防后果的发生,一些国家的环境侵权责任甚至采取了惩罚性损害赔偿方式,对致害人予以严厉惩罚,以威慑或者警示他人。②

三、环境民事责任的构成要件

环境民事责任的构成要件是指环境民事法律责任行为人承担环境侵权行为责任的必备条件,是判断环境侵权行为人是否应负环境民事责任的标准和依据。

1. 有损害事实存在

损害事实也即损害结果,是指因污染或破坏环境的侵权行为对他人环境权益所造成的不利影响。③ 损害事实既是侵权行为所产生的危害和后果,又是承担民事责任的依据,所以它是构成一般民事责任与环境民事责任都必须具备的要件。值得注意的是,在环境民事责任中,侵权所造成的损害事实不仅包括环境资源的经济价值损害,而且包括生态性价值以及其他非生态性价值损害,其损害后果体现为财产损失、人的身心健康损害、当代人和后代人的生存条件损害等。另外,我国现行《环境保护法》第64条规定的是"因污染环境和破坏生态造成损害的",使用的是"损害"一词,这样能够与《侵权责任法》第65条规定的"因污染环境造成损害的,污染者应当承担侵权责任"中使用的"损害"这一立法术语相协调。但是,我们必须重视,环境"损害"与民事权益"损害"在内涵与外延上差异较大,我们即使不一定如有不少论者主张的将"损害"拓展为"危害",但仍需要因应

---

① 黄锡生、李希昆主编:《环境与资源保护法学》,重庆大学出版社2002年版,第224页。
② 吕忠梅:《沟通与协调之途——论公民环境权的民法保护》,中国人民大学出版社2005年版,第266页。
③ 窦玉珍、马燕主编:《环境法学》,中国政法大学出版社2005年版,第173页。

环境侵害的特殊规律,重视环境侵害一旦产生则难以逆转的特性,将损害事实这一要件解释为损害结果和损害危险这两个部分①,以彰显环境法律规范实施的源头治理原则。

2. 有污染环境或破坏生态的行为存在

当前我国民法学界对于侵权责任的一般构成要件有三要件说与四要件说两种不同观点,三要件说主张侵权责任一般构成要件包括损害事实、(行为与损害事实之间的)因果关系和过错,四要件说主张侵权责任的构成要件包括违法行为、损害事实、因果关系和过错。两种观点的分歧在于是否将违法行为作为独立的责任构成要件。有学者主张侵权责任三要件说②,但我国学界普遍接受和持有的观点是四要件说,即违法行为、损害事实、因果关系和过错。③ 也即,一般民事侵权责任以侵权行为具有"违法性"为必要条件,行为人只对违法行为承担责任。但在环境侵害中,却经常地存在着"合法"行为损害他人人身和财产的情况,如不超标排污引起的污染,由于环境因素的相互作用造成的致人损害等。我国《侵权责任法》将环境侵害作为一类特殊侵权行为加以规定,就是注重强调保护环境的法定义务,强调环境侵害不以违法性为前提,而是以污染环境或破坏生态行为导致损害的客观性作为承担环境民事责任的要件。

3. 因果关系

环境民事责任构成要件中的因果关系指的是致害行为与损害事实之间的因果关系,即受害人的损害是由行为人污染环境的行为所造成的。在传统的民事责任中,要求的是违法行为与损害结果之间具有因果关系,由于环境民事责任不以违法行为为构成要件,因而强调其侵害行为的危害后果,将其表述为致害行为与损害后果之间的因果关系。同时,在环境污染损害中,要证明损害事实与损害行为之间具有因果关系往往比较困难。因此,环境民事责任中的因果关系是一个比较复杂的问题,环境污染行为与后果之间有环境因素的介入加大了证明因果关系的难度,所以在环境民事责任中不要求有传统民事责任上的那种严密的、直接的、必然的因果关系证明,而是放宽了因果关系方面的旁证,采用"因果关系推定"等新的证明方法。

4. 不要求行为人有主观过错

一般侵权责任采用过错责任原则,以行为人主观上的故意和过失作为承担民事责任的最后条件。但在环境民事责任中,因环境侵害的特殊性而采取了无过错责任或过错推定原则,所以行为人的主观过错不再是承担环境民事责任的

---

① 张梓太:《环境法律责任研究》,商务印书馆 2004 年版,第 94 页。
② 具体观点及其分析参见王利明:《侵权责任法研究(上卷)》,中国人民大学出版社 2010 年版,第 300—301 页。
③ 具体梳理参见张新宝:《侵权责任构成要件研究》,法律出版社 2007 年版,第 12 页。

必要条件。也即实施了污染环境或破坏生态行为的人无论是否存在过错,都应对其行为所造成的损害承担侵权责任。即便排污行为符合污染物排放标准,也不能据此免责,即"国家或者地方规定的污染物排放标准,只是环保部门决定排污单位是否需要缴纳超标排污费和进行环境管理的依据,而不是确定排污单位是否承担赔偿责任的界限"①。

四、环境侵权责任举证责任分配

举证责任,是指法律要求纠纷当事人对自己所主张的事实,提出证据加以证明的责任。举证责任的分配是指这种证明责任在当事人之间如何配置。一般来说,承担较重举证责任的当事人在纠纷解决中处于相对不利的地位,要承担更大的诉讼风险。因此,举证责任的分配是否公平直接关系到当事人的利益。根据我国《民事诉讼法》第 64 条第 1 款规定:"当事人对自己提出的主张,有责任提供证据。"这就是我国《民事诉讼法》规定的一般举证规则。如果原告不能用证据证明自己的诉讼请求,人民法院将不支持原告的诉讼请求。

环境侵害一般具有长期性、潜伏性、致害过程持续性和致害机理复杂性等特性,且往往直接作用于环境媒介,通过日积月累的物理、化学、生物等反应间接作用于人群。不同于一般民事侵权关系中,加害行为与损害结果之间具有即时性的特征,环境侵害中的污染环境和破坏生态的行为与损害事实之间的因果关系本身要经由一系列中间环节才能证明,且环境问题的最大特点在于其涉及高度的科技背景②,需要综合运用自然科学专业知识才能证明行为与损害事实之间的因果关系。如果坚持《民事诉讼法》中规定的一般举证规则,则由受害人承担因果关系举证义务,往往很难获得及时充分的救济。基于此,最高人民法院《关于民事诉讼证据的若干规定》(2002 年)第 4 条规定:"因环境污染引起的损害赔偿诉讼,由加害人就法律规定的免责事由及其行为与损害结果之间不存在因果关系承担举证责任。"《侵权责任法》第 66 条进一步吸收和改进了该规定:"因污染环境发生纠纷,污染者应当就法律规定的不承担责任或者减轻责任的情形及其行为与损害之间不存在因果关系承担举证责任。"

五、环境侵权民事责任承担

现实中,多个污染者向特定时空内有限的环境容量中排放污染物,导致了环境侵害。如果多个污染者之间有意思联络,则适用《侵权责任法》第 8 条的规定:

---

① 国家环保局(1991)环法函字第 104 号对湖北省环保局请示环境污染损害赔偿责任是否以过错和违法性为条件的批复,具体内容参见张梓太:《环境法律责任研究》,商务印书馆 2004 年版,第 90 页。
② 叶俊荣:《环境政策与环境法律》,中国政法大学出版社 2003 年版,第 23 页。

"二人以上共同实施侵权行为,造成他人损害的,应当承担连带责任。"如果多个污染者之间并无意思联络,则适用《侵权责任法》第67条的规定:"两个以上污染者污染环境,污染者承担责任的大小,根据污染物的种类、排放量等因素确定。"事实上,这种情形较为多见。进一步解析该条文:第一,存在两个或两个以上的环境污染者;第二,多个环境污染者之间并无意思联络,即每个污染者均实施了环境污染行为,但相互之间没有意思联络;第三,每个环境污染行为与损害后果有总体上的因果关系,也即"多因一果"。

在《侵权责任法》立法过程中,对于本条规定针对环境侵权行为的民事责任承担问题,到底是追究按份责任还是连带责任,学界与实务界有一定争论。本书认为按份责任较为合理。其理由在于:污染损害发生后,受害人从赔付能力考虑,一般会起诉经济能力较强的大企业,而大企业由于处理污染物能力较强,不一定比小企业排放污染物更多,规定连带责任会加重大企业负担,不利于社会公平,也不利于排污多的小企业积极治理污染;同时,部分排污者承担连带责任后还需另行起诉,根据污染物排放量等因素在排污者之间追偿,增加讼累,故排污者按照原因力大小承担按份责任较为妥适。

针对第三人过错引发的责任承担,在一般侵权中适用《侵权责任法》第28条规定:"损害是因第三人造成的,第三人应当承担侵权责任。"但针对属于特殊侵权责任类型的"环境污染责任",《侵权责任法》第68条赋予了受害人以请求选择权,既可以向污染者请求赔偿,也可以向第三人请求赔偿。污染者赔偿后,有权向第三人追偿。

六、环境民事责任的免责事由

环境民事责任的免责事由之实质是环境侵权的免责事由,又称抗辩事由,是指民法或环境法规定的环境侵权致害人因污染或破坏环境侵犯他人环境权益,造成他人人身和财产损害时可以不承担法律责任的事由。我国法律中所规定的环境民事责任的免责事由主要有以下几个方面:

1. 不可抗力

不可抗力是指独立于人的行为之外,且不以人的主观意志为转移的客观情况。一般来说,不可抗力是人力所不可抗拒的力量,由于不可抗力不受人的意志所支配,要人们承担与其行为无关而无法控制的事故性后果,不仅对责任的承担者不公平,而且也不能发挥法律责任的作用。我国环境法律体系中,《侵权责任法》第29条规定:"因不可抗力造成他人损害的,不承担责任。法律另有规定的,依照其规定。"《水污染防治法》第85条、《大气污染防治法》第63条、《海洋环境保护法》第92条等,都规定了不可抗力的自然灾害为民事责任的免责事由。

但是,需要明确的是,不可抗力作为免责事由,必须构成损害结果发生的原因,只有损害后果完全是由不可抗力引起,才能表明被告的行为与损害结果之间无因果关系而被免责。

2. 受害人故意

受害人故意也是环境民事责任的免责事由之一。《侵权责任法》第27条对此作出规定:"损害是因受害人故意造成的,行为人不承担责任。"所谓受害人故意是指受害人明知自己的行为会发生损害自己的后果,而希望或放任此种结果发生。受害人对损害的发生具有故意,足以表明受害人的行为是损害发生的唯一原因,因此该损害结果与受害人的行为之间有因果关系,而与致害人之间无因果关系,故应由受害人自己承担责任,从而免除致害人的责任。

另外,第三人过错能否成为环境民事责任的免责事由,颇有争议。所谓第三人过错的免责是指除原告和被告以外的第三人,对于损害发生具有过错,且第三人的行为是造成环境损害的唯一原因,被告的行为与损害后果之间完全无关,在此情况下,应使被告免于承担民事责任。《海洋环境保护法》第90条就规定:"造成海洋环境污染损害的责任者,应当排除危害,并赔偿损失;完全由于第三者的故意或者过失,造成海洋环境污染损害的,由第三者排除危害,并承担赔偿责任。"但《侵权责任法》第68条则将第三人过错排除在了环境民事责任免责事由之外:"因第三人的过错污染环境造成损害的,被侵权人可以向污染者请求赔偿,也可以向第三人请求赔偿。污染者赔偿后,有权向第三人追偿。"由此看来,污染者并不能以第三人过错主张免责,其必须承担环境污染损害赔偿责任,但可以保有赔偿之后向第三人追偿的权利。

第三节 环境行政责任

一、环境行政责任的含义

(一)环境行政责任的概念和特征

环境法上的行政责任是指环境行政法律关系的主体在违反环境行政法律规范或者不履行环境行政法律义务时应依法承担的法律后果。该责任与环境行政违法行为之间有一定的因果关系,环境行政责任是环境行政违法行为所引起的法律后果。环境行政责任有如下特征:

(1)环境行政责任是环境行政法律关系主体的责任,它包括环境行政管理主体的责任和环境行政管理相对人的责任。

(2)环境行政责任是一种法律责任,是由于环境行政法律关系主体违反环境行政法律规范所设定的法律义务而产生的,任何主体违反了这种法律义务都必须承担法律责任。

(3) 环境行政责任是环境资源领域的行政法律责任。行政法律责任是行政法律关系主体由于违反行政法律规范而应当依法承担的否定性的法律后果。[①] 环境行政责任,是由环境行政法律关系主体违反环境行政法律规范所设定的义务而产生,其责任主体只能是环境行政法律关系主体,违反的法律规范只能是环境行政法律规范。当然,环境行政法律规范既存在于行政法法律部门中,也存在于环境法法律部门中,甚至还存在于其他法律部门中。另外,环境法是一个综合性的法律部门,其中不仅有环境行政法律规范,也有环境民事法律规范、环境刑事法律规范,环境行政责任的形成,仅仅是违反其中的环境行政法律规范。[②]

(4) 环境法上的行政责任是环境行政违法行为的必然法律后果。环境法上的行政法律责任必须以环境违法行为为前提,没有违法行为也就无所谓法律责任。

(二) 环境行政责任与环境民事责任的区别

(1) 产生机理不同。环境行政责任是基于不平等主体之间的关系即环境行政法律关系而发生的,而环境民事责任是基于平等主体之间的法律关系即环境民事法律关系而发生的。

(2) 责任承担形式不同。环境行政法律责任的形式既有预期补救环境权利的制度设计(如行政赔偿),又有惩罚性的制度安排(如行政制裁);环境民事责任的形式是恢复权利性的,如排除危害、赔偿损失等;在我国,环境民事责任中的惩罚性赔偿制度还不是正式的制度安排。

(3) 责任追究机关和法律程序不同。环境行政责任的追究机关具有多元性,其中对行政相对人直接由行政主体以行政程序来追究,而对行政主体、行政公务员等则以权力机关、司法机关、上级行政机关、行政复议机构、专门审计机关、监察机关作为追究机关;追究环境行政责任的程序也是多元的,有权力机关的特别监督程序、行政机关的行政程序和司法机关的司法程序等。而环境民事责任的追究机关和追究法律程序具有单一性,主要是通过人民法院和依据民事诉讼法律进行。

(4) 责任承担主体和对象不同。环境行政责任主要是违法行为者向国家和社会承担责任,环境民事责任是环境民事法律关系中一方当事人对另一方当事人承担责任。

(三) 环境行政责任的形式

环境法上的行政违法行为必然引起法律上的后果,即产生行政责任。从环境行政违法行为后果来看,法律上主要反映为两个方面:一是对环境行政违法行

[①] 皮纯协、张成福主编:《行政法学》,中国人民大学出版社2002年版,第386页。
[②] 参见蔡守秋主编:《环境资源法教程》,高等教育出版社2004年版,第370页。

为人进行惩罚;二是对环境违法行为进行补救。与此相适应,行政责任的形式可分为惩罚性的行政责任与补救性的行政责任。

惩罚性的行政责任指的是行政违法行为必然导致的在法律上对违法主体进行惩罚的法律后果。具体形式包括通报批评、行政处分和行政处罚。其中通报批评既适用于环境行政主体又适用于管理相对人,行政处分适用于环境行政主体或环境管理相对人内部,行政处罚只适用于环境管理相对人。

补救性的行政责任是指环境行政违法行为的主体补救履行自己的法定义务或补救自己的违法行为所造成的危害后果的法律责任。这类责任既适用于环境行政主体,又适用于环境管理相对人,其具体的责任形式包括承认错误、赔礼道歉、恢复名誉、消除危害、履行职务、撤销违法行为、纠正不当权益、恢复原状、行政赔偿、支付治理费用、停业治理等。

二、环境行政责任的构成要件

环境行政责任的构成要件,是指承担环境行政责任所必须具备的法定条件。它是违法者所必须具备的主、客观条件,这些条件是由环境保护法所规定的。[①]

1. 有环境行政违法行为的存在

环境行政违法行为是指环境行政法律关系的主体违反环境法律规范,造成环境污染和破坏或侵害其他行政关系但尚未构成犯罪的有过错行为。[②] 环境行政违法行为的存在是构成环境行政责任的必备要件,也是构成环境行政法律责任的首要条件。根据我国《环境保护法》第63条的规定,属于环境行政违法的行为包括但不限于:建设项目未依法进行环境影响评价,被责令停止建设,拒不执行的;违反法律规定,未取得排污许可证排放污染物,被责令停止排污,拒不执行的;通过暗管、渗井、渗坑、灌注或者篡改、伪造监测数据,或者不正常运行防治污染设施等逃避监管的方式违法排放污染物的;生产、使用国家明令禁止生产、使用的农药,被责令改正,拒不改正的。

2. 行为人主观上有过错

行为人在从事环境违法行为时是否有主观过错,是进一步决定是否追究环境行政责任的必要前提。行为人的主观过错分为故意和过失两种,故意是指行为人明知自己的行为会造成环境污染或者破坏的危害后果,但是希望或者放任这种危害后果的发生;过失则是指行为人应当预见或者已经预见自己的行为会导致环境污染或破坏的后果,因为疏忽大意或过于自信而导致环境危害后果的发生。

---

① 韩德培主编:《环境保护法教程》,法律出版社2002年版,第293页。
② 吕忠梅:《环境法学》,法律出版社2004年版,第160页。

3. 行为的危害后果

行为的危害后果，是指违反环境法的行为造成环境污染或环境破坏的事实。应当明确的是，危害后果是构成行政责任的选择性要件，其并不是环境法所规定的构成环境行政责任的必要条件。① 基于环境污染和破坏的特殊性、环境损害的长期性、潜伏性和复杂性以及环境法律体系预防为主的原则的考虑，我国环境法律体系中并未将危害后果作为行为人承担行政责任的必备条件。

同时，传统的行政法要求损害必须是对人身和有主财产的损害，而环境法在追究环境行政责任时扩展了这种危害后果的范围：在一定情况下，损害有主或无主的环境因素也应当承担环境行政责任；在一定情况下，可能造成环境损害的行为也要承担环境行政责任；浪费自然资源有时也要承担行政责任。②

4. 环境违法行为与危害后果之间有因果关系

因果关系表明的是环境行政违法行为与危害后果之间存在的客观的、真实的和必然的内在联系，行为之因引起了危害之果。在环境法领域，环境因素的复杂性决定了环境行政违法行为与危害后果之间的因果关系比较复杂，在环境保护实践中，要准确认定产生环境危害后果从而确定两者的因果关系有时非常困难。但我们不能据此就认为因果关系是环境行政责任的选择性要件③，环境行政违法行为与环境危害后果之间的因果关系的存在是连接两种现象的桥梁和纽带，没有这种因果关系的存在，对行为给予法律上的否定性评价就不具有正当性。

需要说明的是，在危害后果作为追究环境行政责任的选择要件而不是必备要件的情况下，是否可以不考虑因果关系？如按照我国《环境保护法》第59条至第63条等的规定，只要行为人有违法行为，环境行政主管部门就可以给予行政处罚。但这也不能否定因果关系的存在，法律作出此规定的背后是预期这些行为发生必然会对环境产生危害性后果，环境法注重预防，所以我们应该在更广阔的视野内判断危害后果——是客观存在还是隐而待发，在环境法的视野中对环境有危害之虞本身也应该是一种危害结果的发生。所以，在环境行政法律责任中，遇到因果关系难以认定的情况可能是经常的，关键不在于是否需要以因果关系作为要件，而是在因果关系作为必备要件的前提下，如何去认识因果关系。在

---

① 参见窦玉珍、马燕主编：《环境法学》，中国政法大学出版社2005年版，第164—165页。
② 参见常纪文、王宗廷主编：《环境法学》，中国方正出版社2003年版，第314—315页。
③ 有些学者因为环境违法行为与环境危害后果之间因果关系较为复杂，故此认为因果关系是承担环境行政责任的选择条件。参见周珂：《环境法》（第2版），中国人民大学出版社2005年版，第123页；李爱年、周训芳主编：《环境法》，湖南人民出版社2004年版，第150页；黄锡生、李希昆主编：《环境与资源保护法学》，重庆大学出版社2002年版，第217页，等等。

一定情况下,可以借鉴环境民事责任中的"因果关系推定"等新的证明方法。[①]

三、环境行政责任的种类与具体实现

环境行政责任的特征之一是基于不平等主体之间的法律关系而发生,所以按照环境行政责任承担主体的差异可以分为两大类,即环境行政主体违法的环境行政责任和环境行政相对人违法的环境行政责任。

(一)环境行政主体违法的行政责任

环境行政主体违法是指环境行政管理主体通过环境行政人员在具体的环境管理过程中所进行的侵害受法律保护的环境行政法律关系但尚未构成犯罪的有过错行为,简称为环境违法行政。

环境违法行政的法律后果就是环境行政主体必须承担行政责任。其中,环境行政违法承担的惩罚性后果是行政处分,补救性后果主要是行政赔偿。违法就要承担责任,环境行政违法人员大多是公务员,所以他们都是在行政组织内部依法承担相应的法律责任——行政处分;而环境管理人员又代表国家行使职权,如果他们的侵权行为给相对人造成了经济损失,则要依照《国家赔偿法》对外承担行政赔偿责任。

1. 补救性的行政责任

(1)承认错误,赔礼道歉。环境行政违法行为损害相对人的环境权益时,应向相对人承认错误、赔礼道歉。

(2)恢复名誉,消除影响。环境行政违法行为造成相对人名誉上的损害,并造成不良影响时,应通过一定形式为相对人恢复名誉、消除不良影响。

(3)履行职务。当环境行政主体不履行法定义务或不积极履行法定义务时,相对人可以向法定机关申请要求环境行政主体履行法定义务。

(4)撤销违法。指法定有权机关撤销环境行政主体及环境行政人员的违法行为。

(5)返还权益。指环境违法行为非法剥夺了环境相对人的权益后,在撤销或变更该行政行为时,必须返还相对人的权益。

(6)恢复原状。环境行政主体及环境行政人员在依法行使职权时,导致相对人的物品损坏的,应恢复原状。

(7)行政赔偿。环境行政主体及环境行政人员由于环境侵权行为导致相对人的合法权益受到侵害的,该环境行政主体应当依《国家赔偿法》进行赔偿,相关

[①] 也有学者虽然认为因果关系是选择性要件,同时认为只要环境行政机关提出了一种直接的、表面的因果证明,即说明违法行为是危害结果发生的直接原因,行为人要反驳环境行政机关的观点,就必须提出反证。参见汪劲:《中国环境法原理》,北京大学出版社 2000 年版,第 342—343 页;常纪文、王宗廷主编:《环境法学》,中国方正出版社 2003 年版,第 347 页。

环境行政人员承担连带责任。

2. 惩罚性的行政责任

（1）通报批评。指上级行政机关对下级行政机关或个人的违法行为所作的一种书面形式的处罚，这种处罚并不直接涉及受罚人的权利和义务，但将可能对其权利义务产生一定的影响。通报批评的目的主要在于教育当事人和其他有关人员以及提醒人们对某件事、某种行为的警觉。

（2）行政处分。指国家机关、企业事业单位依法对所属人员的违法或违纪行为给予的一种法律制裁。根据我国《公务员法》第56条的规定，行政处分有警告、记过、记大过、降级、撤职、开除六种。

3. 《环境保护法》对行政主体环境行政法律责任的专门规定

2014年修订的《环境保护法》的亮点之一是在第68条详细规定了行政主体承担的环境行政法律责任。该条通过详细列举的方式，规定了环境保护主管部门、其他负有环境保护监督管理职责的部门及其工作人员承担环境行政法律责任的具体情形及其法律后果。

《环境保护法》第68条规定了地方各级人民政府、县级以上人民政府环境保护主管部门和其他负有环境保护监督管理职责的部门，这些部门直接负责的主管人员和其他直接责任人员对于八种违法行为要接受行政处分，这些行为可以概括为环境行政不作为和违法行政作为两类。

（1）环境行政不作为。环境行政不作为是指地方各级人民政府、县级以上人民政府环境保护主管部门和其他负有环境保护监督管理职责的部门应当履行法定职责而不履行法定职责的行为。环境行政不作为的构成要件有三个：第一，有法定的作为义务；第二，有履行义务的可能性；第三，有履行义务的必要性。具体到本条，环境行政不作为包括三种情形：第一，依法应当作出责令停业、关闭的决定而未作出的；第二，对超标排放污染物、采用逃避监管的方式排放污染物、造成环境事故以及不落实生态保护措施造成生态破坏等行为，发现或者接到举报未及时查处的；第三，应当依法公开环境信息而未公开的。

（2）违法环境行政作为。违法环境行政作为是指地方各级人民政府、县级以上人民政府环境保护主管部门和其他负有环境保护监督管理职责的部门没有相应的职权而滥用职权、玩忽职守、徇私舞弊的行为。违法环境行政作为的构成要件有两个：第一，没有法定的作为权利；第二，有超越职权、滥用职权的行为。具体到本条，违法环境行政作为包括五种情形：第一，不符合行政许可条件准予行政许可的；第二，对环境违法行为进行包庇的；第三，违反本法规定，查封、扣押企业事业单位和其他生产经营者的设施、设备的；第四，篡改、伪造或者指使篡改、伪造监测数据的；第五，将征收的排污费截留、挤占或者挪作他用的。

根据该条规定，地方各级人民政府、县级以上人民政府环境保护主管部门和其他负有环境保护监督管理职责的部门的直接负责的主管人员和其他直接责任人员,只要实施了上述八种违法行为中的一种或数种,即要视情况予以记过、记大过或者降级的处分;一旦造成严重后果,则要视情况给予撤职或者开除处分,其主要负责人应当引咎辞职。

(二)环境行政相对人违法的行政责任

环境行政相对人违法是指相对人违反环境法律规范,实施危害环境但尚未构成犯罪的行为。这种行为与环境行政主体违法在内容、形式和法律后果上均有很大不同。

环境行政相对人的违法行为所导致的不利法律后果就是承担行政责任,其承担的处罚性法律后果主要是行政处罚,这种后果体现了国家的权力色彩,目的在于促使相对人严格履行法定义务。

1. 补救性法律责任

补救性法律责任包括消除危害、支付治理费用、恢复原状、缴纳排污费、赔偿损失等。① 其中一些责任形式与承担民事责任的形式完全相同,值得注意的是出现这种相同意味着环境保护领域行政权的扩大,而行政权扩大的原因则是基于环境保护的重要性和迫切性的要求。环境污染和破坏的后果十分严重,必须及时采取制止和补救措施,避免造成更大的危害,而依民事法律程序则不利于及时、迅速地制止非法行为;环境法将原应由司法机关追究的民事责任转由行政机关追究,以便发挥行政程序简便、迅速的特点,更好地保护环境。

《环境保护法》对补救性的环境行政法律责任的规定主要有:第59条规定的"企业事业单位和其他生产经营者违法排放污染物"的要被"责令改正";第60条规定的"企业事业单位和其他生产经营者超过污染物排放标准或者超过重点污染物排放总量控制指标排放污染物的,县级以上人民政府环境保护主管部门可以责令其采取限制生产、停产整治等措施";第61条规定的"建设单位未依法提交建设项目环境影响评价文件或者环境影响评价文件未经批准,擅自开工建设的",由负有环境保护监督管理职责的部门责令"停止建设"和"恢复原状"。

2. 处罚性行政责任

环境行政处罚是环境行政主体依法对违反环境行政法律规范的相对人所给予的制裁。根据我国《环境保护法》《行政处罚法》和《环境行政处罚办法》的有关规定,环境行政处罚的主要种类和形式包括:

(1) 警告

警告是环境行政主体对违法的相对人所进行的批评教育、谴责和警诫。我国《行政处罚法》第8条和《环境行政处罚办法》第10条均明确规定了"警告"是

---

① 吕忠梅:《环境法学》(第二版),法律出版社2008年版,第150—151页。

行政处罚的种类之一。我国现行的《环境保护法》没有明确规定警告,但我国《海洋环境保护法》第74、75、85—89条等数个条文明确规定了警告罚。

(2) 罚款

罚款即环境行政主体强制违法的相对人向国家缴纳一定数额的款项的经济处罚。罚款是非常重要的一类行政处罚形式,我国几乎所有的环境保护法律、行政法规在法律责任部分均规定了罚款这一罚种。就罚款的种类而言,我国2014年修订的《环境保护法》的亮点之一是在环境罚款制度上的创新,即通过第59条新增了按日连续计罚制度,它是针对持续性违法行为,以天为单位计算对违法单位或个人的经济处罚额度,是一种随时间累加而不断加总的动态罚款模式。根据环境保护部颁布、2015年1月1日起施行的《环境保护主管部门实施按日连续处罚办法》第5条规定:"排污者有下列行为之一,受到罚款处罚,被责令改正,拒不改正的,依法作出罚款处罚决定的环境保护主管部门可以实施按日连续处罚:(一)超过国家或者地方规定的污染物排放标准,或者超过重点污染物排放总量控制指标排放污染物的;(二)通过暗管、渗井、渗坑、灌注或者篡改、伪造监测数据,或者不正常运行防治污染设施等逃避监管的方式排放污染物的;(三)排放法律、法规规定禁止排放的污染物的;(四)违法倾倒危险废物的;(五)其他违法排放污染物行为。"按日连续计罚的实施程序和计罚方式也由该办法具体规定。

许多国家和地区的实践表明,按日计罚对于遏制具有明显持续性特征的环境违法行为具有明显的效果。我国重庆市、深圳市等也已开展按日计罚的实践。设立按日计罚的法律意义在于:第一,预防环境违法行为,降低环境监督成本。按日计罚可以让企业形成违法零收益的预期,从而达到预防违法的效果。处罚力度的提升和处罚手段预防功能的发挥可以大大降低环境执法监督的公共支出和环境执法人员的工作压力。第二,促进环境守法意识和守法文化的形成。按日计罚的目的在于消除违法带来的非法收益,建立起正确的激励导向。第三,维护法律尊严,彰显公平。对违法行为的不罚和轻罚都是对守法行为的不公平。按日处罚即是要追求"赏罚平衡",以维护和追求法律的公平为归宿。第四,维护公平的市场竞争秩序。按日计罚让市场竞争主体公平地承担环境污染成本,从而可以在保证环境标准得到遵守的前提下创造公平的市场竞争环境。

(3) 责令停产整顿

责令停产整顿即环境行政主体针对情节较轻的超过污染物排放标准或者超过重点污染物排放总量控制指标排放污染物的企事业单位和其他生产经营者,要求其停止生产,进行整顿,以使排污符合法律要求,在规定时间内经环保部门验收合格的,可以恢复正常的生产经营活动。《环境保护法》第60条对该环境行政处罚的表述是"企业事业单位和其他生产经营者超过污染物排放标准或者超过重点污染物排放总量控制指标排放污染物的,县级以上人民政府环境保护主管部门可以责令其采取限制生产、停产整治等措施"。这是临时性的、阶段性的相对较轻的处罚,针对的是情节较轻的超过污染物排放标准或者超过重点污染物排放总量控制指标排放污染物的行为。

其他环境保护单行法也有责令停产整顿的环境行政处罚,当然,在立法用语表述上可能稍有差异,比如,我国《水污染防治法》第 74 条"责令停产整治"和第 75 条"责令停产整顿"的规定。① "责令限制生产"是 2014 年修订的《环境保护法》新增的一种行政处罚形式,其更早见于 2008 年修订的《水污染防治法》第 74 条第 2 款的规定:"限期治理期间,由环境保护主管部门责令限制生产、限制排放或者停产整治。限期治理的期限最长不超过一年;逾期未完成治理任务的,报经有批准权的人民政府批准,责令关闭。"同时,环境保护部 2009 年颁布的《限期治理管理办法(试行)》第 17 条规定,"对被决定限期治理的排污单位,环境保护行政部门还应当在《限期治理决定书》中告知以下事项:……限期治理期间排放水污染物超标或者超总量的,环境保护行政部门可以直接责令限产限排或者停产整治……"该规定中的"责令限产限排"也可以认为是对"责令限制生产"的直接规定。

(4) 责令停产、停业、关闭

责令停产、停业、关闭即环境行政主体针对情节严重的超过污染物排放标准或者超过重点污染物排放总量控制指标排放污染物的企事业单位和其他生产经营者,要求其停止生产,并对从事营业性活动的相对人强令其停止营业,对从事非营业性活动的单位强令其关闭。对比于责令停产整顿,这是一种永久性的处罚。该种行政处罚规定于《环境保护法》第 60 条:"……情节严重的,报经有批准权的人民政府批准,责令停业、关闭。"其他环境保护法单行法也有责令停产、停业、关闭的规定,比如,《水污染防治法》第 77 条"责令停产、关闭"、第 78 条"责令关闭"的规定和《海洋环境保护法》第 82 条"责令关闭"的规定。

(5) 暂扣、吊销许可证或者其他具有许可性质的证件

暂扣、吊销许可证或者其他具有许可性质的证件,是指行政主体依法对持有某种许可证而实施行政违法行为的相对人采取暂时限制或剥夺其相应行为能力的处罚形式。暂扣许可证或者其他具有许可性质的证件,其特点在于暂时中止

---

① 我国《水污染防治法》第 75 条第 1、2 款规定:"在饮用水水源保护区内设置排污口的,由县级以上地方人民政府责令限期拆除,处 10 万元以上 50 万元以下的罚款;逾期不拆除的,强制拆除,所需费用由违法者承担,处 50 万元以上 100 万元以下的罚款,并可以责令停产整顿。除前款规定外,违反法律、行政法规和国务院环境保护主管部门的规定设置排污口或者私设暗管的,由县级以上地方人民政府环境保护主管部门责令限期拆除,处 2 万元以上 10 万元以下的罚款;逾期不拆除的,强制拆除,所需费用由违法者承担,处 10 万元以上 50 万元以下的罚款;私设暗管或者有其他严重情节的,县级以上地方人民政府环境保护主管部门可以提请县级以上地方人民政府责令停产整顿。"

持证人从事某种活动的资格,待其改正违反行为后或经过一定期限,再发还证件,恢复其资格,允许其重新从事该权利和资格;吊销许可证或者其他具有许可性质的证件,其特点在于撤销相对人的凭证,终止其继续从事该凭证所允许活动的资格。《行政处罚法》对吊销许可证规定了听证程序,以确保慎重适用该处罚形式,保护相对人的合法权益。[1] 我国《海洋环境保护法》第86条规定:"违反本法规定,不按照许可证的规定倾倒,或者向已经封闭的倾倒区倾倒废弃物的,由海洋行政主管部门予以警告,并处3万元以上20万元以下的罚款;对情节严重的,可以暂扣或者吊销许可证。"《矿产资源法》第42条第2款规定:"违反本法第6条的规定将探矿权、采矿权倒卖牟利的,吊销勘查许可证、采矿许可证,没收违法所得,处以罚款。"

(6) 没收违法所得、没收非法财物

没收违法所得、没收非法财物,即环境行政主体对相对人从事违法行为的器具或非法所得予以强制收缴的处罚。该种行政处罚在很多环境保护法律、行政法规中均有规定,比如,《海洋环境保护法》第86条,《固体废物污染环境防治法》第77条,《矿产资源法》第39、40、42、43条等。

(7) 行政拘留

行政拘留即公安机关对违法的相对人实施的短期限制人身自由的处罚。环境行政拘留是一种人身自由罚,是最严厉的一种环境行政处罚,通常适用于严重违反环境法律法规但不构成犯罪,而警告、罚款处罚不足以惩戒的情况。2014年修订的《环境保护法》的亮点之一在于新增了环境行政拘留这种环境行政处罚形式,该法第63条规定:"企业事业单位和其他生产经营者有下列行为之一,尚不构成犯罪的,除依照有关法律法规规定予以处罚外,由县级以上人民政府环境保护主管部门或者其他有关部门将案件移送公安机关,对其直接负责的主管人员和其他直接责任人员,处10日以上15日以下拘留;情节较轻的,处5日以上10日以下拘留;……"环境行政拘留的实施主体是公安机关,移送主体是县级以上环境主管部门或者其他有关部门。环境行政拘留的对象是对企业事业单位、其他生产经营者的环境违法行为负有直接责任的主管人员和其他直接责任人员。环境行政拘留的前提条件是企业事业单位、其他经营者故意实施了严重的妨害环境管理秩序的违法行为,尚不构成犯罪,这些行为的四种类型由该条明确规定。

(8) 法律、行政法规设定的其他行政处罚种类

环境行政处罚是环境行政责任中非常重要的内容,在具体的环境法律法规中有明确详细的规定,对不同的处罚形式,法律规定了不同的构成要件。实施环

---

[1] 姜明安主编:《行政法与行政诉讼法》,北京大学出版社、高等教育出版社1999年版,第223页。

境行政处罚必须严格依照《行政处罚法》及其他法律、法规的规定和程序,否则,也必须承担相应的法律责任。

四、环境行政责任与刑事责任的衔接

加强环境保护行政责任与刑事责任的衔接工作,是解决环境管理违法成本低、守法成本高等问题的有效途径,是树立环境法制权威、保障环境法律法规有效实施、维护人民群众环境权益的必然要求。《环境保护法》第63条规定,企业事业单位和其他生产经营者有下列行为之一,尚不构成犯罪的,除依照有关法律法规规定予以处罚外,由县级以上人民政府环境保护主管部门或者其他有关部门将案件移送公安机关,对其直接负责的主管人员和其他直接责任人员,处10日以上15日以下拘留;情节较轻的,处5日以上10日以下拘留:(1)建设项目未依法进行环境影响评价,被责令停止建设,拒不执行的;(2)违反法律规定,未取得排污许可证排放污染物,被责令停止排污,拒不执行的;(3)通过暗管、渗井、渗坑、灌注或者篡改、伪造监测数据,或者不正常运行防治污染设施等逃避监管的方式违法排放污染物的;(4)生产、使用国家明令禁止生产、使用的农药,被责令改正,拒不改正的。

2013年6月出台的最高人民法院、最高人民检察院《关于办理环境污染刑事案件适用法律若干问题的解释》对此也进行了原则性规定。

根据上述条文,环境保护行政部门和其他有关部门发现有规定的环境违法行为的,应当依职权调查处理,并主动、及时与公安机关沟通,按照《公安机关办理行政案件程序规定》的有关要求向公安机关移送,并将案件相关证据材料一并移送。

环境保护行政部门和其他有关部门向公安机关移送需要进行行政拘留的案件,应当附有案件移送书、依法需要适用行政拘留处罚的案件情况调查报告、涉案物品清单、有关监测报告或者鉴定结论等证据材料。环境保护行政部门已经对相关环境违法行为作出行政处罚决定的,应当同时移送行政处罚决定书和作出行政处罚决定的证据资料。

环境保护行政部门办理适用行政拘留处罚的环境违法案件,应当与公安机关密切配合,充分协调。在向公安机关移送案件后的10日内向公安机关查询受理情况,并跟踪案件办理过程。对公安机关已经受理的案件,环境保护行政部门应当予以配合,支持公安机关的调查工作,根据需要提供必要的监测数据和其他证据材料。在案件移送前,环境保护行政部门如认为必要,可以邀请公安机关派员参加相关调查工作;公安机关要求提前介入调查或者要求参加案件讨论的,环境保护行政部门应当给予支持和配合。

对应适用行政拘留处罚的案件应当移送公安机关而不移送,致使违法人员逃脱行政拘留处罚的,应当根据《环境保护违法违纪行为处分暂行规定》第8条的规定,对直接责任人员给予警告、记过或者记大过处分;情节较重的,给予降级或者撤职处分;情节严重的,给予开除处分。

第四节 环境刑事责任

一、环境刑事责任的含义

随着工业化和城市化进程的加快,环境问题的类型及其危害不断扩大,近些年来世界各国一些重大环境灾害频繁爆发,对社会安全和公共利益造成了重大危害,仅仅追究环境侵害行为人的民事责任和行政责任已不足以规制环境危害行为。自从20世纪70年代开始,一些国内污染严重的西方国家开始进行大规模的环境刑事立法,将严重的环境违法行为入罪化。各国将危害环境行为入罪化的立法模式可以概括为以下三种:第一,专门制定有关单行法,并将实体法与程序法合二为一,如日本;第二,在环境立法中规定刑事条款,如美国;第三,通过修订刑法典来规定,如德国。[1] 从国际角度而言,1978年在布达佩斯举行的第十届国际比较法大会以及1979年在汉堡举行的国际刑法学会第十二届大会对此进行了专门讨论,1979年联合国国际法委员会拟定了《关于国家责任的条文草案》,其中第三章第19条规定了大规模污染大气层或海洋的行为,属于侵犯国际安全和秩序的国际犯罪。1991年国际法委员会通过的《危害人类和平与安全罪法典草案》第二部分明确规定,故意严重危害环境为国际犯罪。1994年国际刑法学协会在巴西里约热内卢举行的第十五届代表大会上,讨论了关于危害环境罪的决议草案,并通过了其中总则适用部分的决议。[2] 各国在环境保护中都充分地认识到,刑事责任作为国家对环境施加影响的最严厉手段,必须得到运用。环境刑事责任是指构成犯罪的侵害环境行为所要承担的刑法上的不利后果。但它只能作为"最后手段",即在其他较缓和的措施特别是行政措施不能奏效时才可采取,从而明确了刑事责任在环境法中的地位和作用,也明确了环境刑事法律手段运用的一些特点。

其一,刑法在环境保护方面的范围扩大。

传统刑法的保护范围仅限于对人身权和财产权的保护,适用范围有限。而在环境保护中,环境要素、环境权益成为主要的保护对象,要运用刑法手段保护环境资源,就必须扩大刑法的适用范围,将过去对人身及财产的保护扩大到环境

---

[1] 参见雷磊:《生态现代化语境下的环境刑事责任研究》,知识产权出版社2010年版,第70页。
[2] 具体内容参见赵秉志主编:《环境犯罪及其立法完善研究——从比较法的角度》,北京师范大学出版社2011年版,第4—5页。

要素、环境权益的保护,从生态观点出发,将环境要素视同人的生命、健康和财产一样,具有由刑法加以严格保护的价值,拓展刑法的保护范围。

其二,特别刑法的出现。

由于环境保护运用刑法手段起步较晚,传统的刑法对此并无规定,而严重危害环境的犯罪行为又不断发生,其社会危害性特别严重,所造成的损失甚至无法用经济价值加以估算,必须予以严厉的制裁,才能起到惩戒、威慑和教育作用。因此,在有些国家出现了特别刑法,或专门制定有关危害环境罪及其处罚的单行刑事法律(如日本的《公害罪法》),或修订普通刑法,设专章规定危害环境罪(如德国);或在环境法律法规中规定刑事条款(如原苏联)等。

其三,刑罚范围的扩大。

一般的刑事责任比较注重犯罪事实与犯罪的后果,而在环境刑事责任中,等到人或环境出现损害后果时再适用刑罚已为时过晚,因为环境损害往往是一系列污染行为积累的结果。到污染和破坏已形成时则难以发挥刑罚威慑和教育的作用;要证明哪些人参与犯罪也会遇到困难。因此,刑法对环境的保护,必须体现预防原则。在立法先进国家,大多确立了孕育着危险的行为的抽象犯罪构成和刑罚的规定。如法国,就列举了具有危险性的各种典型行为,对于这些行为不要求有产生具体的损害或发生损害后果的现实可能性,只要存在具体的危险就应承担刑事责任;如果发现具体的危险或造成了一定的损害,就可能成为相应加重刑罚的依据。同时,扩大刑罚范围还包括处罚法人以及并罚制度,加重刑罚。

其四,财产刑得到较为广泛地运用。

追究环境刑事责任的根本目的仍在于保护环境,恢复和改善遭受损害的环境质量。所以,环境法上的刑事责任一方面实行并罚制度,在对法人进行处罚时主要采取财产刑;另一方面在追究自然人的环境刑事责任时也考虑到了恢复环境质量的需要,因而也主要采取了财产刑的形式。从国外有关环境刑事立法中可以看出,并处财产刑是环境刑事责任的一个显著特征。

二、危害环境罪的犯罪构成

构成犯罪是承担环境刑事责任的前提条件,危害环境的犯罪也被称为公害犯罪、破坏环境资源保护犯罪、环境犯罪等。较之于普通犯罪,危害环境的犯罪有其特点,而这种特点又具体体现在其犯罪构成方面。

1. 犯罪主体

刑法上的犯罪主体是指实施犯罪行为,依法应负刑事责任的人。在传统的刑法中,只有自然人才能成为犯罪主体,自然人实施犯罪,自然人承担责任,法人是不能成为犯罪主体的。但在环境刑法中,法人犯罪的观点日益为各国立法所接受,追究法人的环境刑事责任成为一种趋向。在实践中,许多后果严重、影响恶劣的污染或者破坏环境的行为均为公司企业所为,要预期通过环境法律遏止环境恶化、改善环境,就必须承认法人为危害环境犯罪的犯罪主体,并规定对法人适用财产刑和资格刑等进行制裁。

2. 犯罪的主观要件

刑法上犯罪的主观要件是指犯罪主体对他所实施的犯罪行为及其危害后果所持的故意或过失的心理态度。我国《刑法》规定了行为在客观上虽然造成了损害结果,但是不是出于故意或者过失,而是由于不能抗拒或者不能预见的原因所引起的,不认为是犯罪。

故意危害环境罪是指行为人(包括自然人和法人)明知自己的行为会引起污染或破坏环境的危害后果,希望或放任这种危害后果发生的行为。在实践中,由于这类犯罪往往与企业的生产活动相关,行为人的主观动机往往是为了完成生产任务或是为了营利,而放任破坏和污染环境的结果的发生。因此,间接故意在环境犯罪中乃是较为常见的一种罪过形式。①

过失犯罪是指行为人(包括自然人和法人)应该预见自己的泄漏、开发利用等行为会发生危害环境的结果,因为疏忽大意而没有预见,或者已经预见,但轻信能够避免,以致发生严重污染和破坏环境的事故。

3. 犯罪客体

犯罪客体是指为刑法保护、而为犯罪所侵害的社会关系。由于犯罪客体是区别罪名和量刑的重要依据,因而每一种犯罪的客体都必须明确。我国刑法分则各章都是根据犯罪客体的不同而建立的,并采取了简单罪状、叙明罪状、引证罪状、空白罪状的立法形式。环境犯罪的客体的实质表现可能是物质性的,主要是公民的、集体的、国家的环境所有权和使用权;也可能是非物质性的,主要是公民的环境权益、健康权等。

4. 犯罪的客观要件

环境犯罪的客观要件,是指环境犯罪行为和由这种行为所造成的危害后果。环境犯罪行为是犯罪构成的要素之一,它一般也包括作为与不作为两种形式。

犯罪的结果是指犯罪对于客体所造成的损害,一般是作为决定某一犯罪行为的社会危害性程度的重要因素之一。环境犯罪的结果,大体包括了四种情况:一是行为已经造成了一定的损害结果,才能构成犯罪;二是以行为可能引起某种损害结果,作为构成某种犯罪的必要条件,环境犯罪中对危险犯的惩罚即是如此;三是以行为造成的严重后果,作为处以重罚的依据;四是不对行为所造成的具体损害结果作出规定。

---

① 参见周珂:《环境法》(第2版),中国人民大学出版社2005年版,第132页。

三、我国《刑法》对环境犯罪的规定

我国《刑法》从 1997 年修订开始,历次修订对危害环境资源的犯罪的内容进行了完善,根据《刑法》及其修正案以及最高人民法院、最高人民检察院《关于执行〈中华人民共和国刑法〉确定罪名的补充规定》,我国有关环境资源的犯罪主要有:走私罪、妨害文物管理罪、破坏环境资源保护罪和渎职罪。[①] 2011 年 5 月 1 日开始实施的《刑法修正案(八)》对《刑法》第 338 条"重大环境污染事故罪"进行了重大修改[②],以更好地突出环境资源的生态功能和生态价值。2013 年 6 月,最高人民法院、最高人民检察院出台《关于办理环境污染刑事案件适用法律若干问题的解释》,对具体的法律适用问题进行了规范。根据上述法律和司法解释,我国有关环境资源的犯罪及相应的环境刑事责任主要有如下内容:

1. 走私罪

《刑法》第三章第二节规定了走私罪,其中与环境资源有关的有:第 151 条第 1 款规定的走私核材料罪,第 151 条第 2 款规定的走私文物罪,走私珍贵动物、珍贵动物制品罪,第 151 条第 3 款规定的走私珍稀植物、珍稀植物制品罪。

2. 妨害文物管理罪

《刑法》第六章第四节规定妨害文物管理罪,其中与环境资源有关的有:第 324 条第 1 款规定的故意损毁文物罪,第 324 条第 2 款规定的故意损毁名胜古迹罪,第 324 条第 3 款规定的过失损毁文物罪,第 325 条规定的非法向外国人出售、赠送珍贵文物罪,第 326 条规定的倒卖文物罪,第 327 条规定的非法出售、私赠文物藏品罪,第 328 条第 1 款规定的盗掘古文化遗址、古墓葬罪,第 328 条第 2 款规定的盗掘古人类化石、古脊椎动物化石罪。

3. 破坏环境资源保护罪

《刑法》第六章第六节专节规定了"破坏环境资源保护罪",其中包括如下内容:第 338 条规定的污染环境罪,第 339 条第 1 款规定的非法处置进口的固体废物罪,第 339 条第 2 款规定的擅自进口固体废物罪,第 340 条规定的非法捕捞水产品罪,第 341 条第 1 款规定的非法猎捕、杀害珍贵、濒危野生动物罪,第 341 条第 1 款还规定了非法收购、运输、出售珍贵、濒危野生动物、珍贵、濒危野生动物

[①] 具体内容可参见吕忠梅:《环境法学》(第二版),法律出版社 2008 年版,第 171—172 页。

[②] 《刑法修正案(八)》第 46 条对《刑法》第 388 条规定的重大污染事故罪进行了修改,原条文规定的"造成重大环境污染事故,致使公私财产遭受重大损失或者人身伤亡的严重后果的"修改为"严重污染环境",这从是实质层面变更了该罪的成立要件,通过扩展适用范围、降低入罪门槛的方式,极大地增强了《刑法》的威慑力。这对我国刑事法律责任的完善,加大对环境污染犯罪行为的打击力度,具有重要意义。具体可参见冯军:《〈刑法修正案(八)〉立法评论与司法适用——污染环境罪若干问题探讨》,载《河北大学学报(哲学社会科学版)》2011 年第 4 期;王炜:《〈刑法〉修改带来了什么?》,载《中国环境报》2011 年 3 月 4 日第 3 版。

制品罪,第341条第2款规定的非法狩猎罪,第342条规定的非法占用农用地罪,第343条第1款规定的非法采矿罪,第343条第2款规定的破坏性采矿罪,第344条规定的非法采伐、毁坏国家重点保护植物罪和非法收购、运输、加工、出售国家重点保护植物、国家重点保护植物制品罪,第345条第1款规定的盗伐林木罪,第345条第2款规定的滥伐林木罪,第345条第3款规定的非法运输、收购盗伐、滥伐的林木罪。

4. 渎职罪

《刑法》第九章规定了渎职罪,其中与环境资源管理有关的内容包括:第407条规定的违法发放林木采伐许可证罪,第408条规定的环境监管失职罪,第410条规定的非法批准征用、占用土地罪和非法低价出让国有土地使用权罪,第413条第1款规定的动植物检疫徇私舞弊罪,第413条第2款规定的动植物检疫失职罪,第419条规定的失职造成珍贵文物损毁、流失罪。

四、我国《环境保护法》中对环境犯罪的规定与改进

我国2014年修订的《环境保护法》第69条规定:"违反本法规定,构成犯罪的,依法追究刑事责任。""违反本法规定"是指实施了《环境保护法》规定的各种违反环境保护、导致环境污染和破坏的违法行为,主要是《环境保护法》"第六章法律责任"中规定的违法行为。在这一章中规定的违反《环境保护法》的行为,有些已经严重到触犯《刑法》的规定,可以依据《刑法》追究刑事责任。本条规定得很简略,并不涉及具体的犯罪罪名及其内容,这是与《刑法》相衔接的立法技术,因为违反了《环境保护法》构成犯罪,需要依法追究刑事责任的行为,在《刑法》关联条文中已经有明确的具体的规定。

在适用本条规定时,需要结合"第六章法律责任"一章中对于环境违法行为的具体规定和刑法的相关规定,以确定该行为是否构成犯罪以及是否和如何追究刑事责任。《环境保护法》第63条规定:"企业事业单位和其他生产经营者有下列行为之一,尚不构成犯罪的,……"该条所列举的几种行为均为环境违法导致环境污染的行为,一旦该行为符合《刑法》第338条规定的"污染环境罪"的构成要件,行为人就要承担该条所规定的刑事责任。具体考察该条与《刑法》第338条和第346条衔接的逻辑:

(1)我国2014年修订前的《环境保护法》第43条规定:"违反本法规定,造成重大环境污染事故,导致公私财产重大损失或者人身伤亡的严重后果的,对直接责任人员依法追究刑事责任。"要求该环境违法行为不但要"违反本法"规定,而且要"造成重大环境污染事故,导致公私财产重大损失或者人身伤亡的严重后果",这是一种结果犯的理念,已经不符合现实中污染环境罪的具体情况。我国1997年修订的《刑法》第338条规定:"违反国家规定,向土地、水体、大气排放、倾倒或者处置有放射性的废物、含传染病病原体的废物、有毒物质或者其他危险废物,造成重大环境污染事故,致使公、私财产遭受重大损失或者人身伤亡的严重后果的,处3年以下有期徒刑或者拘役,并处或者单处罚金;后果特别严重的,处3年以上7年以下有期徒刑,并处罚金。"《刑法修正案(八)》将第338条修改为:"违反国家规定,排放、倾倒或者处置有放射性的废物、含传染病病原体的废物、有毒物质或者其他有害物质,严重污染环境的,处3年以下有期徒刑或者拘役,并处或者单处罚金;后果特别严重的,处3年以上7年以下有期徒刑,并处罚金。"修改的条文将"造成重大环境污染事故,致使公、私财产遭受重大损失或者人身伤亡的严重后果"的规定改为"严重污染环境",也即犯罪的认定不再注重于有"公、私财产遭受重大损失或者人身伤亡"的结果。相应地,2014年《环境保护法》修改,也不再注重于原条文中规定的"造成重大环境污染事故,导致公私财产重大损失或者人身伤亡的严重后果",而是直接规定为"构成犯罪的",就要追究刑事责任,这种规定与《刑法》既有规定相衔接。

(2) 我国2014年修订前的《环境保护法》第43条规定:"违反本法规定,造成重大环境污染事故,导致公私财产重大损失或者人身伤亡的严重后果的",需要"对直接责任人员依法追究刑事责任",并未追究单位的刑事责任,这明显与现实中企业、单位更频繁导致环境污染的事实不符。2014年修订后该条规定为"违反本法规定,构成犯罪的,依法追究刑事责任"。没有如原条文规定,只对直接责任人员追究刑事责任,这就与《刑法》第346条关于单位犯破坏环境资源保护罪的规定内容相衔接和统一。

第五节　专门环境法律责任

一、专门环境法律责任的含义

所谓专门环境法律责任特指违法者对其环境违法行为所应承担的专门由环境法律规范所规定的不利的法律后果。这种专门责任来源于特定的环境法律义务,代表了环境法律对环境违法行为的否定性评价,并且不同于根源传统法律责任类型的环境民事责任、环境行政责任和环境刑事责任,其本身具有不可替代性,也最为鲜明地体现了环境法律理论和制度的特色,是环境法作为一个独立法律部门对于规制社会秩序、保护环境所作出的独特贡献。

作为连接义务和制裁的桥梁,责任显然是现代法律部门的核心概念之一。法律责任作为法律运行的保障机制,是法治不可缺少的环节,是任何一个法律部门不可缺少的组成部分,法律对责任规定的合理性在很大程度上决定了法的强制力和执行力。

目前在环境法律理论和制度研究中,对于环境法律责任存在着民事责任、行政责任和刑事责任已经形成了共识。但专门环境法律责任是否存在?有无设定的必要?这还是环境法理论很少涉及的问题。以下从可能性和必要性两个方面作出简要的探讨。可能性表明的是专门环境法律责任的存在具有理论上的可行性,必要性是从现实角度去探讨专门环境法律责任制度设计对于解决实际问题的重要意义。

1. 从法律责任产生的机理上看

在法学理论中,法律责任以违法行为和法律规定的事实为条件,法律是其根据[①],因此现有的法律责任的分类是根源于法律部门的划分的,主要是以当事人违反传统的民法、行政法和刑法等几个主要法律部门为基础。由于部门法并不局限于上述几个,且部门法的划分本身就存在着诸多问题,故从理论上看,传统对法律责任的划分只是提供了一个主要框架,并不是一个封闭的、完善的和静止的体系,对于法律责任的划分远未穷尽,因为新的法律部门会不断出现。由于部门法的划分在整体上是一种"异面"划分,不仅会有许多遗漏,而且在局部上还可能存在一些交叉,因此,我们不能束缚于传统理论,而必须有所突破,有所超越。[②] 就法学理论上说,法律责任除了具有制度设计之初的基本的惩罚作用之外,还有恢复权利和教育的作用[③];而就现代法律权利本位来说,法律责任的恢复权利的功能更为凸现,因此对于法律责任划分的标准和来源要相应适时地考虑权利因素。对于以保护环境权利为核心的环境法来说,专门的环境法律责任出现既是环境法完善的需要,也是法律发展的必需。

2. 从法律理论和制度自身的发展路径来看

法律作为一种调整社会关系的手段,实质上不过是以人的有限理性把握无限世界的方法。同样,法律责任是法律所创制的概念,并没有先天的、固定不变的本质,在不同的历史时期、不同的国家和地区以及在同一国家和地区的不同法律部门中,其含义、分类往往会发生许多微妙的变化,因此,就需要有不同的理论和观点来进行解释。当法制环境发展时,现有的概念体系必然随之变动,既有的责任理论不应当也不可能绝对化。[④] 法律是自生自发秩序规则和人类理性设计同时并存的产物,就这两个方面来看,法律的发展和完善既与现实世界的发展又与人类认识能力的提高紧密相关,所有制度设计都应该是一个不断发展完善、趋近现实世界的动态过程。环境问题直至晚近才特别突显其严重性,而现代环境法产生才数十年的时间,因此,我们的法律体系要以开放的心态接纳包括专门环

---

① 公丕祥主编:《法理学》,复旦大学出版社 2002 年版,第 465 页。
② 张守文:《经济法理论的重构》,人民出版社 2004 年版,第 443—444 页。
③ 公丕祥主编:《法理学》,复旦大学出版社 2002 年版,第 468—469 页。
④ 吕忠梅、陈虹:《经济法原论》,法律出版社 2007 年版,第 226 页。

境法律责任在内的环境法律理论和制度。

3. 从解决现实问题的需要来看

环境法律责任通过惩罚环境违法行为、使环境违法行为人承担不利后果来实现制度设计的目的,保障环境权。因此,环境法律责任的存在和制度功能的有效发挥是环境法解决现实问题、通过法律实现治理、保护环境的关键环节。就现实来看,环境法在解决现实环境问题、保护环境中的作用并不尽如人意。最近数年来,我国环境立法进入了高峰期,但现实环境问题层出不穷,每年都有引起社会轰动、甚至是造成国际恶劣影响的环境事件出现。环境法何以成为了摆设?现有的环境法律责任体系是否存在问题?① 这需要我们从多角度进行反思,没有完善有效的环境法律责任体系,环境法律将形同虚设。

4. 从环境诉讼的角度看

从权利保障角度来看,诉讼当然是对环境权利进行救济的有效的形式,从法理上说是最后的也是最有力的保障。但在司法实践中,通过诉讼途径解决环境纠纷、救济环境权利的个案少之又少。在目前普遍地将环境纠纷诉讼简单区分为一般民事诉讼、行政诉讼或刑事诉讼并分别适用各自的程序的情况下,环境纠纷在诉讼中必将遭遇尴尬,出现许多在一般民事诉讼、行政诉讼中不可能出现的"非正常"现象。因此,需要建立专门的环境诉讼机制,才能实现对公民环境权的有效保障,使公民环境权不致落空。② 司法活动和诉讼过程是司法机关把法律应用于具体案件作出权威判决的活动,而法律责任是连接法律义务和司法判断的关键环节,专门环境诉讼机制的建立需要有专门环境法律责任制度。同时,就操作技术上来看,专门的环境诉讼机制的建立需要许多制度支撑,而其中专门环境法律责任制度是非常重要的一个方面。

二、专门环境法律责任的发展趋势

(一) 专门环境法律责任的产生

法律责任是一个历史发展的产物,各种法律责任的形式是随着人类社会的发展而逐渐发展起来的。但是,由于法律责任的本质就是对责任主体权益的限制和剥夺,而责任主体能被限制和剥夺的权益种类又毕竟是有限的,法律不可能无限制地发展出各种不同的责任形式。换言之,法律制度越成熟,就越难以发展出新的责任形式。不同种类的责任之间,实际上存在着一定的交叉和内在的关

---

① 从环境法律责任制度设计的角度反思现有环境法律在解决现实环境问题、保护环境中的制度实效的个案分析参见吕忠梅、刘超:《法社会学视野中的"环保风暴"——多种博弈与诉求下的剑走偏锋》,载吕忠梅主编:《环境资源法论丛》(第 7 卷),法律出版社 2007 年版。

② 参见吕忠梅:《环境诉讼初探——有没有环境诉讼?》,载吕忠梅、徐祥民主编:《环境资源法论丛》(第 3 卷),法律出版社 2003 年版。

联,各个不同的部门法可能只是对某类责任形式更为侧重而已,但未必意味着要排除其他的责任类型,各种形式的责任形式自然可能体现或贯穿在多个部门法的责任体系之中。① 所以,在环境法律责任体系中,环境民事责任、环境行政责任和环境刑事责任应该说是环境法律责任体系中的主要方面,专门环境法律责任必不可少,具有自身的特殊性,但也不是说就与传统的法律责任形式截然不同。

(二) 专门环境法律责任的具体形态

环境法学者既要在理论上论证专门环境法律责任的可能性和必要性,也要在法律实践中提炼出专门环境法律责任的具体形式。至少以下几种形式在目前既具有广义法律责任的含义,又包括有狭义法律责任的内容,从已有的内容看,其责任范围显然大于违法行为的不利后果,而是将"第一义务"包括在内,对于违反"第一义务"的后果,制度层面没有作出规定。从理论上讲,既然有"第一义务"的存在,构成对"第一义务"的违反,当然会引起"第二义务"——狭义的法律责任。这表明,它们有可能发展成为新的法律责任形式。

1. 污染者负担责任

"污染者负担"既是环境法律原则也是环境法律责任制度,它是指在生产和其他活动中造成环境资源污染和破坏的单位和个人,应承担治理污染、恢复生态环境的法律责任。"污染者负担"原则以法律的强制性和规范性,明确规定污染者和破坏环境者的责任,要求环境保护与人们的经济利益和其他利益相结合,以保证环境保护的顺利进行。强调污染环境造成的损失及防止污染的费用应当由排污者承担,而不应转嫁给国家和社会,明确表明和规定了污染者不仅承担治理污染的责任,而且具有防治区域污染的责任,有参与区域污染控制并承担相应费用的责任,有在国家、社会中采取各种预防措施,以防止开发和建设活动中产生的新的环境污染和破坏的责任,有在环境保护工作中积极自觉参与并且承担相关费用的责任。责任范围的扩展、阶段的延长必然意味着主体范围的扩大,环境责任主体不限于污染排放者,还包括污染物产生者,污染治理的责任范围不局限于主体自身,还扩展至区域的环境保护。这体现了环境的系统性、环境资源的公益性和环境保护的公益性特点。

其实,我国和国际社会对于该环境法原则的概括和表述也历经了变迁,语词的变迁背后表征的是制度理念、内涵与外延的发展。我国 1979 年《环境保护法(试行)》第 6 条规定的是"谁污染谁治理"原则,即"已经对环境造成污染和其他公害的单位,应当按照谁污染谁治理的原则,制定规划,积极治理,或者报请主管部门批准转产、搬迁"。1989 年的《环境保护法》没有直接规定该原则,其内容隐

---

① 吕忠梅、陈虹:《经济法原论》,法律出版社 2007 年版,第 232 页。

没于具体的制度措施中,因为没有立法界定所以学界对该原则的表述便不尽统一,有"污染者付费,受益者补偿"①、"环境责任原则"②等,但这一阶段学界较为通行的表述或认可该原则体现的理念是"污染者治理",其目的在于明确污染者的责任,促进企业治理污染和保护环境。③ "污染者治理"强调了国家提供环境公共服务、政府积极履行环境保护公共职能的同时,任何单位和个人还要对自己所造成的环境污染和生态破坏承担环境责任,该原则其实典型体现了我国现行的环境污染防治法律制度所呈现出的鲜明的"命令—服从"的制度封闭结构,突出强调了被规制者一旦造成环境污染和破坏则要承担"治理"的责任而不能转嫁于人。

2014年修订的《环境保护法》对于该原则的规定,则体现了理念的进步和制度的开阔视野。该法第5条规定:"环境保护坚持保护优先、预防为主、综合治理、公众参与、损害担责的原则。"第6条第3款规定:"企业事业单位和其他生产经营者应当防止、减少环境污染和生态破坏,对所造成的损害依法承担责任。"新的《环境保护法》规定的不再是"谁污染谁治理"或"污染者治理"原则,而是"损害担责"原则。如果说"污染者治理"更多强调的是污染者自己去承担环境治理的责任,那么,"损害担责"则提供了一种开放式的责任承担方式——污染者、环境损害者既可以自己去承担环境治理的责任,也可以市场付费替代履行环境治理责任。"损害担责"原则在目的上契合、在形式上回归到经济合作与发展组织(OECD)于1972年在一项决议中明确提出的"污染者负担原则",其本意和宗旨在于要求企业为排污损害环境而付出治理恢复环境的费用。④ 污染者承担治理恢复环境的费用,至于具体的治理环境的主体则在所不论,因此,这为环境污染第三方治理提供了制度依据和开放的制度空间。⑤

2. 生产者责任延伸制度

生产者责任延伸制度,是指将产品生产者的责任延伸到其产品的整个生命周期,特别是产品消费后的回收处理和再生利用阶段,使生产者承担废弃产品的回收、处置等有关的法律义务,促进改善产品全部生命周期内的环境影响状况的一种环境保护制度。

生产者承担的延伸责任的内容主要有:第一,经济责任,指生产者承担产品生命周期内全部或部分环境成本,包括产品的回收、循环利用或最终处置的成本;第二,废物管理责任,指生产者直接参与废弃产品管理,负责产品回收及限期

---

① 吕忠梅、高利红、余耀军:《环境资源法学》,科学出版社2004年版,第62—64页。
② 蔡守秋主编:《环境资源法教程》,高等教育出版社2004年版,第119—123页。
③ 金瑞林主编:《环境法学》,北京大学出版社2002年版,第90页。
④ 汪劲:《环境法学》(第二版),北京大学出版社2011年版,第160—161页。
⑤ 刘超:《管制、互动与环境污染第三方治理》,载《中国人口·资源与环境》2015年第2期。

淘汰有毒有害危险材料的使用等,要求生产者对于产品在使用寿命终结之后对环境产生的负面影响应当承担具体的责任;第三,信息责任,生产者要向产品生产过程中的其他相关主体提供必要的信息。

生产者责任延伸是一种责任制度,其制度设计的初衷是为了保护环境和节约资源。在现有的环境法律中这一制度也有具体法律规范上的体现。日本在1998年通过法律要求所有的电子电气产品在报废后必须交回给生产者处理,处理费用由生产者和消费者共同承担。1997年的《容器及包装循环法》、2000年的《推进循环型社会形成的基本法》及2001年的《电子家用设备循环法》等个别法,都反映了生产者责任延伸思想。韩国于2003年2月开始修订《资源节约及再利用促进法》,将生产者责任延伸计划列入全国实施规范,该法于2004年1月开始生效。

我国2005年1月1日起施行的《电子信息产品污染防治管理办法》第16条规定:"生产者应该承担其产品废弃后的回收、处理、再利用的相关责任。"2005年4月1日施行的修改后的《固体废物污染环境防治法》第5条规定:"国家对固体废物污染环境防治实行污染者依法负责的原则。产品的生产者、销售者、进口者、使用者对其产生的固体废物依法承担污染防治责任。"第18条规定:"生产、销售、进口依法被列入强制回收目录的产品和包装物的企业,必须按照国家有关规定对该产品和包装物进行回收。"根据这些规定,生产经营组织对其设计、制造、进口和销售的产品,在经消费者使用后有义务进行收集、处置和再利用等。

3. 环境保护问责制

环境保护问责制是行政问责制的一个方面。环境保护问责制就是在环境保护领域,对环境保护享有职权承担职责的各级政府、各级政府所属机构及其公务员的一切行为及其后果都必须和能够追究责任的制度。其实质是通过各种形式的责任约束,限制和规范政府权力和官员行为,使其公共权力的行使最终达到保障公民环境权、保护环境的目的。其所追究的"责任"主要涉及政治责任、行政责任、法律责任和道德责任四个方面。

我国的行政问责制是随着一系列突发公共性危机和重大恶性事故的出现而不断完善的。近年来环境突发事件非常引人注目,如2005年底爆发的松花江污染事件等,因此,国家特别突出了环境保护领域的问责制。我国在2006年2月20日公布施行的《环境保护违法违纪行为处分暂行规定》详细规定了环境保护问责制的具体内容。近些年来,随着重大突发环境事件频繁发生,我国在全面推进生态文明建设的政策背景下,越来越重视地方各级政府承担的环境保护责任,推动环境保护领域目标责任制实施,对各级政府及其环境保护主管部门、其他负有环境保护监督管理职责的部门及其直接负责的主管人员和其他直接责任人员进行问责成为了制度建设的常态。比如,我国《国家环境保护"十二五"规划》规定"建立化学品环境污染责任终身追究制和全过程行政问责制"。2014年修订的《环境保护法》第68条正式规定了环境保护法律问责的具体内容,详细规定地方各级人民政府、县级以上人民政府环境保护主管部门、其他负有环境保护监督管理职责的部门及其直接负责的主管人员和其他直接责任人员具体的行政法律责任。

思考题

1. 如何认识环境法律责任制度在环境法中的地位与作用?
2. 环境民事责任与传统民事责任有哪些联系和区别?你认为其最主要的特征是什么?
3. 环境行政责任应如何发挥作用?
4. 有人认为,应通过加大刑事责任的方式加强我国的环境保护,你认为这种观点正确吗?为什么?
5. 你认为环境法专门责任形式有无出现的必要与可能?为什么?

案例分析

由于在环保设施建设方面不足,甲县某化肥厂造成了厂大量含氟废气和粉尘外泄。处在该厂下风处的几个村庄村民的劳动和生活区域与化肥厂相连,该化肥厂的大量的含氟气体与粉尘的排放,给这些村庄带来灾难性的后果。这些村庄村民陆续反映,部分耕牛牙齿脱落、蹄子开裂、关节肿大,无法犁田;数年后,这些村庄的村民也开始出现关节肿大等症状,同时还伴随有其他一系列症状的出现。经专家察看现场进行鉴定,并对村民进行检查,确诊接受检查者有一半为一度氟中毒,其余都是二度或者三度氟中毒,全村近四百人中,有二十多人有明显的氟骨症症状,约有一半人有氟中毒反应。这些村庄田地的稻谷、蔬菜以及其他农作物等含氟量较邻近对照区高出二三十倍,使得村里人不敢吃自己种的粮食蔬菜。

该化肥厂的污染及其造成的损害引起广大村民的愤怒,村民要求化肥厂进行赔偿,但该化肥厂认为其排污浓度在国家规定标准之内,而且还认为村民有过错,明知化肥厂排放的氟废气和粉尘污染有毒,还在附近进行生产生活活动,故拒绝赔偿。于是村民向当地法院起诉。

问题:

1. 本案例中化肥厂提出其为达标排放,能否免除其环境法律责任?其应该承担什么责任？为什么？

2. 环境民事责任的免责事由有哪些？本案例中化肥厂提出的村民有过错的理由能否免责？为什么？

3. 环境民事责任的承担方式有哪些？本案例中可以适用哪些环境民事责任承担方式？

第八章 环境纠纷

内容提要

环境纠纷是环境法律关系主体在环境资源的保护、开发、利用和管理等活动中基于其环境权利义务而产生的争议,具有区别于传统纠纷的特征。根据环境纠纷的不同法律性质,可以将环境纠纷具体划分为环境民事纠纷、环境行政纠纷、环境刑事纠纷。诉讼机制和非诉讼机制是纠纷解决的两种基本方式,环境纠纷的有效解决,需要建立多元化的纠纷解决机制体系。

关键词

环境纠纷　环境民事纠纷　环境行政纠纷　环境刑事纠纷　纠纷解决机制

第一节　纠纷的一般原理

自人类社会产生以来,各种纠纷(dispute)就不断发生,构成了从古至今的永恒主题,也是各学科所关注的重点内容。由此,有必要先弄清纠纷的一般原理。

一、纠纷的社会学界定

对于纠纷的研究,最早是从社会学开始的,并由此发展出了"社会冲突理论"。社会学家多是在社会冲突的意义上理解"纠纷",将其定义为社会主体间的双边或多边对抗行为。例如,法国社会学家涂尔干称:"纠纷意味着失范,代表了社会秩序紊乱和道德规范失衡的反动倾向。"① 日本法社会学家六本佳平关于纠纷的定义是:"当事人 A 对于对方 B 施加某种影响力,试图妨碍对方 B 对自己不利的行为,而使其做对自己有利的行为;而对方 B 则采取同样的行动对抗 A 的

---

① 〔法〕埃米尔·涂尔干:《社会分工论》,渠东译,三联书店 2000 年版,第 27 页。

行为,此时,由双方当事人的这种对抗行为导致的社会过程就称为'纠纷'。"①

将冲突(conflict)从诸种社会现象中提炼出来,并加以特定化,其意义在于明确社会冲突对于社会结构的功能所在。由此,对社会冲突的价值评判就成为研究社会冲突的重要问题所在。根据社会学家的观点,社会冲突具有社会整合和促进社会变迁的功能。如科塞认为,冲突的积极功能主要是通过低暴力、高频度的冲突而得到体现的,具体说,这类冲突的功能是:(1)提高社会单位的更新力和创造力水平;(2)使仇恨在社会单位分裂之前得到宣泄和释放;(3)促进常规性冲突关系的建立;(4)提高对现实性后果的意识程度;(5)社会单位之间的联合度和适应外部环境的能力得到提高和增强。简言之,社会冲突能使社会整体的整合度和适应能力得到提高和增强,具有正价值。

二、纠纷的法学界定

法律意义上的"纠纷"和社会学意义上的"纠纷"或者说"冲突"既有联系,又有区别。对此,应从纠纷发生的历史、社会根源上考察。纠纷的产生具有主、客观两方面的原因:(1)纠纷产生的客观根源在于人类生存的一个基本事实,即资源的稀缺性,因此为了获取生存发展所必需资源的相关人群就必然处于紧张状态。要解除这种紧张状态,保障个人和群体的生存和发展,人们要么以合作为基础进行交易,要么以暴力为基础发生纠纷和冲突。这是人类最基本的两种行为模式,也是相互对立的两种行为。(2)纠纷产生的主观根源在于人具有主体意识,主体可以根据自己的内心判断、意愿和自由作出决定、采取行动,即成为一个能自我决定的行动者。由此,"我的需要""利益""私有"等观念也随之发生,而为了争取自己的利益和权利,与他人的纠纷也就在所难免。随着社会的不断发展,利益关系日益多元和复杂,纠纷的内容和形式也就处于不断的变化之中。具体表现为纠纷的性质、种类、规模、发生纠纷的空间与时间等不断趋于复杂和深化。

由此,我们可以明确法律意义上的"纠纷"和社会学意义上的"纠纷"之间的关系。社会学中的"社会冲突"和法学中的"纠纷"在本质和产生原因上是同一的,即都是主体间矛盾的表现。但两者的区别也是明显的:法律以保障社会基本秩序为宗旨,而任何纠纷和社会冲突都意味着对该社会既有制度和秩序的损害。从现存社会制度和社会秩序出发,纠纷是一种消极的存在,具有负价值。这就明确不同于社会学对社会冲突的正面评价。

因此,在法学中,"纠纷"意味着主体对既定社会制度和秩序的违反或破坏,是一种消极的社会行为。在利益关系日益复杂的现代社会中,纠纷的性质、种

---

① 〔日〕六本佳平著:《纠纷与法》,载《岩波讲座——基本法学》(8),岩波书店1983年版,第5—6页。转引自刘荣军著:《程序保障的理论视角》,法律出版社1999年版,第4页。

类、规模不断发生着变化,这也正是法律不断发展进步的动力。

第二节 环境纠纷及其类型

环境纠纷是随着日益严重的环境问题而出现的一类新的社会冲突形式。环境问题所带来的不仅是对人民生命财产的损害,更重要的是带来了人类生存环境的重大破坏。人类对环境的不友好行为已经造成了人与人之间、人与环境之间的巨大冲突,环境纠纷就是这种冲突的直接表现形式。

一、环境纠纷的含义

环境纠纷是环境法律关系主体之间因环境利益冲突而产生的争议。这种争议既可以发生在公民之间、法人之间、公民与法人之间,也可以发生在公民、法人和国家行政机关之间,甚至还可以发生在国家与国家之间。其争议的内容是环境权益,具体而言,主要表现为要求确立环境污染和破坏责任、确立自然资源权属以及确定环境损害赔偿金额,还包括确认环境行政主体对行政相对人实施的具体行政行为是否合法等。

环境纠纷作为经济发展和公民权利意识增强的产物,它是一种新型的法律纠纷,与其他传统类型的纠纷相比,具有其自身的一些特点。

1. 纠纷原因的复杂性

环境纠纷在发生原因上较传统纠纷复杂。首先,传统法律纠纷是当事人之间直接发生的财产纠纷或者人身纠纷,而环境纠纷是间接的纠纷,即以环境为媒介而造成危害后果。此时,造成危害后果的行为并非直接作用于受害对象,而是作用于周围的环境,发生复杂的转化、代谢、富集等变化,通过"环境"这一中介物,对人身和财产造成损害。另外,环境纠纷既可以由环境污染的行为引起,也可由环境破坏行为引起;既可由相关人的违法行为引起,也可由相关人的合法行为引起;既可由当事人的故意或过失行为引起,也可由不可抗力引起;既可由加害人的故意或过失行为引起,也可由受害人自身或第三人的行为引起,等等。而且,引起环境纠纷原因的复杂性还非常突出地表现在;这种原因行为往往是伴随着经济活动而发生,常常是在创造社会财富过程中的附带行为。这些行为(如工厂的排污行为、倾倒废物的行为、挖山采矿行为等等)在对国家利益和社会公共利益、他人合法权益造成损害的同时,其本身也创造一定的经济价值。

其次,环境纠纷中加害原因与结果之间的因果关系是复杂多样的。传统的纠纷原因行为和损害后果是即时成立的,对损害的认定也较为容易。而在环境损害中,污染物种类众多,相互之间的作用形式复杂。环境污染和破坏一般都是综合作用的结果。加害既可能是一种污染物对环境权利的侵害,也可能是复合污染;加害既可能是一次污染所造成的,也可能是二次污染的结果。此外,环境污染损害既可以直接导致对环境权益的侵害,也可以是污染物经过长时间的积累缓慢而间接地侵害环境权益,有的甚至要等十几年甚至几十年才能显露其危害后果。况且依照常理,受害者虽然可能已经感知了污染对其造成一定的损害,但通常情况下,人们对不明显或轻微的损害并无足够的认识与重视,甚至不清楚主要污染物及其致害原理,因此,有的环境纠纷的发生与侵害行为发生的时间间隔相当长,如日本水俣病从排放污染物化学元素汞到大量出现水俣病前后相隔近五十年的时间。

2. 纠纷内容的生态性

环境纠纷争议的内容不仅包括一般意义上的对受损人身权和财产权的恢复与补救,也包括对受到损害的生态环境的恢复与补救。简言之,其内容既包括了对"人"的损害,又包括对"环境"(生态系统)的损害。这是环境纠纷的一个显著特点。

传统纠纷争议的标的是某种财产权、人身权或者是二者的结合,争议的主要目的也是对财产权和人身权受到的损害进行复原或者补偿。比如某人被另一人打伤后争议的标的是对人身健康权损害的补偿。而在环境纠纷中,加害行为往往是生态破坏行为,即人类不合理地开发利用自然环境,过量地向环境索取物质和能量,从而导致自然环境的恢复和增殖能力受到破坏的行为,例如过量采伐森林、滥垦荒地、引进新物种、创造新物种等。此时,环境纠纷争议的标的不仅是传统的人身权和财产权,更多的是公民所享有的在不被污染和破坏的环境中生存的权利以及利用环境资源的权利,即环境权权利束。例如,2004年受到全国关注的沱江污染纠纷案的争议标的,不仅仅是受害群众的可见的和已经发生的财产损失补偿和健康受损补偿,而更多的是沿岸居民及其后代将来在不受污染和破坏的环境中生存的权利的复原和补偿。这种环境利益受到的损害常常是难以估量的和无法弥补的,具有不可逆转性。所以在解决环境纠纷时强调其手段的预防性和前瞻性。而对于部分生态环境的损害纠纷,更着重于生态环境的恢复与补救。

3. 纠纷形态的多样性

首先,环境纠纷中当事人的请求具有多样性:既有要求确定环境污染、生态破坏责任的,也有要求确定赔偿金额的;既有要求确认自然资源权属的,也有要求确认损害自然资源责任及赔偿金额的;既有请求损害赔偿的,也有请求排除危害、停止侵害并恢复环境原状的;既有不服环境具体行政行为的,也有要求环境行政机关履行法定职责的。在实践中,更多的是在同一环境纠纷中多种请求的交织混合,以更好地维护环境权益。

其次,环境纠纷的种类具有多样性。环境纠纷既包括污染纠纷,也包括生态破坏纠纷;既包括大量的环境侵权纠纷,也包括一部分环境合同纠纷;既包括平等主体之间的环境民事纠纷,也包括行政机关和相对人之间的环境行政纠纷以及因环境刑事犯罪而引起的环境刑事纠纷;既包括国内环境纠纷,也包括跨国环境纠纷,等等。环境纠纷往往涉及面广,表现形式多样,因此环境纠纷的种类也具有多样性。

4. 纠纷范围的广泛性

由于生态环境资源属人类共同享有,许多环境要素是不受地域限制的,环境污染、破坏属于社会公害,危害范围极广,因此,在许多情况下,受环境损害的往往不是特定的某个人,而是不特定的多数人。有时遭受损害的不仅仅是当代人,甚至可能会殃及后代人。如著名的印度博帕尔农药泄漏事故,迄今已导致三千多人死亡,二十多万人致残致伤,且受害者所生子女有先天性双目失明的惨剧;危害权益繁多,举凡生命、身体、健康、财产、环境等皆被其损害。

5. 纠纷主体的群体性和不对等性

在环境纠纷的形成过程中,有时单一的污染与破坏行为不会造成对生态自然环境的损害,但是多个污染和破坏行为结合起来,就会造成对环境的侵害,导致环境纠纷。即在多数情况下,环境纠纷的加害方是由众多单一的具有污染和破坏环境行为的加害人组合而成。在这种情况下,可能单个行为人的行为并不构成环境侵权,但是由于众多方的行为的共同参与而导致侵权的发生;虽然各个参与方之间不存在共同的过错,但是由于他们的加害行为与损害结果之间存在因果关系,因而构成了对环境的共同侵权。在实践中,诸如四川养殖户张君耀诉上游八家企业并要求它们共同赔偿其渔业污染损失 170 万元的案件比比皆是。同时,被害一方也常常是某个区域内广大的社会成员。因此,环境纠纷的双方主体往往是一个群体。

同时,在环境纠纷的双方主体中,加害一方主体往往是具有特殊经济、科技、信息实力和社会地位的工商企业或者企业集团,而受害一方主体往往是缺乏规避能力和抵抗能力的普通农民和市民,双方在实力和地位上显然存在差距。因此,环境纠纷的主体往往具有不对等性。

6. 纠纷处理方式的综合性

在现实中,大部分的环境纠纷并不表现为某种单一的纠纷种类,而是多种纠纷形式的混合体。这种混合型纠纷,往往既有受害者和污染者之间的民事争议,也涉及对行政机关行政不作为的异议;既包括环境污染纠纷也涉及自然资源纠纷,例如水事纠纷和水污染纠纷的混合;既是国际环境纠纷又是国内环境纠纷,例如跨国界河流污染纠纷;既要求确认环境污染破坏的法律责任,确认损害赔偿金额,又要求对环境行政主体的具体行政行为进行合法性审查。

因此,在环境纠纷的处理上,主要是几种基本解决模式的综合。双方当事人可以协商解决的部分可协商解决,就多方面的问题召开和解会议;无法协商解决又要求行政调处为前置程序的部分或行政调解为非前置程序而当事人选择行政处理的部分,环保部门对其进行行政调处;行政调解为非前置程序而当事人又没有选择行政处理的部分,如果符合仲裁的条件可申请仲裁,如果不符合仲裁条件或当事人没有选择仲裁程序的可以直接提起诉讼。

同时,环境纠纷的处理还要考虑到社会效果和公共政策。由于环境纠纷社会影响大,会受到一定的政策影响。同时,环境纠纷处理结果的执行也比较困难,即便是诉讼完结了,很多纠纷也是"案结事不了"。因此,在对环境纠纷进行处理时,必须综合考虑各方面因素,选择合适的方式,以求社会效果和法律效果的统一。

综上,环境纠纷具有这些不同于一般社会纠纷的特点,这就要求法学理论和司法实践要不断进行创新,积极探讨新的纠纷解决机制,以适应解决日益严重复杂的环境纠纷的需要。

二、环境纠纷的分类

环境纠纷可以根据不同标准从不同的角度进行分类。

1. 法律性质标准

按照纠纷的法律性质,可以分为环境民事纠纷、环境行政纠纷和环境刑事纠纷。

环境民事纠纷,是指平等的环境主体之间因环境民事侵权引发的争议。环境民事纠纷是因为环境法律关系的主体违反民事法律义务而侵害了他人的环境权利,违反了环境民事法律规范而引起的以民事权利义务为内容的纠纷。环境民事纠纷具有主体平等性、纠纷内容的民事性以及纠纷的可处分性等特点。环境民事纠纷在整个环境纠纷中占主要地位。

环境行政纠纷,是指环境行政主体与行政行为相对方之间因具体的环境行政行为而产生的争议。环境行政纠纷是在环境行政管理过程中所产生的权利义务争议。由于环境行政纠纷的双方之间的关系是管理与被管理的行政法律关系,双方的法律地位并不平等,这种纠纷在处理过程中也不允许进行调解解决,因此环境行政纠纷具有主体的不平等性、纠纷内容的行政性和纠纷的不可处分性等特点。

环境刑事纠纷,则是指环境主体之间发生的,以追究污染环境和破坏生态的犯罪行为人的刑事责任为内容的争议。环境刑事争议的主要内容是行为人的行为是否具有刑事违法性、社会危害性和应受刑事惩罚性,即行为人的行为是否构成环境犯罪,应否受到刑事处罚。

2. 原因行为标准

根据环境纠纷发生的原因,可以把环境纠纷分为污染性环境纠纷和生态性环境纠纷。污染性环境纠纷是指由于企事业单位和个人在生产经营活动中排放污染物导致他人的人身、财产受到侵害,而产生的有关赔偿责任与赔偿金额的纠纷,如水污染纠纷、大气污染纠纷、环境噪声妨害纠纷等。生态性环境纠纷是指环境主体之间发生的因生态环境侵权而引起的纠纷。

两者的区别在于:导致生态性环境纠纷的行为是生态破坏,即生态平衡的破坏,例如水土流失、气候异常、物种灭绝、土地沙化等。生态破坏的根源在于人类对自然环境资源的开发、利用没有遵循自然规律,超过了生态系统的承载能力,导致生态系统的平衡丧失。而导致污染性环境纠纷的原因行为是环境污染行为,两者在产生的原因以及损害后果的形式上都是不同的。

区分污染性环境纠纷和生态性环境纠纷的意义在于:(1)纠纷解决的方式不同。污染环境纠纷的解决更加关注的是人体健康、财产损害的补救,是从"污染物—环境—人体健康"的路径加以控制的。而生态环境纠纷的解决更加关注的是环境本身的受害,是从"生态破坏行为—环境—生态"的路径加以控制,具体表现为个人健康、财产或者环境要素损害的补救与恢复,两者由此而产生的填补措施也是不同的。(2)受害人的注意义务不同。尽管环境污染行为与生态破坏行为都具有"高度风险",但生态破坏有相当部分是人们对已知生态规律的破坏,人们对于这种风险是可以预测的,如水土流失、沙漠化的控制,再如梨锈病的防治。因而从受害人的角度看,在生态环境纠纷中受害人可以采取一定的预防措施,对人为原因进行控制,其应有的注意义务多一些。相对而言,环境污染纠纷是人们对已知技术的使用而产生的未知风险纠纷,受害人无法采取防治措施,其应有的注意义务较少。

在传统上,人们往往只注重污染性环境纠纷而忽视生态性环境纠纷的存在。因此,有必要对生态性环境纠纷的构成要件专门论述。生态性环境纠纷的认定关键在于引起纠纷的生态破坏行为的确认,生态破坏行为的特殊性使得生态侵权行为的构成要件的内涵发生了实质性的改变:

第一,加害行为是生态破坏行为。生态破坏行为是指人类不合理地开发利用自然环境,过量地向环境索取物质和能量,从而导致自然环境的恢复和增殖能力受到破坏的行为。例如,过量采伐森林、滥垦荒地、引进新物种、创造新物种等行为。

第二,损害事实的扩大。生态侵权行为将"损害"从"人"的损害扩大到"环境"的损害,其内容包括了"人"的损害和"环境"(生态系统)的损害。生态侵权的损害后果显然已经不再局限于传统意义的人的健康、财产、精神损害,还包括了对环境生态系统的损害。进一步考察,生态破坏行为所引起的损害,包括了"人"

的损害和"环境"(生态系统)的损害,其内部结构基本为:首先是"环境"的损害,即生态破坏的事实,其次才是"人"的损害,并且在许多情况下,"人"的损害在生态破坏中还不一定都存在。如果不存在"环境"的损害,那么作为第二位阶的"人"的损害就失去了意义,对生态环境侵权行为的成立与否没有任何意义。也就是说,在判断生态侵权行为是否成立时,判断损害是否存在首先需要判断的是"环境"的损害是否存在,如果存在"环境"的损害,那么损害就存在,如果"环境"的损害不存在,那么生态侵权行为就无法成立。

第三,加害行为与损害事实之间因果关系的扩张。首先考察的对象是行为人所从事的行为与生态破坏这一损害之间是否存在因果关系。其次在存在"环境"损害的前提下,以加害人的行为与受害人所受到的损害之间因果关系的存在与否来确定加害人所应承担的民事责任的大小。在确定两类因果关系中,前者应适用因果关系推定原则,后者适用可预见性标准。

第四,对行为人主观上实行无过错责任,但限缩免责事由。环境侵权责任不是一种绝对责任,因此,从事环境侵权行为的加害人在满足一定条件的情况下也能够免于承担民事责任。在生态型环境侵权责任的免责事由中,种类上不能减少,但在范围上应受到很大的限制,具体而言,主要体现为不可抗力绝对免责地位的丧失和对过失相抵的严格限制两个方面。

3. 所涉利益标准

按照纠纷所涉及的利益,可以将环境纠纷分为环境公益纠纷与环境私益纠纷。从纠纷解决的角度看,两者分属不同的诉讼类型:前者属于环境公益诉讼,后者属于环境私益诉讼。

在法理上,公益诉讼是指对于危害社会公益的行为,所有市民都有权提出诉讼或者以特定的形式进行参与。而私益诉讼是指对于危害个体利益的行为,只有特定的人才能提起诉讼。环境公益诉讼是公益诉讼在环境领域的典型体现,它具有不同于一般公益诉讼的特征:

(1) 环境公益诉讼的被诉行为侵害或危及的是社会的公共权益,一般并不直接损害原告私人的利益。在司法实践中一直存在一个现象:一方面,环境污染等案件日益增多,这些案件和国家利益、社会公共利益紧密联系,日益受到社会的关注;另一方面,社会公共利益一旦遭到损害,普遍存在着无人应诉等问题,致使国家和社会利益遭受损害。环境公益诉讼的目的是维护整个社会和人类的环境公益,即包括国家、社会、组织团体和个人的环境整体利益。

(2) 环境公益诉讼的原告范围广泛。良好的生态环境是一种公共产品,它与每个人的利益都密切相关,环境公益诉讼可以由社会全体成员提出,只要有任何侵害环境公益的行为,无论是有直接利害关系的组织和个人还是无直接利害关系的组织和个人都可以提起诉讼,其原告的范围是多元的。

（3）环境公益诉讼具有明显的预防性。环境破坏具有不可逆性，环境一旦遭受破坏就难以恢复原状，事后的补救往往耗资巨大甚至不可挽救，所以法律有必要在环境侵害尚未发生时就容许公民使用司法手段加以排除，阻止环境公益遭受无法弥补的损失或危害。

4. 适用法律标准

根据纠纷涉及的国别因素，需分别适用不同性质的法律，由此可以把环境纠纷分为国际环境纠纷和国内环境纠纷。

国内环境纠纷是指发生在一个国家之内，纠纷的主体都是该国的公民、法人或者其他组织，主体之间发生争议的权利义务的内容和客体都隶属于该国国内，国内环境纠纷的解决适用一国的国内法。

国际环境纠纷是指发生争议的法律关系具有涉外要素，即发生争议的环境法律关系主体、内容或者客体具有涉外因素，如国内的公民、法人或者其他组织与他国的公民或者组织发生的因环境污染和生态环境资源破坏引起的纠纷。正确调整和处理好国家间的环境法律关系，解决好发生在国际的环境纠纷，具有极其重要的意义。国际环境纠纷的解决需要适用国际环境法律规范。

5. 区域标准

按照纠纷涉及的行政区域分，可分为单一行政区内的环境纠纷和跨行政区的环境纠纷。单一行政区内的环境纠纷是指发生在同一行政区内的环境纠纷。单一行政区内的环境纠纷可以通过多种途径解决，如调解、行政处理、诉讼等途径。跨行政区的环境纠纷是指发生在不同行政区域之间的环境纠纷，比如县与县之间、市与市之间、地区与地区之间、省与省之间的环境纠纷。由于环境要素本身具有跨行政区域范围的自然属性和环境破坏行为的结果的延伸性，如被污染了的水、空气的流动等，许多环境纠纷往往就表现为跨行政区域的纠纷，特别是一些重大的环境污染和生态环境破坏引起的纠纷，往往都发生在几个行政区域之间。跨行政区的环境纠纷需要有关地方人民政府协商解决或由上级人民政府协调解决并作出决定。2014 年修订之前，《环境保护法》仅在第 15 条作出有关政府协商解决的原则性规定。2014 年修订的《环境保护法》明确规定，国家建立跨行政区域的重点区域、流域环境污染和生态破坏联合防治协调机制，实行统一规划、统一标准、统一监测，实施统一的防治措施。

依据以上各种不同的分类标准，可以对环境纠纷作不同的分类。但环境法上的各种分类，都是为了能够为解决环境纠纷提供相应的途径或机制，其中最为重要的是按照法律性质的分类。下文就环境民事纠纷、环境行政纠纷和环境刑事纠纷分别论述。

三、环境民事纠纷

（一）环境民事纠纷的含义

环境民事纠纷，是指平等环境主体之间的争议。环境民事纠纷是因为环境法律关系的主体违反民事法律义务而侵害了他人的环境权利、违反了环境民事法律规范而引起的以民事权利义务为内容的纠纷。环境民事纠纷具有主体平等性、纠纷内容的民事性以及纠纷的可处分性等特点。民事纠纷在整个环境纠纷中占主要地位。

环境民事纠纷是平等的环境主体之间发生的争议，这种纠纷既可发生在自然人之间，也可以发生在法人之间或者自然人、法人和其他非法人组织之间。无论发生在哪种主体之间，双方当事人地位平等，不存在法律上的隶属或管理关系。

环境民事纠纷以环境民事侵权关系或环境民事合同的存在为前提。在民法上，侵权行为有一般侵权行为和特殊侵权行为之分。前者是指行为人因过错而致人损害的行为，后者指当事人基于与自己有关的行为、事件或其他特别原因致人损害，依民法的特别规定或特别法的规定而应承担民事责任的行为。在我国，环境民事纠纷中的环境侵权行为属于《侵权责任法》所规定的特殊侵权（即该法第八章"环境污染责任"）。大部分环境民事纠纷都是以这种特殊侵权行为的存在为前提。

有少量的环境民事纠纷是环境民事合同纠纷，以环境民事合同的存在为前提。环境合同是国家与个人以及个人与个人之间就环境资源使用权的确定和转移达成的协议。环境合同相对于民事合同来讲，是一种社会化、生态化的合同，是确定包括国家在内的各方当事人在环境资源使用中的权利义务的一种方式。环境民事合同纠纷就是在这种环境合同的订立、生效、履行过程中产生的争议。

（二）环境民事纠纷的特征

环境民事纠纷作为一类新型纠纷具有鲜明的特点：

（1）环境民事纠纷是具有社会性的个人利益纠纷。环境资源具有公共性和对人类生存的不可替代性，环境污染和破坏往往会造成一定区域范围内或生态系统内的不特定的多数人或物的损害，甚至是包括对后代人的损害。因此环境民事纠纷是以个人利益纠纷形式所表现出来的社会利益的纠纷。

（2）环境民事纠纷双方当事人地位的失衡性。现代环境纠纷一般是企业在开发、生产等经营活动中产生的。作为侵害主体的企业有相当的组织规模、资金实力和一定的技术手段，有时还得到地方政府的扶持。而受害的一方则往往是不特定的个人，虽人数有时众多，但在信息占有、举证能力、社会资源、权利主张途径上明显处于劣势,易造成当事人双方在纠纷解决中的地位严重失衡。

(3) 环境民事纠纷解决的技术性。引起环境纠纷的原因往往十分复杂,有的是突发事故造成的,有的是长期累积造成的,有的是多个污染源共同排污造成,或者双方当事人混合过错造成的,再加之污染损害过程一般不能重现,故环境污染物的致害原理、污染与损害后果的因果关系认定等涉及的技术问题十分繁杂,这需要环境污染纠纷的处理人员不仅要有法律知识,还要有很强的专业技术水平。

(4) 环境民事纠纷争议内容的多元性。环境纠纷大都给他人的财产和身心健康及环境权益造成了一定的损害,环境纠纷争议内容大多涉及赔偿责任。但由于环境侵害具有不可逆转的特点,造成损害后果以后不可能以任何方式加以填补或者恢复。据此,环境纠纷争议的内容也涉及停止侵害、排除妨碍、消除危险等,尽可能降低污染后果并抑制其再次发生。

(三) 环境民事纠纷的认定

1. 环境民事侵权纠纷的认定

首先,纠纷的主体是平等主体。环境民事侵权纠纷产生于平等主体之间。这种纠纷既可发生在自然人之间,也可以发生在法人之间或者自然人、法人和其他非法人组织之间。无论发生在哪种主体之间,双方当事人地位平等,不存在法律上的隶属或管理关系。

其次,纠纷存在的前提是环境民事侵权行为的存在。环境民事纠纷的认定关键在于引起环境民事侵权纠纷的环境民事侵害的确认。

在立法上,各国目前对环境民事侵权行为亦未形成统一的概念。英美侵权行为法沿袭传统的"妨害行为"(nuisance)。所谓"妨害行为",是泛指各种非排他性妨害他人使用土地或有关权益之现象。该概念最初是体现在土地相邻关系或地役权上的。后妨害行为又分为"公益妨害"和"私益妨害"。所谓公益妨害,乃是指不法行为或不履行法律规定的行为,致使社会上一般人之生命、健康、财产、安乐、自由、利益、便利等遭受危害,或对公共权利的行使和供给产生的妨害。所谓私益妨害,则是指因不法行为或不履行法律规定的行为,致使私人之权益所受到的危害。

由于环境污染和破坏常常表现为干扰性或妨害性的危害,与"妨害行为"的特性、概念和内容相似,故英美法系立法上就利用"妨害行为"的概念及原理来概括因环境污染和破坏所造成的对他人的干扰性或妨害性危害。环境问题显著后,英美侵权行为法并没有创设新类型,而将许多属于"危险责任类型"的权利侵害事实,依"妨害行为"处理,甚至否认危险责任原理的独立性,而将其视为"妨害行为"之一环。

在德国,对他人土地权利的享有或使用,发生非排他性侵害的,即我们所说的环境民事侵权,一般通称之为"干扰侵害"(immission)。所不同的是,英美法上的"妨害行为"侧重于侵权行为法制,而德国法上的"干扰侵害"则侧重于物权法上的相邻关系。"干扰侵害"的概念原是指烟雾、振动以及声、光、电、热、辐射等不可称量的物质侵入邻地所造成的损害。其后基于《德国民法典》第906条的规定,其演绎扩张,将煤气、蒸汽、臭气等也纳入其中,使其与现代各种环境侵害相似。并将"干扰侵害"作为对环境侵害的预防、控制与救济的依据。法国立法上采用"近邻妨害"(troubles de voisinage),其意义与德国的"干扰侵害"相近。

我国《民法通则》第124条规定,违反国家保护环境防止污染的规定,污染环境造成他人损害的,应当依法承担民事责任。依我国《环境保护法》第42条之规定,"环境污染及其他公害"包括在生产建设或者其他活动中产生的废气、废水、废渣、医疗废物、粉尘、恶臭气体、放射性物质以及噪声、振动、光辐射、电磁辐射等对环境的污染和危害。本书认为,可将"环境污染和其他公害"简称为"环境侵害",而这种环境侵害是区别于一般侵权行为的特殊侵权行为。它的构成要件包括:有损害事实存在,有污染和破坏环境的行为存在,致害行为与损害结果之间的因果关系,但不要求行为人有主观过错。

环境侵害从根本上异于传统的民事侵害,尤其表现在其范围的扩大、时间的延长方面。可持续发展的法律理念就是要求对既有的以对现世人保护为中心的侵害概念进行扩充。环境侵害与传统的民事侵害的不同主要体现在以下几个方面:(1)环境侵害强调的不仅是对权利主体的一般民事权利的侵害,而且是对生活权益、环境权益及其他权益的侵害。环境权益的内容,显然已经不再局限于环境使用者传统意义的经济利益和生命健康利益,还包括了对环境本身的生态、美学利益的内容。(2)环境侵害强调危及可持续发展的事实,从而可将后代人的利益纳入现有的救济制度体系之中。环境侵害的事实,已不再是单纯的对生命健康、财产方面造成的损害,还强调危害可持续发展的事实。换言之,一切可能损及可持续发展的事实,都有可能成为环境侵害。

环境民事侵权纠纷的具体形式可以表现为以下几种:

第一,环境相邻权纠纷。我国《物权法》在相邻关系一章专门对环境保护相邻权作了规定,其中,第86条规定:"不动产权利人应当为相邻权利人用水、排水提供必要的便利。""对自然流水的利用,应当在不动产的相邻权利人之间合理分配,对自然流水的排放,应当尊重自然流向。"第89条规定:"建造建筑物,不得违反国家有关工程建设标准,妨碍相邻建筑物的通风、采光和日照。"第90条规定:"不动产权利人不得违反国家规定弃置固体废物,排放大气污染物、水污染物、噪声、光、电磁波辐射等有害物质。"《物权法》以基本法的形式首次对环境保护相邻权作出了规定,对于因环境保护相邻权引起的纠纷,可以依照《物权法》行使物权请求权。

第二，环境人格权纠纷。环境人格权是人格权的一种，因环境侵权而产生的人格权纠纷主要包括因污染和破坏环境导致人的生命权、健康权和精神受到损害而引起的纠纷。

第三，其他环境侵权纠纷。这是指虽然没有法律的明确规定但环境法主体根据"法律不禁止即为权利"的民事权利推定原则而享有的权利遭受侵害时而引起的纠纷。

2. 环境民事合同纠纷的认定及种类

(1) 环境民事合同纠纷的认定

首先，环境合同纠纷的主体是合同法律关系上的平等主体，包括国家和私人主体。

国家作为一个整体，是一个特殊法律关系的主体。国家作为合同关系主体时，有一个特定化的问题。通常可以认为国家是社会公共利益的代表，因此，对于具有公共属性的环境资源，国家有管理的职权和职责。当国家通过合同形式将其环境管理意志加于具体的个人时，必须有明确的代表机构。通常，这种代表机构应是各级政府的专门环境保护机关或履行环保职责的其他机关，有时可能是中央或地方政府本身。

除国家之外的法律关系主体通常可以概括为自然人、法人和其他组织。其中，法人包括所谓公法法人即国家机关等，其他组织包括一些公共团体。作为环境合同主体的私人的最本质特征是具有各自独立的利益，其行为的目的即使不全是、也主要是实现自己的利益。按照法律关系主体的一般要求，作为环境合同主体的私人必须有权利能力、行为能力和责任能力。其中权利能力有待法律的规定。行为能力对法人要以相应的权利能力为基础，对自然人还需要其正确表达自己意愿的能力。

其次，环境合同纠纷是以环境合同的存在为前提，环境合同区别于其他一般民事合同的关键在于环境合同的客体是环境资源。

环境资源作为一个整体，是国家进行宏观的环境管理的对象，国家从总体上限制对环境资源的使用，以维持生态系统的平衡以及自然界为人类社会提供物质和能量、消除和净化废物的能力，提供人类生存、生活和生产的客观物质基础。但在将环境资源作为环境合同的客体时，应该具有相当的确定性和具体性，以便作为合同交易的对象。环境资源的具体化或者说分割的形式有：

第一，生态性物。环境资源的某些物质形态，除了可以满足个人的利益需求外，还在很大程度上影响着生态环境，从而与公共利益有关。这种既具有民法上物权客体特征、又具有重要生态价值的物，称为生态性物。它除了由法律以某种形式加以限制后直接将其确定给私人外，还可以通过环境合同的方式转让。

第二,环境容量。环境容量是环境资源生态价值的表现,可以界定为环境在正常的平衡过程中所能吸收净化的废物的数量。这种环境的自净能力是生态系统的固有功能,但环境的自净能力是有限的,过量的废物会将其破坏。

第三,生态资源。生态资源意指以非经济利用为目的的一定范围内的环境资源,例如特定的自然风景区等。生态旅游资源的利用需要国家依据社会的总体需要和特定地区的自然地理条件,划定特定的区域,以合理方式允许人们进入参观、欣赏自然风景,实现公民的环境权利。环境合同可以在这个过程中发挥作用:国家与特定私人就某一地区范围的生态旅游资源的管理、保护和合理利用达成协议,确定双方权利(力)和义务;该私人再与社会大众就进入该地区旅游签订合同,约定权利义务。

(2)环境民事合同纠纷的种类

依据环境合同的目的将环境合同分为国家与私人之间的环境分配合同和私人与私人之间的环境消费合同。政府与私人之间就环境资源使用权的转移达成的协议称为环境分配合同,是环境合同的第一类型。私人与私人之间就环境资源使用权的转移达成的协议称为环境消费合同,是环境合同的第二类型。因而,环境民事合同纠纷也可分为环境分配合同纠纷和环境消费合同纠纷,具体来说包括生态性物转让合同纠纷、环境使用权交易合同纠纷、生态旅游资源转让合同纠纷以及环境押金合同纠纷。

四、环境行政纠纷

(一)环境行政纠纷的含义

环境行政纠纷,是指环境行政主体与行政行为相对方之间因具体的环境行政行为而产生的争议。环境行政纠纷是在环境行政管理过程中所产生的权利义务争议。由于环境行政纠纷的双方之间的关系是管理与被管理的行政法律关系,双方的法律地位并不平等,这种纠纷在处理过程中也不允许进行调解解决,因此环境行政纠纷具有主体的不平等性、纠纷内容的行政性和纠纷的不可处分性等特点。

(1)环境行政纠纷主体的不平等性。环境行政纠纷是环境行政法律关系主体之间的纠纷,是环境行政管理主体和环境行政管理相对人之间产生的争议。当事人之间地位不平等,存在环境行政管理与被管理的关系,明显区别于环境民事纠纷主体的平等性。

(2)纠纷内容的行政性。环境行政纠纷产生的前提是环境行政行为的存在,环境行政纠纷是环境行政违法行为的必然法律后果。

(3)纠纷的不可处分性。由于当事人地位的不平等,因而这种纠纷在处理过程中不允许进行调解解决。处理的方式主要是行政复议和行政诉讼。

(二) 环境行政纠纷的性质

环境行政纠纷是环境行政主体与行政行为相对方之间因具体的环境行政行为而产生的争议,其性质为外部行政行为引起的纠纷。

首先,环境行政纠纷主体的多样性说明其为外部行政行为引起的纠纷。从纠纷主体看,环境行政纠纷的行政主体既包括环境行政机关,也包括法律、法规授权机关和受行政机关委托的组织或个人。而内部行政行为的主体以隶属关系为划分依据,无被授权机关和受委托机关(或组织)。

其次,环境行政纠纷主体行为对象的不特定性说明其性质为外部行政行为引起的纠纷。环境行政纠纷行为的对象针对的是不特定的公民、法人或其他组织,而并非是内部行政行为所针对的具有行政隶属关系或行政职务关系的特定的公务人员。

再次,引起环境行政纠纷产生的行为是环境行政管理的具体行政行为,内容都是有关社会公共事务管理关系方面的,而并非是依据行政隶属关系或行政职务关系所作的关于内部组织关系、隶属关系、人事关系等方面的内部行政行为。

总之,环境行政纠纷的主体、行为以及纠纷争议的内容都体现出环境行政纠纷是因外部行政行为引起的纠纷。

(三) 环境行政纠纷的认定

1. 纠纷的主体

环境行政纠纷的主体是环境行政主体与环境行政行为相对人。双方当事人法律地位不平等,是环境行政管理与被管理的关系。环境行政主体是指依法拥有独立的环境行政职权,能代表国家以自己的名义行使环境行政职权以及独立参加行政诉讼,并独立承受行政行为效果及行政诉讼效果的组织,比如中央和地方各级人民政府及其环境管理部门。而环境行政行为相对人是指一切能够成为环境行政主体环境行政管理对象的自然人、法人和其他组织。

2. 纠纷产生的前提

环境行政纠纷产生的前提是具体环境行政行为的存在。具体环境行政行为是环境行政机关对公民、法人或者其他组织作出的环境行政管理意思表示,这种意思表示会引起一定法律后果的产生、变更和消灭。

这种具体环境行政行为必须符合以下几个方面的特征:

(1) 它是一种法律行为。具体环境行政行为是环境行政主体对环境行政相对人作出的行政意思表示,这种意思表示的目的是要发生一定的法律效果,使行政相对人的权利、义务产生、变更、丧失或者消灭等,而不是环境行政事实行为。环境行政事实行为是指环境行政机关在行使行政职权的过程中不以影响公民、法人或者其他组织的权利义务为目的进行的活动。行政事实行为不发生法律效果,不能引起法律意义上的环境纠纷的产生。

（2）它是一种单方行为。按照能否仅以行政机关的单方意思表示即能成立为标准，可将行政行为分为单方行为和双方行为。在具体环境行政行为中，环境行政主体单方面意思表示即能成立，无须行政相对人同意。而环境行政机关与其他民事主体达成合意，则属于双方行为。

（3）它是一种外部行为。环境具体行政行为是一种外部行政行为，是指行政主体在对社会实施环境行政管理过程中针对公民、法人或者其他组织所作出的行政行为。不同于环境行政机关内部管理的行为，如人事调遣、处分则属于内部行为。

（4）它是一种个别行为。环境具体行政行为是对特定人或者特定事项的一次性决定。这种个性特征区别于可以反复适用的抽象行政行为。

五、环境刑事纠纷

环境刑事纠纷，是指环境主体之间发生的，以追究污染环境和破坏生态的犯罪行为人的刑事责任为内容的争议。

由于环境问题的特殊性以及环境保护的必要性，刑法手段在环境保护中必须加以使用但又需要有一定的限度，因而环境刑事纠纷呈现出较之于一般刑事纠纷的不同特征。

（1）纠纷的涉及范围扩大。传统刑事纠纷涉及范围主要是对人身权和财产权的侵害与保护，适用范围有限。而在环境法中，生态利益、公共利益成为重要的保护对象，环境刑事纠纷的范围也随着生态环境保护的需要而不断扩大。根据 2013 年最高人民法院、最高人民检察院的司法解释，造成以下污染损害后果之一的，就构成了环境犯罪：致使乡镇以上集中式饮用水水源取水中断 12 小时以上的；致使基本农田、防护林地、特种用途林地 5 亩以上，其他农用地 10 亩以上，其他土地 20 亩以上基本功能丧失或者遭受永久性破坏的；致使森林或者其他林木死亡 50 立方米以上，或者幼树死亡 2500 株以上的；致使公私财产损失 30 万元以上的；致使疏散、转移群众 5000 人以上的；致使 30 人以上中毒的；致使 3 人以上轻伤、轻度残疾或者器官组织损伤导致一般功能障碍的；致使 1 人以上重伤、中度残疾或者器官组织损伤导致严重功能障碍的；其他严重污染环境的情形。

（2）纠纷的类型多样。在环境法中，刑事纠纷可能因为不同原因产生，环境犯罪所侵害的客体为复杂客体。根据我国《刑法》的规定，有关破坏环境资源的犯罪既有污染环境的犯罪，也有破坏资源的犯罪；既有职务犯罪，也有非职务犯罪；既有专门的环境犯罪，也有牵连犯罪。因此，环境刑事纠纷的类型也相应地比较复杂。如我国《刑法》专门规定了破坏环境资源罪的 16 个罪名，据此这一类环境刑事纠纷既可以简单地分为环境污染刑事纠纷和自然资源破坏刑事纠纷；

同时也可以依据罪名不同而将环境刑事纠纷予以分类,如重大环境污染事故纠纷、非法捕捞水产品纠纷、破坏耕地林地纠纷等。

(3) 纠纷的认定程序特定。刑事纠纷的解决程序依刑法的规定,公诉案件的侦查和起诉都由专门的国家机关进行,自诉案件也有明确的范围规定。因此,较之于民事纠纷与行政纠纷,刑事纠纷的认定与解决都有国家权力的更多介入,程序也更加严格。

第三节 中国环境纠纷现状及其解决

一、中国环境纠纷的现状

近年来,我国因环境问题引起的纠纷越来越多,呈逐年增长的趋势。沱江污染、淮河流域污染、松花江污染、广西龙江河污染等一系列事件也一次次地激发环境纠纷的产生。根据原国家环境保护局的统计,从 20 世纪 80 年代中期到 90 年代中后期,我国的环境纠纷一直保持在每年 10 万件左右;但是自 1998 年以后,环境污染纠纷以每年超过 20% 的速度递增,纠纷数量呈现急剧上升趋势,1999 年增加到 25 万多件,2000 年则超过 30 万件,2003 年突破了 50 万件,在短短 6 年多的时间里增加了约 4 倍。此后 2007 年最高达到 70 万件以上,虽然近年有所下降,但仍然保持 10 万件以上。

从地域来看,沿海地区较内陆地区的环境纠纷多,这主要是由于:第一,沿海地区是经济比较发达的地区,经济增长速度较快,对环境污染影响也较大,因而较内陆不发达地区更容易引起环境纠纷。第二,沿海地区人们物质文化生活水平比较高,公民权利意识和环境保护意识较强,遇到环境纠纷,大多能主动投诉要求解决问题。

环境纠纷的不断增长带来了各种社会问题,对中国构建和谐社会产生了许多不利影响:

(1) 妨碍正常的经济建设秩序,制约经济发展。众所周知,环境与经济是一个相互影响的关系。环境的改善和环境纠纷的妥善解决可以促进经济发展;反之,环境的破坏和环境纠纷的增长则制约了经济发展。在现实中,环境纠纷得不到妥善解决,不但会造成工厂停产、群众生活受限,还可能引起大规模的社会冲突,妨碍正常的经济建设秩序,从而在一定程度上制约社会经济发展。

(2) 影响社会稳定,阻碍和谐社会的建设。环境纠纷不但可以引起个人之间的争斗,在许多情况下,由于环境纠纷涉及面广,当事人人数众多,更可能引起激烈的群体冲突,甚至造成大规模的人身伤亡和财产损失,影响社会稳定。一些不法分子还可能利用环境纠纷扩大事态,造成更大的社会恶果。近年来,因环境问题引发的群体性事件以每年29%的速度递增。如果不能及时有效地调处环境纠纷,极有可能成为妨碍社会稳定的导火线。

(3) 增加社会成本,不利于社会发展。环境纠纷发生后,双方如果不能就解决纠纷达成一致意见,就会请求环境行政部门或者司法部门进行调解和处理。随着环境纠纷的日益增多,由环境行政部门和司法部门调解和处理的纠纷也越来越多,环境行政部门不得不把相当大的精力用于调解和处理环境纠纷,势必影响其他方面工作的开展。这对整个环境管理工作的开展也极为不利,增加了社会成本,不利于社会发展。

(4) 危害群众利益,损害国家形象。环境纠纷的增长如果得不到有效的控制,将会严重影响人民的健康,危害人民的生产生活。在一些地区,环境纠纷带来的生态环境持续恶化使居民失去了生存条件,沦为"生态灾民"。2004年的沱江污染事件和2005年的松花江污染事件是两个典型的例子,沿岸数以万计的群众的生产生活受到严重影响。此外,环境纠纷的不断增长也严重损害了中国在环境保护领域的国际形象。

二、环境纠纷的解决

所谓"纠纷解决"(dispute resolution),是指防止和解决纠纷的场所、机构、程序、规则、过程的总称。在人类社会早期,纠纷解决通常依靠以个人力量为决定因素的私力救济。随着公共机构和国家的出现,私力救济逐渐被以法庭、警察、监狱等为表征的公力救济所取代。在现代民主社会中,又出现了各种社会救济的模式。因此,人类解决社会冲突和纠纷的手段始终是多元的,需要从理论上加以归纳。

(一) 解决纠纷的两种机制

根据学者的研究,人类社会的纠纷解决,有两种基本类型:根据合意的纠纷解决和根据决定的纠纷解决。所谓根据合意的纠纷解决,指的是由于双方当事人就以何种方式和内容来解决纠纷等主要问题达成了合意而使纠纷得到解决的情况;而根据决定的纠纷解决,指的是第三者就纠纷应当如何解决作出一定的指示并据此终结纠纷的情况。

具体而言,根据决定的纠纷解决类型,具有强制性和稳定性,强调国家或公权力在纠纷解决中的中心地位,在实践中即表现为国家的诉讼机制,以程序公正为目标。而根据合意的纠纷解决类型,则是将意思自治原则扩展到程序法领域,具有自治性和灵活性,强调双方当事人的自由意志。在实践中,则表现为当事人协商解决、民间调解、行政调解、仲裁等各种非诉讼机制,以社会自治为宗旨。

1. 诉讼机制

诉讼是审判机关和案件当事人在其他诉讼参与人的配合下为解决案件依法

定诉讼程序所进行的活动。诉讼的产生与发展与人类社会的生产方式、社会结构、政治制度的发展变化,特别是与国家的司法权的发展息息相关。随着作为公共权力机关的国家的逐步形成,就出现了专门解决纠纷的司法机关。严格意义上的诉讼的出现,标志着国家司法权的诞生。在人类发展的过程中,司法权与其他权力、特别是行政权曾浑然一体、共同行使。随着近现代国家司法权的逐步强化和统一,自力救济逐渐被否定或取代,诉讼最终成为纠纷解决的最高的和主要的法律途径。

诉讼机制最大的特点是规范性强,具有强制性和可预见性。一整套具有体系性和权威性的诉讼审判规范的存在,对于社会形成和维系一个相对稳定而又统一连贯的法律秩序至关重要,因而具有较强的规范性。同时,诉讼是国家司法权的表现形式,是国家司法机关所给予的救济措施,代表的是国家意志,并有国家强制力保证其实施,具有强制性。因而,诉讼的直接功能是解决纠纷、调整利益冲突,保护社会主体的合法权益,而其更为深刻的社会功能在于通过程序公正,维护整个社会的政治秩序和国家权力的合法性。

尽管诉讼机制在现代社会的纠纷解决中占据基础性的地位,但也存在着缺陷。具体而言包括以下几个方面:(1)"诉讼爆炸",即诉讼量的激增与积案问题。现代社会中,世界各国的诉讼量都是在逐年递增的。迄今为止,任何一种诉讼制度都未能有效地解决如何使诉讼在廉价和快捷、方便当事人的同时,又不导致滥讼的后果。(2)诉讼延迟问题。诉讼迟延是世界各国民事诉讼程序中的顽症之一。由于诉讼程序的复杂性和案件数量的巨大,法院往往无法及时处理。同时,现代社会生活中不断出现的新型纠纷往往具有专业性强的特点,法院往往也难以给予快速的审理。(3)诉讼与审判的公开性常常使得当事人的秘密和一些隐私被公开。同时,案件审理过程中的对抗性有时会使各方的感情和尊严受到极大伤害。正如小岛武司教授所言,裁判是一种很奢侈的纠纷解决方式,故欲让所有的民事纠纷都通过裁判来解决的想法是不现实的。即使无视现实的制约而大肆鼓吹裁判万能论,大多数纠纷通过裁判以外的方式加以解决的事实依然是不会改变的。因此,单一化的纠纷解决机制无法满足现实中的需要,必须发展多元化的纠纷解决机制。

2. 非诉讼机制

以当事人之间的合意为基础的非诉讼纠纷解决机制,是人们在普遍接受了通用规则和普遍性的统治之后,重新发现人与人之间沟通与对话价值的产物。在国家权力的行使形成制度的惯性后,人们逐渐对纠纷解决的自主性和机会合理性给予了更多的重视,各种非国家的组织、社区共同体或社团在纠纷解决中的作用日益受到重视,由此产生了协商、调解、仲裁等多种以当事人合意为基础的解决纠纷的方式。非诉讼机制的功能在于促进社会自治与社会合作,其在现代社会中发挥着越来越大的作用。

非诉讼机制的特点在于：一方面，其具有成本低、迅速和便利的优势。在法院的诉讼积压、程序迟延、费用高昂的情况下，根据合意的纠纷解决方式可以相对迅速、低廉和简便地解决纠纷。另一方面，它更适合于特定社会关系、特定主体和特定纠纷的解决。例如，非诉讼机制以常识化的运作程序消除了诉讼程序给当事人带来的理解困难；以通情达理和非对抗的对话缓和了当事人之间的对立，有利于保持今后长远的关系；以简易的事实认定代替了严格的举证责任，使当事人不借助律师而自行解决纠纷成为可能；整体地考察事件背后的复杂长远的社会关系，作出合理的判断，使当事人易于接受和执行。

必须指出的是，非诉讼机制同样具有一定的缺陷：(1)很多非诉讼机制在实体和程序两方面都缺乏规范性和程序上的保障。例如，如何设定当事人诚实参与纠纷解决机制的程序，以避免恶意的当事人滥用以拖延对方当事人参与诉讼就是一个必须解决的问题。此外，一些非诉讼纠纷解决方式的形式缺乏理念和制度的支持，其内在基准和程序都有极大的随意性和非规范性，缺乏稳定性。(2)非诉讼机制在追求低廉和迅速解决纠纷的同时，可能导致一些非正义的结果。例如，当事人的妥协使自己的权利不能全面实现；在运作中可能违反当事人自主和合意原则，反而变成诱导和强制；非诉讼纠纷解决机制在范围上向涉及公共利益及政策性领域不断扩张后，可能不利于公共利益的保护。(3)在根据合意的纠纷解决机制中，纠纷的解决往往依赖于当事人之间的实力对比。在非诉讼的方法中，这种实力对比往往非常明显，使得公正的结果难以达成。

因此，诉讼机制和非诉讼机制各有优缺点。实践中，应以社会价值和手段的多元化为基本理念，充分发挥司法机关和社会组织力量在纠纷解决中的作用，为当事人提供多种选择的可能性。同时，以每一种方式的特定价值（程序公正、社会自治）为当事人的选择提供指引，从而建立起多元化的纠纷解决机制体系。

（二）解决环境纠纷的多元机制

环境纠纷的解决，既需要国家公权力的介入和保障，又需要民间组织和社会团体的参与。由此，环境纠纷的解决机制，同样是诉讼机制和非诉讼机制的多元并存。

1. 环境纠纷的诉讼解决

环境纠纷的诉讼解决机制是指权利人在其环境权益遭受损害或有遭受损害的危险时，通过诉讼实现侵害的排除或损害的填补的法律机制，其表现形式为各种环境诉讼。环境诉讼是指当事人因环境污染或生态破坏而导致人身权、财产权或其他合法权益受到损害或有受到损害的危险，而请求人民法院保护其合法权益的行为。环境诉讼本质上仍然属于传统诉讼的范畴，其以环境纠纷的解决为使命，以传统的三大诉讼为手段，以保护环境和当事人的合法权益为目标。

2. 环境纠纷的非诉讼解决

环境纠纷的非诉讼解决机制泛指法院诉讼程序之外的争议解决机制。在环境纠纷的解决中，非诉讼机制主要包括谈判、环境行政调解、环境仲裁等形式。

思考题

1. 什么是环境纠纷？环境纠纷解决的基本机制有哪些？
2. 你认为环境民事纠纷的最基本特征有哪些？
3. 如何认识环境行政纠纷的性质？
4. 你认为如何应对中国环境纠纷增长迅速的局面？

案例分析

武汉市东西湖区农场是湖北省重要的梨树生产基地，但从1997年公路部门在107国道东西湖区路段栽种桧柏后，梨子收成开始逐年下降。2003年春末夏初，梨园大面积爆发梨锈病，1.3万余亩约115万株梨树全部绝收，2004年依然绝收，2005年的收成也受到严重影响，给当地梨农造成了重大经济损失。经有关专家考察鉴定，该灾难系因国道种植的桧柏所致，因为桧柏是梨树的克星。当地2227户梨农据此将市交通委员会、省交通厅公路管理局、市公路管理处、东西湖区107公路管理所、东西湖区107国道吴家山收费站等诉至武汉市中级人民法院，请求法院判令被告立即清除107国道东西湖区段沿线栽种的桧柏；判令被告赔偿原告经济损失共计5800万元及误工费、药费共计7346603.60元；并判令被告赔偿诉讼开支56万元。

问题：该案属于哪种类型的环境纠纷？有何特征？如何应对此类纠纷？

第九章 环境纠纷的诉讼解决机制

内容提要

环境纠纷的诉讼解决机制是指权利人在其环境权益遭受损害或有遭受损害的危险时,通过诉讼实现侵害之排除或损害之填补的法律机制。环境纠纷的诉讼解决机制的核心手段是环境诉讼。环境诉讼根据进行诉讼所依据的法律的不同,可以分为环境民事诉讼、环境行政诉讼和环境刑事诉讼。环境纠纷的诉讼解决机制正在朝专门化方向发展,建立专门环境诉讼已经成为环境纠纷诉讼解决机制向前推进的必由之路。

关键词

环境纠纷　环境民事诉讼　环境行政诉讼　环境刑事诉讼　专门环境诉讼

第一节　环境纠纷的诉讼解决机制概述

一、环境纠纷的诉讼解决机制的含义

环境纠纷的诉讼解决机制是指权利人在其环境权益遭受损害或有遭受损害的危险时,通过诉讼实现侵害之排除或损害之填补的法律机制。环境纠纷的诉讼解决机制与其他纠纷解决机制相比具有以下几个方面的特质:

(1)被动性。环境纠纷的诉讼解决机制是一种被动性的救济机制。原因是这一救济机制的启动需要同时满足以下两个条件:第一,存在环境权益被侵害或有被侵害之危险的事实。第二,当事人依法向人民法院提起诉讼,请求保护其被侵害的环境权益;法院不能主动对受害人进行救济。

(2)强制性。环境纠纷的诉讼解决机制是一种公权力的行使行为,它是国家司法机关所作出的救济措施,代表的是国家意志,由国家强制力保证其实施。因此,环境纠纷的诉讼解决机制具有强制性的特质。

(3)终局性。环境纠纷的诉讼解决机制是一种终局性的救济机制。环境纠纷在经诉讼方式解决后,无论当事人对这一结果满意与否,都不能转而选择其他

的解决机制。

二、对环境诉讼的理解

环境诉讼是指当事人因环境污染或生态破坏而导致人身权、财产权或其他合法权益受到损害或有受到损害的危险,而请求人民法院保护其合法权益的行为。环境诉讼本质上仍然属于传统诉讼的范畴,其以环境纠纷的解决为使命,以传统的三大诉讼为手段,以保护环境和当事人的合法权益为目标。

与其他类型的诉讼相比,环境诉讼具有以下几个方面的鲜明个性:

(1) 环境诉讼是一个综合性的制度体系。环境诉讼不是单一的诉讼种类的称谓,它是由一系列诉讼制度所构成的综合性的诉讼体系。它的组成分子中不但有旨在为环境侵权的受害人提供救济的环境民事诉讼,也包括为限制环境行政机关权力行使恣意而设立的环境行政诉讼;另外,还拥有为打击环境犯罪没成立的环境刑事诉讼。环境民事诉讼、环境行政诉讼和环境刑事诉讼这三大诉讼互相配合、综合协调,共同组成了环境诉讼这一综合性的诉讼体系。

(2) 环境诉讼的目的是保障当事人的环境权益。环境诉讼的目的是通过对因环境问题而引起的权益侵害提供救济,使当事人的环境权益得以顺利实现。环境诉讼所要保障的不仅仅是当事人的环境权利,而且还包括当事人的非权利性环境权益。对当事人的环境权利所遭受的侵害提供应有的救济无疑是环境诉讼制度义不容辞的责任;同时,为当事人所遭受的非权利性环境权益的侵害提供有效的保障也是环境诉讼制度不可推卸的职责。在环境法中,许多环境法上的主体所享有的环境权益不表现为权利的形态,或者说不是法定的权利类型,对这些不表现为权利的环境权益提供保障理应成为环境诉讼制度的使命和责任,以实现救济受害人和保护环境的目标。

(3) 环境诉讼中的诉权出现社会化的趋势。依据诉讼法学界的通说,诉权是指"国家法律赋予社会主体在其权益受到侵害或与他人发生争执时,请审判机关通过审判方式保护其合法权益的权利"[①]。诉权作为宪法所确定的一种权利,是每一个公民所拥有的基本权利,但诉权的行使需要有一个前提,那就是自己的权益受到侵害,这反映到具体的制度上就是要求原告与诉讼标的存在直接的利害关系。但自环境法产生以来,环境诉讼中诉权的扩大化趋势不断增强,赋予与诉讼标的不存在直接利害关系人以原告资格已成为环境诉讼在世界范围内的发展趋势。这主要是因为环境权益具有公共性私益与个体性公益的特征,远远超出了公权和私权的范围,传统的诉权理论无法适应这种现实,因而作出了制度上的发展,即扩大诉权,赋予原本不具有诉权的人以原告的资格,以实现保护环境

---

① 徐静村、谢佑平:《刑事诉讼中的诉权初探》,载《现代法学》1992年第1期。

和救济受害人的目标。

（4）环境诉讼中法院职能的扩张。环境法在所有的法律部门当中是最为年轻的学科，它从20世纪60年代"出生"至今只有短短的50余年的时间。环境法的这一特性决定了环境法上的许多制度内容还处于发展中，环境法上的许多权利还处于从应有权利向法定权利转变的进程之中。在许多权利尚未演进到法定权利和实有权利的前提下，法院对于司法实践中发生的案件不能借口法律没有规定而拒绝裁判，更不能无视广大的受害人在环境侵害中仅仅是由于法律规定的落后而承受着"正义"带来的损害。法律的滞后是成文法所固有和无法消除的现象，法律自从公布那一天起就已经落后于社会的实践。因此，在环境诉讼中，法院扮演着权利法定化推动者的角色。在环境法的历史上，无论是阳光权的确立还是水权、狩猎权等权利在实定法中得到确立，法院都充当了先行者的角色。所以，在环境诉讼中，法院已不完全是法律的"自动售货机"，它的职能已大幅度地进行了扩张；法院在环境诉讼中的职能已从被动的"法律适用者"演进成了主动的"准立法者"。

三、环境诉讼的类型

环境诉讼是一个由多种诉讼制度所构成的综合性的制度体系，依据不同的标准，环境诉讼可以分为不同的类型：

（一）环境民事诉讼、环境行政诉讼、环境刑事诉讼

环境诉讼根据进行诉讼所依据的法律的不同，可以分为环境民事诉讼、环境行政诉讼和环境刑事诉讼。环境民事诉讼是指依据民事诉讼法所提起的环境诉讼，即当事人因环境污染和破坏行为损害了自己的民事权益或对自己的民事权益有损害的危险，而向人民法院提起的，要求人民法院确认其民事权益或要求相对人履行民事义务，或要求人民法院变更民事权利、义务的诉讼。

环境行政诉讼是指依据行政诉讼法所提起的环境诉讼，即公民、法人和其他组织认为环境行政机关的具体行政行为侵犯了其合法权益，依法向人民法院提起的诉讼。

环境刑事诉讼是指依据刑事诉讼法所提起的环境诉讼，即由人民检察院或公民个人对环境污染和生态破坏行为所引起的环境犯罪行为提起的，要求行为人承担刑事责任的诉讼。

（二）环境公益诉讼、环境私益诉讼

公益诉讼和私益诉讼是自罗马法以来就有的对诉讼所进行的区分。在环境诉讼中也有公益诉讼和私益诉讼之分。按照环境诉讼所保护的利益的不同，可以分为环境公益诉讼和环境私益诉讼。环境公益诉讼，又称环境民众诉讼、环境公共诉讼，是指社会团体和个人按照法律的规定，对因环境污染和生态破坏而导致的社会公共利益的损害或有造成损害危险的行为,向人民法院提起诉讼,由法院追究行为人的法律责任的诉讼活动。我国2012年修订的《民事诉讼法》首次规定了公益诉讼,其第55条规定:"对污染环境、侵害众多消费者合法权益等损害社会公共利益的行为,法律规定的机关和有关组织可以向人民法院提起诉讼。"2014年修订的《环境保护法》对环境公益诉讼作了进一步的规定,第58条对有权提起环境公益诉讼的特定社会组织进行了明确,即需依法在设区的市级以上人民政府民政部门登记,并且专门从事环境保护公益活动连续五年以上且无违法记录,同时规定社会组织不得通过环境公益诉讼牟取经济利益。环境私益诉讼是指对因环境污染和生态破坏所引起的私益损害而提起的诉讼。2015年1月,最高人民法院发布《关于审理环境民事公益诉讼案件适用法律若干问题的解释》,对环境公益诉讼的操作性规则进行了明确。

环境公益诉讼按照诉讼所依据的法律的不同可以分为环境民事公益诉讼和环境行政公益诉讼。环境私益诉讼同样根据进行诉讼所依据的法律的差异可以分为环境私益民事诉讼和环境私益行政诉讼。

(三) 环境公诉、环境私诉

根据提起环境诉讼的主体的不同,环境诉讼可以分为环境公诉和环境私诉。环境公诉一般是指国家公诉机关代表国家指控环境犯罪,将犯罪嫌疑人交付法院审判的诉讼活动。[①] 环境公诉最为典型的诉讼形态为环境刑事公诉。环境私诉是指公民、法人或其他组织以自己的名义向人民法院所提起的环境诉讼。环境私诉一般包括环境民事诉讼和环境行政诉讼。

第二节 环境民事诉讼

一、环境民事诉讼的含义

环境民事诉讼是指当事人因环境污染和生态破坏行为损害了自己的民事权益或对自己的民事权益有损害的危险,而向人民法院提起的,要求人民法院确认其民事权益或要求相对人履行民事义务,或要求人民法院变更民事权利、义务的诉讼。环境民事诉讼具有以下几个方面的含义:

(1) 环境民事诉讼的主体是环境法主体,非环境法主体不能成为环境民事诉讼的主体,自然也无法成为环境民事诉讼制度所保护的对象。

(2) 环境民事诉讼的基础行为是环境污染和环境破坏。环境污染是指因为人类的活动,直接或间接地向环境排入了超过环境自净能力的物质和能量,导致

---

① 参见杨立新、张步洪:《行政公诉制度初探》,载《行政法学研究》1999年第4期。

环境发生危害人类生存和发展的事实。① 环境污染的具体类型主要有大气污染、放射性污染、有毒化学品污染、固体废弃物污染、水污染等。环境破坏,也就是生态破坏,是指人类不合理地开发利用自然环境,过量地向环境索取物质和能量,导致自然环境的恢复和增殖能力受到破坏的现象,例如水土流失、气候异常、物种灭绝、土地沙化等。生态破坏的根源在于人类对自然环境的开发、利用没有遵循自然规律,对自然环境资源的开发和利用超过了生态系统的承载能力,导致生态系统的平衡丧失。

(3) 环境民事诉讼是因环境污染和生态破坏而导致民事权益受到损害,或有受到损害的危险而提起的民事诉讼,其在本质上仍属于民事诉讼的范畴。

二、环境民事诉讼与普通民事诉讼的区别

虽然环境民事诉讼仍属于民事诉讼的范畴,但由于环境民事诉讼的基础行为——环境污染和生态破坏行为的复杂性,再加上环境法在实体法上有许多有别于传统民法的特殊法律规范,为了实现保护受害人的目标,环境民事诉讼必然要设置与普通民事诉讼不同的规则。环境民事诉讼与普通的民事诉讼相比具有许多方面的不同,具体而言,主要体现在以下几个方面:

(一) 诉讼主体的扩张

依据传统民事诉讼法理论,在普通民事诉讼中,原告必须与该案有直接利害关系。为了避免滥诉,民事诉讼法一般均规定任何人不得对与自己无关的民事权益向法院提起诉讼。例如我国《民事诉讼法》第108条明确规定:"原告是与本案有直接利害关系的公民、法人和其他组织。"

为了保护环境和公民的环境民事权益,环境侵权诉讼的实践需要扩张诉讼主体。这主要源于保护受害人的需要。环境民事诉讼制度的存在目的就是为了给受害人提供民事诉讼法上的救济,使受害人所受到的损害能及时得到填补。但环境污染和生态破坏不仅造成直接损害,也造成间接损害。在实践中,大量的受害人恰恰都不是直接利害关系人,而是间接利害关系人。如果继续坚持传统民事诉讼法的立场,那么众多的受到损害的间接利害关系人将无法得到应有的救济,民事诉讼法必将从权利的"守护神"变为权利的"加害人"。因此,为了使设立环境民事诉讼制度的目标得以实现,对受害人提供适时和应有的救济,扩张诉讼主体成为必然的选择。

在当代,已有不少的国家对环境民事诉讼的主体进行了具有里程碑意义的扩张。这些扩张主要有以下几个方面:

(1) 确认无直接利害关系人的原告资格。美国的《清洁空气法》第304条第

---

① 参见陈泉生:《环境法原理》,法律出版社1997年版,第8页。

1款规定:"任何人都可以以直接或者间接受影响者的名义甚至以'保护公众利益'的名义对公司和个人在内的民事主体就该法规定事项提出诉讼。"①英国的《污染控制法》规定:"对于公害任何人均可起诉。"②在北欧的芬兰,在有关土地使用和开采的公益环境诉讼中,该市镇拥有土地的居民均可根据市镇法的有关规定对违法行为提起诉讼,无需注明直接的利害关系。③可见,在环境法领域放宽起诉条件,承认间接利害关系人的诉讼主体资格,已成为世界环境民事诉讼制度发展的趋势,并且这一趋势在不断地加强。

(2) 确认未来世代的诉讼主体地位。环境法所强调的发展方式为可持续发展,人类负有保障和改善这一代和世世代代的环境的庄严责任,这同时也明确了后代人是环境法上的主体,他们拥有在未来适宜的环境中生存的权利。但当代人在利用环境时由于认识的局限性和对经济利益的片面追求不可避免地会破坏未来世代赖以生存和发展的环境,为了保护未来世代的利益和抵制这种当代人的过度利用行为,有必要赋予未来世代以诉讼主体地位。例如,在菲律宾,42名儿童于1993年由他们的监护人的代表安东尼奥,代表他们这一代及其下一代向法院提起诉讼,指控菲律宾政府环境资源部门所签发的木材许可证合同超出了森林的采伐能力,要求停止大规模地出租供采伐的森林、特别是原始森林。菲律宾最高法院授予这42名儿童以诉讼权,承认他们作为自己和后代人的代表基于环境保护立场对政府提出诉讼,并且保护子孙后代环境的权利,声明当代人和后代人都享有生态平衡和健康的环境的权利。戴维德法官在向法院的报告中指出:"我们发现判决他们(指儿童)为他们自己、他们的其他同代人以及后代提起诉讼并不难。就生态平衡和健康的环境而言,他们代表后代提起诉讼的资格建立在几代人共同责任的基础上。"由于法院裁决授予了孩子们诉讼权,迫使政府下达行政命令取消了65个出租森林的合同项目。④

(3) 确认环境保护团体的起诉权。由于环境污染和生态破坏所造成的损害往往具有后果出现时间长、危害大等特点,因此,在许多环境损害案件中,加害人和受害人都不是单个的个人或组织。在加害人和受害人人数都较多的环境损害案件中,传统的民事诉讼制度步履艰难,再加上环境本身为一种公共资源,对环境的侵害既是对个人民事权益的侵害,也是对其所能享受的公益的侵害,为了保护公民的这两种民事权益,赋予团体以原告资格就显得十分迫切。例如在美国,集团诉讼已成为一项完备而严密的制度。美国《清洁空气法》等联邦法律规定,任何公民和公民团体都可以自己的名义在法院对环境污染者提起要求其遵守环

---

① 王曦:《美国环境法概论》,武汉大学出版社1992年版,第199页。
② 吕忠梅:《环境法新视野》,中国政法大学出版社2000年版,第258页。
③ 高家伟:《欧洲环境法》,工商出版社1999年版,第220页。
④ 颜运秋:《论环境与资源诉讼中的公益理念》,载《甘肃政法学院学报》2003年第4期。

境法的民事诉讼。但"环境保护和其他团体以保护公共利益的名义起诉是不够的,它必须提出自己或其他成员在美学、自然保护、经济、娱乐等方面的利益受到直接或间接的侵害的证据,才能获得起诉权并作为原告出庭。"[①]我国 2014 年修订的《环境保护法》在第 58 条也规定了环保社会团体的起诉权。

(二)举证责任倒置

我国《民事诉讼法》第 64 条规定:"当事人对自己提出的主张,有责任提供证据。"这一规定确认了在普通的民事诉讼中分配举证责任的基本原则,即"谁主张,谁举证",这一原则通常要求受害人提出加害人有过错、有损害事实、加害行为与损害事实之间有因果关系以及受害人本人没有过错等证据。但是将这一原则适用到环境民事诉讼中,就会使受害人的合法环境民事权益难以得到法律的保护,因为无论是环境污染还是生态破坏,其致害机理都十分复杂,不仅涉及常人所无法知晓的专业知识,而且许多证据的获得还需要特定的科技手段,甚至许多环境污染和生态破坏的致害机理到现在为止也无法弄清。在这种情况下,要受害人来承担举证责任纯属不能,同时也无法使受害人得到民事诉讼法的有效保护。因此,为改变这种尴尬的局面,保护受害人的合法环境民事权益,世界范围内的环境民事诉讼基本上都采用了举证责任倒置的原则,将本来应该由原告承担的举证责任转为由被告来承担。比如美国密歇根州 1970 年《环境保护法》规定:"原告只需要提出初步证据,证明污染者已经或者很可能有污染行为,案件即可成立,若被告否认有该污染行为和危害后果,则必须提出反证。"日本在处理公害纠纷中,也采用了这一制度。[②]

我国《民事诉讼法》只规定了当事人对自己的主张有义务提供证据,没有规定环境民事诉讼实行举证责任倒置原则。为补救这一立法不足,1992 年最高人民法院发布的《关于适用〈中华人民共和国民事诉讼法〉若干问题的意见》第 74 条明确规定:"在诉讼中,当事人对自己提出的主张,有责任提供证据。但在下列侵权诉讼中,对原告提出的侵权事实,被告否认的,由被告负责举证:……(4)因环境污染引起的损害赔偿诉讼。"2002 年出台的最高人民法院《关于民事诉讼证据的若干规定》对环境污染引起的环境民事诉讼的举证责任作出了更为明确的规定。该解释第 4 条规定:"下列侵权诉讼方按照以下规定承担举证责任:……因环境污染引起的损害赔偿诉讼,由加害人就法律规定的免责事由及其行为与损害结果之间不存在因果关系承担举证责任……"

我国《侵权责任法》第 66 条则规定:"因污染环境发生纠纷,污染者应当就法

---

① 〔美〕罗杰·W.芬得利、丹尼尔·A.法伯:《环境法概要》,杨广俊等译,中国社会科学出版社 1997 年版,第 28 页。
② 参见吕忠梅:《环境法》,法律出版社 2001 年版,第 216 页。

律规定的不承担责任或者减轻责任的情形及其行为与损害之间不存在因果关系承担举证责任。"这一规定再次明确了环境民事诉讼的举证责任倒置原则,弥补了立法层面的缺陷。

(三) 因果关系推定

因果关系本身是一个哲学上的概念,即指原因(行为)和结果之间的关系。法律责任制度引入因果关系概念的目的是为了给法律责任的补偿功能寻找正当的理由,一般而言,因果关系是指加害行为与损害事实之间的因果联系,即表明损害事实是由加害行为引起的这样一种事实。[①] 这种事实是在民事诉讼中必须确定的一个问题。普通的民事诉讼要求侵权行为与损害后果之间必须存在客观、必然、直接的因果关系,这是因为在传统民事侵权中,谁是加害主体,谁是受害主体,加害行为是如何造成受害人损害的,往往都一目了然。但在环境民事诉讼中,由于侵害环境的行为通常是持续性的,并且环境侵权行为造成的损害一般都具有间接性、积累性、潜在性和复合性的特征,使得加害行为和损害后果之间的因果关系变得并不那么客观、直接、必然;并且许多环境侵害往往涉及高深的专业知识,有的甚至是在当前的科学技术条件下所无法解释的现象。因此,在环境民事诉讼中,因果关系的确定比一般侵权诉讼要来得复杂。在这种情况下,在环境民事诉讼中仍然坚持普通民事诉讼在确定因果关系上的立场,则对受害人的救济将基本无法实现,制裁加害人也成了一句空话,同时保护环境的目标也无疑落空。

为了打破上述僵局,对传统的因果关系确定方式进行变革就成为环境民事诉讼理论发展的必然。许多国家在这一方面已进行了富有成效的探索,以因果关系推定为原则,相继提出或实行了疫学因果说、盖然性说、间接反证说、事实自证说等确定因果关系的方法。这些方法从保护受害人的利益出发,以损害后果为依据,以及时填补损害为目的,以举证责任转换为手段,使原告在诉讼中不需承担严格的证明责任,只需从表面上证明加害人的行为与损害后果之间存在因果关系即可,如果被告不能作出推翻原告证据的证明,便认为损害后果与加害行为之间因果关系存在。日本在新潟水俣病、富山骨痛病、四日市哮喘病和熊本水俣病四大公害案件的审判中,就是依据这些学说认定因果关系的。[②]

我国在对环境民事诉讼因果关系的确定上也采取了因果关系推定原则。2001年12月21日颁布、2002年4月1日起实施的最高人民法院《关于民事诉讼证据的若干规定》对于环境污染损害赔偿诉讼中因果关系的确定作出了明确规定。该解释第4条规定:"下列侵权诉讼按照以下规定承担举证责任:……因

[①] 参见王利明、杨立新:《侵权行为法》,法律出版社1996年版,第60页。
[②] 参见吕忠梅:《环境法》,法律出版社2001年版,第218页。

环境污染引起的损害赔偿诉讼,由加害人就法律规定的免责事由及其行为与损害结果之间不存在因果关系承担举证责任。"

(四)诉讼时效的延长

诉讼时效又称消灭时效,一般是指"权利人不行使权利的事实状态,持续经过法定期间届满,丧失其请求法院依诉讼程序强制义务人履行义务的权利的时效制度"[①]。立法从保护权利人的合法权益以及稳定社会关系的考虑出发规定诉讼时效,其目的在于敦促当事人积极主张自己的权利,避免"权利睡着"。我国《民法通则》第135条规定:"向人民法院请求保护民事权利的诉讼时效期间为2年,法律另有规定的除外。"但由于环境侵害具有以下两个方面的特性,使得其诉讼时效的延长成为不可避免的选择:

(1) 环境侵害行为过程的缓慢性。就传统侵权行为而言,通常侵害行为一旦发生,损害结果也往往随之出现,加害行为一旦停止,侵权行为也立即停止。但由于环境侵权是一种间接侵权,损害结果的发生首先需要引起环境破坏,而环境破坏通常是经过多种因素的复合累积后,逐渐形成并显现出来的,是一个渐进和漫长的过程;同样,环境破坏的恢复更不是一朝一夕的事情,其所需的时间甚至比环境破坏来得更长,因此,环境侵权在行为与损害结果、原因行为与侵权行为的产生、终止上呈现非同步性的特性。首先,环境侵权的发生通常并不立即导致损害结果的发生,一般需要一段时间。其次,原因行为的停止并不导致侵权行为的终止,通常在原因行为停止后,侵权行为还会继续存在一段时间,有的甚至持续长达几十年乃至上百年。这在放射性废弃物致人损害中尤其突出。例如原苏联的切尔诺贝利核事故发生后,直到今天还在危害着许多人的健康。

(2) 侵害对象的不特定性。传统侵权行为的侵害对象(即受害人)往往是特定的民事主体,但环境侵权与传统侵权行为不同,它的侵害对象是不特定的,而且也是无法特定的。环境侵权的这一特性是由环境要素的性质所决定的。由于环境侵权是一种通过环境要素为媒介的间接侵权行为,而诸如水、空气、生物等环境要素每时每刻都在参与整个环境的循环,污染和破坏的成分也在这个循环系统内运动,因此,被污染的环境和破坏的生态的不利影响不会局限在一个固定的地方,某个地方发生了环境侵权行为,有可能远在几百公里外的人都会成为受害人,例如长江源头污染的水可以影响整个长江流域,甚至影响东海的水质。有时这种影响甚至会越过国界、穿过重洋,例如我国北方的沙尘可以影响到韩国、日本。所以,环境要素的流动性决定了环境侵权的侵害对象是不特定的。

环境侵害行为过程的缓慢性和侵害对象的不特定性决定了环境民事诉讼的诉讼时效必须延长。正是由于环境侵害行为的上述特点,在环境侵权的诉讼时

---

① 江平主编:《民法学》,中国政法大学出版社2000年版,第233页。

效上,我国《环境保护法》第 66 条规定:"提起环境损害赔偿诉讼的时效期间为 3 年,从当事人知道或者应当知道其受到损害时起计算。"由此可见,我国环境民事诉讼的时效期间长于《民法通则》第 135 条规定的 2 年普通诉讼时效。另外,我国《民法通则》第 137 条还规定了最长诉讼时效:"诉讼时效期间从知道或者应当知道权利被侵害时起计算。但是,从权利被侵害之日起超过 20 年的,人民法院不予保护。有特殊情况的,人民法院可以延长诉讼时效期间。"我国环境立法对环境诉讼的最长时效没有作出规定,所以也需要适用这一规定。但这一规定对于许多具有潜伏性、损害后果需要经过漫长时间才能发现的环境侵害而言,显然存在一定的不足,例如在日本的水俣病案件中,从排放含有甲基汞的污染物到大量水俣病患者的出现,前后几乎经过了半个世纪。因此,最长诉讼时效为 20 年的规定,不利于保护受害人的利益,我国的环境立法应对这一问题作出合理的解决。

三、环境民事诉讼的类型

依据环境民事纠纷性质的不同,环境民事诉讼可以分为以下几种类型:

1. 停止侵害之诉

停止侵害之诉是指要求正在进行污染环境和破坏生态行为的人停止其行为的民事诉讼。这是一种积极的诉讼,有利于防止环境污染和生态破坏的进一步扩大,防止增加受害人的损害。停止侵害之诉在环境民事诉讼中比较常见。

2. 排除妨碍之诉

排除妨碍之诉是指由财产权或环境权受到他人利用环境资源活动的不利影响的当事人提起的,向人民法院要求排除他人的不利影响的民事诉讼。

3. 消除危险之诉

消除危险之诉是指当事人的环境民事权益受到现实的危险而向人民法院请求消除这种危险的民事诉讼。消除危险之诉中环境侵害行为尚未现实发生,因此,该诉可以有效地防止环境污染和生态破坏的发生。与停止侵害之诉相同,消除危险之诉也是一种积极的诉讼。

4. 恢复原状之诉

恢复原状之诉是指环境侵权行为已经造成了环境污染或生态破坏,在被污染的环境或破坏的生态能够恢复的前提下,受害人向人民法院要求加害人恢复环境原状的民事诉讼。恢复原状之诉在防治环境污染和生态破坏方面发挥着非常重要的作用,它同时也是一种积极的诉讼。

5. 损害赔偿之诉

损害赔偿之诉是指在环境侵权行为对受害人造成人身伤害或财产损害的前提下,向人民法院提起的要求加害人赔偿损失的民事诉讼。赔偿之诉是一种消极的诉讼,同时也是环境民事诉讼中出现最为频繁的诉讼。

在司法实践中,当事人可以同时提起前述两种或两种以上的环境民事诉讼。

环境民事诉讼的管辖、提起、当事人、执行等适用民事诉讼法的一般规定,与普通民事诉讼不存在差异。

第三节 环境行政诉讼

一、环境行政诉讼的含义

环境行政诉讼是公民、法人和其他组织认为环境行政机关的具体行政行为侵犯了其合法权益,依法向人民法院提起的诉讼。环境行政诉讼实质上是行政管理相对人(公民、法人和其他组织)认为其合法权益受到环境行政机关及其工作人员的具体行政行为侵犯时,向法院主张其权利的一种司法救济形式。环境行政诉讼的发生源于环境行政争议的存在。环境行政争议,又称环境行政纠纷,是指环境行政机关及其工作人员在环境行政管理活动中,与作为环境行政管理相对人的公民、法人或其他组织所发生的争议。

较之于环境民事诉讼和环境刑事诉讼,环境行政诉讼具有以下几个方面的不同:

(1) 基础行为的法定性。环境行政诉讼的基础行为是环境行政管理机关及其工作人员的具体行政行为。环境行政诉讼是由于公民、法人或其他组织不服环境行政管理机关及其工作人员的具体行政行为而提起的行政诉讼,而且这一具体行政行为必须是法律、法规明文规定的可诉行为。

(2) 被告的恒定性。在环境行政诉讼中,被告从本质上而言是一成不变的,即都为环境行政机关。根据我国《环境保护法》第10条的规定,环境行政管理机关不仅指环境保护部门,而且还包括县级以上人民政府有关部门和军队环境保护部门。

(3) 原告的限定性。环境行政诉讼的原告必须是与具体的环境行政行为有法律上的利害关系的人,包括环境行政相对人,即接受环境行政机关管理的公民、法人或其他组织;也包括与具体的环境行政行为有法律上的利害关系的人。如环境行政机关决定为甲颁发排污许可证,允许其向乙所承包的鱼塘排放工业污水,乙虽然不是该行政许可行为的相对人,但作为该行政许可行为的利害关系人,也可以作为原告提起行政诉讼。

二、环境行政诉讼的受案范围

环境行政诉讼的受案范围是指人民法院受理环境行政案件,解决环境行政争议的范围。只有属于受案范围的具体环境行政行为,相对人才可以对其提起环境行政诉讼。根据我国《行政诉讼法》《环境保护法》和相关司法解释的规定,环境行政诉讼的受案范围主要包括以下几个方面:

(1) 对环境行政机关作出的罚款、吊销许可证和营业执照、责令限期治理、没收财物等行政处罚行为不服的。根据我国环境法律、法规的规定,环境行政机关有权实施的行政处罚行为非常广泛,环境行政相对人对这些行政处罚不服都可以提起环境行政诉讼。

(2) 对限制人身自由或对财产的查封、扣押、冻结等行政强制措施不服的。例如在发生环境污染事故或其他突发性环境事件时,相关的行政机关可以采取一些强制措施,环境行政相对人对这些强制措施不服的可以提起环境行政诉讼。

(3) 认为环境行政机关无理拒不发放有关执照、许可证或对于其申请拒绝给予答复的,相对人可以提起环境行政诉讼。

(4) 认为环境行政机关违法要求其履行义务的。虽然环境行政机关拥有为相对人设定某种环境行政义务的权力,但其对这种权力的行使必须严格依照法律、法规进行,否则,环境行政相对人对违法要求其履行义务的行为可以依法提起环境行政诉讼。

(5) 认为环境行政机关的行为侵犯法律、法规规定的经营自主权的。环境行政机关固然可以对企业施加某种程度的影响,促进企业向绿色生产发展,但这必须在不影响环境行政相对人的经营自主权的前提下进行,如果环境行政机关的具体行政行为侵犯了环境行政相对人的经营自主权,那么环境行政相对人就可以提起环境行政诉讼,以维护自身权益。

(6) 申请环境行政机关履行保护环境、防治污染和其他公害,保护环境行政相对人的人身权、财产权的法定职责,环境行政机关拒绝履行或不给予答复的。环境行政相对人的人身权、财产权受到环境污染或生态破坏行为的侵害或威胁时,有权利请求相关的环境行政机关给予救济,相关环境行政机关如果对环境行政相对人的请求拒绝履行或不给予答复,那么环境行政相对人对环境行政机关的这种失职行为可以提起环境行政诉讼。

(7) 法律、法规规定的其他具体行政行为。这是一项兜底性规定,目的是为了防止列举中的遗漏,使得环境行政诉讼的受案范围可以随着时代的步伐而发展。

三、环境行政诉讼的诉讼时效

环境行政诉讼的诉讼时效并不完全统一,根据诉讼时效所适用的对象的不同,环境行政诉讼的诉讼时效可以分为一般诉讼时效、特殊诉讼时效和最长诉讼时效三种。

(一) 一般诉讼时效

一般诉讼时效是指行政诉讼法所规定的进行行政诉讼活动的诉讼时效。环境行政诉讼作为行政诉讼的有机组成部分,当然适用行政诉讼法上的诉讼时效。我国 2014 年修订的《行政诉讼法》第 45 条规定:"公民、法人或者其他组织不服复议决定的,可以在收到复议决定书之日起 15 日内向人民法院提起诉讼。复议机关逾期不作决定的,申请人可以在复议期满之日起 15 日内向人民法院提起诉讼。法律另有规定的除外。"第 47 条规定:"公民、法人或者其他组织直接向人民法院提起诉讼的,应当在知道或者应当知道作出具体行政行为之日起 6 个月内提出。法律另有规定的除外。"根据《行政诉讼法》的上述规定,我国环境行政诉讼的诉讼时效分为两种:一是环境行政相对人直接向人民法院起诉的,其诉讼时效为 6 个月,从环境行政相对人知道或应当知道作出具体行政行为之日起计算;二是环境行政相对人选择复议或者必须复议的,则为 15 天,从环境行政相对人收到复议书或复议期满之日起计算。

(二) 特殊诉讼时效

特殊诉讼时效是指由环境法所规定的不同于行政诉讼法的诉讼时效。由于环境行政诉讼存在许多与一般行政诉讼所不同的特质,特别是具体环境行政行为与生态保护和污染防治密切相关,同时也与人民的身体健康和企业的稳健发展紧密相连,因此,环境法也制定了一些不同于行政诉讼法的特殊诉讼时效。我国《水污染防治法》第 84 条规定:"当事人对行政处罚决定不服的,可以申请行政复议,也可以在收到通知之日起 15 日内向人民法院起诉;期满不申请行政复议或者起诉,又不履行行政处罚决定的,由作出行政处罚决定的机关申请人民法院强制执行。"《森林法》第 17 条规定:"当事人对人民政府的处理决定不服的,可以在接到通知之日起 1 个月内,向人民法院起诉。"根据特别法优于一般法的原则,在环境行政诉讼中,凡是环境法作了规定的,优先适用环境法的规定,只有在环境法对诉讼时效未作规定的情况下,才适用行政诉讼法上的一般诉讼时效。

(三) 最长诉讼时效

《行政诉讼法》第 46 条第 2 款规定:"因不动产提起诉讼的案件自行政行为作出之日起超过 20 年,其他案件自行政行为作出之日起超过 5 年提起诉讼的,人民法院不予受理。"由于我国相关的环境法没有对最长诉讼时效作出规定,因此,这一关于行政诉讼最长诉讼时效的规定也应适用于作为行政诉讼组成部分的环境行政诉讼。

四、环境行政诉讼的类型

根据环境行政争议的不同,环境行政诉讼可以分为以下几种:

1. 环境行政赔偿之诉

环境行政赔偿之诉是指公民、法人或其他组织的合法权益受到环境行政机关或其工作人员的具体行政行为侵犯造成损害时,向人民法院提起的要求赔偿的诉讼。《国家赔偿法》第 3 条、第 4 条规定,行政机关及其工作人员在行使职权时有法律规定的侵犯人身权、财产权的行为,受害人有取得赔偿的权利。《行政诉讼法》第 76 条规定:"人民法院判决确认违法或者无效的,可以同时判决责令被告采取补救措施;给原告造成损失的,依法判决被告承担赔偿责任。"

2. 环境行政履行之诉

环境行政履行之诉是指环境行政相对人为要求环境行政机关及其工作人员履行其法定职责而向法院提起的诉讼。提起环境行政履行之诉的前提是环境行政机关负有法定的职责,而环境行政机关不履行或迟延履行,并且不履行或迟延履行没有正当的理由,即环境行政机关存在不作为的行为,如拒绝颁发排污许可证、环评批复报告、环保设施验收合格证等。

3. 环境行政司法审查之诉

环境行政司法审查之诉是指环境行政相对人认为环境行政机关的具体行政行为不合法或显失公正而要求法院进行审查的诉讼。环境行政司法审查之诉还可以进一步区分为环境行政变更之诉和环境行政撤销之诉。

(1) 变更之诉

环境行政变更之诉是指环境行政相对人认为环境行政机关的具体行政行为侵害了其合法利益,而请求法院通过司法裁判予以变更的诉讼。

(2) 撤销之诉

环境行政撤销之诉是指环境行政相对人认为环境行政机关的具体行政行为侵害了其合法利益,而请求法院确认环境行政机关的具体行政行为部分或全部违法,并部分或全部撤销环境行政机关的具体行政行为的诉讼。

环境行政诉讼的提起、受理、管辖和执行等内容适用行政诉讼法的规定,与普通的行政诉讼并无区别。

第四节　环境刑事诉讼

一、环境刑事诉讼的含义

环境刑事诉讼是指国家司法机关在当事人及其他诉讼参与人的参加下,依照法定程序,揭露和证实环境犯罪,追究环境犯罪者刑事责任的活动。[①] 环境刑

---

① 参见吕忠梅:《环境法》,法律出版社 2001 年版,第 227 页。

事诉讼是检察院、法院和公安机关等国家司法机关行使国家刑罚权的活动,目的是对污染环境和破坏生态、构成犯罪的行为课以应有的刑事制裁。虽然法律对污染环境和破坏生态的行为已经设置了环境民事诉讼下的民事责任,但由于民事责任在实现方式上的复杂性和制裁的纯经济性,其在制裁的力度上仍不足以威慑环境污染和生态破坏行为。环境刑事诉讼的存在,对于打击环境污染和生态破坏行为,保障公民的环境权益,都具有重要的意义。

相对于一般的刑事诉讼,环境刑事诉讼在以下几个方面对刑事诉讼进行了发展:

(1) 被告的扩张。法人犯罪是近年来出现的一个新课题。与传统刑事诉讼主要追究个人犯罪不同,单位作为被告需要有法律的专门规定,且限定在一些特定领域。环境刑事诉讼中,一般都有对单位处以刑事责任的规定。例如,日本的《关于危害人体健康的公害犯罪处罚法》第4条就明确规定:"法人的代表人,法人或自然人的代理人,雇员及其他人员,因法人和自然人的业务而违法时,除处罚行为人外,对法人或自然人也课以各该条款规定的处罚。"而且,在造成严重环境污染和生态破坏后果的犯罪中,企业行为居多,因此,在环境刑事诉讼中,单位成为被告是比较多的现象。

(2) 侦查主体的增加。在通常的刑事诉讼中,对案件的侦查一般都由公安机关来完成,但在环境刑事诉讼中,由于环境污染和生态破坏问题具有高度的专业性,因此,对于许多专业性较强的环境刑事诉讼案件,要公安机关单独完成对其的侦查近乎不能。所以,世界上许多国家的环境保护机关都履行环境刑事案件的侦查职能,目的是为了弥补公安机关在对环境刑事案件的侦查上专业知识的不足,实现制裁环境犯罪和保护环境的目标。例如美国《固体废物处置法》就授权环保局执行处的刑事特别侦查官负责所有环境刑事案件的侦查,而且前者在进行职务活动的过程中可以佩带枪支,进行搜查和逮捕。

(3) 证明标准的降低。由于刑事责任不但涉及对被告经济上的惩罚,而且通常还会限制被告的人身自由,因此,刑事诉讼法和刑法对被告承担刑事责任规定了详尽的条件,而且实行"排除合理怀疑"的证明标准。但在环境刑事诉讼中,由于环境损害具有潜伏性、区域的广泛性、不可逆转性甚至是不可知性等特性,实行"排除合理怀疑"的证明标准非常困难,因此,各国对环境刑事责任相对放宽了证明标准。例如,日本《公害罪法》第2条第1款明确规定:"由于工厂或企业的生产活动而排放有害于人体健康的物质,可能给公众的生命或健康造成危险时,即可进行处罚。"日本《关于危害人体健康公害犯罪处罚法》第5条也规定:"如果某人在工商企业的经营活动中,已排放有可能危害人体健康的物质,且其单独排放量已达到了足以危害公众健康的程度,而公众的健康在排污后已经受到或正在受到危害,即可推定,这种危害是由该排污者引起的。"在德国刑法中,采用了"排除嫌疑说",即对环境犯罪的成立只要求有抽象的危害行为即可,也就是说环境犯罪的成立不取决于损害后果或具体危害的出现,尤其不取决于对危害结果加以证明的危害行为。① 这本质上是环境法上的预防原则在环境刑事诉讼领域的体现,同时也反映了在环境损害领域中的一个值得追问的课题,那就是环境损害与加害行为之间因果关系的复杂性和不确定性。

（4）责任实现方式的生态性。环境刑事诉讼的制裁手段为刑事责任,通常,刑事责任实现的外在表现形式不外乎限制人身自由和支付一定量的金钱,并且以前者为常态。但在环境刑事诉讼中,刑事责任实现的外在表现形式却并不只有这些,除了刑事责任的通常实现方式外,还有"生态性"的实现方式,例如宣传环境法律、进行旨在恢复环境的强制性劳动等。例如"在 1987 年美国的一个判例中,法官判处被告 2 年缓刑,条件是被告人必须对不同的行业组织作 3 次关于环境犯罪危害的报告。……通过环境刑事法律责任的实现活动来积极地寻找各种方法宣传环境法律规定"②。《俄罗斯联邦刑法典》第 260 条第 2 款也规定:"对各个类别森林中的树木、灌木和藤本植物,以及不属于森林储备资源的各种植物进行非法砍伐和损坏以致使其停止生长的,如果这些行为是:(1) 多次实施的;(2) 利用自己职务地位的人实施的;(3) 数量巨大的,处数额为最低劳动报酬 100 倍至 200 倍或被判刑人 1 个月至 2 个月的工资或其他收入的罚金,或处 180 个小时至 240 个小时的强制性工作,或处 1 年以上或 2 年以下的劳动改造,或处 6 个月以下的拘役,并处或不并处 3 年以下剥夺担任一定职务和从事某种活动的权利。"

二、环境刑事诉讼的类型

环境刑事诉讼可以根据不同的标准进行分类。依据提起环境刑事诉讼的基础行为的性质不同,可以将环境刑事诉讼分为以下三类:

（一）污染型环境刑事诉讼

污染型环境刑事诉讼是指因环境污染行为而引发的环境刑事诉讼。它在环境刑事诉讼中占有很大的比例,可以说是最为常见的环境刑事诉讼。提起污染型环境刑事诉讼的原因行为主要包括以下几个种类:(1) 环境污染行为引发环境污染事故;(2) 非法处置进口的固体废物;(3) 擅自进口固体废物用作原料;(4) 走私废物,包括液态废物和气态废物。污染型环境刑事诉讼的特征是无论其原因行为为何,都具有污染环境的事实或者有污染环境的危险,都是以污染环境这一事实作为提起环境刑事诉讼的基础行为。

---

① 参见王世洲:《德国经济犯罪与经济刑法研究》,北京大学出版社 1999 年版,第 347 页。
② 蔡守秋:《环境资源法学教程》,武汉大学出版社 2000 年版,第 570 页。

（二）破坏型环境刑事诉讼

破坏型环境刑事诉讼是指因资源破坏行为而引发的环境刑事诉讼。破坏型环境刑事诉讼的原因行为主要包括以下几个种类：(1) 非法捕捞水产品；(2) 非法狩猎；(3) 非法猎捕、杀害珍贵、濒危野生动物；(4) 非法收购、运输、出售珍贵、濒危野生动物及其制品；(5) 非法占用农用地；(6) 非法采矿、破坏性采矿；(7) 非法采伐、毁坏珍贵树木，盗伐、滥伐林木；(8) 非法收购、运输盗伐、滥伐林木；(9) 非法采伐、毁坏珍稀植物；(10) 非法收购、运输、加工、出售珍贵树木、珍稀植物、珍贵树木制品、珍稀植物制品。破坏型环境刑事诉讼的一个鲜明特质是无论其原因行为在司法实践中如何表现，都具有一个共同的特征，那就是它不是直接对环境资源进行了破坏，就是对这种破坏行为提供了某种形式的"帮助"或促进，形成对环境资源的间接破坏。

（三）职务型环境刑事诉讼

职务型环境刑事诉讼是指因职务原因而引发的环境刑事诉讼，这主要是对负有环境监管职责的环境行政机关的职员因环境监管不严、玩忽职守，导致重大环境事故发生而设置的环境刑事诉讼。近年来，我国有不少因为环境监管失职而被提起刑事诉讼的案例。

三、环境刑事诉讼中的附带民事诉讼

我国《刑法》第36条第1款明确规定："由于犯罪行为而使被害人遭受经济损失的，对犯罪分子除依法给予刑事处罚外，并应根据情况判处赔偿经济损失。"因此，在环境刑事诉讼中也可以提起附带民事诉讼。在环境犯罪中，环境犯罪行为不但会对环境造成污染和对生态造成破坏，而且还会给许多不特定的个人、法人和其他组织带来财产上的损害和人身上的伤害，对于环境犯罪人所造成的损害，受害人提起附带民事诉讼也是理所当然的。

不可否认，环境刑事诉讼中的附带民事诉讼是为了对受害人因环境犯罪人的犯罪行为所遭受到的人身伤害或者财产损害提供救济，使得受害人的损害能及时得到弥补。但在环境刑事诉讼中，对于对环境所造成的损害，例如污染了的环境和破坏了的生态，能否要求由环境犯罪人来承担补救责任，这在立法和司法实践中都没有明确的答案。从比较法的角度来看，无论是大陆法系国家还是英美法系国家，对于这一问题也还处于研讨之中。从保护环境的目标出发，对环境犯罪人，特别是当犯罪人为法人时，要求其承担对环境所造成的损害不无积极意义。同时，对于这种附带民事诉讼还有待理论研究的深入和司法实践的渐进探索。

环境刑事诉讼的立案、提起公诉、诉讼程序、执行等内容适用刑事诉讼法的规定，与普通的刑事诉讼不存在差别。

第五节 环境公益诉讼

为了更好地运用司法程序解决环境纠纷,充分发挥程序正义在解决环境问题方面的功能,环境公益诉讼制度在环境保护领域发展得十分迅速,已形成了环境法纠纷解决的特有方式。

环境公益诉讼是在任何行政机关或其他公共权力机构、法人或其他组织及个人的行为有使环境遭受侵害或有侵害之虞时,任何公民、法人、公众团体或国家机关为维护环境公共利益而向法院提起诉讼的制度。它突破了民事责任的个人责任与个体补偿原则,体现的是环境法上的社会责任与公益补偿责任。其制度核心在于,协调对"环境"的损害与对"人"的损害的确认。它在各方面都明显地不同于传统诉讼[1]:

(1) 当事人的广泛性。环境污染或环境破坏行为所引起的损害具有特殊性,可能引起对环境的损害和对人的损害的双重后果,而对人的损害是通过环境媒介产生的。这就决定了环境公益诉讼的适格原告并不要求有这些损害的发生,只要有导致公益性环境权益和生态平衡发生危险或损害的行为,任何人都可以提起诉讼。当然,自身利益受到直接侵害的人也可以提起,但前提是诉讼请求不是自身的损害赔偿,而在于停止某种对环境产生危险的行为。也就是说,环境公益诉讼的适格原告的判断标准,在于单纯的社会公益,实质问题是起诉人是否能表明一些实质性的不负责任或滥用职权而导致的环境危险或损害,而不在于是否涉及他的个人权利或利益。

(2) 诉讼目的的特殊性。环境公益诉讼保护的是公共环境利益,并非私益诉讼上的私权。这种环境公共利益源于对人和自然关系的重新认识,现实告诉我们这种环境公共利益就是人与自然的和谐相处,就是生态平衡。如果要以人类的利益形式加以衡量的话,那就是大多数人在良好的环境中生存和发展的权利不受侵害的普遍状态。所以对环境公共利益的判断可以从整体性和普遍性两个角度进行。而私益诉讼所保护的利益,则可以从个体性和私人性进行判断。

(3) 诉讼理由的前置性。环境公益诉讼更强调事前救济或事中救济。当事人不需以损害发生为诉讼要件,只要被诉人的行为引起环境公益受损或有威胁环境公益的可能性即可。这是因为环境恶化结果的发生具有滞后性和不可逆性,需要在损害结果发生之前就允许公民适用司法手段加以排除,以减少或防止损害结果的发生,有效地保护公共利益和社会秩序不受侵害行为的侵害。这就要求在环境公益遭受损害威胁时,不需以充分确实的、科学调查的结果作为依据

---

[1] 吴勇:《环境诉讼研究》,武汉大学 2006 年博士学位论文,第 163—167 页。

来判断诉讼理由的有无,而是根据对环境风险的大小、对环境公益侵害的潜在可能来决定是否受理。

(4) 请求救济的内容的预防性。在环境公益诉讼中,原告的请求,不是要求被告对所受损害的简单的金钱赔偿或恢复原状,而是要求公共团体、企业组织采取有效措施防范环境公益损害结果的发生,避免或减轻损害的出现和扩大;甚至要求国家修改、变更有关政策和事业规模,禁止从事损害环境的生产、经营和建设等活动。也就是说,环境公益诉讼的请求内容已经不仅针对过去已发生的事件采取救济措施,还具有指向未来,防止或减轻环境公益损害结果发生的意义。因而提起环境公益诉讼的请求应是禁止令状、停止侵害及排除妨碍和宣告性判决,而非损害赔偿。

(5) 诉讼裁判效力范围的扩张性。环境公益诉讼中,对立的利害关系具有公共性,当事人的主张体现的是整体性和普遍性利益,因此其波及的范围呈现广域化和规模化的特点。原告的请求不是要被告对原告进行金钱赔偿,而是要求停止某种对环境造成威胁的行为,甚至是要求通过法院的禁止令或宣告性判决来影响和改变环境公共政策。其裁判效力不仅直接拘束本案的诉讼当事人,而且对未参加诉讼的一般公众也产生拘束力和引导力,其他公民或团体不得以同样的理由再次提起诉讼。正是这种裁决的扩张效力,环境公益诉讼起着形成或促进环境保护公共政策的作用,因而要求法院在审理环境公益诉讼案件时,必须要综合考虑各种经济的、社会的和环保的因素。

我国《民事诉讼法》和《环境保护法》对环境公益诉讼作了专门规定。《环境保护法》第58条对环境公益诉讼主体作了具体的规定:"对污染环境、破坏生态,损害社会公共利益的行为,符合下列条件的社会组织可以向人民法院提起诉讼:(一)依法在设区的市级以上人民政府民政部门登记;(二)专门从事环境保护公益活动连续5年以上且无违法记录。符合前款规定的社会组织向人民法院提起诉讼,人民法院应当依法受理。提起诉讼的社会组织不得通过诉讼牟取经济利益。"这为环境公益诉讼在我国的进一步发展提供了法律依据。

就环境公益诉讼的具体规则而言,2015年1月,最高人民法院出台《关于审理环境民事公益诉讼案件适用法律若干问题的解释》(简称《解释》),对相关问题进行了全面规范。主要内容可归纳为如下四个方面:

(1) 完善程序立法,确定诉讼主体资格。由于法律并未明确原告主体资格,导致大多数涉及生态环境司法保护的案件无法得到受理。《解释》明确了当环境利益受到不法侵害时,检察机关有权向人民法院提起诉讼;同时明确了社会团体、民办非企业单位以及基金会等为《环境保护法》第58条规定的社会组织,这就解决了环境民事公益诉讼的核心问题;同时保持了一定的开放性,使依法运行并且具备维护环境公共利益能力的社会组织能够参与到环境民事公益诉讼中来,从而确保诉讼的质量和效率,解决了立案难问题。

(2) 明确管辖方式,破解保护主义难题。环境民事公益诉讼属于新类型案件,审理、执行难度较大,社会关注度高,原则上应由中级以上人民法院管辖,同时部分环境民事公益诉讼案件通过"一案一指"的方式交给基层人民法院审理;水、空气等环境因素具有流动性,按流域和生态区域实行跨行政区划集中管辖,则有利于解决生态环境的整体性与保护的分散性之间的矛盾,克服地方保护主义;同时,《解释》对于环保社会组织的地域活动范围没有作限定,这样就扩大了环保组织起诉的范围,有利于调动环保组织的积极性,"环境官司"将越来越多地走进法庭。

(3) 厘清举证分担,提高庭审运行效率。《解释》明确了举证责任分担以及污染环境、破坏生态行为和损害结果因果关系举证责任的具体分担,同时明确了负有环境保护监督管理职责的部门为支持起诉人,原告请求被告提供其排放的主要污染物环境信息,有证据证明被告持有而拒不提供,如果原告主张相关信息的内容不利于被告的,人民法院可以推定原告的主张成立,解决了调查难、取证难、胜诉难的问题;同时赋予检察机关公益调查职权,全面收集环境污染证据,弥补了以往采用行政手段多头管理、互相牵制、互相推诿的弊端,提高了调查取证的效率。

(4) 确定赔偿标准,有效惩戒污染行为。《解释》明确了预防性、恢复性、赔偿性责任承担方式,创设了环境禁止令制度,发挥了环境司法预防环境损害的功能;创设了非金钱救济手段以弥补环境损害,改变了过去强调对直接经济损失的赔偿,而没有包括对环境修复费用、环境服务赔偿的做法,使排污者付出巨大代价,遏制排污者的污染行为;允许私益诉讼原告"搭便车",提高私益诉讼的审判效率,防止出现相互矛盾的裁判;同时明确规定被告应向环境公益诉讼专项资金账户支付,实现了资金的合理使用与监管。

思考题

1. 环境纠纷的诉讼解决机制有哪些特点?
2. 环境诉讼可以分为哪些类型?
3. 环境民事诉讼的特征有哪些?
4. 环境行政诉讼与普通的行政诉讼相比有哪些不同?
5. 环境刑事诉讼的特色主要体现在哪些方面?

案例分析

陆某诉永达公司环境污染损害赔偿纠纷案①

原告:陆某,男,36岁,住上海市浦东新区。

被告:上海永达中宝汽车销售服务有限公司。住所地:上海市浦东新区。

法定代表人:何某,该公司总经理。

原告陆某因与被告上海永达中宝汽车销售服务有限公司(以下简称永达公司)发生环境污染损害赔偿纠纷,向上海市浦东新区人民法院提起诉讼。

原告诉称:原告在被告经营场所的隔壁小区居住。被告经营场所东面展厅的围墙边,安装着三盏双头照明路灯,每晚7时至次日晨5时开启。这些路灯散射的强烈灯光,直入原告居室,使原告难以安睡,为此出现了失眠、烦躁不安等症状,工作效率低下。被告设置的这些路灯,严重干扰了居民的休息,已经违反从2004年9月1日起上海市开始实施的《城市环境装饰照明规范》的规定,构成光污染侵害。请求判令被告停止和排除对原告的光污染侵害,拆除该路灯,公开向原告道歉,并向原告赔偿损失1000元。审理中,原告将请求赔偿损失的金额变更为1元。

原告陆某提交了以下证据:

(1) 上海市安居房、平价房配售合同一份,用以证明陆某的居室与永达公司的经营场所相邻;

(2) 2004年8月30日晚间拍摄的涉案路灯开启状态以及陆某居室外墙的照片2张,用以证明涉案路灯开启后的亮度以及陆某居室外墙受照射的程度;

(3) 在陆某居室内拍摄的涉案路灯开启后灯光射入情况的录像片段,用以证明在夜间目视情况下,射入居室的涉案路灯灯光非常刺眼;

(4) "人民网"、"北方网"上关于光污染的报道2篇,用以证明光污染会对人体健康造成负面影响;

(5) 《城市环境装饰照明规范》文本,用以证明涉案路灯的灯光对陆某居室的照射已达到该规范所指的"障害光"和"光污染"标准。

被告辩称:涉案路灯是被告为自己的经营场所外部环境提供照明安装的,是经营所需的必要装置,而且是安装在被告自己的经营场所上,原告无权干涉。该路灯的功率每盏仅为120瓦,不会造成光污染,不可能侵害原告,更不会对原告造成什么实际的损害结果。该路灯不仅为被告自己的经营场所外部环境提供了

---

① 参见《中华人民共和国最高人民法院公报》2005年第5期。

照明,事实上也为隔壁小区居民的夜间行走提供了方便。即便如此,为搞好企业与临近居民的关系,被告在得知原告起诉后,已经切断了涉案路灯的电源,并保证今后不再使用,故不同意原告的诉讼请求。

被告未提交证据,对原告提交的证据,被告质证认为:对证据1无异议,证据2、3不能证明涉案灯光已构成光污染,也不能证明该灯光妨害了原告,证据4与涉案灯光无直接关系,证据5的真实性无异议,但无法证明涉案灯光的亮度已超出该规范规定的"障害光""光污染"标准。

经质证,上海市浦东新区人民法院确认以下事实:

原告陆某的居室西侧与被告永达公司经营场所的东侧相邻,中间间隔一条宽15米左右的公共通道。永达公司为给该经营场所东面展厅的外部环境照明,在展厅围墙边安装了三盏双头照明路灯,每晚7时至次日晨5时开启。这些位于陆某居室西南一侧的路灯,高度与陆某居室的阳台持平,最近处离陆某居室20米左右,其间没有任何物件遮挡。这些路灯开启后,灯光除能照亮永达公司的经营场所外,还能散射到陆某居室及周围住宅的外墙上,并通过窗户对居室内造成明显影响。在陆某居室的阳台上,目视夜间开启后的路灯灯光,亮度达到刺眼的程度。陆某为此于2004年9月1日提起诉讼后,永达公司已于同年9月3日暂停使用涉案路灯。

另查明,《城市环境装饰照明规范》由上海市质量技术监督局于2004年6月29日发布,2004年9月1日在上海市范围内实施。在该规范中,"外溢光/杂散光"的定义是:"照明装置发出的光中落在目标区域或边界以外的部分";"障害光"的定义是:"外溢光/杂散光的数量或方向足以引起人们烦躁、不舒适、注意力不集中或降低对于一些重要信息(如交通信号)的感知能力,甚至对于动、植物亦会产生不良的影响时,即称之为障害光";"光污染"的定义是:"由外溢光/杂散光的不利影响造成的不良照明环境,狭义地讲,即为障害光的消极影响"。

上海市浦东新区人民法院认为:《中华人民共和国环境保护法》第2条规定:"本法所称环境,是指影响人类生存和发展的各种天然的和经过人工改造的自然因素的总体,包括大气、水、海洋、土地、矿藏、森林、草原、野生生物、自然遗迹、人文遗迹、自然保护区、风景名胜区、城市和乡村等。"第6条规定:"一切单位和个人都有保护环境的义务,并有权对污染和破坏环境的单位和个人进行检举和控告。"环境既然是影响人类生存和发展的各种天然的和经过人工改造的自然因素的总体,路灯灯光当然被涵盖在其中。被告永达公司在自己的经营场所设置路灯,为自己的经营场所外部环境提供照明,本无过错。但由于永达公司的经营场所与周边居民小区距离甚近,中间无任何物件遮挡,永达公司路灯的外溢光、杂散光能射入周边居民的居室内,数量足以改变居室内人们夜间休息时通常习惯的暗光环境,且超出了一般公众普遍可忍受的范围。因此永达公司设置的路灯,其外溢光、杂散光确实达到了《城市环境装饰照明规范》所指的障害光程度，已构成由强光引起的光污染，遭受污染的居民有权进行控告。

《中华人民共和国民法通则》第124条规定："违反国家保护环境防止污染的规定，污染环境造成他人损害的，应当依法承担民事责任。"《中华人民共和国环境保护法》第41条规定："造成环境污染危害的，有责任排除危害，并对直接受到损害的单位或者个人赔偿损失。"被告永达公司开启的涉案路灯灯光，已对原告陆某的正常居住环境和健康生活造成了损害，构成环境污染。永达公司不能举证证明该侵害行为具有合理的免责事由，故应承担排除危害的法律责任。永达公司已于诉讼期间实际停止了开启涉案路灯，并承诺今后不再使用，于法无悖，应予支持。因永达公司的侵权行为没有给陆某造成不良的社会影响，故对陆某关于永达公司公开赔礼道歉的诉讼请求，不予支持。尽管陆某只主张永达公司赔偿其损失1元，但因陆某不能举证证明光污染对其造成的实际损失数额，故对该项诉讼请求亦不予支持。

综上，上海市浦东新区人民法院于2004年11月1日判决：

(1) 被告永达公司应停止使用其经营场所东面展厅围墙边的三盏双头照明路灯，排除对原告陆某造成的光污染侵害；

(2) 原告陆某的其余诉讼请求，不予支持。

一审宣判后，双方当事人均未提出上诉，一审判决已发生法律效力。

问题：

1. 你认为法院对该案的处理正确吗？为什么？
2. 结合本案，你认为环境诉讼有什么特点？与传统诉讼有何区别和联系？
3. 如果你作为法官，该案该如何裁决？为什么？

第十章 环境纠纷非诉讼解决机制

内容提要

法院诉讼之外的纠纷解决程序,统称为非诉讼纠纷解决机制或替代纠纷解决程序。除直接谈判之外,非诉讼解决机制中,一般都有一个中立的第三方;在不同的非诉讼解决机制中,第三方发挥着不同的作用。中国环境纠纷非诉讼机制主要包括直接谈判、调解、行政机关对府际纠纷的调处、裁决、行政调解、环境仲裁等。在中国,对于法院受案范围内的纠纷,非诉讼机制能够促使当事人以快捷、冲突程度较低的方式解决纠纷;对于法院受案范围之外的纠纷,非诉讼机制具有不可替代的作用。非诉讼机制是环境纠纷多元化解决机制的重要内容,对于提高治理体系和治理能力的现代化具有重要意义。

关键词

非诉讼解决机制　谈判　调解　裁决　环境仲裁

第一节　环境纠纷非诉讼解决机制概述

一、环境纠纷非诉讼解决机制的含义

环境纠纷的非诉讼解决机制又称为替代性纠纷解决程序,泛指法院诉讼程序之外的争议解决机制,主要包括谈判、调解、仲裁等等。

谈判又称为协商,是指双方或者多方当事人通过直接信息传递或者信息交换形成合意,解决争议的过程。其最基本的特征就是,从发起谈判到解决争议都是由当事人或其代表参与,而没有第三方的决策或者参与。在各种纠纷解决机制中,谈判是最基本、最普遍的机制。在发生纠纷之后,当事人一般会考虑能否直接通过谈判解决;同时在很多合同中,争议解决条款一般都规定,在发生争议之后,各方当事人应当首先通过协商解决,协商不成再提交仲裁或者提起诉讼。即使在进入诉讼或者仲裁程序之后,谈判仍然继续发挥作用。对于环境纠纷,谈判也能够发挥重要作用,但是在通过谈判解决环境纠纷时,需要考虑以下三个问

题:第一,该环境纠纷是否具有可谈性。可谈性涉及主体是否适格,争议事项是否属于法律禁止当事人自行协商的事项等问题,核心问题是当事人是否能够通过意思自治解决争议。由于环境污染和生态破坏既可能侵害其他民事主体的合法权益,一般也同时损害社会公共利益。受害人在通过谈判寻求救济时,只能就其私益进行谈判,不得处分他人的权益和社会公共利益。第二,当事人是否具有真实的谈判愿望。拒绝谈判,通过谈判拖延时间或者实现其他目的,都是缺乏真实谈判愿望的具体表现。在环境纠纷中,由于双方当事人的经济地位和谈判能力往往相差太远,致害人即使参加谈判,也有可能并不具有真实的谈判愿望;受害方如果发现加害方没有通过谈判解决争议的真实愿望,就应当果断退出谈判,寻求其他的解决途径,避免进一步遭受损失。第三,当事人应当具有相应的判断能力。由于环境纠纷具有极强的专业性,在对环境纠纷的形成原因以及相关法律规定缺乏相当了解时,难以通过谈判最大限度地保护和实现自己的利益。

调解通常是指在第三方的协助下,当事人自主性地解决纠纷的程序。调解区别于谈判的地方主要是,在调解程序中,有中立的第三方参与纠纷解决过程。调解程序一般包括四个阶段:第一阶段为准备阶段,当事人一致同意接受调解,指定调解人或者对产生调解人的方式达成协议。第二阶段为调解阶段,当事人分别提出自己的事实和主张,交换信息,调解人帮助当事人理解对方的理由和要求,对纠纷形成比较客观的认识。经过当事人的请求或者允许,调解人也可以提出建议性的解决方案,供当事人采纳。第三阶段为协议阶段,当事人对于解决纠纷的方案达成协议,并且可以签订书面协议。第四阶段为履行阶段,当事人根据调解达成的协议,履行各自的义务。调解的形式多样,一般包括民间调解、行政调解、司法调解等形式。民间调解泛指行政调解和司法调解之外的所有调解方式,调解人不具有政府背景。行政调解是指行政机关工作人员根据其工作职责,作为调解人主持调解的程序。司法调解是指法院主持的调解。

仲裁是仲裁机构根据当事人的仲裁协议,按照仲裁法律以及仲裁规则的规定解决争议的程序。本章第三节将对仲裁程序作出详细分析。

除了当事人之间的直接谈判和协商之外,调解、仲裁等所有的其他非诉讼程序都涉及居于中立地位的第三方,如调解人、仲裁员等。他们的作用在于帮助当事人设计和实施替代性纠纷解决程序,帮助当事人达成解决纠纷的协议或者作出中立的裁决。第三方既可以是政府工作人员或者政府委托的专业人士,也可以是当事人选定的不担任政府职务的具有独立地位的人士。为了保证其中立地位,该第三方对于需要解决的争议,不得具有实体法上的利益。

一般来说,各种非诉讼纠纷解决程序都在一定程度上体现了当事人意思自治原则。在谈判程序中,当事人完全通过意思自治解决争端。在第三方参与的调解、斡旋、仲裁等纠纷解决程序中,第三方提供的服务既可能是辅助性的,也可能是评价性的。所谓辅助性的服务,是指第三方不提出自己的独立见解,仅仅促使当事人表达自己的意见,促使当事人进行富有成效的沟通,实现解决纠纷的目的。所谓评价性的服务,是指第三方根据其专业知识,对争议的实体性问题作出独立判断。根据程序的不同,该独立判断既可能是建议性的,由当事人自由采纳;也可能是裁判性的,对当事人具有拘束力。

当事人意思自治的程度与第三方对于争议作出评价性判断的权力成反比。在第三方有权作出具有拘束力的评价性判断的权力范围之外,都是当事人意思自治的空间。即使是第三方作出的建议性的评价,也会对当事人的意思自治产生一定的影响:虽然建议性的评价不排斥当事人的意思自治,但是由于第三方具有权威性,可能会对一方当事人的观点、立场具有支持作用,从而在一定程度上影响当事人的意思自治。除谈判之外的各种非诉讼程序都在一定程度上融合了当事人的意思自治和第三方作出评价性判断的权力。在调解程序中,第三方(调解人)主要是帮助当事人形成自己的意思并达成合意,作出评价性判断的权力最小,当事人意思自治的空间最大;在仲裁程序中,第三方(仲裁员)有权作出具有拘束力的裁决,作出评价性判断的权力最大,当事人意思自治的空间最小。介于调解程序和仲裁程序之间,还有一些融合第三方作出评价性判断的权力和当事人意思自治的其他纠纷解决程序。

二、环境纠纷非诉讼解决机制的功能

在中国,对于法院受案范围内的纠纷,非诉讼机制提供了替代解决机制;对于法院受案范围之外的纠纷,非诉讼机制具有不可替代的作用。非诉讼机制是环境纠纷多元化解决机制的重要内容,对于提高治理体系和治理能力的现代化具有重要意义。与诉讼程序相比,非诉讼程序不仅具有解决环境纠纷的功能,而且还具有预防纠纷和评价冲突的功能。以下重点分析预防纠纷功能和评价冲突功能。

(一) 预防纠纷功能

非诉讼程序具有预防纠纷的功能,主要是因为当事人可以通过非诉讼程序,较早地处理环境问题。

由于诉讼法对于案件受理规定了严格的标准,在环境民事诉讼、环境刑事诉讼、环境行政诉讼中,不论当事人提出什么样的诉讼请求,只有当环境纠纷发展到一定程度,法院才能够对案件进行实体审理,解决争议。但是当环境纠纷发展到可以诉讼的程度时,很可能已经对受害人和环境造成了不可逆转的损害,增加了社会总成本,降低了社会总福利。但是谈判、调解、斡旋等非诉讼程序不受这些严格标准的限制,可以较早地处理环境问题,通过交换意见、分享信息、寻求兼顾双方利益的最佳解决方案等方式,将环境纠纷消灭在萌芽状态,具有预防纠纷的功能。

（二）评价冲突功能

通过调解、协商等方式也可以促使当事人、相关利害关系方及其代表就环境问题展开对话，进一步了解环境问题的根源和解决途径，进一步了解对方的利益和立场，对于环境问题、环境问题的影响、解决环境问题的有效途径等问题达成共识。达成共识不仅在发生纠纷之前具有预防纠纷的积极意义，而且对于解决已经发生的环境纠纷也具有积极意义。

第三方也可以根据当事人和利害关系方的请求，评价环境纠纷，即对环境纠纷的原因、影响、不同纠纷解决方式的优缺点等问题作出分析，以便促成当事人、利害关系方解决环境纠纷。

比如某地的一家化工厂对周围居民的健康构成潜在威胁，该工厂虽然实现了达标排放，但是仍然存在发生有毒物质大量泄漏的危险。除了以上消极方面之外，该工厂对于周围居民也具有积极意义，比如增加了本地就业机会和税收等。由于该工厂对于周围居民既具有消极意义，也具有积极意义，因此既可能发生冲突，也可以进行合作。周围居民以及代表周围居民的环境保护人士如果能够与该工厂通过调解、协商等方式形成互动，不仅可以避免潜在的环境纠纷，而且可以促进居民与工厂达成共识，即使是在发生环境纠纷之后，也可以促使当事人以较低的成本、在较短的时间内解决环境纠纷。

三、环境纠纷非诉讼解决机制的特点

与诉讼程序相比，非诉讼纠纷解决程序具有及时性、灵活性、私密性、合作性、经济性等特点。

（一）及时性

如上所述，由于法律对于法院受理、审理案件的标准作出了严格的规定，一般需要等到环境纠纷发展到一定程度时，才能够通过法院解决环境纠纷，而此时可能已经产生很多不可逆转的环境损害。相比而言，受害人、调解人可以通过协商、调解等非诉讼纠纷解决程序较早地处理环境纠纷，避免产生更大的环境损害，比诉讼方式更加及时。

（二）灵活性

非诉讼程序的灵活性既表现在程序方面，也表现在实体方面。从程序方面看，非诉讼程序可以采取灵活的方式，而且证据规则也没有诉讼程序严格。从实体方面看，法官在诉讼中着重于对法律的严格适用，设计的解决方案受到法律的严格限制；非诉讼纠纷解决程序的目的是解决争议，当事人可以设计富有创造性的、灵活的解决方案，满足各自的需要。特别是考虑到环境问题在很多时候是不同的正价值之间发生冲突的结果，更有必要寻求灵活的解决方式，最大限度地实现当事人的利益最大化以及社会利益最大化。

（三）私密性

在非诉讼程序中，当事人一般可以通过非公开程序解决纠纷，可以有效地保持商业秘密，致害人也可以维持较好的公众形象。而在诉讼程序中，除非有特殊情况，法院一般实行公开审理，不利于保持致害人的公众形象。

（四）合作性

就当事人的关系而言，在诉讼过程中，由于法律的严格规定以及法院的公开审理方式，当事人之间的对抗程度很高，很有可能损害当事人之间的关系，非常不利于当事人未来的合作；在非诉讼程序中，当事人之间可以采用灵活的方式不公开地处理纠纷，对抗程度较低，合作程度较高，对于双方的长期合作较为有利。

（五）经济性

在诉讼程序中，由于法律的严格规定、公开审判，以及当事人之间的高度对抗性，致害人会竭尽全力地争取胜诉，同时由于诉讼过程的程序较为严格，这些原因都会导致诉讼的周期较长、效率低下、成本高昂。相反，如果致害人具有解决纠纷的诚意，则双方当事人可以充分利用非诉讼程序的灵活性、私密性、合作性，迅速地解决纠纷，降低解决纠纷的成本。

非诉讼程序的上述特点是以致害人具有解决纠纷的诚意为前提的。如果致害人不具有解决纠纷的诚意，以上特点就无法体现。而致害人是否具有解决纠纷的诚意，在很大程度上取决于法律是否规定了较重的责任，法院是否严格按照法律的规定判令致害人承担责任。如果法律规定的责任较轻，或者法院不能够严格按照法律的规定判令致害人承担责任，致害人就可能缺乏解决环境问题的诚意，非诉讼程序的所有功能和优点都会落空。

四、其他国家和地区的实践

由于环境纠纷的特殊性以及诉讼中的诸多障碍，越来越多的国家和地区日益重视通过非诉讼途径解决环境纠纷，不仅制定了相关的法律，而且在长期的实践中积累了丰富的经验。

（一）我国台湾地区

我国台湾地区于1992年制定"公害纠纷处理法"，其后经过了1998年、2000年、2002年及2009年的四次修正。该法建立了法院诉讼之外的一套纠纷解决机制，设立了"调处委员会""裁决委员会"等机构，并规定了相关的程序。我国台湾地区环境纠纷非诉讼解决程序主要包括如下几种：

(1) 自行协商。双方当事人依据"公害纠纷处理法"的规定签订公害管制协定，经法院公证后，受害人可不经调处程序，直接申请强制执行。

(2) 向地方主管机关申请调解。由当事人向乡、镇、市公所调解委员会申请调解,经法院审核后,可强制执行。

(3) 向各级主管机关陈情。各级环境保护主管机关设置专业人员,负责处理公害陈情,对处理公害陈情做必要的调查,指导陈情人申请调处、再调处或裁决。

(4) 向各级主管机关调处委员会申请调处、再调处。各级政府设纠纷调处委员会,调处公害纠纷;向公害纠纷的原因或损害发生地的市或县调处委员会申请调处。

(5) 向"行政院环境保护署"申请裁决。"行政院环境保护署"设立公害纠纷裁决委员会,裁决经调处或再调处而未能解决的公害纠纷损害赔偿事件。

(6) 由"行政院"紧急公害处理小组出面解决。对于重大紧急公害,由"行政院"成立紧急公害小组主动出面解决,以维护公共利益或社会安全。

(7) 按照台湾地区"水污染防治法"和"空气污染防治法"的规定,对有关水污染及空气污染所造成的环境纠纷的解决,可以向当地主管机关申请鉴定其受害原因,并可请求适当的赔偿。

(二) 日本

日本在20世纪五六十年代公害事件层出不穷,由于公害纠纷诉讼中因果关系的不确定性、损失计算的复杂性等原因,诉讼方式解决公害纠纷往往久拖不决,使受害者难以得到及时的救济。

在此背景下,调解、仲裁等方式在公害纠纷解决机制中得到迅速发展。1970年日本根据《公害对策基本法》的规定,制定了《公害纠纷处理法》。该法共分五章,计55条。其立法目的在于通过和解、调解、仲裁及裁定等制度,使公害纠纷得到迅速、适当和公正的解决。该法将公害纠纷处理机构分为"公害调整委员会"(简称中央委员会)和"都道府县公害审查会"(简称审查会)两级。审查会负责处理本辖区的公害纠纷;中央委员会则负责处理重大公害纠纷、涉及两个以上都道府县的广泛地域的公害纠纷,以及加害地与被害地跨越两个以上都道府县区域的公害纠纷。所谓重大公害纠纷,是指因空气污染或水污染而引起慢性支气管炎、肺气肿或其他并发症、水俣病或痛痛病,致人死亡或造成身体妨害的有关事件,以及因空气污染或水质污染对动植物造成损害,其总额高达1亿日元以上的事件。所谓广泛地域公害纠纷,是指飞机的航行和新干线列车的行驶所产生噪音而发生的纠纷等。

该法规定了斡旋、调解、仲裁、公害苦情投诉以及裁定等方式。斡旋是指第三方在纠纷当事人之间解决争议的中介行为,包括设定交涉场所、到场做见证人和整理双方的主张与论点等,以促成当事人双方作出相互让步并签订和解契约。调解是指处理机关在听取当事人意见之后,亲自调查事实作出调解方案,要求当事人接受,双方当事人可在法定期间内自由决定是否接受调解方案;一旦双方当事人接受该调解方案,即成为和解协议的内容。仲裁,是指双方当事人预先约定,在发生纠纷时服从处理机关的决定,而委托处理机关作出裁决。由于其准用民事诉讼中仲裁程序的有关规定,所以当事人一旦缔结仲裁协议,请求处理机关仲裁,则处理机关的裁决与确定判决具有同等的效力,对双方当事人具有法律约束力;除非存在特殊情况,否则当事人不得对仲裁裁决声明不服。公害苦情投诉是指都道府县设置公害投诉相谈员,接待居民的相谈,调查公害的实际情况,对当事人、关系人进行帮助、斡旋、指导等。

公害调整委员会的裁定包括责任裁定和原因裁定两种。责任裁定,是指当事人之间对于公害的损害赔偿发生争议时,中央委员会组成裁定委员会根据一方的申请对损害赔偿的责任所作的裁定。由于责任裁定是裁定委员会根据专业知识,对于有关公害损害赔偿产生的纠纷的裁决,以便迅速、适当地解决纠纷,因此对于已经申请责任裁定的事件,如果另有诉讼系属时,受诉法院在责任裁定前,可中止诉讼程序;如果法院不中止诉讼程序,则裁定委员会即应中止责任裁定的程序。责任裁定在法律上并非终局性的,对于裁定不服的当事人,在裁定书正本送达之日起30日之内,可以向法院提起请求损害赔偿的民事诉讼。

原因裁定是指在发生因公害而引起的损害赔偿或其他民事纠纷的情况下,对于当事人一方的行为是否构成公害的原因,双方存在争议时,中央委员会就致害原因所作的裁定。因其裁定仅在于判定损害与被指控的行为之间是否存在因果关系,尚不涉及责任归属,故称为原因裁定。原因裁定原则上应依当事人的申请而进行,但在公害诉讼案件中,受诉法院认为有必要的,也可以委托中央委员会作出原因裁定。此外,中央委员会组成的裁定委员会,在认为有必要时,也可以依职权而作出原因裁定。在作出裁定时,中央委员会采取准司法程序,有权讯问当事人或其他有利害关系的第三人。原因裁定由于没有决定双方当事人之间权利和义务的效力,也没有拘束损害赔偿或其他相关诉讼所涉讼法院的效力,因此不能成为行政不服审查的对象,也不能成为抗告诉讼的对象。原因裁定制度的必要性和重要意义在于:在公害纠纷中,因果关系的证明往往十分困难,尤其对于欠缺科学专业知识和调查能力的普通人而言更是困难重重,原因裁定制度赋予普通人请求专门机关认定因果关系的权利,使普通人能够较容易地实现环境权利。

(三) 美国

在美国,根据1996年《行政争议解决法》(Administrative Dispute Resolution Act of 1996),非诉讼程序是指诉讼之外的任何一种纠纷解决程序或者多种纠纷解决程序的结合,常见的非诉讼程序包括谈判、和解、斡旋、调解、仲裁等等。

1. 有关环境非诉讼纠纷解决程序的法律规范

美国与环境非诉讼纠纷解决程序有关的法律规范包括国会的立法、总统发布的行政命令、法院的相关判决(案例法)、美国环保署(Environmental Protection Agency, EPA)的行政规章等。

国会立法主要包括 1996 年《行政争议解决法》、1996 年《规制性谈判法》(Regulatory Negotiation Act of 1996)、1998 年《替代纠纷解决法》(Alternative Dispute Resolution Act of 1998)等。

总统发布的行政命令性法律文件主要包括有关民事司法改革的第 12988 号行政命令(Civil Justice Reform, Executive Order 12988)、有关机构采购申诉的第 12979 号行政命令(Agency Procurement Protests, Executive Order 12979)、《指定促进和鼓励通过替代方式解决纠纷和制定法规的跨部门委员会的总统备忘录》(Presidential Memorandum, "Designation of Interagency Committees to Facilitate and Encourage Use of Alternative Means of Dispute Resolution and Negotiated Rulemaking")等。

2. 非诉讼纠纷解决程序的应用范围

美国环保署鼓励采用非诉讼程序预防和解决环保署与外部当事人之间的纠纷、环保署内部的纠纷以及外部当事人之间的纠纷。环保署与外部当事人的纠纷包括环保署与州政府、产业、环保组织等法律主体之间的纠纷,包括行政审判、行政立法、政策制定、行政执法、民事执法、许可证的发放、合同管理、公众参与、谈判等方面。环保署内部的纠纷包括内部人事管理方面的纠纷等。外部当事人之间的纠纷是指环保署之外的法律主体之间因为环境问题发生的纠纷。从属性上看,这些冲突包括环境行政立法争议、环境行政执法争议、环境民事争议以及其他环境争议。

3. 机构

从机构上看,美国提供非诉讼解决机制的机构既包括律师事务所、咨询机构等民间机构,也包括政府设立的机构。民间机构的服务一般是收费的,而政府设立的机构一般无偿地向当事人提供服务。在政府设立的机构中,最重要的是美国环保署设立的冲突预防和解决中心(Conflict Prevention and Resolution Center, CPRC)。由于该机构的服务是免费的,而且具有很高的权威性,因此被广泛接受。美国国会设立的美国环境冲突解决机构(The U. S. Institute for Environmental Conflict Resolution)由于独立于联邦政府的其他部门,具有非常高的独立性,也发挥着重要的作用,特别是在保护区、公共土地、自然资源管理、能源、交通、环境质量等方面。

4. 环境调解

在美国,环境调解是最重要的非诉讼纠纷解决程序。当发生环境纠纷之后,当事人可以直接将该纠纷提交调解人,请求进行调解,也可以先到法院提起诉讼,在取得法院的许可之后,或者根据法官的建议,将案件提交调解,进入调解程序。

从调解人的产生程序来看,当事人有如下三种选择:第一,法院支持的调解;第二,独立机构提供的调解服务;第三,环保署提供的调解服务。

在第一种情形中,调解人由法院指定。在当事人起诉之后,法院可以建议(甚至要求)当事人通过调解程序解决争议。如果当事人同意进行调解,但是不能共同选定调解人或者请求法院指定调解人,法院可以指定调解人。由法院指定调解人的好处是:调解人的产生程序较快,可以较快地进入调解程序。而且在某些案件中,对于法院指定的由行政法官①担任的调解人,当事人不需要支付费用。但法院指定调解人最大的弊病则是有时法院指定的调解人并不是处理该案件的理想人选。当事人也可以选定一个双方都接受的调解人。在案情复杂、涉及金额较大的案件中,非常有必要选定双方都接受的独立中介组织中的调解人。虽然调解人收费较高,选定调解人的过程较长,但是通过这种方式产生的调解人具有很高的专业水平,更有可能提出双方都可以接受的调解方案,调解成功率较高。

当事人的第三个选择就是美国环保署内部的负责非诉讼程序纠纷处理的工作人员。美国环保署总部以及某些地区办公室都内设有专门工作人员,负责通过纠纷评价、调解等非诉讼程序处理环境纠纷。美国环保署各地区办公室的调解服务是免费的,被环境纠纷的当事人广泛接受。由于调解人是专门从事环境纠纷处理的政府公务员,具有丰富的经验,因此可以比较快捷地处理纠纷。在处理纠纷时,调解人尊重当事人的意思自治权利,允许当事人对于如何具体安排调解程序以及是否继续接受调解等问题作出决定。

经过调解之后达成的调解协议,对于当事人具有法律拘束力,一方不履行的,另一方可以请求强制执行。对于进入诉讼程序之后进行的调解,如果当事人通过调解达成协议,法官将确认该调解协议的效力;如果当事人不能达成协议,则可以请求法院恢复诉讼程序并依法作出判决。

5. 环境仲裁

在美国,环境仲裁也被广泛接受。在环境仲裁程序中,仲裁员对案件的事实问题和法律问题进行认定和分析之后,作出裁决。仲裁裁决既可以是具有拘束力的,也可以是建议性的,根据当事人的仲裁协议而定。

五、中国的环境纠纷非诉讼解决机制

中国环境纠纷非诉讼程序主要包括民间调解、行政调解、环境仲裁等。民间

---

① 美国的行政法官(Administrative Law Judge)不是普通意义上的联邦法院的法官或者州法院的法官,而是行政机关内的工作人员,类似中国行政复议机关的工作人员。

调解是相对于各种政府机关的有权调解而言的,是指不具有行政和司法地位或身份的单位和个人作为第三方对环境纠纷进行的调解。民间调解主要包括三种形式:

(1) 自行调解。在发生了环境纠纷之后,纠纷的当事人可以邀请双方信任的第三方出面调解、协商。这种调解较为便利,双方当事人之间的冲突较为缓和。

(2) 律师主持的调解。根据我国《律师法》,律师可以接受当事人的委托,参加调解、仲裁活动,担任诉讼代理人。律师在接受当事人的委托之后,在遵守职业道德,维护当事人权益的前提下,可以与对方当事人或对方当事人的代理人沟通,促成当事人通过调解解决纠纷。

(3) 人民调解。根据《人民调解法》,人民调解,是指人民调解委员会通过说服、疏导等方法,促使当事人在平等协商基础上自愿达成调解协议,解决民间纠纷的活动。人民调解委员会是依法设立的调解民间纠纷的群众性组织。村民委员会、居民委员会设立人民调解委员会,企业事业单位根据需要设立人民调解委员会,乡镇、街道以及社会团体或者其他组织根据需要可以参照《人民调解法》的有关规定设立人民调解委员会。人民调解委员会可以根据当事人的申请调解纠纷;当事人没有申请的,人民调解委员会也可以主动调解。人民调解委员会调解环境纠纷,应当尊重当事人的意思自治和平等地位,尊重当事人的权利,不得违背法律、法规和国家政策,不得因调解而阻止当事人依法通过仲裁、行政、司法等途径维护自己的权利。

人民调解是司法裁判的有益补充。《人民调解法》规定了法院对人民调解的业务指导、法院在受案之前对当事人申请人民调解的建议、调解协议的司法确认和强制执行。这些规定对于提高人民调解的业务水平、案件来源和调解实效具有重要意义,完善了人民调解与司法裁判之间的衔接机制。

经人民调解委员会调解达成的调解协议,具有法律约束力,当事人应当按照约定履行。人民调解委员会应当对调解协议的履行情况进行监督,督促当事人履行约定的义务。经人民调解委员会调解达成调解协议后,当事人之间就调解协议的履行或者调解协议的内容发生争议的,一方当事人可以向人民法院提起诉讼。经人民调解委员会调解达成调解协议后,双方当事人认为有必要的,可以自调解协议生效之日起30日内共同向调解组织所在地基层人民法院申请司法确认。人民法院受理申请后,经审查,符合法律规定的,裁定调解协议有效,一方当事人拒绝履行或者未全部履行的,对方当事人可以向人民法院申请执行;不符合法律规定的,裁定驳回申请,当事人可以通过调解方式变更原调解协议或者达成新的调解协议,也可以向人民法院提起诉讼。不符合法律规定的情形,包括违反法律强制性规定的,损害国家利益、社会公共利益、他人合法权益的,违背公序良俗的，违反自愿原则的，内容不明确的，以及其他不能进行司法确认的情形。这些规定大大提高了人民调解协议的效力，提升了人民调解委员会的地位，对于人民调解委员会处理环境纠纷的能力具有很大的促进作用。

虽然在中国关于行政机关的纠纷解决功能和机制仍然存在一些争论，实践中也走过了一段弯路，但从目前情况看，行政机关在环境纠纷的多元化纠纷解决机制中仍然能够并且应当发挥重要作用；环境仲裁也具有广阔的前景。以下将重点介绍。

第二节　行政机关解决环境纠纷的功能和机制

一、行政机关对府际环境纠纷的调解协调机制

府际关系即政府之间的关系，既包括中央政府与地方政府之间的关系，也包括地方政府相互之间的关系。[①] 本书所讨论的府际环境纠纷，仅指地方人民政府之间因为环境资源的开发、利用、保护等事项所产生的纠纷。我国对于资源开发和环境保护主要实行属地原则。由于地方人民政府的事权、财权，地方人民政府领导人及工作人员的业绩考核、声誉等因素，地方人民政府之间在资源分配、跨界污染、区域环境污染联防联治等问题上存在相当多的矛盾，客观上需要建立解决府际冲突的机制。我国民事诉讼法和行政诉讼法均将府际纠纷排除在法院的受案范围之外，因此需要由合适的行政机关解决与环境资源有关的府际纠纷。

《环境保护法》没有规定正式的纠纷解决程序，但是包含了通过调解、协商解决府际纠纷的内容。《环境保护法》第20条第1款规定，国家建立跨行政区域的重点区域、流域环境污染和生态破坏联合防治协调机制，实行统一规划、统一标准、统一监测、统一的防治措施。根据该条建立的针对重点区域、流域的联防联治机制，必然涉及各相关地方人民政府的权利、义务分配问题，并因此可能引起府际纠纷。区域、流域联防联治机制的组织者应当发挥府际纠纷的调查、处理和协调职能。

对于重点区域、流域之外的跨行政区域的环境污染和生态破坏，《环境保护法》第20条第2款规定由上级人民政府协调解决，或者由有关地方人民政府协商解决。根据该规定，对于没有建立区域、流域联防联治机制的府际环境纠纷，主要由上级人民政府承担协调职能，也可以由相关地方人民政府直接协商解决。

在实践中，各地在水污染防治领域建立的断面考核、生态补偿机制，也具有纠纷解决的内容。水污染防治领域的这些规定及其实践表明，具体、量化的环境

[①] 薛刚凌：《论府际关系的法律调整》，载《中国法学》2005年第5期。

保护指标,有利于划分各相关地方人民政府的责任,促进府际环境纠纷的解决。

二、行政机关对府际环境纠纷的裁决机制

行政机关有权根据法定权限,依法对一定的争议事项作出审查和公断。行政机关有权裁决的事项,包括一定范围的民事纠纷,也包括行政法规之间的不一致、规章之间的不一致等由立法法调整的问题,行政相对人与行政机关之间的由行政复议法调整的事项,还包括府际环境纠纷。[①] 与协商、调解相比,裁决更为正式,法律属性更强,因此纠纷双方的对抗程度也更高。

《水法》对地方人民政府之间的水事纠纷,规定了裁决机制,是以裁决解决府际环境纠纷的典型规定。该法第56条规定,不同行政区域之间发生水事纠纷的,应当协商处理;协商不成的,由上一级人民政府裁决,有关各方必须遵照执行。在水事纠纷解决前,未经各方达成协议或者共同的上一级人民政府批准,在行政区域交界线两侧一定范围内,任何一方不得修建排水、阻水、取水和截(蓄)水工程,不得单方面改变水的现状。

三、行政调解

(一) 环境行政调解的含义

环境行政调解,是指由负有环境保护职责的国家行政机关依法对民事主体之间的环境纠纷进行的调解。环境行政调解是环境保护行政机关居间对民事主体之间因为具有民事权利性质的环境权益发生的争议作出的调解行为,属于公权力介入私权的行为。这种权力的产生来自环境保护需要,是社会发展对传统法律的"公法—私法"二元划分或"公权—私权"截然对立提出挑战后,法律对社会利益多元、社会价值多元的新型结构所作出的回应。这种现象被认为是"公法私法化"的一种典型表现形式,因此,对它的性质的认识就不可能像传统的"公法"或者"私法"那么简单。

环境行政调解与其他调解之间既有联系,又有区别。环境行政调解与民间调解、司法调解一样,都是属于调解的范畴,都是在中立的第三方主持、参与下,基于当事人的意思自治解决争议的程序。但是环境行政调解与民间调解和司法调解之间也存在明显的区别。民间调解的调解人不行使国家公权力。司法调解

[①] 有学者将"行政裁决"的含义仅限于行政机关对民事纠纷的裁决,参见胡建淼:《行政法学》(第三版),法律出版社2010年版,第225—228页;应松年:《行政法与行政诉讼法学》(第二版),法律出版社2009年版,第269—273页。这些观点有一定的道理,但是对于府际纠纷的解决机制关注不够。在不允许地方政府之间通过法院诉讼的方式解决争议的前提下,客观上需要一定的机制解决府际纠纷。与其漠视解决府际纠纷的客观需求,还不如承认裁决制度的合理性并将府际纠纷纳入法治的轨道。为避免概念上的冲突,本书没有使用"行政裁决"一词,而是使用"裁决"一词。

的调解人虽然行使国家司法权,有国家公权力作为后盾,但是该权力仅仅限于当事人同意调解的事项,对于与该纠纷相关的环境问题没有管理权。并且,无论是民间调解还是司法调解,都仅仅解决私法问题。

然而,环境行政调解融合了公法和私法,调解人同时可能也是管理者,不仅有权根据当事人的同意对环境争议进行调解,而且对于该环境争议以及相关事项具有行政管理权。调解人的调解职能是其环境管理权的衍生,调解人对于环境争议本来就有一定的了解,能够在行使环境管理职权的过程中获得一定的证据,并且能够对致害人污染、破坏环境的行为处以行政处罚。同一个污染、破坏环境的行为对于环境保护行政机关来说,具有双重意义:从国家环境管理的角度看,该行为可能构成行政违法行为,环境保护行政机关可以依法决定给予行政处罚;从受害人与致害人之间的关系来看,该行为影响了双方当事人的利益,环境保护行政机关可以根据当事人的同意进行调解。公法和私法的融合使环境行政调解与其他调解方式区别开来。

(二)环境行政调解行为的特征

环境行政调解行为具有居间性、非行政性、非必要性、非终局性等特征。

1. 居间性

环境行政调解行为属于行政机关居间对民事主体之间的民事权益争议进行调解的行为,具有居间性。

环境行政调解必须以具体当事人的明示或默示请求为前提。在行政机关提出调解时,如果当事人明确拒绝,环境保护行政机关不应坚持进行调解。从当事人的权利而言,当事人具有选择权,既可以选择请求或接受环境保护行政机关的调解,也可以不选择调解;当事人既可以请求环境保护行政机关对纠纷的一部分进行调解,也可以请求环境保护行政机关对纠纷的全部进行调解;当事人对行政调解的拒绝既可以是明示的,也可以是默示的,当事人不参加调解或者向法院提起诉讼应当视为拒绝行政调解。

环境行政调解的内容包括赔偿责任和赔偿金额两个部分。从赔偿责任来看,环境保护行政机关应当对环境污染的事实问题进行调查,包括环境污染行为是否发生,当事人是否遭受损失,污染行为与当事人之间的损失是否存在关联性,当事人是否采取了合理的措施避免损失的发生或扩大等事项。从事实问题与法律问题的区分来看,环境保护行政机关既需要认定事实问题,也需要认定法律问题。

处于环境行政调解之下的权利是具有民事权利性质的权利。正是因为这些环境权益具有民事权利的属性,当事人可以根据意思自治原则自由处分,从而使调解成为可能。行政机构也必须尊重当事人的意思自治,不应当违背私法自治的法律精神。

2. 非行政性

环境行政调解行为不属于行政行为。行政行为是享有行政权能的组织或个人运用行政权对行政相对人所作的法律行为。不具有行政权能的组织或个人所作的行为,具有行政权能的组织或个人没有运用行政权所作的行为,没有针对行政相对人所作的行为,不具有法律意义的事实行为,都不是行政行为。行政行为具有单方性、强制性等法律特征。[①]

环境行政调解行为是环境管理机关辅助当事人对于当事人之间的争议解决方案达成协议的行为,环境管理机关和双方当事人共同参与调解过程,因此环境行政调解行为不具有单方性。环境管理机关主持调解的前提是当事人的同意,因此环境调解行为也不具有强制性。由于环境调解行为不符合行政行为的特征,因此具有非行政性。

3. 非必要性

环境行政调解不是环境纠纷处理的必经程序,具有非必要性。在发生环境争议后,当事人可以请求进行行政调解,也可以直接在法院提起诉讼,行政调解不是诉讼的前置程序。

4. 非终局性

经过行政调解之后制作的调解书、处理意见、调解处理决定等法律文件不具有强制力,当事人对行政调解处理决定不服的,可以向人民法院起诉,因此环境行政调解具有非终局性。

(三) 我国环境行政调解制度的必要性与可能性

中国具有行政调解的传统,随着经济建设的发展和环境纠纷的增加,环境行政调解既具有必要性,也具有可能性。

就必要性而言,第一,环境问题的复杂性决定了环境纠纷的复杂性,从而需要通过灵活、多样的方式处理环境纠纷。第二,中国包括环境法在内的法律制度尚不健全,落后于环境问题、环境纠纷的发展。为了有效地解决纠纷,除了需要加强立法之外,还需要采取一些灵活、实用的纠纷解决方式。第三,目前中国的环境监测落后,取得的数据不全面、不确切,而且环境污染和破坏的危害后果难以准确计算。加之环境污染和破坏的作用机理复杂,影响因素众多,对环境纠纷不宜作硬性处理。采用调解手段,协商解决,不仅使纠纷处理更符合各方的意愿,而且可以在一定程度上弥补技术落后可能导致的公平性欠缺。第四,调解不仅能够解决纠纷,而且可以为环境立法和环境司法积累经验,促进环境立法和环境司法的发展。第五,在调解时,行政机关可以发现新的环境问题,采取必要的

---

① 姜明安主编:《行政法与行政诉讼法》(第2版),北京大学出版社、高等教育出版社2005年版,第175—178页。

措施,避免不利影响的扩大。

就可能性而言,环境保护行政机关作为政府职能部门的权威性以及环境技术力量使得环境纠纷当事人比较尊重环境行政机关的建议,易于接受环境行政机关的调解。同时由于环境行政机关并不排除当事人通过诉讼途径获得法律救济,因此当事人愿意将环境行政调解作为寻求司法救济之前的一个纠纷解决机制。从行政机关的角度来看,由于污染行为可能会造成大范围的损害,可能会导致群众事件,为了维护社会稳定,行政机关也会积极进行调解。此外,《行政诉讼法》规定,申请行政机关履行保护人身权、财产权等合法权益的法定职责,行政机关拒绝履行或者不予答复的,行政相对人可以提起行政诉讼。由于环境污染受害者可以借助该条款,以行政诉讼实现民事权益保护的目的,行政机关在面临行政诉讼风险时,也有通过行政调解减轻或者消除环境污染的压力和动机。

考虑到以上必要性和可能性,尽管2014年修订的《环境保护法》删掉了1989年《环境保护法》第41条第2款中有关行政调解的规定,但是这并不意味着行政机关无权调解。相反,行政机关依然有权主持调解,促使当事人达成调解协议。

(四)环境行政调解制度的完善

与人民调解相比,通过行政调解达成的调解协议,不能通过司法确认获得强制执行力,仅仅具有普通民事协议的效力。这就影响了纠纷当事人以及主管行政机关通过行政调解程序解决环境纠纷的动力。

为了发挥环境行政调解的作用,有必要赋予环境行政调解协议至少与人民调解协议相同的效力。与人民调解委员会相比,环境保护行政机关在环境技术以及环境法律方面具有更强的专业能力,能够更好地处理环境争议。建议全国人大常委会以立法的形式,提高环境行政调解协议的效力,至少是赋予行政调解协议与人民调解协议同等的效力。具体而言,主要包括以下方面:第一,当事人签署的行政调解协议具有民事合同的性质和效力;第二,当事人可以向法院申请司法确认;第三,当事人可以提出协议无效、可撤销、可变更的法定事由,但是需要承担相应的举证责任;第四,具有债权内容的调解协议,公证机关依法赋予强制执行效力的,债权人可以向有管辖权的人民法院申请强制执行。

(五)环境行政调解与行政处罚之间的关系

环境保护行政机关主持的环境行政调解不同于该行政机关作出的行政处罚。前者是行政机关的一种居间调解行为,行政机关不行使行政强制力;后者是行政机关依法对违法行为行使行政强制力的行为。前者的结果没有强制执行力,而后者的结果具有强制执行力。当事人不接受前者的结果的,可以对致害人提起民事诉讼;当事人不接受后者的结果的,只能以行政机关为被告提起行政诉讼。

但是,环境行政调解与行政处罚也存在密切的联系。同一个环境污染行为不仅可能侵犯其他民事主体的环境权益,而且也可能违反具有行政法性质的环境保护法律规范。对于前者,环境保护行政机关有权根据当事人的请求,居间调解;对于后者,行政机关有权对该行为加以处罚。对于同一个污染行为,环境保护行政机关可以行使两种不同性质的权力。

从这个角度看,在调查取证阶段,环境保护行政机关主要是行使行政公权力。环境保护行政机关在发现发生污染事故或者接到发生污染事故的报告后,应当展开调查,收集相关证据。虽然调查取证构成了将来可能进行的行政调解的基础,但是环境保护行政机关在调查取证时,主要是履行保护行政相对人环境利益的法定职责。正是由于该原因,调查取证应当被认为是一个具有公法性质的行政行为,因此环境保护行政机关在调查取证时,行政相对人不得拒绝。调查取证虽然构成了环境行政调解的基础,但是并不是环境行政调解的一个组成部分。

在完成调查取证工作之后,环境保护行政机关需要对收集的证据根据不同的目的进行法律识别。主管行政机关拟采取行政处罚措施的,应当从公法的角度,根据相关法律规定,认定污染行为是否应当被处以行政处罚。如果当事人提出或者接受调解的,主管行政机关才可以开始调解程序,并应当从私法的角度,分析污染行为是否侵犯了受害者的具有民事权益性质的环境权益并且应当承担《侵权责任法》规定的民事责任。具体而言,在认定赔偿责任时,应当分析污染行为是否构成侵权行为,受害人是否遭受损害,侵权行为与损害结果之间是否存在因果关系。

在认定责任之后,主管行政机关应当根据当事人的请求,认定污染行为对直接受到损害的民事法律主体造成的损失,或者在环境保护行政机关的主持下,协商确定赔偿的数额。根据意思自治原则,即使在环境保护行政机关根据当事人的请求认定损失金额之后,当事人也可以通过协商另行确定赔偿金额。

在认定赔偿责任和赔偿金额时,当事人还可以进一步从私法的角度提供证据,主持调解的行政机关应当从私法的角度对这些证据加以认定,确定证据的合法性、关联性、证明力等事项。该阶段不同于调查取证阶段的证据收集程序,当事人提供的证据以及行政机关根据当事人请求收集的证据在性质上也不同于调查取证阶段主管行政机关通过行使公权力收集的证据。

对于行政处罚和行政调解的顺序,法律法规没有明确规定。如果环境保护行政机关认定污染行为应当被加以行政处罚,同时也对其他民事主体造成了损害,环境保护行政机关是同时进行行政处罚行为和行政调解行为,还是先实施行政处罚,然后再进行行政调解,存在两个不同的选择。相关法律法规并没有规定环境保护行政机关应当同时实施两者,或者不应当同时实施两者。在实践中,有的环境保护行政机关在发现当事人申请调解的污染行为同时也应当被处以行政处罚的,中止行政调解,在行政处罚决定生效之后再进行行政调解。参照《治安管理处罚法》第9条,对于违反环境管理规定应当予以行政处罚但是情节较轻的生活环境损害,如果同时也引起环境民事争议,经环境保护行政机关调解,当事人达成协议的,不予处罚;经调解未达成协议或者达成协议后不履行的,环境保护行政机关应当依照该法的规定对违反治安管理行为人给予处罚,并告知当事人可以就民事争议依法向人民法院提起民事诉讼。

四、环境司法与行政监管的衔接

行政执法机关在专业技术、设备、执法手段和效率等方面具有优势,开展积极有效的行政执法应是保护环境公共利益的主要手段,司法手段只是对环境行政执法权的重要补充和有效监督。环境保护是一项系统工程,需要各级人民政府、司法机关及社会各界的共同参与。因此,有必要积极推动建立审判机关、检察机关、公安机关和环境资源保护行政执法机关之间的环境资源执法协调机制,尤其要做好环境行政执法和环境司法的衔接工作。

根据最高人民法院《关于审理环境民事公益诉讼案件适用法律若干问题的解释》等相关规定,人民法院受理环境民事公益诉讼后,应在一定期限内将案件受理情况告知对被告行为负有环境保护监督管理职责的部门,将对负有环境保护监督管理职责的部门如环境保护局、林业局、国土资源局等起到督促作用,督促它们积极地履行监督管理职责。负有环境保护监督管理职责的部门在接到人民法院的通知后,应及时调查被告是否存在违法排污行为,可以对排放污染物的企事业单位和其他生产经营者进行现场检查;对于已经造成严重污染的企业,可以查封、扣押造成污染物排放的设施、设备;对于超过污染物排放标准排放污染物的企业,可以责令其采取限制生产、停产整治、限期治理等措施,并予以罚款,同时将查处情况通报人民法院。人民法院因审理案件需要,向负有环境保护监督管理职责的部门调取被告的环境影响评价、环境监管、行政处罚及处罚依据等证据材料的,该部门应及时向人民法院提交。人民法院判决被告承担生态环境修复责任的,负有环境保护监督管理职责的部门应协助人民法院对被告的修复行为进行监督;该部门被委托组织修复生态环境的,应及时将修复情况通报人民法院。

为进一步落实协调机制,2014年12月,最高人民法院与民政部、环境保护部联合发布《关于贯彻实施环境民事公益诉讼制度的通知》,对查询社会组织基本信息、调取证据资料以及组织修复生态环境等需要几个部门协调配合的内容提出了明确的要求。根据该规定,人民法院受理环境民事公益诉讼后,应当在10日内通报对被告行为负有监督管理职责的环境保护主管部门。环境保护主管部门收到人民法院受理环境民事公益诉讼案件线索后,可以根据案件线索开展核查;发现被告行为构成环境行政违法的,应当依法予以处理,并将处理结果通报人民法院。

第三节 环境仲裁

一、环境仲裁的含义

(一)对仲裁的理解

仲裁是指争议双方在争议发生前或发生后达成协议,自愿将争议交给仲裁机构作出对争议双方具有拘束力的终局裁决的纠纷解决方式。

仲裁与诉讼都是由中立的第三方对争议作出具有法律拘束力的裁判的争议解决程序,但是两者之间也存在很大的区别。仲裁具有民间性,而诉讼以公权力为依托,法院代表国家行使审判权,并且可以对仲裁活动行使监督权。仲裁庭行使裁判权的根据是当事人的合意,非经当事人达成合意,仲裁庭不能行使裁判权,而法院审判权的根据是法律的规定,除非有法定事由,当事人不能排除法院的管辖权。仲裁以不公开审理为原则,而法院以公开审判为原则。仲裁实行一裁终局原则,而诉讼存在上诉制度。

与诉讼相比,仲裁具有以下优点:第一,快捷。在一般情况下,仲裁机构比法院审理案件更加快捷,可以较快地作出裁决。第二,经济。仲裁的成本一般比诉讼的成本低,而且由于仲裁裁决是终局的,当事人不能上诉,可以避免长期诉讼带来的讼累。第三,私密性。仲裁实行不公开审理,可以保护个人隐私和商业秘密。第四,专业性。仲裁机构备有仲裁员名册,仲裁员的数量远远大于法官的数量,而且很多都是某一领域的专家,当事人可以挑选具有相关专业知识的仲裁员,仲裁机构也可以根据当事人的请求和法律规定指定具有相关专业知识的仲裁员审理案件。第五,域外执行力。仲裁裁决比法院判决书更容易在国外得到承认和执行。

仲裁与调解也存在很大的区别。在仲裁程序中,仲裁员可以并且有义务作出对当事人具有拘束力的评价性判断,当事人意思自治的空间较小;在调解程序中,调解人一般应当避免作出评价性判断,即使作出评价性判断,也仅仅是建议性的意见,当事人意思自治的空间较大。

(二)环境纠纷的可仲裁性

环境仲裁是指环境争议双方在争议发生前或发生后达成协议,自愿将环境争议交给仲裁机构作出对争议双方具有拘束力的终局裁决的纠纷解决方式。

环境纠纷是可以被仲裁的纠纷,具有可仲裁性。可仲裁性是指当事人依纠纷的性质将其提请仲裁解决的可能性。争议事项是否具有可仲裁性,不但直接关系到仲裁机构对该争议事项是否具有仲裁管辖权,以及法院是否据此排除司法管辖权,而且间接关系到据此作出的仲裁裁决是否具有执行力或能否得到有关国家的承认和执行。①

环境民事争议具有可仲裁性,理由如下:第一,环境民事争议具有可和解性,当事人可以通过意思自治解决环境争议;第二,环境争议涉及财产权益争议;第三,我国《仲裁法》规定的可仲裁性的法律争议是"平等主体的公民、法人和其他组织之间发生的合同纠纷和其他财产权益纠纷",明确排除适用仲裁的事项中也不包括环境纠纷,因此环境纠纷并没有被法律明确地排除在可仲裁争议的范围之外。②

将我国《仲裁法》第 2 条规定的属于仲裁范围的"平等主体的公民、法人和其他组织之间发生的合同纠纷和其他财产权益纠纷"理解为包含环境污染和破坏导致的损害,也得到了相关仲裁规则和司法解释的支持。2014 年《中国海事仲裁委员会仲裁规则》第 3 条明确规定,中国海事仲裁委员会受理"海洋资源开发利用、海洋环境污染争议"。最高人民法院 1987 年的《关于执行我国加入的〈承认及执行外国仲裁裁决公约〉的通知》第 2 条规定,根据我国加入该公约时所作的商事保留声明,我国仅对按照我国法律属于契约性和非契约性商事法律关系所引起的争议适用该公约。所谓"契约性和非契约性商事法律关系",具体的是指由于合同、侵权或者根据有关法律规定而产生的经济上的权利义务关系,包括勘探开发自然资源、环境污染等,但不包括外国投资者与东道国政府之间的争端。根据该通知,可以认为环境污染、环境破坏造成的环境民事争议构成可以仲裁的财产权益纠纷。

(三)仲裁委员会的受理范围

根据我国《仲裁法》第 21 条规定,当事人申请的仲裁应当属于仲裁委员会的受理范围。"受理范围"是指当事人选定的仲裁委员会规定的受理范围。在发生环境纠纷之前或者之后,当事人达成仲裁协议时,有必要考察欲选定的仲裁机构的仲裁范围。考虑到环境仲裁的特殊性,并不是所有的仲裁机构都有能力处理环境争议。如果当事人在仲裁协议中选定的仲裁机构以超出其受理范围为由,拒绝受理,将不利于解决环境争议。由于我国《仲裁法》第 17 条规定的仲裁协议无效的情形,并不包括仲裁事项超过仲裁委员会受理范围的情形,因此,此种情况不属于仲裁协议无效,如果致害人拒绝变更仲裁协议或者终止仲裁协议,受害人将无权向法院起诉,也无权将该争议提交其他仲裁委员会。为了避免此种情

---

① 齐树洁:《程序正义与司法改革》,厦门大学出版社 2004 年版,第 131 页。
② 齐树洁、林建文主编:《环境纠纷解决机制研究》,厦门大学出版社 2005 年版,第 409 页。

况,在签订仲裁协议之前,律师应当事先咨询相关仲裁机构,核实其受案范围。

二、环境仲裁的程序

(一)管辖

仲裁不实行地域管辖和级别管辖,因此,任何地方发生的环境问题造成其他民事主体损失的,受害人都可以和致害人签订仲裁协议,提交本地或外地的仲裁机构。仲裁机构也可以发挥自己的特长,将环境法律专家吸收进仲裁员名册,提高环境争议仲裁水平,对本地和外地的环境纠纷进行仲裁。

(二)仲裁协议

仲裁协议包括合同中订立的仲裁条款和以其他书面方式在纠纷发生前或者纠纷发生后达成的请求仲裁的协议。也就是说,当事人可以在纠纷产生之前约定仲裁条款或者达成仲裁协议,也可以在发生纠纷之后达成仲裁协议。环境民事纠纷以侵权为主,当事人不太可能事前达成仲裁条款或者仲裁协议,一般可在发生环境纠纷之后,双方通过协商达成仲裁协议,将纠纷提交仲裁解决。

仲裁协议既是请求仲裁的意思表示,也是排除诉讼的意思表示,具有非常重要的意义。只有在当事人以仲裁协议或仲裁条款的形式,明确选择仲裁机关对纠纷进行仲裁,被选定的仲裁机关才有管辖权。没有仲裁协议,一方申请仲裁的,仲裁委员会不予受理。

根据我国《仲裁法》的相关规定,仲裁协议应当具有下列内容:(1)请求仲裁的意思表示;(2)仲裁事项;(3)选定的仲裁委员会。

当事人达成仲裁协议,一方向人民法院起诉的,人民法院不予受理,但仲裁协议无效的除外。有下列情形之一的,仲裁协议无效:(1)约定的仲裁事项超出法律规定的仲裁范围的;(2)无民事行为能力人或者限制民事行为能力人订立的仲裁协议的;(3)一方采取胁迫手段,迫使对方订立仲裁协议的。仲裁协议对仲裁事项或者仲裁委员会没有约定或者约定不明确的,当事人可以补充协议;达不成补充协议的,仲裁协议无效。仲裁协议独立存在,合同的变更、解除、终止或者无效,不影响仲裁协议的效力。

仲裁庭有权确认合同的效力。当事人对仲裁协议的效力有异议的,可以请求仲裁委员会作出决定或者请求人民法院作出裁定。一方请求仲裁委员会作出决定,另一方请求人民法院作出裁定的,由人民法院裁定。当事人对仲裁协议的效力有异议,应当在仲裁庭首次开庭前提出。

根据我国《仲裁法》第26条,当事人达成仲裁协议,一方向人民法院起诉未声明有仲裁协议,人民法院受理后,另一方在首次开庭前提交仲裁协议的,人民法院应当驳回起诉,但仲裁协议无效的除外;另一方在首次开庭前未对人民法院受理该案提出异议的,视为放弃仲裁协议,人民法院应当继续审理。

(三) 申请和受理

当事人申请仲裁应当符合下列条件：(1) 有仲裁协议；(2) 有具体的仲裁请求和事实、理由；(3) 属于仲裁委员会的受理范围。

当事人申请仲裁，应当向仲裁委员会递交仲裁协议、仲裁申请书及副本。仲裁申请书应当载明下列事项：(1) 当事人的姓名、性别、年龄、职业、工作单位和住所，法人或者其他组织的名称、住所和法定代表人或者主要负责人的姓名、职务；(2) 仲裁请求和所根据的事实、理由；(3) 证据和证据来源、证人姓名和住所。

仲裁委员会收到仲裁申请书之日起5日内，认为符合受理条件的，应当受理，并通知当事人；认为不符合受理条件的，应当书面通知当事人不予受理，并说明理由。

仲裁委员会受理仲裁申请后，应当在仲裁规则规定的期限内将仲裁规则和仲裁员名册送达申请人，并将仲裁申请书副本和仲裁规则、仲裁员名册送达被申请人。

被申请人收到仲裁申请书副本后，应当在仲裁规则规定的期限内向仲裁委员会提交答辩书。仲裁委员会收到答辩书后，应当在仲裁规则规定的期限内将答辩书副本送达申请人。被申请人未提交答辩书的，不影响仲裁程序的进行。

当事人、法定代理人可以委托律师和其他代理人进行仲裁活动。委托律师和其他代理人进行仲裁活动的，应当向仲裁委员会提交授权委托书。

(四) 仲裁庭的组成

仲裁庭可以由三名仲裁员或者一名仲裁员组成。由三名仲裁员组成的，设首席仲裁员。当事人约定由三名仲裁员组成仲裁庭的，应当各自选定或者各自委托仲裁委员会主任指定一名仲裁员，第三名仲裁员由当事人共同选定或者同委托仲裁委员会主任指定。第三名仲裁员是首席仲裁员。当事人约定由一名仲裁员成立仲裁庭的，应当由当事人共同选定或者共同委托仲裁委员会主任指定仲裁员。

当事人没有在仲裁规则规定的期限内约定仲裁庭的组成方式或者选定仲裁员的，由仲裁委员会主任指定。仲裁庭组成后，仲裁委员会应当将仲裁庭的组成情况书面通知当事人。仲裁员实行回避制度。

(五) 开庭和裁决

仲裁应当开庭进行。当事人协议不开庭的，仲裁庭可以根据仲裁申请书、答辩书以及其他材料作出裁决。除非当事人协议公开，否则仲裁不公开进行。

仲裁委员会应当在仲裁规则规定的期限内将开庭日期通知双方当事人。当事人有正当理由的，可以在仲裁规则规定的期限内请求延期开庭。是否延期，由仲裁庭决定。

申请人经书面通知,无正当理由不到庭或者未经仲裁庭许可中途退庭的,可以视为撤回仲裁申请。被申请人经书面通知,无正当理由不到庭或者未经仲裁庭许可中途退庭的,可以缺席裁决。

当事人应当对自己的主张提供证据。仲裁庭认为有必要收集的证据,可以自行收集。仲裁庭对专门性问题认为需要鉴定的,可以交由当事人约定的鉴定部门鉴定,也可以由仲裁庭指定的鉴定部门鉴定。

当事人申请仲裁后,可以自行和解。达成和解协议的,可以请求仲裁庭根据和解协议作出裁决书,也可以撤回仲裁申请。当事人达成和解协议,撤回仲裁申请后反悔的,可以根据仲裁协议申请仲裁。仲裁庭在作出裁决前,可以先行调解。当事人自愿调解的,仲裁庭应当调解。调解不成的,应当及时作出裁决。调解达成协议的,仲裁庭应当制作调解书或者根据协议的结果制作裁决书。调解书与裁决书具有同等法律效力。调解书经双方当事人签收后,即发生法律效力。在调解书签收前当事人反悔的,仲裁庭应当及时作出裁决。裁决书自作出之日起发生法律效力。

(六)申请撤销裁决

当事人提出证据证明裁决有下列情形之一的,可以向仲裁委员会所在地的中级人民法院申请撤销裁决:(1)没有仲裁协议的;(2)裁决的事项不属于仲裁协议的范围或者仲裁委员会无权仲裁的;(3)仲裁庭的组成或者仲裁的程序违反法定程序的;(4)裁决所根据的证据是伪造的;(5)对方当事人隐瞒了足以影响公正裁决的证据的;(6)仲裁员在仲裁该案时有索贿受贿、徇私舞弊、枉法裁决行为的。人民法院经组成合议庭审查核实裁决有以上情形之一的,应当裁定撤销。人民法院认定该裁决违背社会公共利益的,应当裁定撤销。当事人申请撤销裁决的,应当自收到裁决书之日起6个月内提出。

(七)执行

当事人应当履行裁决。一方当事人不履行的,另一方当事人可以依照《民事诉讼法》的有关规定向人民法院申请执行,受申请的人民法院应当执行。

被申请人提出证据证明裁决有《民事诉讼法》第237条第2款规定的情形之一的,经人民法院组成合议庭审查核实,裁定不予执行。

一方当事人申请执行裁决,另一方当事人申请撤销裁决的,人民法院应当裁定中止执行。人民法院裁定撤销裁决的,应当裁定终结执行。撤销裁决的申请被裁定驳回的,人民法院应当裁定恢复执行。

思考题

1. 环境纠纷非诉讼解决机制对于实现环境法的目的有什么功能与作用?

2. 国外环境纠纷非诉讼解决机制对我国有哪些启示？
3. 你认为应如何完善我国的环境纠纷非诉讼解决机制？
4. 环境纠纷可以通过仲裁解决吗？为什么？

案例分析

某年8月10日，某某化肥厂冷却塔的冷却水外溢，流入附近农民刘某承包的鱼塘内，导致塘内氨氮含量超常，造成污染。当月11日，刘某与该化肥厂协商，由该化肥厂向塘内放自来水3000多立方米，但是仍未能有效地缓解污染，导致塘内养殖的淡水鱼部分死亡。当月15日，根据刘某的报告和请求，当地市、区两级环保部门前往现场调查处理。根据当天鱼塘采取水样化验数据，确认该化肥厂冷却水外溢是鱼塘内氨氮含量升高并致鱼死亡的主要原因。该化肥厂应当承担赔偿责任，对此事实双方无争议。经调解，该化肥厂同意支付污染赔偿款4500元给刘某，刘某也同意接受。在此基础上，该化肥厂与刘某签订赔偿协议书，约定由化肥厂支付赔偿款4500元给刘某，并于10月底前完成兑现手续。

问题：
1. 调解协议书对刘某是否具有法律约束力，刘某可否反悔？
2. 如果刘某认为赔偿金太低，可否向人民法院起诉，请求增加赔偿金额？
3. 如果刘某认为赔偿适当，但是化肥厂拒绝给付赔偿金，刘某可否申请强制执行？
4. 如果化肥厂认为赔偿金太高，化肥厂有何选择？
5. 假设在刘某向行政机关报告该污染事故之后，行政机关根据调查结果决定对化肥厂处以行政罚款，刘某可否以该罚款处罚为证据，向人民法院提起民事诉讼，要求化肥厂承担赔偿责任？
6. 假设在调解中，行政机关因为化肥厂表示愿意承担赔偿责任，刘某表示愿意接受该赔偿，从而认为该争议已经得到解决，而且该污染行为并没有蔓延开来，没有对其他人造成损害，可否决定不对行政机关处以行政处罚？如果化肥厂在调解之后反悔，拒绝给付赔偿金，行政机关是否可以决定对化肥厂处以行政罚款？

后 记

近年来，随着中国环境问题的日益严重，环境法的地位明显上升，大有成为"显学"之势。环境法教材品种也是与日俱增，大到洋洋百万言，深到学术论著般，全到无所不包，多到一再重复。面对琳琅满目的环境法教材，教师与学生都有些雾里看花。

教材编写者很困惑：教材到底要给教学者和学习者什么？理论性与实践性应如何把握？是越长越好还是越短越好？是多阐释国外的成熟经验还是多论述中国目前的法律现象？是注重完整的体系还是突出重点？

教材选用者很迷茫：虽然教材越来越多，越来越厚，但大同小异的多，突出整体风格的少；注重理论体系构建的多，解释环境法社会现象的少；以国外经验反衬中国问题的多，解决中国问题的具体方案少；批评现实环境法制度的多，告诉学习者如何具体操作制度的少。

学习者很无奈：听老师讲课时似乎明白了，可一看教材就糊涂，并且看的教材数量越多越不明白。

其实，这种现象并不为环境法甚至不为法律学科所专有，解决教材存在的普遍性问题也不是一两个人、一两本教材能够胜任的。但每一位教材的编写者或者准备编写教材的人都应该高度关注现状，并为问题的解决做出努力。

作者是从事环境法本科教学的教师，我们经过观察、分析，结合写教材、用教材的体会，在思考"这本教材为何而写、为谁而写以及应由谁来写"的基础上，确定了编写大纲。本书定位于法律本科教学用书，充分考虑目前环境法在法学本科教育中的地位、课时以及学生的基础知识情况，在内容上高度重视对环境法基本理论的阐述与环境法社会现象的结合，中国环境立法对国外经验的借鉴以及执行情况的说明，对现行环境法制度的理解与适用以及存在问题的应对措施，环境法理论与制度发展的趋势等问题；在形式上注重结构、内容的简练，表达的清晰明了。

本教材的作者全都是中南财经政法大学环境资源法研究所的老师和研究生，团队的共同努力才有了思考后的统一行动，许多章节都是几个作者反复修改后形成的共同成果，金海统、陈海嵩协助我完成了最后的统稿。

但愿我们的努力能够得到课堂的积极回应，但愿我们举起的灯盏能够点亮学子的智慧之光。

吕忠梅

2008年1月28日于宜昌